Contents

TIM SWAIN AND CHRISTIANE SALVADOR

Pour leur bonne volonté et générosité, les auteurs tiennent à remercier les Salvador d'Albi et ceux de Montpezat; Yvette et Jean-Pierre Claret; Olivier, Colette et Timothé Bourgeois; les familles Bartes-Sany; Marie Pierre Isard et Rupert Glasgow.

For their long-suffering and occasional enthusiasm, the A2 French set of 2002 at Queen Mary's Grammar School, Walsall; and to Mike Overend and the AS level French set of 2001 at Christ's Hospital, Horsham.

For inexhaustible good humour and advice, Tim Weiss, Katherine Pageon and Susan Dunsmore.

Et finalement, pour leur patience quand le terrain était difficile, Olivier, Jacob et Marianne.

The authors and publishers would like to thank the following for permission to reproduce copyright materials; every effort has been made to contact the copyright holders: Le retour au Pays *in Paroles, ©Jacques Prévert, Editions Gallimard, p10;* Familles, je vous aime *©S des Déserts, Nouvel Observateur (NO) p12;* Nous nous sommes tant aimés *©PB, NO, p28;* Les héros de l'euro *©L'Équipe, p29;* J Binoche *©P Méri-geau, NO, p33;* Cinq points sur l'éducation *©C Allègre, NO, p43;* La gruge sur le Net *©V Radier, NO, p48; © CNED, p52;* Stress *©J de Linarès, NO, p56;* Êtes -vous un winner où un loser *©C Deymard, NO, p59;* Entre-tien avec José Bové *in Le Monde n'est pas une marchandise ©J Bové et F Duffourd, Editions la Découverte, p68;* Dix idées reçues au banc d'essai *©T Souccar, NO, p76;* Dijon notre ville *©Mairie de Dijon, p94;* Taxi-scooters *©D Dunglas, Le Point, p97;* L'autre face de Nike *©R Backmann, NO, p153;* De l'ammoniaque dans vos cigarettes *©ALC,NO, p173;* Les 4 lettres du mot SIDA *©Ministère de l'emploi et de la solidarité, p180;* Le sida *(texte, chanson, cartes postales) ©ALS, p180-181; ©Revue de la Sécurité Sociale, juillet 2001, No106, p184;* La Chanson pour l'Auvergnat *©Georges Brassens, Mercury Records Edition Warner Chappell Music France. 1954, Mercury, p199;* Elise ou la vraie vie, *Claire Etcherelli ©Editions Denoel 1967, p200;* Un Sac de Billes, *Joseph Joffo,©Editions Jean-Claude Lattès, 197, p207;* La Mauvaise Réputation *©G Brassens, Ed Warner, Chappel Music France, 1952 Mercury, p220;* Yazid Kherfi *©Marianne, p223;* Le chomage *©NO, nouvelobs.com, p230;* Voyager en solidaire *©NO, p232;* Un monde bouleversé *©Dr JH Bradol, Médecins sans Frontières, p236;* Féministes aujourd'hui, Ménagère *©www.mix-cite.org, p238-239;* Ruée vers l'homme *©P Gavi, NO, p240;* Quand on n'a que l'amour *©Jacques Brel/Barclay/Polygram, p246;* Qui était Jacques Brel *©Marc Robine, p247.*

The authors and publishers would like to thank the following for permission to reproduce photographs and realia: *©Martin Veyron, pp4, 120; ©C Desmarteaux/NO, pp11,43,196; ©Autoroute, p14; Chrome ©Azzaro, p19; ©Angela Maynard/Life File, p20; ©Paul Baldesare/Photofusion, p21; ©Owen Franken/Corbis, pp22, 61, 203; EOS ©Canon, p23; ©Dobritz, p25; ©S Pageon, pp27, 39, 104, 148, 209; ©Actionplus, pp28-29, 34; © Redferns, p30; ©Mitchell Gerber/Corbis, p33; ©RTL/Studio XW Schmitz, p33;* Licence de parapente *©FFVL, p35; ©Timberland, p40; ©Richard T Nowitz/Corbis, p41; Atout Clic ©Hachette Multimédia, p49; ©Dana Gluck-stein/Corbis, p51; ©Buddy Mays/Corbis, p55; © Emma Lee/Life File, pp55, 153, 176; ©Hussenot/Sucré-Salé, p63; Vins d'Alsace ©Conseil Interprofessionnel des Vins d'Alsace, p67;©PA Photos, pp68, 153, 237; ©Todd Gipstein/Corbis, p68; © Monoprix Prisunic, p73; ©JJ Magis, photothèque Yan, NO, p80; ©Eurotunnel/FCB, p83; ©Flora Torrance/Life File, p84; ©Jeff Greenberg/Life File, p84; ©Nicola Sutton/Life File, p84; ©Chris Lisle/ Corbis, p85; ©Sally Greenhill, p85; ©Dave G Houser/Corbis, p86; ©Neil Rabinowitz/Corbis, p88; ©Jacques Bravo/Xavier Richter SDP-DIAF, p89; ©Charles &Josette Lenars/Corbis, p94; ©Saggese-Grazianeri, p97; © Pierre et Vacances, p100; ©RATP, p100; ©Multimania, pp105, 228; ©AP Photo/Joerg Sarbach, p107; ©Yoshi Ohara/Corbis, p108; ©Microsoft, p109; ©Tiscali France (a Tiscali SpA company, owner of World Online Interna-tional) p111; ©EPA Photo AFP/Eric Feferberg, p112; ©Dave Thompson/Life File, p114; ©Audemars-Piguet, p115; ©Denis Marcel, p119; ©www.houra.fr, p120; ©Charles O'Rear/Corbis, pp129, 141; ©Frank Lane Picture Agency/Corbis, p130; ©Alexis Orand/Gamma, p133; ©ADEME, p134; ©Ecoscene/Corbis, p136; ©Mac Duff Everton/Corbis, p138; ©Paul Almasy/Corbis, pp138, 220; ©Andrew Ward/Life File, p140; ©Robert Estall/ Corbis, 140; ©TEK Image/Science Photo Library, p140; ©Caroline Penn/Corbis, p142; ©Les Verts, p144; ©Chris Hellier /Corbis, p146; ©Kyocera, p147; ©Gallo Images/Corbis, p148; ©Restos du Coeur, pp149,160; ©Française des Jeux, p151; ©Mark Hibbert/Life File, p146; ©Max Havelaar, p155; ©Tignons, Marianne, pp159, 231; ©Morizet/ Gamma, p160; ©L'Homme Debout, p162; ©Getty Images, pp101, 164, 171, 202,218, 223, 240; ©Tim Fisher/Life File, pp165, 189; ©Wiaz,NO, pp166, 211; ©Aide et Action, p168; ©David H Wells/Corbis, p169;©Ted Streshin-sky/Corbis, p174;* Les drogues *©MILDT – CFES – 1997, p176;* Les Dons d'organes *© Editions Barnabas, p179; ©Duclos Alexis/Gamma, p182;* Don du sang *©Etablissement Français du Sang, p183; ©Assurance Maladie, p185; ©Mission Interministérielle de Lutte contre la Drogue et la Toxicomanie, p188; ©Steve Liss/Gamma, p190; ©ILN, p191; ©David & Peter Turnley/Corbis, pp194, 210; ©FIDH, p195; ©Yann Arthus-Bertrand/Corbis, p198; ©Colita/Corbis, p199; ©Bettmann/Corbis, pp203, 219; ©Corbis, p203; ©AP Photo/Brennan Linsley, p205; ©Christian Vioujard/Gamma, p205; ©Roger Viollet, p206; ©Bob Krist/Corbis, p209; ©PEJ France, www.pej france.org, p214; ©AP Photo/Christian Lutz, p215; ©Eric Brissaud/Gamma, p222; ©Laurent Maous/Gamma, p225; ©Agence France Presse, p227; ©Marc Garanger/Corbis, p232; ©www.globenet.org/djembe/ p233; © Serguei/Le Monde, p235; ©Luca Zennaro/PA Photos, p235; ©Hulton-Deutsch Collection/Corbis, p239; ©Kenzo, p241; ©D Simon/Gamma, p241;©Gamma/Vandeville Eric, p242; ©Plantu, p243; Ford Galaxy ©Ford, p245; © Photo News Service/Gamma, p246; ©Jean-Jacques Loup, p248; all other photos © Catherine Weiss.*

All efforts have been made to contact the copyright holders. The publishers have made every possible effort to trace all copyright holders. In the few cases where copyright holders could not be traced, due acknowledgement will be given in future reprints if copyright holders make themselves known to the publishers.

Orders: please contact Bookpoint Ltd, 130 Milton Park, Abingdon, Oxon OX14 4SB. Telephone: (44) 01235 827720, Fax: (44) 01235 400454.
Lines are open from 9.00 – 5.00, Monday to Saturday, with a 24 hour message answering service. You can also order through our website at *www.hoddereducation.co.uk*

British Library Cataloguing in Publication Data
A catalogue record for this title is available from The British Library

ISBN-13: 978 0 340 84564 6

First published 2002
Impression number 10 9
Year 2009

Cover photo from Corbis. Design by Jacey.
Typeset by Fakenham Photosetting, Fakenham, Norfolk.
Printed in Italy for Hodder Education, an Hachette UK Company, 338 Euston Road, London NW1 3BH by Printer Trento.

Introduction: Tâtons le Terrain!

On s'échauffe

Avant de faire du sport, on s'échauffe pour pouvoir mieux jouer. Avant de faire du travail sur un nouveau thème, il est important de s'échauffer intellectuellement.

Vous allez donc trouver un *On s'échauffe* au début de chaque double page. C'est pour vous faire réfléchir, pour stimuler votre matière grise et pour découvrir ce que vous savez déjà sur le nouveau thème.

Aujourd'hui, remuez-vous les méninges et répondez à la question suivante: pourquoi avez-vous décidé d'étudier le français? Il faut trouver autant de bonnes raisons que possible. Puis, lisez le texte pour en découvrir plus.

tâter [tate] 1. Vt a (*palper*) *objet, étoffe, pouls* to feel. b (*sonder*) *adversaire, concurrent* to try (out). ~ **l'opinion** to sound out or test out opinion; (*fig*) ~ **le terrain** to find out or see how the land lies, find out or check the lie (*Brit*) or lay (*US*) of the land; take soundings, put out feelers.

méninge [menɛ3] **nf** a (*) **~s** brain; **se creuser les ~s** to rack one's brains; **se remuer les ~s** to brainstorm; **tu ne t'es pas fatigué les ~s!** you didn't strain yourself (*), you didn't overtax your brain!

1 Activité de lecture

Bienvenue à Tout Terrain! Nous espérons que vous trouverez ce livre utile pendant que vous préparez un AS et peut-être un A2 en Français.

Le Français est une matière fantastique parce que ça vous donne énormément de variété. Vous allez aborder plein de thèmes très différents: un peu de géographie, d'histoire, de politique, de commerce. Vous allez aussi étudier des questions sociales comme la révolution technologique et le racisme. On vous propose des extraits de la littérature moderne; on vous invite à écouter des chanteurs célèbres et contemporains. Il y a quelque chose d'intéressant pour tout le monde.

Certes le Français est une matière qui demande de la discipline académique. La grammaire est importante et vous allez apprendre de nouvelles structures plus sophistiquées que pendant votre GCSE. Mais le Français est aussi une matière vivante. Il vous permet de communiquer avec des Français de votre âge, de vous faire de nouveaux amis. Il élargit vos horizons. Il vous donne la possibilité de voyager, de voir le monde d'un autre œil, de découvrir toute une autre culture.

C'est utile aussi. Aujourd'hui, la capacité de bien parler une langue étrangère est vraiment un atout sur le marché du travail.

Alors, pour finir, qu'est-ce qu'il faut faire pour bien réussir en Français? Il faut prendre de bonnes habitudes dès le départ. Votre classeur doit être bien organisé. Il faut travailler dur. Surtout, il faut participer. Testez vos réflexes et exprimez vos idées! Il y a tellement de terrain à explorer!

2 Exercice de vocabulaire

Trouvez dans le texte l'équivalent français des termes suivants:

1. You will find it useful
2. You will tackle
3. A living subject
4. To see the world from a different perspective
5. From the word go
6. Your file
7. Express your ideas!

3 Exercice de compréhension

Répondez aux questions suivantes en français.

1. Dans quel sens est-ce que le Français est une matière variée?
2. Quels aspects du Français demandent une certaine rigueur académique?
3. Pourquoi une qualification en Français sera-t-elle utile quand vous chercherez un emploi?
4. Quelles qualités sont nécessaires pour réussir en Français?
5. Pourquoi est-ce que le Français représente un grand défi?

4 Travail d'écoute

Écoutez cinq étudiants en première dans un lycée toulousain qui expliquent ce qu'ils pensent de l'anglais.

a. Pour chaque personne choisissez la lettre ci-dessous qui correspond le mieux à ce qu'elle dit:

A C'est une matière variée.
B C'est un atout pour l'emploi.
C C'est facile.
D C'est intéressant au niveau culturel.
E Ça favorise les voyages.

b. Écoutez une deuxième fois et décidez si les affirmations suivantes sont vraies, fausses ou pas mentionnées.

1. Alain est déjà allé en Angleterre.
2. Karim pense à son futur emploi pour se motiver.
3. Anne-Laure est déjà allée aux États-Unis.
4. Émilie aime l'anglais en général, mais de temps en temps elle s'ennuie.
5. Laurent trouve plus facile de comprendre que de parler.

Grammaire

> p253

Possessive adjectives

Possessive adjectives are used to describe who owns something or who something belongs to.

Mon classeur, ma matière préférée — My file, my favourite subject
Mes intentions sont bonnes. — My intentions are good.

As with all other adjectives, the form depends on the gender and number of the noun it is describing. It does not depend on the gender of the owner.

Son accent, sa participation en classe — His *or* her accent, his *or* her participation in class

The full pattern is:

	Masculine	Feminine	Plural
My	*mon*	*ma*	*mes*
Your	*ton*	*ta*	*tes*
His/ Her/ Its	*son*	*sa*	*ses*
Our	*notre*	*notre*	*nos*
Your	*votre*	*votre*	*vos*
Their	*leur*	*leur*	*leurs*

If a feminine singular noun begins with a vowel, you should use the masculine form of the possessive adjective (*mon, ton* or *son*) to make it easier to pronounce:

Son ambition est d'étudier le Français pour A2. — His *or* her ambition is to study French for A2.

5 On s'entraîne

Après des informations sur la grammaire, on vous donne la possibilité d'utiliser ce que vous avez appris. C'est une forme de musculation intellectuelle!
Traduisez les expressions suivantes en français.

1. Your notes
2. Their decision
3. In my opinion
4. Our plans for the year
5. His attitude

6 Travail oral

Travaillez avec un partenaire. Découvrez pourquoi votre partenaire a décidé de poursuivre ses études de français. Quelles autres matières est-ce qu'il / elle étudie? Pourquoi? Est-ce que ces autres matières complémentent le Français?

Préparez un petit rapport oral sur ce que vous découvrez!

Unité 1
Une famille européenne

Terrain Thématique

- La famille typique, existe-t-elle?
- Qu'est-ce que c'est la famille pour vous?
- Comment peut-on garder contact avec ceux qu'on aime?
- À quoi ressemble un mariage français?
- Qu'est-ce qui provoque les disputes de famille?
- Est-ce que les parents sont obligés de soutenir les jeunes?
- Comment vit-on la séparation?
- Est-ce que c'est bien de vivre loin des parents?
- Va-t-on vers l'individualisme et l'égoïsme?
- L'idée de la famille est-elle périmée?

Ce chapitre vous permet de répondre . . .

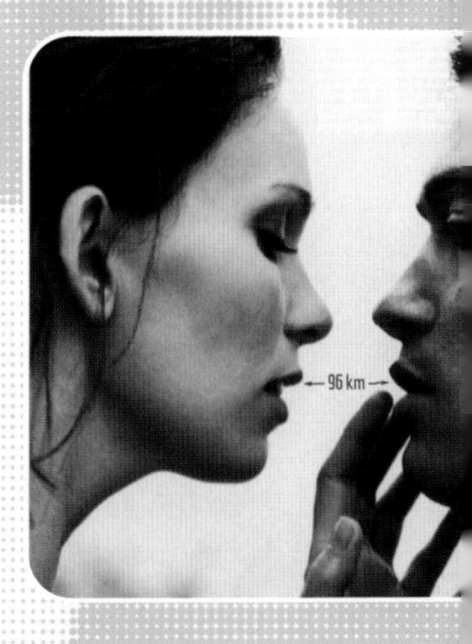

Terrain Linguistique

- Nouns and pronouns
- The present tense
- Reflexives
- Negatives
- The future tense
- The conditional
- Special tenses for special occasions

A. Une famille typiquement française?

On s'échauffe

Est-ce que vous êtes anglais? Est-ce que vos parents sont originaires de l'Angleterre ou est-ce qu'ils viennent d'ailleurs? Avez-vous un nom typiquement anglais ou est-ce qu'il révèle quelque chose d'intéressant sur l'histoire de votre famille?

1 Travail oral

Arbre généalogique

Sylvain et Véro Salvador sont français, mais leur arbre généalogique est plutôt compliqué. D'un côté, il y a des origines juives, de l'autre, il y a de la famille italienne.

Regardez les photos! Est-ce que vous savez bien interpréter les visages? Répondez aux questions suivantes pour chaque personne:

> Quel âge a-t-elle?
> Quelle est sa relation avec les autres?
> Est-ce qu'elle a des origines italiennes ou juives?
> Qu'est-ce qu'elle fait dans la vie?
> Quelle est sa personnalité?

Est-ce que vous avez bien deviné? Faites le deuxième exercice pour voir!

Camille

Sylvain

Véro

Dominique

2 Exercice d'écoute

On se présente

Dominique

Écoutez cet extrait où Dominique Salvador se présente, puis dites laquelle des réponses possibles indiquées ci-dessous est correcte, en écrivant la bonne lettre.

1. Dominique est de nationalité ...
   a) française.
   b) italienne.
   c) espagnole.
2. Son nom de famille est ...
   a) d'origine française.
   b) d'origine espagnole.
   c) d'origine italienne.
3. Son père est arrivé en France ...
   a) après un succès dans les affaires.
   b) juste avant la guerre de 39-45.
   c) quelques années après la première guerre mondiale.
4. Le père de Dominique a quitté l'Italie par ...
   a) nécessité.
   b) curiosité.
   c) hasard.
5. Le père et l'oncle de Dominique ont pu acheter du terrain en France parce que:
   a) Le prix était très bas après la guerre.
   b) C'était un peu en dehors du village.
   c) Ils avaient beaucoup d'argent.

Camille

Écoutez cet extrait où Camille Misrahi se présente, puis dites laquelle des réponses possibles indiquées ci-dessous est correcte, en écrivant la bonne lettre.

1. Le nom de famille "Misrahi" est ...
   a) typiquement français.
   b) approprié à la situation de Camille.
   c) impossible à traduire.

2. Son mari est allé en France en 1955 pour ...
   a) faire des études approfondies.
   b) commencer ses études en médecine.
   c) voir un psychiatre à Toulouse.
3. Camille et son mari ne sont pas retournés en Égypte ...
   a) parce qu'ils ne voulaient pas tout laisser en France.
   b) parce qu'ils ont trouvé du travail dans le sud-ouest.
   c) parce que c'était trop dangereux à cause des événements de Suez.

Sylvain

Écoutez cet extrait sur la vie de Sylvain. Répondez aux questions suivantes en français:

1. Où est-ce que Sylvain est allé l'an dernier?
2. Pourquoi est-ce qu'il y est allé?
3. Où est-ce qu'il a trouvé son nom de famille?
4. Qui lui a donné accès aux registres des naissances et des décès?
5. Qu'est-ce qu'il trouve incroyable?

Véro

Écoutez cet extrait sur la vie de Véro. Répondez aux questions suivantes en français:

1. Pourquoi est-ce que la famille de Véro se trouve un peu partout?
2. Pourquoi est-ce que ses parents ont fini par s'installer dans le sud-ouest de la France?
3. Où habitent les deux sœurs de Véro?

3 Travail écrit

Présentez votre famille

Voici quelques questions pour vous stimuler à la réflexion et peut-être à la découverte ... Écrivez une courte réponse à chaque question en français:

> Où êtes-vous né(e)?
> Avez-vous toujours vécu dans la région où vous habitez maintenant?
> Est-ce que vos parents ont jamais déménagé? Pourquoi?
> Que font-ils dans la vie?
> Que faisaient vos grand-parents?

Et maintenant, écrivez un paragraphe pour répondre aux questions suivantes:

> Une famille typiquement anglaise existe-t-elle de nos jours?
> Pourquoi? Pourquoi pas?

Grammaire

> p249

The gender and plural of nouns

French has two genders, masculine and feminine, and every noun belongs to one gender or the other. In some cases, the gender will be natural (*un homme, une femme*), but for the vast majority of words, the gender has to be learned.
There are few hard and fast rules about gender, so you need to find as many ways as possible to help you try to remember.

The ending of a word often gives an indication of its gender.
The following endings always indicate a masculine noun:
***-ail** (un travail)* / ***-eil** (un soleil)* / ***-euil** (un fauteuil)* / ***-at** (un plat)* / *-c (un échec)* / ***-d** (un rond)* / ***-ing** (le camping)*/ ***-isme** (le racisme)* / ***-oir** (un soir)* / ***-ou** (un trou)*
These endings always indicate a feminine noun:
-aison (une raison) / *-sion (une passion)* / *-tion (la natation)* / *-ace (la race)* / *-aie (la monnaie)* / *-ance (la chance)* / *-anse (la danse)* / *-euse (une chanteuse)* / *-tude (une habitude)*/ *-tié (une amitié)*

PS: Did you notice that in the first exercise above, all the questions used the *elle* form, regardless of the sex of the person in the photo? That's because each question refers to *une personne*, a word which is **always** feminine.

Plurals

As in English, you generally form the plural of a noun by adding an **s**.
Mon frère *Mes frères*
However, there are some exceptions:
> Nouns ending in ***-s*** *(un os – des os)*, ***-x*** *(le houx* [holly] *– les houx)* or ***-z*** *(le nez – les nez)* remain the same in the plural
> Nouns ending in ***-al*** usually change to ***-aux*** *(un cheval – des chevaux)* in the plural
> Nouns ending in ***-au***, ***-eau*** or ***-eu*** usually take an ***-x*** instead of an ***-s*** in the plural *(un seau* [bucket] *– des seaux)*

B. Qu'est-ce que c'est, donc, la famille?

On s'échauffe

Avec qui est-ce que vous vous entendez mieux? Avec la famille ou avec les amis? Pourquoi?

1 Activité de lecture

Mon ami d'enfance

Il y a ci-dessous douze phrases qui racontent l'amitié entre les deux hommes à chaque étape de la vie.

Pour chaque image, trouvez la phrase qui correspond le mieux.

Exemple: *Image numéro 1 correspond à lettre F.*

A. Nous avons fait le service militaire ensemble.
B. En début de carrière, il travaillait pour la même compagnie que moi.
C. On a participé ensemble à des manifestations.
D. Il me comprenait lorsque Sandrine ne me comprenait pas.
E. On a fait le bac ensemble.
F. Dans la cour, nous jouions aux billes ensemble.
G. Le jour des noces, il n'était pas en retard.
H. On avait des chambres voisines à la Cité-U.
I. Son service est plus sûr que le mien.
J. Ça nous est arrivé de boire un peu trop.
K. Nous avons créé notre propre entreprise.
L. Mais trop, c'est trop!

2 Exercice d'écoute

Au cours d'une émission de radio sur l'amitié, cinq jeunes racontent ce que ça représente pour eux.
Note their definitions of friendship in English.

3 Exercice de lecture et travail oral

Lisez le témoignage de Sophie et racontez ensuite votre expérience personnelle. Choisissez un frère, une sœur ou un(e) ami(e) et expliquez pourquoi vous vous entendez bien.

J'ai un bon rapport avec mon frère. Je le connais et je le comprends toujours, sans doute parce que nous avons vécu les mêmes expériences ensemble à la maison. Nous avons les mêmes idées, parce que mes parents nous ont transmis les mêmes valeurs. Même quand on n'est pas d'accord, je lui fais confiance. Je peux tout lui dire. Nous avons l'impression de faire partie d'une unité. C'est très agréable, cette impression de solidarité.
Je ne le vois pas très souvent, mais je lui envoie des mail et je lui téléphone tous les week-ends.

4 On s'entraîne

Traduisez les phrases suivantes en français:

1. I phoned them yesterday.
2. I don't understand them at all.
3. Thanks for your card to the children. I gave it to them this morning.
4. We see them during the holidays.
5. I give them ten pounds a week.

Grammaire

> p255

Pronouns

> A pronoun is a word used to stand in place of a noun, a person or an idea.

> There are many different sorts of pronouns. You are already very familiar with using subject pronouns: *je, tu, il, elle, nous, vous, ils, elles.*
Ma soeur s'appelle Sophie. Elle est très sympa. (Elle replaces *Sophie* or *Ma soeur)*

> Direct object pronouns replace nouns which are having the action of the verb done to them. They are directly on the receiving end of the action.

In French they are: *me, te, le / la, nous, vous, les*	me, you, him / her, us, you, them
Je le comprends.	I understand him.
Je ne le vois pas très souvent.	I don't see him very often.

> Indirect object pronouns stand for nouns which are only indirectly on the receiving end of the action of the verb. In English we show that they are indirect pronouns by the word "to" (or sometimes "from"): to me, to you, to him / her, to us, to you, to them.

In French they are: *me, te, lui, nous, vous, leur.*

Je lui envoie des mail.	I send him e-mails. (I send e-mails to him.)
Je peux tout lui dire.	I can tell him everything. (I can say everything to him.)

> French is more precise than English, as you can see in the examples above. We can say "I send him e-mails", but the French make it much clearer: it's the e-mails you are actually sending, not him! You are sending the e-mails "**to**" him.

> This precision is particularly important with verbs like *donner* (to give) .

Je lui ai donné mon numéro de téléphone.	I gave him / her my phone number. (or more precisely: I gave my phone number **to** him / her.)

> Note that verbs which are followed by ***à*** require an indirect object.

Je lui téléphone tous les week-ends.	I phone him every weekend.

(*Lui* is required because it's *téléphoner **à*** in French.)

> Object pronouns appear in a fixed sequence if there is more than one of them. See page 257.

C. Les liens d'amitié

On s'échauffe

Est-ce qu'il est possible de rester ami avec quelqu'un quand on ne se voit pas très souvent? Comment est-ce qu'on peut garder le contact?

1 Activité de lecture

En famille, ou avec des amis, on se raconte tout et rien. Il est plus difficile de garder cette intimité lorsqu'on habite loin l'un de l'autre. Il y a bien sûr le téléphone et, de plus en plus, le mail. Mais il est toujours agréable de recevoir une lettre par la poste. La lettre ci-dessous est de la part de Sylvain, professeur à l'École des Mines à Albi.

Salut à tous!

Il faut vraiment que je vous raconte une fois la séance chez le coiffeur que je vis tous les quelques mois. Ça se passe sur la place du Castelviel, juste à côté du Marché aux Puces. Christophe Papaix y tient sa boutique pour homme. Grand et mince, 35 ans, des lunettes fines argentées un peu démodées, un jean propre et un sweat classique: voilà M. Papaix.

Les conversations sont passionnantes: c'est souvent deux ou trois phrases séparées par cinq minutes de silence. La question du "tu" et du "vous" n'est pas encore résolue; alors, ça donne:

«On a été à la piscine?» (Il y a une nouvelle super-piscine à Albi).

«J'ai pas eu l'occasion d'y aller. Par contre, je dois aller y voir un élève qui y fait son stage ...»

Trois minutes de silence.

«Et cette École des Mines, ça marche?»

Courte réponse de Sylvain, cinq minutes de silence ...

«On a regardé le match?»

Petit moment de panique chez Sylvain. Le match de foot ou de rugby? Le problème, c'est qu'à part la Coupe du Monde, je n'en ai vu aucun. Je m'en sors comme je peux.

«Et vos cheveux dessus, comment je les laisse?»

«On coupe, on coupe, il paraît qu'ils repoussent mieux!» Mon sourire est un peu jaune. Monsieur Papaix a déjà évoqué le problème de la calvitie la dernière fois!

Les ciseaux passent. Une fois sur deux c'est le peigne rapide et précis, mais quand le peigne passe plusieurs fois au même endroit, c'est sûr: il est en train de regarder par la fenêtre ce qui se passe dehors, tout en faisant semblant de travailler.

Il ne me pose plus la question "dégradé ou arrêté" que je n'ai pas comprise la première fois. Il sait que c'est dégradé.

Un petit coup de tondeuse derrière, un coup de petit balai pour tout (ou presque) faire partir. Et moi, je me frotte le pantalon, paie les 10 euros, et dis au revoir et merci. Dehors, je monte sur mon vélo pour rentrer. Le vent est frais sur les oreilles et la nuque découvertes.

Grosses bises à tous.

Sylvain

Dans la lettre ci-dessus, trouvez une phrase qui suggère que:

1. Sylvain est parfois ironique.
2. Monsieur Papaix est très conservateur dans ses goûts.
3. M. Papaix et Sylvain ne sont pas sûrs si les rapports entre eux restent simplement professionnels, ou si, à force, ils sont devenus plus amicaux, plus familiers.
4. Sylvain est responsable d'un nombre d'étudiants à l'École des Mines.
5. Sylvain n'aime pas trop le sport télévisé.
6. Sylvain est en train de devenir chauve.
7. M. Papaix ne travaille pas toujours de façon très assidue.

Exemple: la réponse à numéro 1 est: *"Les conversations sont passionnantes."*
Il est évident, par ce qu'il dit, qu'elles ne le sont pas!

Grammaire

> p262

The present tense

The present tense is used for talking about:

1. Something that is happening at the time of speaking:
   Je lis des notes sur le présent. I am reading some notes about the present tense.
2. Something that is generally or universally true:
   Le football est un sport très populaire. Football is a very popular sport.
3. Actions or events that happen on a regular basis:
   Je vais chez le coiffeur tous les deux mois. I go to the hairdresser's every two months.

In English, there are three different forms of the present tense:

> I work
> I am working
> I do work

All three of these forms are translated by the one French form: *Je travaille*

Occasionally the present is used to bring a story to life, so that although it happened in the past, it is told as if it were happening now, in the present. (This is the case in the letter above.)

2 Travail écrit

Un défi

Est-ce que vous pouvez trouver une douzaine de verbes ***irréguliers*** dans la lettre de Sylvain?
Complétez le tableau suivant:

Verbe dans la lettre	Infinitif	Sens
Il faut	*falloir*	*It is necessary ...*

Savez-vous conjuguer tous ces verbes?

3 On s'entraîne

Traduisez les phrases suivantes en anglais. Il y a du vocabulaire utile dans le texte de la lettre.
Attention: relisez d'abord les notes sur le présent!

1. What happens then?
2. What is happening?
3. Do you go there during the week or at weekends?
4. I'm going on Friday.
5. We are in the middle of watching a football match.

4 Travail oral

Vous avez peut-être trouvé que la lettre de Sylvain a du charme à cause de son style littéraire. Comment est-ce que vous communiquez avec vos amis lorsque vous êtes loin les uns des autres? Quel moyen de communication est-ce que vous préférez?

> Le téléphone
> Le courrier-e (ou le mail)
> Le portable
> La lettre personnelle

Préparez un petit discours pour justifier votre choix.

La langue

***Tu* or *Vous*?**

Even French people are not always sure whether to use *tu* or *vous*!
If you're not sure, it's always better to err on the safe side and use the *vous* form.
However, it is normal to use the *tu* form for close friends, children, or people who are roughly your age.
Don't mix *tu* and *vous* forms in talking to the same person.
Note these special verbs:
Tutoyer – to use the *tu* form in talking to someone
Vouvoyer – to use the *vous* form

D. Point Rencontre

On s'échauffe

Avez-vous assisté à des mariages dans votre famille? Est-ce que vous aimez ce genre d'occasions? Pourquoi?

1 Activité de lecture

Lisez maintenant ce compte rendu d'un mariage à la française.

Sylvain et Véro: Notre Mariage

Une vraie famille européenne en construction . . .

Nos Projets

Notre plan, c'était de se marier quand la plante de l'avocat dans le salon de notre appartement à Toulouse touchait le plafond. Ça n'a pas manqué! Il fallait, à notre avis, un mariage décontracté, à la française et sans cérémonie religieuse. Cela aurait été difficile entre les Juifs d'un côté, les Catholiques ou les Protestants de l'autre, et les athées au milieu! Nous avons décidé de réunir tout le monde le 6 août dans un petit village dans le département de l'Aveyron. Il fallait bien s'organiser.

La Cérémonie

Il faisait très chaud le jour du mariage. Nous nous sommes tous rassemblés à la maison des parents et à 16 heures nous nous sommes mis en route pour la Mairie. À pied, bien sûr. Quelques centaines de mètres où tout le monde papotait gaiment en essayant de ne pas salir les chaussures ou le pantalon sur le chemin très poussiéreux de l'été. Le Maire nous attendait à la grande Mairie carrée du village. Très sympa ce Maire. Un ancien syndicaliste socialiste, sociable et affectueux. Il faisait trop beau pour aller à l'intérieur, donc nous nous sommes tous installés sur des bancs sous les marronniers – à l'ombre. Le Maire a présenté le côté légal et il a ajouté un bon petit discours sur la variété de gens représentée là, sous ces vieux arbres. C'était, disait-il, la vraie Europe qui se construisait avec deux familles très différentes qui s'unissaient. Applaudissements. Le mariage était conclu.

La Fête

Un apéritif généreux pour tout le monde a suivi. Un mariage, ça s'arrose! C'était bien de rester là à parler avec toutes les générations unies: les blonds, les bruns, les Français, les étrangers . . .

On a fini par rentrer à la ferme pour faire la fête. Il y avait une grande marquise pour les chanteurs et les spectacles et pour certaines tables aussi. Les autres tables entouraient la marquise. Un spécialiste du coin avait installé son énorme barbecue pour faire cuire les magrets de canard, les steaks épais . . .

Le repas était long, car agréablement découpé par des chants, des spectacles rigolos, et aussi par des baignades dans la piscine.

Plus tard, la chaleur est tombée un peu, l'air était plus frais et c'était

plus agréable pour danser – même si un orage assez proche nous a fait bien peur un moment donné!

À quelle heure tout cela finit-il? Difficile à dire. Certains se sont couchés à deux heures du matin, mais c'était cinq ou six heures pour les jeunes. Tout le monde s'est régalé et la fatigue ne compte pas quand la fête est réussie!

Arroser: *événement, succès* to drink to; *repas* to wash down (with wine)
Papoter: *bavarder; parler beaucoup en disant des choses insignifiantes*
Se régaler: *manger bien; se faire plaisir; passer de très bon moments*
Syndicaliste: *une personne qui fait partie d'un syndicat et qui y joue un rôle actif*

2 Travail écrit

Le bilan du mariage: Faites une liste de tous les facteurs qui ont contribué au succès du mariage!
Exemple: *Il faisait beau et chaud.*

3 Travail écrit

Compréhension
Répondez aux questions suivantes en français:

1. Pourquoi les mariés ont-il décidé de ne pas avoir de cérémonie religieuse?
2. Le Maire du village a-t-il fait juste le strict minimum?
3. Pourquoi le Maire approuvait-il ce mariage?
4. Pourquoi le repas a-t-il duré plusieurs heures?
5. Qu'est-ce qui a indiqué le succès de la Fête?

Grammaire

> p263

Reflexive verbs
You are familiar with reflexive verbs for talking about daily routine, such as *se laver*.
They include, for each person, a reflexive pronoun, shown in bold. Note that this pronoun **always** comes immediately before the verb.

*Je **me** lave*	*Nous **nous** lavons*
*Tu **te** laves*	*Vous **vous** lavez*
*Il / elle **se** lave*	*Ils / elles **se** lavent*

> Not all French reflexive verbs are reflexive in English.
The verb *s'asseoir,* for example, is translated by "to sit down":
Elle s'est assise à côté de moi. She sat down next to me.
> Did you notice a whole range of other reflexive verbs in the text?
s'organiser and se rassembler, for example, are describing actions done to oneself.
Nous nous sommes rassemblés. We assembled ourselves. Or, more naturally: We got together.

4 On s'entraîne

Traduisez les phrases suivantes en français:

1. During the week, they get up at six thirty.
2. She set off for the Town Hall.
3. The sisters got together for a photograph.
4. They get themselves organised well in advance.
5. They sat down in the shade.

Mixité conjugale
Evolution de la proportion des mariages mixtes ou de deux étrangers (en % du nombre total de mariages):

Epoux étranger, épouse française
2,8%
4,9%
Epoux français, épouse étrangère
1,7%
3,8%
Deux étrangers
1,8%
1970
1997

5 Travail oral

Et maintenant, c'est à vous! Qu'est-ce que vous en pensez? Est-ce que le mariage mixte est une bonne idée? Regardez les questions ci-dessous pour vous aider à formuler vos pensées. Présentez vos conclusions au reste de la classe!

- **Quels sont les principaux avantages d'un mariage mixte?**
- **Quels en sont les inconvénients?**
- **Est-ce qu'il est nécessaire que les mariés parlent la même langue?**
- **Faut-il pratiquer la même religion?**
- **Est-ce que les différences de culture empêchent la compréhension mutuelle?**
- **Est-ce qu'il y a des risques ou des avantages pour les enfants?**

E. Disputes

On s'échauffe

Dans toutes les familles, il peut y avoir des différences d'opinion et parfois des disputes. Qu'est-ce qui provoque des disputes chez vous?

1 Exercice d'écoute 

Le Retour au Pays

Dans ce poème, Jacques Prévert décrit une façon un peu extrême de régler des différences de famille.

a. Transcription: Un texte à trous

Écoutez le poème une première fois et complétez les phrases ci-dessous en rajoutant les mots français qui manquent:

1. C'est un Breton qui ______ ___ ______natal.
2. Il ne reconnaît personne. _________ ____ ____ reconnaît.
3. Il entre dans une crêperie pour manger des crêpes, mais ____ ____ ____ ____ ____ manger.
4. Et pendant des années, il __' ___ ______ ___ ____ faire.
5. L'oncle Grésillard qui ______ _____ à tout le monde.
6. Pense à toutes les choses __' ___ ___ ____, toutes les choses . . . .
7. Il essaie une nouvelle fois d'allumer une cigarette, mais ___ ___' ___ ___ _____ de fumer.
8. Et puis il ____ _____ le cou.

b. Résumé

Listen to the poem a second time and write a résumé in English. You should include the following information:

- Where does the man go when he returns to his home town?
- What problem does he encounter there?
- What does he remember?
- How has his uncle's prediction affected his life?
- What do we learn about other members of the man's family?
- What happens when he visits Uncle Grésillard?
- What happens at the end of the story?

2 On s'entraîne

Imaginez que le Breton dans le poème décide de parler à son oncle au lieu de prendre des mesures plus extrêmes. Traduisez les phrases suivantes en français:

1. You never invited me to your house.
2. You didn't teach me anything.
3. No one understands me.
4. I have got neither friends nor family.
5. I don't feel like smoking anymore.

3 Travail écrit

Une attitude négative: Remplissez les blancs dans les phrases qui suivent avec une des formes négatives qui se trouvent dans la Grammaire ci-contre.

1. Je n'ai ________ envie d'y aller.
2. Je n'ai _______ vu un tel désordre!
3. Je suis désolé, on n'ouvre _____ à neuf heures.
4. Il est tellement affaibli, il ne peut _______ marcher.
5. Je suis retourné à mon ancienne école et _____ n'avait changé.

Grammaire

> p270

Negatives

To make a verb negative in French, you sandwich it between *NE* and *PAS*.

Il parle français.	He speaks French.
Il ne parle pas français.	He doesn't speak French.

If there are pronouns in front of the verb, *ne* goes in front of them.

Je les leur ai donnés.	I gave them to them.
Je ne les leur ai pas donnés.	I didn't give them to them.
Il se brosse les dents.	He cleans his teeth.
Il ne se brosse pas les dents.	He doesn't clean his teeth.

Ne ... pas is not the only negative expression. There are others which fall into two groups:

1.

> *Ne ... pas*: *Je ne veux pas le voir.*	Not: I do not want to see it.
> *Ne ... jamais*: *Il ne discute jamais avec ses parents.*	Never: He never talks with his parents.
> *Ne ... rien*: *Ils ne nous doivent rien.*	Nothing: They owe us nothing.
> *Ne ... plus*: *Ils ne nous parlent plus.*	No longer or no more: They don't speak to us anymore.
> *Ne ... guère*: *Je ne le vois guère maintenant.*	Hardly: I hardly see him now.

2.

> *Ne ... aucun(e)*: *Je n'ai aucune idée.*	Not any / no / none: I've no idea.
> *Ne ... ni ... ni*: *Je ne bois ni du café ni du thé.*	Neither nor: I drink neither coffee nor tea.
> *Ne ... personne*: *Je ne reconnais personne.*	Nobody / not anyone: I don't recognise anyone.
> *Ne ... que*: *Il n'a que trois heures de cours par jour.*	Only: He only has three hours of lessons a day.

For more information about the differences between the two groups, refer to page 270.

4 Travail oral

La discipline engendre bien des disputes au sein de la famille. Et les disputes commencent de plus en plus tôt. Mais on peut toujours s'arranger! Regardez le dessin ci-dessous et préparez des réponses aux questions.

- **Qui sont les deux personnages dans le dessin?**
- **Est-ce qu'ils ont l'air heureux?**
- **Pourquoi est-ce que la femme accuse le petit?**
- **Est-ce que le bébé a peur?**

Et qu'est-ce que vous en pensez?

- **Est-ce que les parents doivent être sévères?**
- **Pourquoi est-ce que les jeunes ne les respectent plus?**

F. Jeunes: Droits et responsabilités

On s'échauffe

Est-ce que vous recevez toujours de l'argent de poche de vos parents, ou est-ce que vous avez un petit boulot à temps partiel pour financer vos dernières années à l'école? Est-ce que vous comptez aller à l'université plus tard? Qui va payer vos études à la fac? Et qui va payer tout le reste - appartement, bouffe, vie sociale?

1 Activité de lecture et travail écrit

Lisez le texte ci-dessous et répondez en français aux questions qui suivent.

Familles, je vous aime!

Jeunes gens, dormez tranquilles! Deux Français sur trois considèrent qu'il faut toujours aider ses enfants. 60% pensent qu'on doit continuer à soutenir un jeune même quand il quitte le domicile familial. Et si certains parents risquent d'oublier leur devoir de solidarité, la loi les rappelle à l'ordre. Selon Article 203 du Code Civil, les parents doivent entretenir un jeune jusqu'à la fin de son éducation – même après l'âge de la majorité. On voit déjà certains parents blêmir à l'idée de devoir louer un appartement pour leur enfant, sous prétexte qu'il veut faire Sciences-Politiques, ou de devoir financer des études de chinois jusqu'à 27 ans.

Allez, parents, rassurez-vous! L'état vous soutient: on a distribué 1,3 milliards d'euros de bourses cette année à plus d'un quart des étudiants. Les jeunes sont sérieux et courageux: la moitié d'entre eux travaillent aussi pour financer leurs études. Et surtout ils vous aiment: selon le Credoc, près de 80% placent la famille en tête de leurs valeurs, avec l'amitié.

Enfin, si par malheur vous tombez sur un affreux qui vous traîne en justice pour payer ses dix ans d'études de médecine, réjouissez-vous! Dans vingt ans, quand il sera chirurgien, vous aussi vous pourrez lui demander, au titre de l'article 205 du Code Civil, une pension alimentaire!

Sophie des Déserts

1. Quelle preuve y a-t-il que les parents sont bien disposés envers leurs enfants?
2. Que doivent faire les parents d'après Article 203 du Code Civil?
3. Pourquoi l'auteur a-t-elle choisi l'exemple des études de chinois, à votre avis?
4. Est-ce que l'état encourage les études universitaires, à votre avis?
5. Pourquoi est-ce que l'auteur traite les jeunes de "sérieux et courageux"?
6. Comment est-ce que les parents peuvent se venger sur un enfant qui abuse de leur soutien?

La langue

Register and idioms

Did you notice some unfamiliar words in the speech bubble in the cartoon opposite?

Bosser for example, is a colloquial word for "to work"; it is much less formal than *travailler*. Raquer is slang for *payer*: we might translate it as "to fork out".
These words are appropriate in the circumstances, but that would not always be the case. Making the right choice of word is an important skill that you need to develop during the course. Look out for indications of **register** in your dictionary!

Lâcher la rampe literally means "to let go of the bannisters": it is a figure of speech or **idiom** for "to die". We might say "kick the bucket". Keep an eye out for idiomatic phrases like this during the course.

2 Travail oral

Regardez l'image ci-dessous et préparez des réponses aux questions.

- **De quoi s'agit-il?**
- **Quel est le rapport entre les deux personnes dans le dessin?**
- **Pourquoi est-ce que le garçon ne semble pas être de bonne humeur?**
- **Pourquoi la femme est-elle en colère?**
- **Quel est le deal qu'ils sont en train de négocier?**
- **Est-ce que c'est juste?**
- **Qu'est-ce qu'il faut faire pour éviter ce genre de dispute?**

Grammaire

> p264

The future tense

There are various ways to refer to a future time in French. The most common, particularly in spoken French, is: *aller* + infinitive

Je vais trouver du boulot pendant les vacances. — I am going to find some work during the holidays.

You also need to be familiar with the **future tense.**
The recipe for its formation is simple: **Infinitive** (minus the last ***e*** if it ends in ***e***) + **endings**

Je partirai	*Nous partirons*
Tu partiras	*Vous partirez*
Il / elle partira	*Ils / elles partiront*

A number of verbs are irregular in the future. A list of the most common is on page 264.

Note that if you begin a sentence with *Quand* (when), and the main part of the sentence uses the future tense, then the verb in the "when clause" has to be in the future too.

Quand il sera chirurgien, vous pourrez lui demander une pension alimentaire! — When he is a surgeon, you will be able to ask for a pension from him!

3 On s'entraîne

Traduisez les phrases suivantes:

1. Next year I am going to study Chinese.
2. When I am 27 I'll find a job – not before!
3. I will not be able to go to university: it's too expensive!
4. My parents will pay for a flat in town.
5. It won't be too expensive.

4 Travail oral

Faites des projets pour les cinq ans à venir:

> Quand j'aurai fini mes examens d'AS, . . .
> Après l'école, . . .
> Pendant les vacances, . . .
> Quand je serai à la fac, . . .
> Quand j'aurai 22 ans, . . .

Présentez vos idées à votre classe en 60 secondes au moins.

G. La famille lointaine

On s'échauffe

Dans la société contemporaine, il y a bien des pressions sur la famille. Souvent il faut se déplacer pour trouver du travail et, par conséquent, la famille est séparée. Est-ce que vous avez un frère ou une soeur qui est déjà parti de la maison pour aller à l'université ou pour travailler ailleurs? Est-ce que cette personne vous manque? Est-ce que cela a fait une grande différence à la maison?

1 Travail oral

L'Autoroute: Un trait d'union entre nous

Ces deux photos sont des publicités pour l'autoroute en France.

Il est difficile de vivre loin des gens qu'on aime, mais les autoroutes peuvent être *un trait d'union entre nous.* Regardez bien les photos et préparez des réponses orales aux questions suivantes.

Vocabulaire

- *Être sur le point de – to be about to*
- *S'embrasser – to kiss*
- *Une double-flèche – a double arrow*
- *Prendre la voiture – to take the car*
- *Tirer la langue – to stick one's tongue out*
- *Avoir l'air coquin(e) – to look cheeky*
- *La petite fille – granddaughter*
- *Le péage – toll*

- Qu'est-ce que vous voyez dans la première photo?
- La femme, que fait-elle de la main?
- Qu'est-ce qu'ils sont sur le point de faire?
- Comment savons nous qu'ils sont amoureux?
- Qu'est-ce qui indique que la situation n'est pas aussi simple qu'il ne le semble?
- D'après la publicité, qu'est-ce qu'il faut faire pour résoudre le problème?
- Quel lien existe-t-il entre les deux personnes dans la deuxième photo?
- Que fait la fille?
- Pourquoi est-ce que l'homme ne se fâche pas?
- Quel est le message que la publicité veut communiquer?
- Pourquoi est-ce qu'on ne trouve pas de publicité pour les autoroutes chez nous?

2 Travail écrit

Écrivez un petit texte pour accompagner une de ces photos. Dans ce texte, vous essayez d'encourager les gens à utiliser les autoroutes. Il faut donc mentionner tous les avantages qu'elles présentent.
Écrivez environ 100 mots.

Grammaire

> p265

The conditional

The conditional corresponds to the English word "would".

Qu'est-ce que nous ferions sans l'autoroute?	What would we do without motorways?

It has three main uses:

- To describe what would happen as a result of certain conditions:
  Si je n'avais pas de voiture, je serais vraiment embêtée. — If I didn't have a car, I would really be in a mess.
- To report what someone has said about a future event:
  Elle a dit qu'elle viendrait nous voir avec les enfants ce week-end. — She said that she would come and see us with the children this weekend.
- To be polite in making a request or suggestion:
  On déménage la semaine prochaine. — We're moving next week.
  Est-ce que vous pourriez nous donner un coup de main? — Could you lend us a hand?

The recipe for its formation is simple: the **future stem** + **imperfect endings**.

Check out the details on page 265.

3 On s'entraîne

Pour beaucoup d'adolescents, l'idée de vivre loin des parents semble assez attrayante. Ça ouvre le chemin à tout un tas de nouvelles possibilités. Mais il faut aussi être réaliste: quand on n'habite pas chez ses parents, il y a aussi beaucoup de nouvelles responsabilités.

Faites une liste, divisée en deux parties, pour raconter ce que vous feriez, si vous habitiez loin de la maison ...
Recopiez et complétez le tableau.

Si j'habitais dans mon propre appartement, loin des parents ...	
Côté positif	*Côté négatif*
Je me lèverais à une heure raisonnable – à onze heures ou midi!	*Je serais obligé de faire le ménage.*

H. Entre voisins

On s'échauffe

Est-ce que vous connaissez vos voisins? Est-ce que vous avez un bon rapport avec eux? Est-ce que vous avez une responsabilité envers vos voisins?
Est-ce que vous pensez que la société devient de plus en plus individualiste ou est-ce qu'il y a un retour vers la convivialité?

1 Activité de lecture et travail écrit

Lisez cet article et répondez en français aux questions qui suivent.

Ces voisins qui "tablent" sur un retour de la convivialité

Vendredi soir, les habitants de la rue du Commandant Blanché descendaient dans la rue pour la journée nationale des repas de quartier.
Les enfants jouent à la dinette dans leur coin, c'est normal. Mais il y a aussi la réalité: des tables installées sur des tréteaux. De belles nappes, des sushis frais, de bonnes salades de riz. Chacun a amené quelque chose. Martin, à la table du fond, vient d'ouvrir un bon vieux Bordeaux. Son voisin, lui, ouvre du Bourgogne. Sylvain fait cuire des merguez sur le barbecue depuis une heure – mais il a encore du travail: le plein air ouvre l'appétit.
Un peu plus loin, Angèle fait connaissance avec d'autres habitants de la rue. Ils habitent là depuis dix ans déjà, mais ils ne se sont jamais parlé!
La doyenne de la rue habite au 97. Les gens étaient plus ouverts, dit-elle, quand elle était jeune, mais ce repas collectif qu'elle vient de commencer semble lui réchauffer le cœur. À côté de cette gentille vieille se trouve Faby. Elle ne connaît personne. Elle vient d'emménager dans la rue. Ça fait à peine dix jours qu'elle habite numéro 85 avec son copain. Elle est contente d'avoir cette occasion de faire la connaissance de tout le monde.
Les enfants ont le droit de quitter la table avant la fin du repas. C'est vrai. Ils sont là depuis des heures déjà.
23 heures. Tous viennent de finir les desserts. On propose une partie de pétanque. Les plus âgés vont se coucher. Les durs restent là à discuter.
Minuit. La soirée touche à sa fin, et elle laisse à tous l'envie de recommencer. Mais pour l'instant, il faut tout ranger. Demain matin les voitures passeront de nouveau par là.

1. Pourquoi les résidents de la rue du Commandant Blanché ont-ils décidé de manger dans la rue?
2. Comment se sont-ils organisés pour la nourriture?
3. Pourquoi Sylvain a-t-il dû faire cuire énormément de merguez?
4. Pourquoi est-ce que Faby ne connaissait personne au début du repas?
5. Pourquoi est-il étonnant qu'Angèle ne connaissait pas la personne avec qui elle parlait?
6. Est-ce que ce repas de quartier a été un succès? Écrivez un paragraphe (d'environ 80-100 mots) pour exprimer votre opinion.

Grammaire

> p262

Special tenses for special occasions

a. JUST

To talk about something in the immediate past, English uses the word "just". We say that something has "just" happened.

French uses a different construction: ***VENIR DE*** + **INFINITIVE**

To indicate that something has happened recently, the French say that they are coming (*venir*) from (*de*) doing it (infinitive). In this construction, *venir* can be used in only two tenses:

Present: ... **has / have** just ...

Il vient de déménager.	He has just moved.
Nous venons de commencer.	We have just started.

Imperfect: ... **had** just ....

Ils venaient de finir quand il a commencé à pleuvoir.	They had just finished when it started to rain.

b. *DEPUIS*

Depuis is used to indicate something that has been going on over a period of time. It is used with two tenses:

Present: something that has been going on over a period of time and still is:

Ma femme est française, mais elle habite en Angleterre depuis 15 ans.	My wife is French but she has been living in England for fifteen years.

Note that English uses a different tense to say the same thing.

Imperfect: something that had been going on until a given point in the past:

Il faisait cuire les merquez depuis une heure quand un ami a pris la relève.	He had been cooking the merguez for an hour when a friend took over.

Questions

There are three ways of transforming a statement into a question in French.
You can use tone of voice, *est-ce que* or inversion. Find out more on page 271.

2 On s'entraîne

Journaliste

a. Vous êtes le journaliste qui a écrit l'article ci-contre. Voici certaines questions que vous avez dû poser pour vous renseigner. Traduisez-les en français:

1. How long have you been living in rue Commandant Blanché?
2. Is it true that you have just moved into the district?
3. Have you known each other for a long time?
4. How long have you been cooking those merguez?
5. Is it true that you have just got to know each other?

b. Maintenant, c'est à vous! Inventez cinq questions supplémentaires pour vous renseigner sur tous les autres aspects de l'organisation d'un repas de quartier.

3 Travail oral: L'An 2000

Pour fêter l'an 2000, l'Angleterre a dépensé des milliards et des milliards d'euros pour construire un Dome à Greenwich. Ce Dome a été beaucoup critiqué.

Les Français, eux, ont organisé un grand pique-nique national. Tout le monde a mangé ensemble dans la rue. Ça a coûté quelques milliers d'euros.

Est-ce que vous pensez que les Français ont plus de savoir-vivre que les Anglais?

Préparez un petit discours de 45 secondes pour soutenir le choix des Anglais ou le choix des Français.

I. Révolution ou évolution: La famille a-t-elle un avenir?

On s'échauffe

Au début du vingtième siècle, tout le monde savait ce que c'était une famille. Il y avait deux parents et leurs enfants qui vivaient ensemble dans la même maison. De nos jours, ce n'est plus aussi simple.
Est-ce que la notion de la famille est périmée? Est-ce que la famille est toujours importante? Quel modèle de la famille est-ce que vous connaissez?

1 Activité de lecture et travail écrit

Lisez le texte ci-dessous et répondez en français aux questions qui suivent.

Dossier sur la famille

A Les statistiques concernant la famille sont au rouge ...

Statistiquement, la famille ne ressemble plus guère au modèle traditionnel. Le nombre de mariages a diminué de plus d'un tiers depuis 1975, au profit de l'union libre ou du célibat. Dans le même temps, le nombre de divorces a doublé. Les familles monoparentales et complexes se sont multipliées.

On pourrait ajouter à cela le fait que les enfants voient moins leurs parents, car la majorité des couples sont biactifs. Et l'homme et la femme travaillent. Les jeunes voient aussi moins souvent leurs grand-parents, qui sont plus éloignés géographiquement. C'est le phénomène de la décohabitation des générations: les familles ne vivent plus ensemble.

B ... mais la famille reste une valeur essentielle.

Malgré la mutation qui s'est produite au cours des dernières décennies, la famille reste une valeur sûre pour les français de tout âge.

- Elle est le lieu de l'amour et la tendresse, au sein du couple comme entre les parents et les enfants.
- Elle est le centre de la solidarité entre les générations.
- Dans une société sans repères, c'est dans la famille qu'on apprend les valeurs. La famille est comme un creuset où on forge ses idées et ses principes pour l'avenir.

Voilà pourquoi la famille n'est pas menacée.

C Les relations entre parents et enfants sont plutôt bonnes

Les enquêtes montrent que les relations avec les parents sont satisfaisantes: les enfants parlent plus volontiers à leurs parents (à la mère en particulier) qu'à leurs professeurs, par exemple.

Pour de nombreux enfants, la famille est un nid douillet dans lequel il fait bon vivre. Ils vivent d'ailleurs de plus en plus longtemps au domicile avec des parents. Certes, les difficultés économiques expliquent largement cette cohabitation prolongée, mais elle ne serait sans doute pas possible en cas de mésentente.

1. Pour quelles raisons le modèle traditionnel de la famille a-t-il changé?
2. Pourquoi est-ce que les enfants ont tendance à moins voir leurs grand-parents qu'auparavant?
3. Quelles sont les valeurs positives qui se transmettent au sein de la famille?
4. Pourquoi est-ce que la société est maintenant "sans repères"? Qu'est-ce qui donnait les points de repères autrefois?
5. Dans quel sens est-ce que la famille représente un "nid douillet" pour certains enfants?

2 Exercice de compréhension

Lisez les affirmations suivantes et indiquez si elles sont vraies ou fausses.

1. En France, de plus en plus de gens se marient, même s'ils divorcent bientôt après.
2. Les générations ont tendance à habiter ensemble. Comme ça, les grand-parents peuvent garder les enfants quand leurs parents sont au travail.
3. Dans plus de 50% des couples, le mari et la femme ont tous les deux un métier.
4. Selon l'article, c'est le rôle de la société en général de forger les valeurs.
5. Les enfants restent plus longtemps à la maison parce qu'ils n'ont pas assez d'argent pour s'installer ailleurs.

3 Exercice d'écoute

Lisez les termes ci-dessous, puis écoutez les définitions données sur cassette. Pour chaque définition, choisissez un des termes dans la case.

- **L'union libre**
- **Le célibat**
- **Le divorce**
- **Une famille monoparentale**
- **Un couple biactif**
- **La mutation**
- **La décohabitation**
- **La solidarité**
- **Un point de repère**
- **Un nid douillet**

4 Travail oral

Regardez la photo ci-dessous et préparez des réponses aux questions:

- **De quoi s'agit-il?**
- **Qu'est-ce que vous voyez dans la photo?**
- **Quelle est l'attitude du grand-père?**
- **Pourquoi le petit garçon est-il plein de confiance?**
- **Quelle notion de la famille est-ce que la photo laisse entendre?**

PHOTO FINISH

a. Regardez cette photo et préparez un exposé sur la vie de famille.
Il y a des questions pour vous aider à structurer votre réponse.

> Quelle impression est-ce qu'on a de la vie de famille des gens dans la photo?
> Est-ce que les personnes photographiées sont détendues ou est-ce qu'elles sont peut-être un peu trop pressées?
> Pourquoi est-ce qu'il est de plus en plus nécessaire d'organiser son temps?
> Comment peut-on réussir la vie de famille à votre avis?

b. Travaillez avec un partenaire et faites un jeu de rôle. Vous devez imaginer la conversation entre la femme et la fille dans la photo.

www.toutterrain.co.uk

> **http://www.adomonde.net/**
Articles, poems, short stories . . . written by and for teenagers.
> **http://jeudeloie.free.fr/**
Use this game to practise your grammar skills.

Unité 2
Au repos

Terrain Thématique

- Les loisirs: faut-il se détendre ou se dépenser?
- Est-ce que l'audiovisuel va complètement remplacer la lecture au vingt-et-unième siècle?
- Aimez-vous le plein air?
- Le football: est-ce que c'est plus qu'un sport?
- Comment peut-on réussir une sortie?
- Quelles sont vos ambitions?
- Avez-vous envie d'essayer quelque chose de nouveau?
- Est-ce que vous êtes un accro de la télé?
- Les loisirs: récompense ou droit?

Ce chapitre vous permettra de répondre . . .

Terrain Linguistique

- Adjectives
- Impersonal verbs
- The perfect tense
- Comparative and superlative adjectives
- The partitive article
- The imperfect
- Relative pronouns

A. Loisirs: Détente ou défi?

On s'échauffe

Il vous semble, peut-être, que vous avez très peu de temps libre. En fait, le temps libre disponible n'est sans doute pas inférieur à six heures par jour en moyenne. En dehors des heures de travail, est-ce que vous recherchez le repos ou préférez-vous d'autres activités pour vous changer les idées? Le temps libre pour vous, est-ce que c'est le vide ou l'occasion de réaliser vos rêves?

1 Exercice d'écoute: Qu'est-ce qu'on fait le week-end?

a. Lucie et compagnie

Lucie

Écoutez ces interviews avec trois lycéens qui parlent du week-end.
Pour chaque personne qui parle, il faut identifier les activités qu'ils mentionnent.
Recopiez et complétez le tableau. Cochez les cases. Vous pouvez en cocher plusieurs sur la même ligne.

Est-ce que c'est Lucie, Nathalie ou Marc qui ...	Lucie	Nathalie	Marc
a. aime écouter la musique			
b. fait la grasse matinée			
c. boit un Coca tranquille			
d. se promène en scooter			
e. ne ressent pas de contraintes			
f. est au calme			

b. Claude et sa fanfare

Claude

Écoutez ce reportage sur la Fanfare de Claude Barthes et ses amis.
Décidez pour chaque affirmation si c'est vrai, faux ou simplement pas mentionné par Claude.
Recopiez et complétez le tableau.

	Vrai	Faux	Pas mentionné
1. Claude était étudiant il y a 20 ans.			
2. Il faisait des études au centre de Paris.			
3. Il étudiait la géographie.			
4. La vie était très chère à Paris pour des étudiants.			
5. Claude mentionne trois instruments différents.			
6. Ils étaient très nombreux dans la fanfare à l'origine.			
7. Ils ont beaucoup répété ensemble.			
8. Quand ils étaient étudiants, ils ne pouvaient répéter que le week-end.			
9. Un membre de la fanfare est mort maintenant.			
10. Ils ont produit un CD pour commercialiser leur musique.			

2 Travail oral

Alors que certains ne font pas grand'chose pendant leur temps libre, d'autres aiment montrer de quoi ils sont capables. Ils recherchent le défi et les émotions fortes.

Regardez la publicité ci-dessous et préparez des réponses orales aux questions qui suivent. Après, vous pourrez comparer vos réponses avec celles d'autres membres de la classe.

Canon: Montrez de quoi vous êtes capable.
"Le surf, la photo, le surf, la photo, c'est tout ce que j'aime dans la vie. Alors quand j'ai croisé cette vieille dame dans la rue, mon nouvel EOS sous le bras, ça a fait tilt ... Elle était magnifique ... Mais non, pas la vieille dame ... la magnifique déferlante qu'elle avait dans les cheveux. Quant à ceux qui prétendent que c'est la meilleure vague que j'ai jamais prise ... "

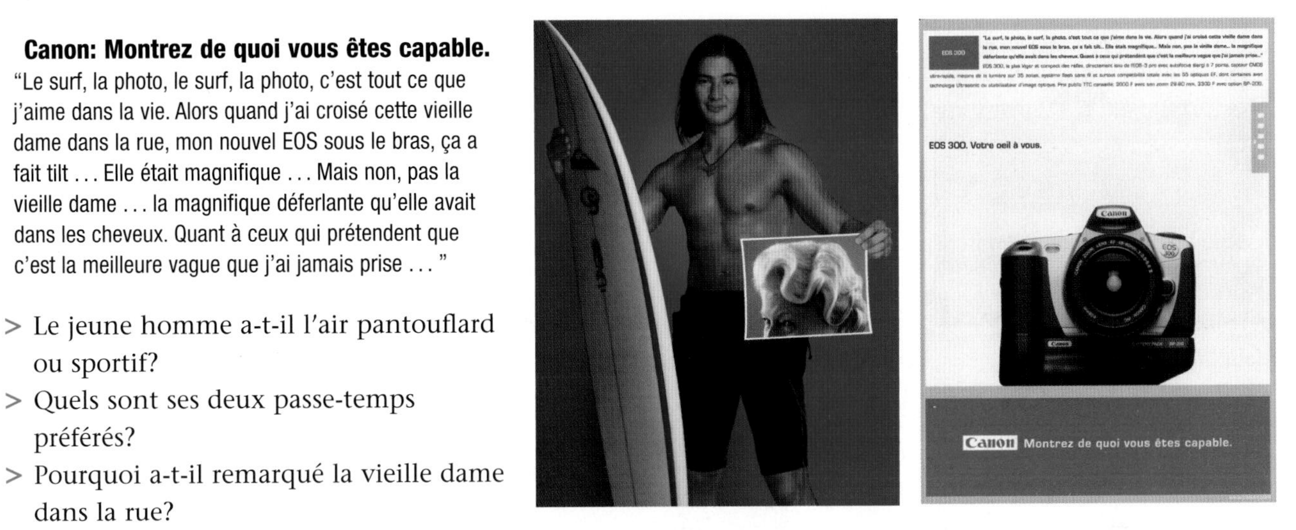

> Le jeune homme a-t-il l'air pantouflard ou sportif?
> Quels sont ses deux passe-temps préférés?
> Pourquoi a-t-il remarqué la vieille dame dans la rue?
> Est-ce que la photo qu'il a prise est un portrait typique?
> Quels sont les messages que Canon veut communiquer par cette publicité?

beau *brun* *nouveau* *bon* *blanc* *raide* *bouclé* *vieux* *professionnel*

3 On s'entraîne

Remplissez les blancs dans les phrases ci-dessous avec un adjectif qui se trouve dans la case ci-contre.
Attention: c'est à vous de faire les accords nécessaires!

1. Le jeune a les cheveux ___a___ et ___b___ ...
2. ... tandis que la ___c___ dame les a ___d___ et ___e___.
3. Le jeune a pris la photo avec son ___f___ EOS.
4. C'est un appareil qui prend de très ___g___ photos.
5. Un appareil *Canon* est sans doute un ___h___ investissement si vous voulez réaliser des photos quasiment ___i___.

Grammaire

> p251

Adjectives
Adjectives "agree" with the noun they are describing.
"Agreement" means that the adjective shows the same gender (masculine or feminine) and number (singular or plural) as the word it qualifies.
It is the ending of the adjective which shows the number and gender.
Il est brun. *Elle est brune.* *Ils sont bruns.* *Elles sont brunes.*

Adjectives which already end in *e* don't add an extra *e* for the feminine form (unless it's an *é*).
Il est jeune. *Elle est jeune.*
Il est bronzé. *Elle est bronzée.*

Some adjectives are irregular. Refer to the information on page 252.

B. La lecture

On s'échauffe

Est-ce que vous lisez beaucoup? Pour le plaisir ou uniquement parce que la lecture est nécessaire pour vos études? Quelles sortes de livres préférez-vous? Est-ce que vous passez plus de temps à lire ou à regarder la télé? Pourquoi?

1 Activité de lecture et travail écrit

Lisez le texte et répondez en français aux questions qui suivent.

La relation au livre change avec le développement de l'audovisuel

Un rapport réalisé par le sociologue François de Singly pour l'Éducation Nationale a montré que les jeunes ont de plus en plus de difficulté à lire. C'est la longueur des livres qui représente l'obstacle le plus important. Le mode de culture imposé par l'audiovisuel, qui privilégie l'image par rapport aux mots et favorise les formats courts (clips), a transformé la relation au livre. Les jeunes trouvent à la télévision ou dans les jeux vidéos une satisfaction plus immédiate que dans la lecture.

De plus, la pression exercée par les parents pour inciter leurs enfants à lire et à prendre du plaisir à cette activité aboutit souvent à l'effet inverse. Après l'audiovisuel, puis la lecture de la presse, celle des livres est donc concernée par la vague de fond du zapping. Certains éditeurs prennent en compte ces attitudes nouvelles, en proposant notamment des livres plus courts. Ce raccourcissement des formats de lecture est souvent associé à un prix bas, ce qui rencontre une autre demande forte en matière de consommation. La "littérature rapide" cherche à attirer les personnes pressées et les jeunes rebutés par la lecture.

1. Quel est le message central du rapport de Singly?
2. Quel est l'obstacle principal par rapport à la lecture?
3. De quelle façon l'audiovisuel influence-t-il l'approche à la lecture?
4. Qu'est-ce que l'auteur veut dire par la "satisfaction immédiate"?
5. L'influence des parents est-elle forcément positive? Pourquoi (pas)?
6. Les éditeurs se sont-ils adaptés aux changements?
7. Quels sont les avantages de la lecture rapide?

2 Travail écrit

Remplissez les blancs dans ce résumé du texte en utilisant la forme correcte du verbe qui apparaît entre parenthèses à la fin de chaque phrase.

1. Les jeunes _________ avec de plus en plus de difficulté. (lire)
2. L'audiovisuel et l'image _________ les formats courts. (favoriser)
3. Les jeunes _________par la télé et les jeux vidéos. (être attiré)
4. Les parents _________ les jeunes à lire . . . (ne pas sembler aider)
5. . . . car ils les _________ trop. (forcer)
6. Leurs efforts _________ à l'effet inverse. (aboutir)
7. Les éditeurs _________ en compte les changements . . . (prendre)
8. . . . et _________ des livres plus courts et accessibles. (produire)

La langue

Il faut

Il faut means "It is necessary to" but it can be translated in a variety of ways depending on the context.

Il faut changer le format de nos livres. — We need to change the format of our books.

Il faut apprendre beaucoup de vocabulaire pendant l'année. — You need to learn lots of vocabulary during the year.

If you need to be absolutely precise about where the necessity lies, you can attach a person to *il faut:*

Il nous faut attirer de nouveaux clients. — We must attract new clients.

Il faut comes from the verb *falloir*. It's an impersonal verb, which means that it only exists in the *il* form. It can't be used with any of the other persons.

3 On s'entraîne

Éditeur: Vous êtes un jeune éditeur dans une maison d'édition un peu traditionelle. Seule une petite partie de ses ventes est dirigée vers les jeunes. Votre mission, c'est de faire augmenter les publications et les ventes dans ce secteur. Préparez une présentation pour la direction de cette maison d'édition pour lancer de nouvelles stratégies. Vous allez décrire ce qu'*il faut* faire!
Vous pourriez peut-être utiliser PowerPoint pour impressionner les Directeurs.

4 Travail d'écoute

164 livres par ménage: In spite of the influence of television, the French are still big readers. Listen to this report about books in France and make notes in English on:

> The number of books per household
> The differences in numbers of books according to profession
> The differences according to geographical area
> The popularity of different types of books (with the % of households in which they appear)

5 Travail oral

On dit souvent que la télévision est responsable du fait que les jeunes ne lisent plus. En plus, certains ne peuvent même pas regarder une émission entière; ils préfèrent changer de chaîne sans cesse.

Est-ce que vous considérez la télé comme une mauvaise influence? Regardez l'image ci-dessous et préparez des réponses aux questions:

GRACE À LA TÉLÉCOMMANDE ANTI-ZAPPING LUCIEN SE GUÉRISSAIT LENTEMENT DE SA MAUVAISE MANIE.

- **De quoi s'agit-il?**
- **Qu'est-ce que vous voyez dans l'image?**
- **Quels sont les deux points visuels les plus importants?**
- **À quoi la télécommande ressemble-t-elle?**
- **Pourquoi Lucien a-t-il des pansements aux doigts?**

- **Est-ce que vous faites vous-même du "zapping"?**
- **Quand êtes vous le plus tenté de le faire?**
- **D'après vous, est-il juste d'appeler le "zapping" une "mauvaise manie"?**
- **Comment faut-il gérer la télévision pour le mieux?**

C. Balade en montagne

On s'échauffe

Contrairement à l'Angleterre, la France présente plusieurs régions de hautes montagnes. Est-ce que vous avez déjà visité les Alpes ou les Pyrénées? À quoi pensez-vous lorsqu'on parle de ces régions?

1 Exercice d'écoute

Romain Mourier comes from Provence, but he is is currently studying in Tarbes. One of the reasons why he chose to go there was to take advantage of the Pyrenees. Listen to him as he talks about his enthusiasm for the mountains in summer and winter. Make notes in English on what he says. You should include the following:

> what he is studying
> what he feels about the mountains
> why he goes on hikes on his own
> what he talks about with other walkers at the refuges
> what sort of skiing he likes and why
> what he does when it is raining (and what he thinks about that)

2 Activité de lecture

Balade jusqu'à la Brèche de Roland: L'été dernier, Romain a passé un week-end dans les montagnes près du célèbre Cirque de Gavarnie. Il a accepté d'écrire un petit journal de sa randonnée que vous pouvez maintenant lire.

Vendredi 18, 14h.

Je me suis mis en route au village de Gavarnie, à 1365m d'altitude, sous l'église. J'ai commencé la marche vers le Port de Boucharo et j'ai remonté la vallée des Pouey Aspé. Il m'a fallu 4h30 pour arriver à la vallée des Tourettes. J'étais entouré de mille couleurs, mille formes. Une véritable hallucination! J'ai mis beaucoup plus de temps que prévu car j'ai longuement admiré toutes les merveilles de la nature autour de moi.

Samedi 19.

Je suis parti pour la Brèche de Roland vers 11h. Normalement, on met 2h30 pour y arriver, mais moi, j'ai abondonné le sentier. J'ai escaladé un moment et j'ai sué un bon coup. J'ai vu les sources des grandes cascades. C'était fantastique! J'en ai eu pour 4h car je ne me suis pas pressé. Enfin, j'ai débouché dans les splendeurs des moraines et des grands névés. Une dernière ascension m'a pris trois quarts d'heure et je me suis adossé au bleu du ciel, debout sur la Brèche à 2807m d'altitude! Fantastique.

Dimanche 20, 10h.

Retour à Gavarnie. Il faut moins de 3h d'habitude. Je suis redescendu doucement, j'ai bu un thé au refuge. Ensuite, le brouillard est monté et je me suis dépêché. Je suis rentré par l'itinéraire difficile, le chemin des Sarradets, à la verticale presque! Quel chemin! Je suis revenu au village et en tout, pour cette dernière étape, il m'a fallu juste 2h15 car j'ai fait aussi vite que possible. Cette balade a peu duré mais elle était un délice. Difficile par contre pour les amateurs.

Grammaire

> p262

The perfect tense

The perfect tense is used to describe completed actions and events in the past.
It can be translated in different ways in English.
For example, *J'ai fini* can mean:

> I have finished > I finished > I did finish

The perfect is often referred to in French as *le passé composé* because it is composed or made up of three parts: the subject + part of *avoir* or *être* (the auxiliary verb) + the past participle.

For most verbs, the auxiliary is *avoir*.
The past participle of regular verbs is based on the infinitive:
er→ é (manger → mangé); – ir → i (finir→ fini) ; – re → u (vendre → vendu)
Exemple:

J'ai fini	*Nous avons fini*
Tu as fini	*Vous avez fini*
Il / elle a fini	*Ils / elles ont fini*

For the following verbs, the auxiliary is *être*.

Aller	*Arriver*	*Descendre*	*Devenir*	*Entrer*	
Monter	*Mourir*	*Naître*	*Partir*	*Passer*	
Rester	*Retourner*	*Sortir*	*Tomber*	*Venir*	and all reflexives.

For additional information about the agreement of past participles, refer to page 263.

3 On s'entraîne

Imaginez que Romain a fait sa balade avec des amis. Réécrivez les verbes suivants à la première personne du pluriel:

je me suis mis en route	il m'a fallu	je suis entouré
j'ai mis plus de temps	je suis parti	j'ai commencé
j'ai remonté la vallée	j'en ai eu pour	je ne me suis pas pressé
j'ai débouché	je suis redescendu	je me suis dépêché
j'ai bu	je suis revenu	j'ai fait aussi vite que possible

4 Travail écrit

Écrivez environ 150 mots pour décrire un long voyage que vous avez entrepris. Vous pouvez choisir une randonnée à pied ou à vélo, ou peut-être un long voyage en voiture ou en avion. Il faut inclure:

> Ce que vous avez fait.
> Ce que vous avez vu.
> Combien de temps vous avez mis pour faire chaque étape de votre périple.

Roussillon

D. Le football

On s'échauffe

Les Anglais n'oublieront jamais la Coupe du Monde de 1966. Ils en parlent toujours. Ça va être pareil pour les Français et la Compétition de 1998. C'était un événement historique qui a passionné tout un pays.

Qu'est-ce que vous pensez du football? Est-ce simplement un sport? Ou est-ce que c'est une passion et même une force politique?

1 Activité de lecture et travail écrit

Lisez le texte et répondez en français aux questions qui suivent.

Nous nous sommes tant aimés

Plus de deux millions de personnes sont licenciées à un club de foot en France, et il est de loin le sport le plus populaire. Les succès en Coupe du Monde (1998) et d'Europe (2000) n'ont fait qu'accentuer ce phénomène. Il est, d'autre part, soutenu par la télévision qui consacre trois fois plus de temps au sport qu'il y a vingt ans. Pour beaucoup de personnes, regarder le foot à la télé devient un substitut pour la pratique. Le sport, le foot en particulier, devient un spectacle.

Pour les Français, la victoire de 1998 a été un triomphe, pas seulement au niveau du sport. Il y a eu toute une gamme de sentiments et de réactions . . .

Des gosses de banlieue qui chantent "La Marseillaise", vous coincent en vous menaçant d'un drapeau tricolore et vous tombent dans les bras. La photo de Zidane, le Kabyle aux beaux yeux tristes recouvre l'Arc de Triomphe. Un million de Français – plus qu'à la Libération – ont envahi les Champs Elysées et on entend: «Zidane président!». Ce soir, la France est folle. Folle et belle. Le Président de la République a passé un mois à hurler, bras levés devant des milliards de téléspectateurs. Le Premier Ministre affirme qu'il a été gardien de but, et les femmes, devenues des inconditionnelles du ballon rond, lui trouvent un attrait inattendu. La France des trois couleurs, ce soir, c'est la France Black-Blanc-Beur. Et si le football avait permis aux Français de réaliser leur plus vieux rêve, la fraternité?

1. Qu'est-ce qui suggère que le foot est un sport très populaire en France?
2. Dans quel sens est-ce que le foot est plus qu'un sport?
3. Après la victoire de 98, qui chantait "La Marseillaise"? Pourquoi était-ce surprenant?
4. Comment le Président a-t-il réagi pendant le tournoi? C'était normal?
5. Quelle influence la Coupe du Monde a-t-elle eu sur les femmes?
6. Qui était le grand favori de la fête?

Grammaire

> p252

Comparative and superlative adjectives

a. The comparative

As its name suggest, the comparative is used to compare one person or thing with another.

To make such a comparison, you simply use: > *Plus* > *Moins* in front of an adjective.

Certains pensent que les Français sont moins racistes maintenant.	Some people think that the French are less racist now.

To say that the two things being compared are the same, we use *aussi ... que*.

Le rugby est aussi passionnant que le football.	Rugby is as exciting as football.

b. The superlative

The superlative is used to indicate the best (or worst) when more than two people or things are being compared. To change a comparative into a superlative, add *le, la* or *les* in front of *plus* or *moins*.

C'est le joueur le moins expérimenté de l'équipe.	He's the least experienced player in the team.
Les supporters anglais ont la réputation d'être les plus violents de l'Europe.	English supporters have the reputation of being the most violent in Europe.

Note that there are irregular forms for *bon*: *bon* → *meilleur* → *le/la/les meilleur(e)(s)*

In formal written French, *mauvais* changes as follows: *mauvais* → *pire* → *le/la/les pire(s)*

2 On s'entraîne

Voici une sélection des joueurs de l'équipe de France pendant l'Euro 2000. Regardez attentivement les informations sur ces quatre joueurs. Ils sont d'âge, de taille et de poids différents. Répondez aux questions qui suivent.

16. Fabien BARTHEZ	4. Patrick VIEIRA	9. Zinédine ZIDANE	12. Thierry HENRY
• Gardien de but • 29 ans (né 28.06.71) • 1,83 m; 78 kg • 38 sélections	• Milieu récupérateur • 24 ans (né 23.06.76) • 1,91 m; 82 kg • 30 sélections	• Milieu offensif • 28 ans (né 23.06.72) • 1,85 m; 78 kg • 59 sélections, 16 buts	• Attaquant • 22 ans (né 17.08.77) • 1,88 m; 83 kg • 21 sélections, 8 buts
EURO 2000 Temps joué: 490 minutes Il a prouvé qu'il était le meilleur, sans rival	**EURO 2000** Temps joué: 251 minutes L'énorme révélation du tournoi.	**EURO 2000** Temps joué: 490 minutes Le Zizou de la France est devenu le Zidane du monde. Il a prouvé qu'un artiste peut aussi être un battant.	**EURO 2000** Temps joué: 468 minutes Une star est née, et pour longtemps.

1. Au moment de la compétition de l'Euro 2000:
   a) Qui était le joueur le plus grand?
   b) Qui était le joueur le plus lourd?
   c) Qui était le joueur le plus âgé? Était-ce normal?
   d) Qui était le joueur le moins âgé?
   e) Qui était le joueur le plus expérimenté?
2. Remplissez les blancs avec le nom d'un des quatre joueurs:
   a) _______ est un peu moins âgé que _______, mais plus vieux que _______ et _______.
   b) _______ est aussi lourd que _______.
   c) _______ est plus grand que _______. _______ est le plus grand et _______ le plus petit.
   d) _______ est plus expérimenté dans l'équipe nationale que _______, mais _______ a joué pour les Bleus presque deux fois plus que lui.

E. La musique: Une sortie réussie

On s'échauffe

Vous sortez souvent? Est-ce que vous sortez uniquement pour boire un pot ou est-ce que vous aimez découvrir autre chose? Pour quel genre de sortie est-ce que vous êtes vraiment enthousiaste?

Paco Ibanez

1 Activité de lecture et exercice de compréhension

Avec le courrier-e, ou le mail, il est facile de partager ses expériences, alors qu'elles sont encore actuelles. Le texte ci-dessous est un mail de Sylvain Salvador, que vous avez rencontré dans le premier chapitre. Il raconte une sortie à un concert qui l'a profondément marqué ...

Lisez le mail et répondez en français aux questions qui suivent.

De: Sylvain Salvador
Sujet: **Une sortie réussie**
Salut à tous!

Vendredi soir, on est allés à Toulouse pour voir Paco Ibanez en concert. Ça a été quelque chose d'une profondeur intense. Le bonhomme a bien vieilli et fait grand-père. Il s'essouffle facilement, et a perdu une bonne partie de la vivacité de sa voix. Mais quel talent d'interprétation! Il s'est présenté et a commenté toutes ses chansons avec beaucoup d'humour. Il a commencé par faire référence aux idéaux qui lui ont longtemps été importants. Il a dit que tout ça semblait loin derrière maintenant. Il a fait des commentaires à demi-mots sur la vie moderne: l'informatique, l'internet, les passionnés du football ... un monde qu'il ne comprenait plus.

Ses chansons étaient toutes très touchantes, sa voix parfois très basse, à faire penser à un caveau. Il a chanté quelques vieilles chansons, "Erace una ves" et "A galopar!", sur insistance de tout le monde. Il nous a offert de nouvelles chansons aussi: un hommage à sa mère défunte, une chanson d'un poète connu, intitulée "Le vent dans les peupliers" – en espagnol, bien sûr. Avec une émotion insoutenable, il a joué un flamenco magnifique sur Cordoba, la ville qui a perdu sa grandeur culturelle d'antan, et aussi une chanson intitulée "Il n'y a plus de fous" qui traduisait la tristesse de la société espagnole d'aujourd'hui. J'ai été très touché par une chanson sur la mort, qui vient en dame blanche prendre un des amoureux d'un jeune couple.

Il a ponctué la soirée avec beaucoup d'humour, ce Paco Ibanez, mais cela faisait un spectacle vraiment trop profond. Le plus dur, c'était de voir un vieillard continuer à porter un message humaniste, et de me dire que bientôt, je ne l'entendrais plus chanter. J'ai rarement autant pris conscience de la mort. Paco Ibanez est parti en nous donnant, sur le ton de la plaisanterie, rendez-vous dans vingt ans.

Grosses bises à tous et à bientôt,

Sylvain

1. Quel est le sujet principal de ce mail?
2. De quelle nationalité est Paco Ibanez à votre avis?
3. Qu'est-ce que vous apprenez dans ce mail de la personnalité et des intérêts de Paco Ibanez?
4. Ce vieil homme est-il coupé de la société actuelle?
5. Quelle a été la réaction de Sylvain face à ce concert?

2 Travail écrit

Votre mail

Vous allez, vous aussi, écrire une lettre ou un mail. Vous devez écrire entre 180 et 250 mots.

Choisissez un concert ou un spectacle, et une personne à qui vous écrivez. Pensez à:

> Introduire votre sortie
> Expliquer avec qui et pourquoi vous êtes sortis (anniversaire, fin d'examens, visite spéciale du groupe, publicité à la télévision; famille, amis, copains, seul / seule . . .)
> Décrire les lieux, la scène, le café-concert où ça s'est passé
> Dire de quelle sorte de groupe, personne, acteur / actrice il s'agissait
> Faire des commentaires sur la musique ou sur la pièce de théâtre
> Exprimer vos réactions (C'était juste du bruit, par exemple, ou de la bonne musique?)
> Dire si vous avez été particulièrement touché(e) par une personne, un moment du spectacle?
> Finir votre lettre avec d'autres informations qui correspondent à votre temps libre et aussi à vos projets.

3 Travail oral

Interview avec Ibanez

Juste avant le concert à Toulouse, Ibanez a accepté de donner une interview à la radio locale.

Travaillez avec un partenaire. L'un d'entre vous va prendre le rôle du présentateur, l'autre celui d'Ibanez.

Il faut préparer vos questions (et les réponses) pour pouvoir présenter cet entretien. Vous pourriez même l'enregistrer!

4 Exercice d'écoute

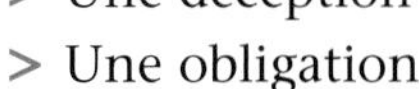

Écoutez cinq jeunes qui parlent de ce qu'ils ont fait vendredi dernier. Dans chaque cas, il faut décider si leur sortie était:

> Une nouvelle expérience
> Un désastre
> Une grande réussite
> Une déception
> Une obligation

Aïcha

Sandrine

Manu

Franck

Mathilde

5 Activité de lecture

Une sortie réussie

Pour réussir une soirée, il faut:
du flair et du punch,
de la bonne volonté et de la joie de vivre,
de l'énergie et de l'ambiance,
et surtout des amis . . .
de bons amis.

Il ne faut pas forcément beaucoup d'alcool.
On n'a pas forcément besoin d'argent.

6 On s'entraîne

Écrivez une liste des ingrédients d'une soirée ou d'une sortie ratée.

Grammaire

> p251

The partitive article

There are four different words for "some" in French:

> *Du* is used with masculine singular words:	*du flair*
> *De la* is used with feminine singular words:	*de la joie de vivre*
> *De l'* is used with singular nouns beginning with a vowel:	*de l'énergie*
> *Des* is used with plural words:	*des amis*

All four are changed to *DE*:

> After a negative: *On n'a pas d'argent.* — We don't have any money.
> After an expression of quantity, such as *beaucoup*: *Il ne faut pas beaucoup de bière.* — You don't need a lot of beer.

Des changes to *de* when an adjective comes in front of the noun:

De bons amis. — (Some) Good friends.

F. Cinéma: Rêve et réalité

On s'échauffe

Est-ce que vous avez un passe-temps qui vous passionne tellement que vous voulez en faire votre gagne-pain? Est-ce que rêvez d'être célèbre dans le monde du sport, de la musique ou des films? Est-ce que de tels rêves sont réalistes? Ou est-ce qu'il vaut mieux ne pas avoir d'ambition?

1 Exercice d'écoute

Élodie, l'intello

Élodie

Écoutez Élodie qui parle de ses intérêts et de ses ambitions: Remplissez les blancs de ce résumé en écrivant la forme correcte du verbe:

a) Les amis d'Élodie la __________ l'intello. (surnommer)
b) Ils ne __________ pas lire beaucoup, mais __________ à la discothèque. (vouloir; préférer aller)
c) Les livres qu'Élodie préfère __________ des idées intéressantes et __________ la réflexion. (contenir; provoquer)
d) Les spectacles et le théâtre d'Avignon __________ à Élodie. (faire envie)
e) Les groupes pop __________ Élodie qui __________ toujours le classique de préférence. (ne pas attirer; choisir)

Écoutez le témoignage d'Élodie une deuxième fois et répondez en français aux questions qui suivent.

a) Pourquoi Élodie est-elle surnommée "l'intello"?
b) Est-ce que ses activités sont communes parmi les gens de son âge?
c) Quelles sont ses matières préférées à l'école à votre avis?
d) Quelle sorte de livres est-ce qu'elle aime?
e) Qu'est-ce que c'est un "roman à l'eau de rose"?
f) Pourquoi ne va-t-elle quasiment jamais à la discothèque?
g) Que fait-elle quand elle a les ressources financières?
h) Comment sait-on qu'elle a lu le livre *La Mandoline du Capitaine Corelli* de Louis de Bernières?
i) Que rêve-t-elle de faire?
j) Qu'est-ce qui suggère qu'elle n'est pas complètement dans la lune?

2 Travail écrit

Un conseil pour Élodie

Vous avez déjà entendu Élodie. Imaginez que vous lui parlez de son avenir, de ses ambitions. Quels conseils est-ce que vous lui donneriez? Est-ce qu'il faut l'encourager à poursuivre une carrière au théâtre? Ou est-ce qu'il faut l'avertir des dangers? Écrivez un paragraphe ou deux pour exprimer ce que vous en pensez. Vous devez écrire environ 100 mots.

3 Travail oral

Regardez l'image ci-dessous et préparez des réponses orales aux questions.

- **Qu'est-ce que vous voyez dans l'image?**
- **Décrivez le garçon.**
- **Quelle est son ambition?**
- **Pourquoi est-il essentiel de rêver?**
- **Êtes-vous d'accord avec les sentiments de cette publicité?**

4 Activité de lecture et travail écrit

Juliette Binoche, elle, a connu le succès au cinéma, mais elle admet que la vie d'une vedette n'est pas toujours simple. Lisez cette conversation avec la comédienne française et répondez, à l'écrit, aux questions qui suivent.

Conversation avec Juliette Binoche

On ne vous voit plus en France. Où travaillez-vous en ce moment?
Je suis à New York pour jouer dans *Trahisons*. La pièce n'a pas officiellement commencé encore. On est en période de "previews". C'est étrange, ce système américain. Le temps des répétitions est très court, alors pendant les "previews", on continue à développer. J'ai l'impression de découvrir mon personnage …

Vous jouez à New York et vous venez de finir *Chocolat* qui était un film anglais. Qu'est-ce que cela veut dire par rapport à la France?
Je voulais prendre du recul par rapport à la France. On y a très mal reçu mes trois derniers films et cela m'a fait beaucoup de peine. Je n'ai pas du tout compris l'attitude négative par rapport à *Code Inconnu* et à Michael Haneke.

Pourquoi est-ce que vous l'appréciez comme cinéaste?
Il est très précis et il garde une relation directe avec ce qui se passe à l'intérieur d'un personnage. Chaque geste est important pour lui. Aucun geste n'est sans signification parce que toute action est liée à la pensée. Et enfin, je l'apprécie parce qu'il est plein d'humour tout en restant exigeant.

Quelles sont vos ambitions pour l'avenir?
Je n'ai pas *des* ambitions, mais une ambition. J'ai envie de brûler entièrement pour donner le meilleur de moi. J'ai besoin de rayonner. Alors, oui, je peux entretenir la flamme des grandes actrices. Mais il me faut du bois.

1. Qu'est-ce que Binoche trouve un peu étrange dans le théâtre américain?
2. Pourquoi est-ce qu'elle a accepté des rôles anglophones dernièrement?
3. Qu'est-ce qui lui a fait de la peine?
4. Quelles qualités apprécie-t-elle chez le cinéaste Michael Haneke?
5. Quelle impression est-ce que Binoche donne de la vie d'une grande actrice dans cette conversation?

G. Point Rencontre:
Jean-Michel et le parapente

On s'échauffe

Est-ce que vous êtes vraiment un grand sportif? Le sport pour vous,c'est de faire quelques passes entre copains avec un ballon de foot, ou est-ce que vous êtes prêt à repousser les limites physiques à la recherche des sensations fortes? Est-ce que vous êtes, finalement, un sportif pantouflard? Ou est-ce que vous prenez votre sport au sérieux?

1 Activité de lecture et travail écrit

Lisez le texte et répondez en français aux questions qui suivent.

Jean-Michel

Je suis depuis toujours de nature intrépide, aventurière. J'adore les grands espaces, la nature, la liberté, les émotions fortes aussi. Je trouve un certain attrait dans le danger, les défis personnels et j'arrive à réaliser tous ces désirs avec certains sports.

Plus jeune, je faisais du canoë kayak. À la belle saison, j'allais faire de longues descentes dans les gorges de l'Aveyron près de chez moi. Ce que je préférais bien sûr, c'était les rapides, les petites cascades qu'il fallait attaquer avec adresse pour ne pas chavirer. J'avais aussi une moto de cross. J'allais par les chemins de campagne exprès pour me faire peur. La vitesse était parfois grisante! Mes cousins, Marc et Laurent, avaient aussi des motos – cela ajoutait un peu d'esprit compétitif dans les cascades que nous faisions.

J'ai grandi et changé. Ce sont les grands espaces et une liberté saine qui m'attirent profondément depuis des années maintenant. Il faut dire que j'ai trente ans et les goûts changent, mûrissent, s'approfondissent.

Je retourne maintenant dans les Gorges de l'Aveyron où je faisais du canoë autrefois, mais aujourd'hui, c'est par le ciel. J'ai commencé avec une aile delta motorisée, mais ce n'était pas très pratique à transporter. En plus, j'ai entendu plusieurs rapports sur les accidents et j'ai donc évolué vers le parapente. Ça, c'est fantastique! Une immense aile en fibre et de forme rectangulaire tenue par des centaines de cordes fines se laisse gonfler par le vent. Le passager est tenu à tous ces fils par un harnais et l'aile se remplit d'air et prend son envol avec son passager! C'est merveilleux parce que c'est simple, naturel au possible, il n'y a pas de bruit et puis, toute une liberté devant soi. Le danger est limité aussi car, à moins de faire une très grave erreur de manipulation ou de s'envoler dans des conditions climatiques qui ne sont pas acceptables, l'aile ne peut pas se plier.

Le week-end dernier, j'ai retrouvé des copains de Toulouse à St Antonin. Les conditions étaient parfaites et j'ai fait un vol de trente minutes survolant ces splendides gorges de calcaire, sous un ciel bleu. Des émotions douces et fortes en même temps. Je vous recommande le parapente.

a. Dans chaque phrase, choisissez le mot qui convient le mieux au sens du texte.

1. Jean-Michel a toujours été plutôt *bavard / pantouflard / casse-cou*.
2. Quand on est débutant au canoë, on risque de *descendre / basculer / s'émerveiller*.
3. Avec une moto de cross, la vitesse est un peu comme une forme *de grisaille / d'ivresse / de cascade*.
4. Les goûts de Jean-Michel ont changé parce qu'il a maintenant plus *de maturité / d'argent / de responsabilités*.
5. L'aile delta motorisée est moins *compacte / bruyante / dangereuse* que le parapente.

b. **Répondez aux questions suivantes en utilisant des phrases complètes:**

1. Quelles étaient les attractions de la moto pour Jean-Michel quand il était plus jeune?
2. Qu'est-ce qui l'attire dans le parapente à l'heure actuelle?

Grammaire

> p264

The imperfect

The perfect tense is used to describe completed actions in the past. The **imperfect** tense is used:

> To describe a state of affairs in the past (including a state of mind):

Les conditions climatiques étaient parfaites.	The climatic conditions were perfect.
Je voulais me faire des frayeurs.	I wanted to give myself a fright.

> To describe a continuous action in the past:

Je descendais des rapides quand je me suis renversé.	I was going down some rapids when I capsized.

> To describe repeated or habitual actions in the past – things you **used to** do:

À la belle saison, j'allais faire du canoë dans les Gorges de l'Aveyron.	In the summer, I used to go canoeing in the Aveyron Gorges.

It's easy to form the imperfect tense: You start from the ***nous*** form of the present tense. Remove the ***-ons*** ending and add imperfect endings as follows:

Je finissais	*Nous finissions*
Tu finissais	*Vous finissiez*
Il / elle finissait	*Is / elles finissaient*

2 On s'entraîne

Dans les phrases suivantes, mettez les verbes entre parenthèses dans le temps nécessaire (parfait ou imparfait) pour bien compléter le sens. Traduisez les phrases en anglais.

1. Quand j' (être) jeune, j'(avoir) l'habitude de faire du canoë.
2. Mon ami (voler) près des Gorges de l'Aveyron quand il (avoir) un accident assez grave.
3. Je lui (conseiller) de ne pas s'envoler parce que les conditions climatiques ne (se montrer) pas favorables.
4. Il (décider) de vendre sa moto parce qu'il n'en (faire) plus.
5. Il (faire) son baptême de l'air en 1998. Il (avoir) 26 ans à l'époque.

3 Travail oral

Regardez l'image ci-dessous et préparez des réponses orales aux questions qui suivent.

- **De quoi s'agit-il?**
- **Est-ce que vous trouvez les photos attrayantes? Pourquoi?**
- **Quelles qualités personnelles faut-il avoir pour faire du parapente?**
- **Pourquoi pensez-vous qu'il est nécessaire d'obtenir une licence avant d'en faire?**
- **Pourquoi est-ce que l'homme en général a envie de voler?**

H. Loisirs: L'emploi du temps

On s'échauffe

Qu'est-ce que vous avez fait la semaine dernière à part venir à l'école, travailler et dormir? Travaillez avec un partenaire et essayez de penser à autant d'activités différentes que possible ...

1 Travail de recherche

Avant de lire le texte, cherchez dans un bon dictionnaire ou sur l'Internet ce que ça veut dire, l'INSEE. Il s'agit, bien sûr, d'une abbréviation. Pourquoi est-ce que cette organisation s'intéresse aux passe-temps des Français, à votre avis?

2 Activité de lecture

Lisez le texte et étudiez les informations dans le tableau ci-dessous.

Six heures de liberté par jour!

L'enquête sur l'emploi du temps réalisée en 1999 par l'INSEE indique un temps de loisirs moyen de 3h35 par jour (3h55 pour les hommes, 3h17 pour les femmes). Cela comprend le temps consacré à la télévision, à la lecture, à la promenade, aux jeux et au sport.

On peut ajouter le temps de sociabilité (conversations, téléphone, courrier, visites et réceptions), ce qui représente presque une heure par jour (56 minutes, avec une égalité entre les sexes). On pourrait aussi prendre en compte tout ou une partie du temps consacré aux repas, hors préparation (2h14), au bricolage (18 minutes), au jardinage et aux soins des animaux (20 minutes). Enfin, le temps de transport (hors trajets domicile-travail) peut être considéré dans certains cas comme un temps libre. Ça fait trente-cinq minutes de plus. On arrive alors à un temps libre total de 7h20 par jour – 44% du temps éveillé.

Ce chiffre est peut-être un peu exagéré, mais le temps libre disponible n'est sans doute pas moins de six heures par jour en moyenne (voir tableau ci-après). Et on passe la plus grande partie de notre temps à regarder la télévision.

Loisirs au quotidien

Temps consacré en tout ou partie à des activités de loisirs (en minutes par jour):

Activités de loisirs		**Activités essentiellement assimilables**	
• télévision	127	• repas à domicile	102
• lecture	25	• trajets hors travail	36
• promenade et tourisme	20	• repas hors domicile (hors lieu de travail ou d'études)	25
• conversations, téléphone, courrier et autres	17	• bricolage, entretien	17
• visites à des parents et connaissances	16	• jardinage	13
• jeux (enfants, adultes)	16	• soins aux animaux	7
• pratique sportive	9	• repas hors domicile (lieu de travail ou d'études)	6
• autres sorties	7		
• ne rien faire, réfléchir	7		
• participation associative et activités civiques	6		
• spectacles	5		
• radio, disques, cassettes	4		
• participation religieuse	2		
• pêche et chasse	2		
Total	**263 (4h 23)**	**Total**	**206 (3h 26)**

3 Exercice de compréhension

Indiquez si les phrases suivantes sont vraies ou fausses d'après les informations dans le texte ou dans le tableau ci-contre:

Affirmation	Vrai	Faux
1. D'après l'INSEE, les hommes disposent de moins de temps libre que les femmes.		
2. Les femmes passent plus de temps au téléphone que les hommes.		
3. On passe 2h14 à préparer et à manger les repas.		
4. Le Français moyen passe plus de temps à lire qu'à faire du sport.		
5. La religion n'occupe pas plus de temps que la pêche et la chasse.		

4 Travail oral

Pendant la semaine qui vient, notez toutes vos activités. Notez aussi le temps que vous consacrez à chaque activité. À la fin de la semaine, présentez vos résultats aux autres membres de la classe:

> Est-ce que cela correspond aux statistiques de l'INSEE?
> Quelles sont les différences les plus importantes?
> Est-ce que vous pouvez expliquer ces différences?

5 Exercice de vocabulaire

Regardez une fois de plus toutes les pages dans ce chapitre et faites une toile de vocabulaire de tous les mots que vous associez aux loisirs.

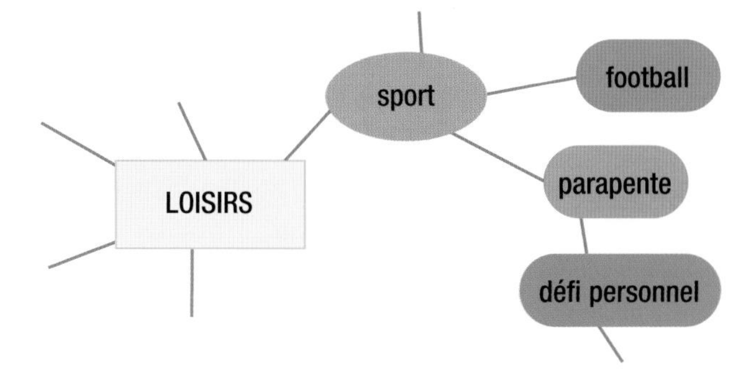

6 Travail écrit

Écrivez environ 200 mots sur le thème suivant:

"Est-ce qu'on regarde trop la télévision?"

Voici des questions pour vous aider à structurer votre réponse:

> Combien de temps est-ce qu'on consacre à la télévision par rapport aux autres passe-temps?
> Quels sont les avantages de la télévision?
> Quelle est l'importance des activités physiques?
> Quelle est l'importance psychologique d'une variété de loisirs?
> Conclusion: quelle est votre opinion personnelle?

I. Nouvelles tendances

On s'échauffe

Combien d'argent est-ce que vous consacrez aux loisirs chaque semaine? Est-ce que vous travaillez dur pour vous payer des activités culturelles et conviviales ou est-ce que c'est vos parents qui vous paient tout?

1 Activité de lecture

Lisez l'article ci-dessous pour vous informer des nouvelles tendances en ce qui concerne le temps libre.

Le Temps Libre: On en profite!

Autrefois, on méritait le temps de loisirs. On travaillait dur, on suait pour gagner sa vie et les loisirs étaient donc une sorte de récompense. Après l'effort, le réconfort, disait-on. realise

Tout cela a changé.

- On travaille moins. Le gouvernement français a introduit l'idée d'une semaine de travail de 35 heures pour combattre le chômage. Certains se trouvent avec beaucoup plus de temps libre. Au début du vingtième siècle, le temps libre représentait 10% de la vie. Il est passé à près de 25% de nos jours.
- On dépense plus sur les loisirs. Dans beaucoup de familles on rentre deux salaires. Par conséquent, il y a plus d'argent disponible pour le luxe. On dépense presque sans s'en rendre compte: voiture, téléphone, restaurant ... En effet, les dépenses pour les loisirs représentent probablement le premier poste du budget des ménages.
- Les attitudes ont changé aussi. Dans un monde qui est de plus en plus incertain, les gens ont envie d'en profiter. Les contraintes du travail sont équilibrées par les loisirs et les passe-temps. Ce mélange dynamise pour beaucoup une vie plus riche et agréable.

Cette évolution semble positive. On peut facilement imaginer des gens moins stressés qui ont le temps pour des activités culturelles et conviviales. Mais il faut penser aussi à d'autres qui n'ont pas les moyens de profiter de telles activités. L'accroissement du temps libre peut devenir une source d'inégalités. On peut craindre une séparation entre une classe qui doit se contenter de regarder la télé, et une autre qui s'ouvre vers le monde et toute sa richesse.

2 Travail écrit

Corrigez les affirmations qui suivent selon les informations que vous venez de lire.

Exemple: Autrefois, la vie était beaucoup plus tranquille.
Au contraire, on travaillait peut-être plus dur que maintenant pour gagner sa vie.

1. Tout le monde travaille plus que jamais.
2. La vie est de plus en plus chère. Après les frais du logement et de la nourriture, il ne reste presque rien pour les loisirs.
3. Tout le monde fait très attention aux dépenses, surtout s'il s'agit de produits de luxe.
4. De nos jours, les gens ont tendance à vouloir travailler de plus en plus pour préparer une bonne retraite.
5. Les activités culturelles et conviviales sont à la portée de tous.

Grammaire

> p259

Relative pronouns

We use relative pronouns to make a bridge between a noun or phrase and the phrase that follows it. It relates two short phrases together to make a longer sentence which can be more elegant.

> *Qui* means "who". It is the subject of the verb that follows it.

Il faut penser à d'autres qui n'ont pas les moyens pour de telles activités.	We must think of others **who** haven't got the means for such activities.

Qui can also mean "which" or "that" and refer to a thing rather than a person.

Dans un monde qui est de plus en plus incertain ...	In a world **which** is more and more uncertain ...

> *Que* (or *qu'* before a vowel) means "whom". It is usually the object of the verb that follows it.

L'homme que j'ai rencontré au gymnase ne travaillait pas le vendredi après-midi.	The man (**whom**) I met at the gym didn't work on Friday afternoons.

Que can also mean "that" or "which", referring to a thing rather than a person.

Nous dépensons tout l'argent que nous gagnons.	We spend all the money **that** we earn.

> *Dont* means "whose", "of whom" or "of which". It includes the idea of possession.

The word order with *dont* is sometimes different from the order we would use in English.

L'homme, dont je ne connais même pas le nom, m'a parlé pendant trois quarts d'heure.	The man, whose name I don't even know, talked to me for three quarters of an hour.

Verbs that are usually followed by *de* use *dont* as their relative pronoun.

La carte dont nous avons besoin.	The map which we need. (Literally: The map **of which** we have need.)

3 On s'entraîne

Traduisez ces phrases en français:

1. The holidays we spoke of.
2. The job which I started last week.
3. The woman who interviewed me.
4. The bike which I bought last week.
5. The boy whose sister speaks Italian.
6. The idea which interests me the most.

4 Travail oral

Travaillez avec un(e) partenaire. Faites une liste d'activités de loisirs qui coûtent cher. Essayez d'expliquer pourquoi il faut avoir beaucoup d'argent pour participer à ces activités.

Faites une deuxième liste d'alternatives qui sont gratuites ou qui ne coûtent pas grand'chose.

Les vacances dont nous avons rêvé ...

PHOTO FINISH

a. Regardez la publicité ci-dessus et préparez des réponses orales aux questions suivantes.

> Où sont les deux hommes, à votre avis?
> Qu'est-ce qu'ils font?
> Est-ce qu'ils préfèrent la détente ou le défi pendant leur temps libre?
> Quelles qualités personnelles sont nécessaires si on veut entreprendre une expédition comme celle dans la photo?
> Est-ce que vous aimeriez faire une balade dans le désert? Pourquoi (pas)?

b. Imaginez que vous êtes un des personnages dans la photo. Vous avez 60 secondes pour expliquer, en français, vos émotions, vos impressions et vos ambitions au moment où on a pris la photo.

www.toutterrain.co.uk

> **http://www.paroles.net/**
Look up the lyrics of many French *chansons*.
> **http://www.critic-instinct.com/**
Read or write critics about many films.
> **http://www.parisbalades.com/**
Discover Paris with this interactive illustrated guide.

Unité 3
Au travail

Terrain Thématique

- Quels sont les aspects positifs et négatifs de l'école en général et de votre établissement en particulier?
- Comment faut-il choisir sa voie pour l'avenir?
- Comment se déroule une journée typique à l'école?
- Est-ce que l'Internet change l'éducation? Pour le bien ou pour le mal?
- Peut-on enrayer la violence à l'école?
- A-t-on jamais fini d'apprendre?
- Quel genre de travail recherchez-vous?
- Travaille-t-on trop?
- Êtes-vous "winner" ou "loser" au travail?

Ce chapitre vous permettra de répondre . . .

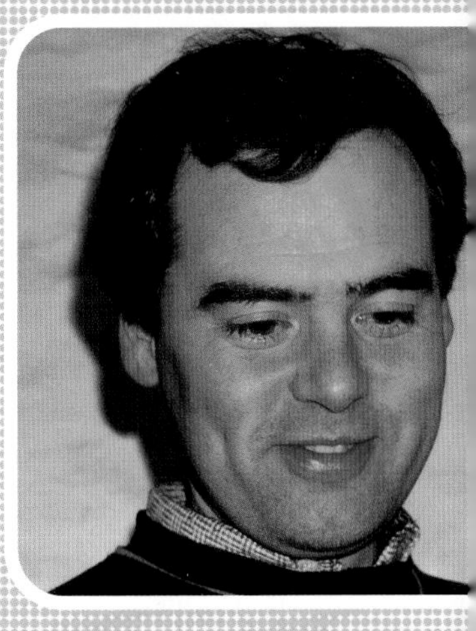

Terrain Linguistique

- Numbers
- Demonstrative adjectives
- Demonstrative pronouns
- Verbs with slight irregularities
- Prepositions
- Adverbs

A. L'école: Deux points de vue

On s'échauffe

Quels sont les aspects positifs de votre école? Quels sont les problèmes dans votre établissement?
Est-ce qu'il est plus facile de répondre à la première ou à la deuxième question? Pourquoi?

Votre opinion de l'école dépend, évidemment, de votre perspective. Dans ce thème, nous allons considérer le point de vue d'un élève dans un collège privé dans le sud-ouest de la France et celui de Claude Allègre, un ancien Ministre de l'Éducation Nationale.

1 Activité de lecture et travail écrit

Lisez le texte ci-dessous et répondez en français aux questions qui suivent.

Timothé Bourgeois parle de son école.

Ce qui me plaît:

Je trouve que le système privé a des atouts car il y a plus de discipline que dans le public et donc moins de problèmes. Le rapport prof-élève est très plaisant: on peut tout leur dire et ils nous écoutent; c'est comme de bons amis.
Il y a un foyer au collège qui est réservé pour les 3e jusqu'aux terminales. Dedans il y a deux PC (des Pentium 3), une grosse chaîne Hi-Fi, une télé et un magnétoscope avec des canapés tout autour. Il y a aussi un baby-foot, plein de tables où on peut s'asseoir et faire des jeux ou du travail. Il y a aussi une console arcade comme dans les bars.

Ce qui ne me plaît pas:

Je trouve que la nourriture de cantine n'est pas super: entrées encore congelées, des vers dans la salade et ainsi de suite.

Cette année il y a eu quelques problèmes avec mon emploi du temps. Par exemple, pour le deuxième cours d'espagnol le mardi après-midi, la classe est divisée en deux et on l'a seulement une fois tous les quinze jours. On a dû créer ce système parce qu'on était 38 dans la classe.

Mon emploi du temps:

Heures	lundi	mardi	mercredi	jeudi	vendredi
7h55 – 8h55	*Technologie*	*Français*	*EPS*	*SC: Physique*	*Maths*
8h55 – 9h50	*Technologie*	*Module **	*EPS*	*SC: Physique*	*Étude; SVT*
10h05 – 11h	*Latin*	*Hist-Géo*	*Musique #*	*D.S*	*SVT*
11h – 11h55	*LV2: espagnol*	*Latin*	*Maths*	*Anglais*	*Anglais*
11h55 – 13h	*Repas*	*Repas*		*Repas*	*Repas*
13h – 14h	*Repas*	*Repas*		*Informatique*	*Vie de classe*
14h – 14h55	*Maths*	*Étude*		*Informatique*	*Maths*
14h55 – 15h50	*Hist-Géo*	*Anglais*		*Hist-Géo*	*Instruction Civique*
16h05 – 17h	*Français*	*Espagnol*		*Français*	
17h – 17h55		*Espagnol*		*Français*	

*** Module:** La classe est divisée en deux groupes: un va en Français, l'autre en Anglais et la semaine d'après on change.
 # Musique: La classe est de nouveau divisée en deux: un groupe va en musique, l'autre en dessin; la semaine d'après on change.
SVT: Sciences "Vie de la Terre".
DS Devoirs surveillés.

1. Quel est l'avantage principal de l'école privée d'après Timothé Bourgeois?
2. Qu'est-ce qu'il y a de plaisant dans le rapport prof-élève à son école?
3. Est-ce que vous approuvez l'idée du prof comme ami?
4. Quelle est votre impression du "foyer" à l'école de Timothé?
5. Est-ce que le premier problème mentionné par Timothé est important à votre avis?
6. Quel est le problème avec la classe d'espagnol?
7. À combien d'heures de cours est-ce que Timothé assiste par semaine?
8. Que représentent les lettres dans "LV2" à votre avis?
9. Est-ce que vous trouvez que l'emploi du temps de Timothé est équilibré?
10. Qu'est-ce que vous pensez de l'idée d'avoir un après-midi de libre par semaine?

2 Activité de lecture

Alors que Timothé Bourgeois se plaint de la cantine à son école, Claude Allègre parle de problèmes beaucoup plus graves. Lisez les cinq critiques ci-dessous. Ensuite, choisissez le gros titre qui correspond à chaque problème mentionné:

1. En 1960, il y avait 220 jours de classe. Il y en a 170 aujourd'hui. Partout dans le monde, les profs font de la formation professionnelle pendant les vacances scolaires. Pas en France. Nous avons les vacances les plus longues, mais nous ne prévoyons aucune obligation pendant ce temps.
2. Il existe toujours une espèce d'idéologie qui prétend que tous les élèves sont pareils. Il n'y a pas de bons. Il n'y a pas de mauvais. À mon avis, il faut lutter pour l'égalité des chances. Mais l'égalité se trouve dans la diversité, pas dans l'uniformité.
3. L'école reste tournée sur elle-même. Elle ne s'ouvre pas au monde qui l'entoure. Elle ignore le monde du travail et des entreprises. À mon avis, une école qui s'ouvre au monde ne régresse pas; au contraire, elle renforce son influence.
4. Dans l'Éducation Nationale, on ne parle pas français. On parle "ednat". C'est une langue obscure que seuls les professeurs comprennent. Il faut éliminer ce jargon.
5. Le nombre total d'élèves et d'étudiants est 15 millions, c'est-à-dire un quart de la population française. La moitié des fonctionnaires d'état travaillent pour l'Éducation Nationale. Le système est extrêmement centralisé. Tout part du sommet. C'est comme pour les dinosaures: la tête ne sait pas où on met les pieds.

Gros Titres

A. Une mentalité de citadelle
B. Un géant mou
C. Il faut plus de variété
D. Les profs ne travaillent pas assez
E. Le jargon pédagogique

3 Travail oral

Est-ce que les problèmes identifiés par Claude Allègre existent en Angleterre? Est-ce que vous êtes conscients de ces problèmes dans votre établissement?
Travaillez avec un partenaire pour préparer des réponses à ces questions. Comparez vos impressions avec celles des autres membres de la classe.

4 Travail oral

Regardez l'image ci-dessous et préparez des réponses aux questions.

- Qu'est-ce que vous voyez dans l'image?
- Pourquoi est-ce que le directeur a l'air résigné?
- Cette image traite de quel problème?
- Est-ce que votre école est bien équipée?
- Faut-il encourager les parents à acheter des ordinateurs pour l'école?

B. L'orientation

On s'échauffe

Est-ce que vous avez trouvé difficile de choisir les matières que vous étudiez pour AS?
Pourquoi est-ce que vous avez choisi le français? Et les autres?
Qu'est-ce que vous envisagez pour plus tard? Comptez-vous faire des études supérieures ou est-ce que vous allez entrer directement dans la vie active?
Qu'est-ce qui influence vos décisions?

1 Activité de lecture

Lisez ces informations qui sont destinées à des élèves en troisième pour les aider à s'orienter pour le lycée.

À chacun sa voie

Trois voies (générale, technologique et professionnelle) te sont proposées. Il va bien falloir choisir! Quelles sont leurs différences? Quels sont leurs objectifs respectifs? Comment y accéder?

La voie générale

Tes objectifs:

- Préparer, en trois ans, un bac général: **L** (littéraire), **ES** (économique et social) ou **S** (scientifique).
- Poursuivre des études supérieures, généralement longues (4 à 5 ans).

Pour la rejoindre:

- Tu passeras en 2de générale et technologique. En fin de 2de, tu choisiras précisément ta série de bac.
- Tu choisiras les deux enseignements de détermination de 2de les mieux adaptés au bac que tu envisages, ou qui te laisseront le plus large choix en fin de 2de.

La voie technologique

Tes objectifs:

- Préparer, en trois ans, un bac techno: **STI** (sciences et technologies industrielles), **STT** (sciences et technologies tertiaires), **SMS** (sciences médico-sociales), **STL** (sciences et technologies de laboratoire), **STAE** (sciences et technologie de l'agronomie et l'environnement), **STPA** (sciences et technologie du produit agro-alimentaire), hôtellerie, techniques de la musique et de la danse ou un brevet de technicien (**BT**).
- Poursuivre des études supérieures généralement courtes (2 ans ou plus).

Pour la rejoindre:

- Tu passeras en 2de générale et technique. En fin de 2de, tu choisiras ton bac techno et sa spécialité.
- En fonction d'un projet précis, tu choisiras les deux enseignements de détermination de 2de les mieux adaptés au bac que tu envisages.

La voie professionnelle

Tes objectifs:

- Préparer en deux ans un **BEP** (brevet d'études professionnelles) ou un **CAP** (certificat d'aptitude professionnelle).
- Avec un **CAP**, tu apprendras un métier précis pour entrer rapidement dans la vie active.
- Avec un **BEP**, tu pourras envisager une poursuite d'études, en bac pro notamment.

Pour la rejoindre:

Tu dois choisir une spécialité de BEP ou de CAP.

- GPGE: classe préparatoire aux grandes écoles
- BTS: brevet de technicien supérieur
- DUT: diplôme universitaire de technologie

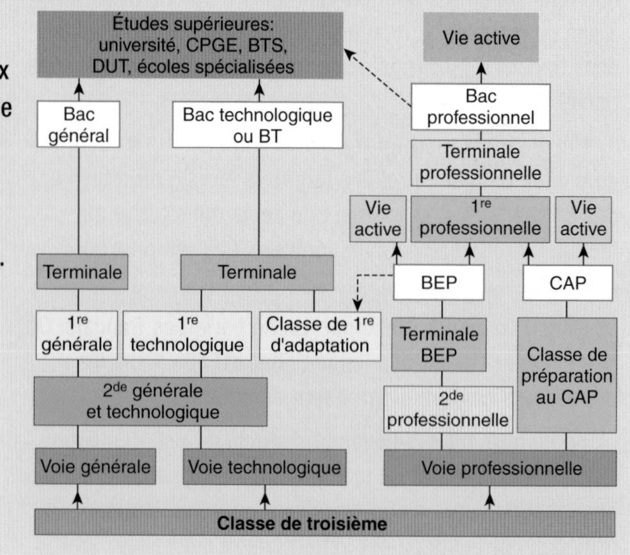

2 Exercice de compréhension

Dans le tableau ci-dessous, reliez les débuts de phrases à gauche aux fins de phrases à droite. Ensuite, traduisez les phrases en anglais.

1. Un BEP te permet éventuellement ... 2. Si tu rêves d'études plus concrètes, sans pour autant négliger les matières générales ... 3. Tu choisis deux "enseignements de détermination" ... 4. Un CAP te permet ... 5. Si tu t'intéresses à l'agriculture ...	A. ... un bac techno est pour toi. B. ... d'apprendre un métier précis à l'école. C. ... de continuer tes études ou de rentrer dans la vie active. D. ... il faut faire un bac techno STAE. E. ... pour te tester et pour t'aider à choisir ton bac en fin de 2de.

3 Exercice de compréhension

Indiquez, pour chaque affirmation ci-dessous, si c'est vrai ou faux. Pour chaque phrase qui est fausse, écrivez une explication pour la corriger.

1. Personne ne quitte l'école avant le bac en France.
2. La Seconde est plus ou moins pareille pour ceux qui vont faire un bac techno et ceux qui vont faire un bac général.
3. Le bac général exclut ceux qui sont forts en maths et en physique.
4. Un DUT est un diplôme qu'on passe à l'université deux ou trois ans après le bac.
5. On choisit sa série de bac au début de la Seconde.

4 Travail oral

Travaillez avec un partenaire pour faire un jeu de rôle.
Un de vous va prendre le rôle d'un élève en troisième qui a du mal à se décider.
L'autre va prendre le rôle d'un conseiller d'éducation.

L'élève est d'un assez bon niveau académique, sans être brillant. Il s'intéresse à l'informatique et pense peut-être un jour travailler dans le commerce. Il aimerait être cadre dans un grand magasin, par exemple.
Le conseiller d'orientation doit lui poser des questions pour découvrir ces informations. Après, il lui donnera des conseils.

5 Activité de lecture et travail écrit

Lisez les témoignages de deux élèves qui ont choisi de faire un BEP. Répondez en français aux questions qui suivent.

Cyril a choisi le BEP structures métalliques. Il a pu découvrir tout l'intérêt des mathématiques:
«Les maths sont très utiles pour l'enseignement professionnel. Et tout particulièrement en chaudronnerie, où l'on se sert beaucoup de la géométrie. J'ai découvert l'utilité des matières générales que je ne voyais pas au collège.»

Audrey voulait s'occuper des gens en difficulté. Le BEP carrières sanitaires et sociales semblait fait pour elle: «En 1ère année, j'ai fait mon stage en crèche. J'ai découvert la réalité et la complexité du métier. Les stages, c'est important pour découvrir le monde professionnel où on exercera son métier.»

1. Qu'est-ce que Cyril a découvert en faisant son BEP?
2. Quel était l'avantage pour Audrey d'un stage professionnel?
3. Est-ce que vous avez déjà fait un stage dans le monde professionnel?
   Si oui, quel en était l'utilité?
   Si non, est-ce que ça serait avantageux pour vous d'en faire un?

C. Point Rencontre:
Marie-Pierre Isard, prof d'anglais dans le Midi

On s'échauffe

Pourquoi venez-vous à l'école tous les jours? Quels sont vos sentiments, vos impressions tout au long de la journée scolaire?

1 Activité de lecture et exercice de compréhension

Lisez le texte ci-dessous.

Il est six heures et demie quand le réveil sonne ce samedi matin où je commence les cours à huit heures. Tout de suite, une légère angoisse me prend: je dois rendre un contrôle d'anglais aux 3ème et les résultats sont particulièrement mauvais – la journée s'annonce bien!

Mon trajet est d'environ trente minutes et me voici au Collège du Bastion à 7h45; il fait encore noir. Comme prévu, les élèves de 3ème G sont très déçus par leurs notes et il faut calmer, rassurer et hausser le ton pour faire avancer le cours de 55 minutes. Même scénario pour les troisième C. À la récréation de 10 heures, je sais qu'aujourd'hui j'aurai le temps de prendre une tasse de thé parce que je suis libre de 10h à 11h. Je rencontre mes collègues d'espagnol qui me font toujours rire et je vais ensuite taper les appréciations du bulletin trimestriel sur l'ordinateur – chose que je déteste car j'y mets deux fois plus de temps qu'à la main ...

De 11h à 12h, les 5ème C arrivent très excités; leur professeur de français est absent cet après-midi et ils sortiront à 15h au lieu de 17h. C'est une bonne classe avec laquelle le "travail oral" se passe très bien malgré leur nombre: 29 élèves.

La pause déjeuner est de 12h à 14h mais aujourd'hui, je dois rencontrer un parent d'élève à 13h. Le garçon en question pose de nombreux problèmes en classe (il oublie ses affaires, il ne rend pas ses devoirs, il est toujours agité ...) et en tant que son professeur principal, je vais essayer de trouver des solutions pour calmer les choses.

À 14 heures, les 6ème B vont faire un petit contrôle de vocabulaire de 15 minutes et les 3ème A, classe très agitée, feront des exercices à l'écrit: pas question d'essayer l'oral avec eux l'après-midi. Ma dernière heure est avec les 6ème D, une assez bonne classe, mais il faut surveiller de très près un certain Thierry Denquin qui va sûrement se lancer dans quelques pitreries. La sonnerie de 17h libère tout ce petit monde – je vais pouvoir rentrer chez moi et corriger quelques copies s'il me reste une petite dose d'énergie après cette longue journée.

Décidez si les affirmations qui suivent sont vraies ou fausses. Écrivez une phrase pour corriger celles qui sont fausses.

1. Marie-Pierre passe un contrôle d'anglais aujourd'hui.
2. Elle quitte la maison vers 7h15.
3. Le cours d'anglais avec les 3ème G est une heure plus tôt que d'habitude.
4. Les profs d'espagnol sont très blagueurs.

5. Marie-Pierre travaille très vite sur ordinateur.
6. La classe de 5ème C est trop grande pour faire du travail oral.
7. Marie-Pierre prend son rôle pastoral au sérieux.
8. Marie-Pierre essaie des questions orales avec les 3ème A.
9. Le dernier cour commence à 17h.
10. Marie-Pierre donne 6 heures de cours pendant la journée.

2 Travail écrit

Quand Marie-Pierre se réveille le matin, tout de suite une "légère angoisse" la prend parce qu'elle doit rendre des copies où les résultats sont particulièrement mauvais. Elle est sans doute sensible. Est-ce que vous pouvez trouver d'autres sources d'angoisse dans le texte?
Donnez cinq exemples.

3 Travail d'écoute

Quelle idée est-ce que vous vous faites de l'école?
Votre idée de ce que c'est l'école est peut-être très différente de celle d'un professeur.
Regardez les cinq conceptions de l'école ci-dessous, et écoutez ensuite les cinq jeunes qui parlent de leur idée d'un lycée. Il faut décider, dans chaque cas, quelle conception de l'école correspond le mieux à leur expérience.

L'école c'est pour:

A. Accumuler des connaissances
B. Apprendre un métier
C. Socialiser
D. Réaliser des ambitions
E. Former le jugement

1. Malika

2. Isabelle

3. Jean-David

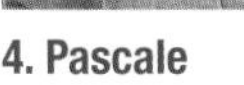

4. Pascale

5. Vincent

4 Travail oral

Regardez l'image ci-dessous et préparez des réponses aux questions qui suivent.

- Qu'est-ce que vous voyez dans l'image?
- De quoi parlent les deux filles?
- Pouquoi est-ce que la maîtresse de la première fille n'est pas à l'école?
- Dans quel sens est-ce que la situation de la deuxième fille est pire?
- Est-ce que l'image suggère que les filles se comportent bien en classe?
- Pourquoi est-il difficile de recruter de bons enseignants?

La langue

The French for "first" is *premier* or *première*.
There are two alternatives for "second": either *second / seconde* or *deuxième*.
Other ordinal numbers are made by the addition of *-ième* after the normal number.
Troisième, quatrième, cinquième etc.
Note that the *-f* of *neuf* changes to *v*: *neuvième*
Twenty-first is *vingt-et-unième.*

In French Secondary Schools, the Year groups are known as follows:

Au Collège:		Au Lycée:	
Y7	*La Sixième*	Y11	*La Seconde*
Y8	*La Cinquième*	Y12	*La Première*
Y9	*La Quatrième*	Y13	*La Terminale*
Y10	*La Troisième*		

Y12 pupils as a group are referred to as *Les Premières.*

En is used to indicate what Year group you are in: *Je suis en Terminale.*

D. La triche et la toile

On s'échauffe

Est-ce que vous utilisez le Net quand vous avez besoin d'aide pour faire un devoir? Est-ce que c'est de la triche? Ou simplement une façon intelligente de travailler?

1 Activité de lecture et travail écrit

Lisez le texte et répondez en français aux questions qui suivent.

La *Gruge* sur le Net

La situation

Copier, coller. Grâce au web, le plagiat est devenu un jeu d'enfants. Quelques clics sur un moteur de recherche ou sur un site transmis par un webpote bien documenté, et ça y est, le tour est joué: voici une dissertation toute prête ou un exposé sur mesure.

«Sur un site d'échange de fichiers, j'ai pioché un travail qui collait pile-poil à ce que mon prof me demandait . . .», raconte David. Il a déjà oublié le nom du site . . .

Comment en est-on arrivé là ?

Regardez cet exemple. Antoine Jandet est fondateur d'Alafac, une start-up qui constitue un vaste répertoire de travaux pour les étudiants. Des copies achetées à raison de 8 euros l'unité.

«Notre idée est de reconnaître les étudiants comme de vrais auteurs dont le travail a une valeur. Les devoirs sont sélectionnés par l'équipe, les informations qu'ils contiennent validées.»

«En maths», dit Jérôme Castagnoni, le créateur d'une autre société, «nous offrons la correction complète. Pour les dissertations, un plan détaillé avec les idées à développer, les citations et une bibliographie. Ce genre de chose a toujours existé. Simplement avant, c'était les copains ou les parents.»

Remords ?

S'il reconnaît que son site n'a pas de vocation pédagogique, Jérôme Castagnoni estime rendre service. «Les messages que nous recevons sont très souvent des appels au secours, des élèves complètement perdus qui ne comprennent rien au Français, rien à la philosophie. Tous nos correcteurs sont des enseignants. Nous ne faisons pas les devoirs, notre but est d'épauler les étudiants, les lycéens, d'offrir un accès plus démocratique aux cours particuliers.»

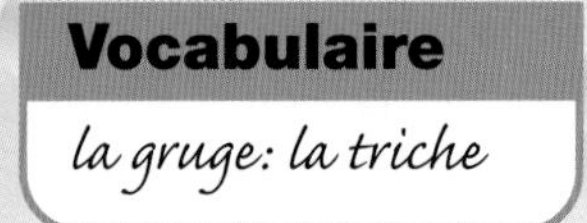

1. Où est-ce qu'on peut trouver des dissertations toutes faites?
2. Pourquoi est-ce que David était particulièrement content de sa trouvaille?
3. Comment est-ce que Antoine Jandet recrute des auteurs pour son site *Alafac*?
4. Comment est-ce que Jandet assure la qualité du matériel publié sur son site?
5. Comment est-ce que Jérôme Castagnoni justifie ce qu'il fait?

2 Exercice de vocabulaire

Regardez ces mots tirés du texte. Est-ce que vous pouvez trouver une bonne explication de ce que ça veut dire? Exemple: ***1 – C***

Mots tirés du texte	Définitions
1. Le plagiat	**A.** C'est une sorte d'ami, ou peut-être plus précisément, un cyber-ami.
2. Un webpote	**B.** C'est quand quelque chose correspond de façon très exacte.
3. Piocher	**C.** C'est quand on copie quelque chose, sans citer le nom de l'auteur original.
4. Coller pile-poil	**D.** C'est quand on offre un certain soutien à quelqu'un.
5. Une citation	**E.** C'est quand on trouve quelque chose, quasiment par hasard.
6. Épauler	**F.** C'est quand on utilise un court extrait de texte écrit par quelqu'un d'autre.

3 Travail d'écoute

Écoutez cinq commentaires différents au sujet de l'aide sur le net.
Pour chaque opinion exprimée sur la cassette, trouvez la phrase ci-dessous qui correspond le mieux. Il faut simplement écrire une lettre et un numéro pour indiquer vos réponses:
Qui c'est qui ... ?

A. ... reconnaît que les méthodes pédagogiques sont en pleine mutation.
B. ... accepte que le Net est très utile jusqu'à un certain point.
C. ... trouve le Net inadmissible dans le travail scolaire.
D. ... approuve l'initiative des élèves, tout en reconnaissant de graves problèmes pour les profs.
E. ... craint que l'ordinateur signale la fin de la pensée.

4 Travail oral

Regardez cette publicité pour un site Internet et préparez des réponses aux questions.

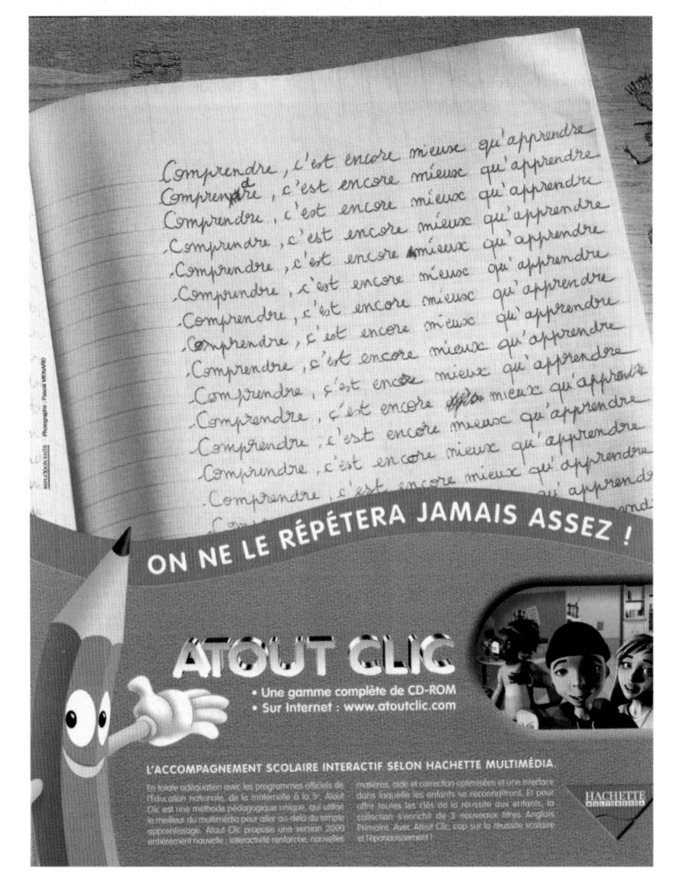

Atout Clic

- **Une gamme complète de CD-ROM**
- **Sur Internet: www.atoutclic.com**

L'accompagnement scolaire interactif selon Hachette Multimédia.

Atout Clic est une méthode pédagogique unique, qui utilise le meilleur du multimédia pour aller au-delà du simple apprentissage. Atout Clic propose interactivité renforcée, aide et correction optimisée et de nouvelles matières. La collection s'enrichit de 3 nouveaux titres Anglais Primaire. Avec Atout Clic, cap sur la réussite scolaire et l'épanouissement.

Regardez l'image:

- Qu'est-ce qu'il y a en haut de la publicité?
- Quelle image de l'école est-ce que cela donne?
- Pourquoi est-ce que la deuxième partie de la publicité est plus attrayante?
- Sous quelles formes est-ce que ça existe, *Atout Clic*?
- Quelle image du travail scolaire est présentée par *Atout Clic*?

Lisez le texte:

- Comment le texte essaie-t-il de rassurer les parents?
- Quelle matière est particulièrement visée?
- Pourquoi est-ce que cette matière est très importante pour les Français?

Exprimez votre opinion:

- Est-ce que vous pensez que *Atout Clic* peut favoriser la réussite scolaire?
- Et l'épanouissement personnel?

E. La violence à l'école

On s'échauffe

Avez-vous vécu de mauvais moments à l'école? Est-ce qu'ils étaient liés à la violence? Est-ce que vous voyez des types d'agression différents à l'école?

1 Activité de lecture et travail écrit

Lisez le texte ci-dessous et répondez en français aux questions qui suivent.

Quand on parle de la violence, on pense d'abord à une confrontation physique, brutale et parfois sanglante. Mais à l'école, la violence peut être très différente. Elle est plus subtile, plus sournoise et elle est difficile à cerner. En effet, elle ne passe pas par les actes, mais par les attitudes et les paroles. Il s'agit de la violence psychologique.

Qui sont les victimes de cette violence?
Souvent, c'est le faible: celui qui manque de confiance en soi, celui qu'on choisit en dernier quand on fait les équipes pour un match de foot; celui dont on ne s'occupe pas. Il est peut-être petit ou gros; il a les oreilles décollées; il a le malheur d'être différent.

Qu'est-ce qui se passe?
En règle générale, ce n'est rien de spectaculaire. C'est plutôt une accumulation de petits gestes. C'est toujours lui qu'on embête. On se moque de lui, on le bouscule dans le couloir, on lui lance de mauvaises remarques que le professeur n'entend jamais.

À la longue, il se replie sur lui-même. Il est systématiquement délaissé, isolé, exclu. Il souffre dans le silence et n'ose en parler à personne.

Que peut-on faire pour enrayer ce problème?
Tout d'abord, il faut reconnaître que le problème existe et que la violence psychologique est aussi grave que la violence physique. Ensuite, il faut encourager ces jeunes à parler, à exprimer leur mal. Il faut les écouter et les prendre au sérieux. Il faut de la patience parce que les victimes trouvent difficile de parler de leurs problèmes. Mais c'est seulement après cette ouverture qu'on peut commencer le travail de reconstruction.

1. Pourquoi est-ce que la violence psychologique est difficile à repérer?
2. Qui sont les victimes habituelles de cette forme de violence?
3. Comment cette violence se manifeste-t-elle?
4. Quelles sont les conséquences de cette violence sur la victime?
5. Pourquoi faut-il beaucoup de temps quand on essaie d'éliminer ce problème?

2 Travail oral

Travaillez avec un partenaire.
L'un va jouer le rôle de quelqu'un qui a détesté la période de sa scolarité parce qu'il était victime de violence psychologique. L'autre va prendre le rôle d'un psychothérapeute. Imaginez la conversation.

Il faut savoir que la victime a déjà quitté l'école, mais il en a gardé un très mauvais souvenir. Le psy veut le faire parler pour l'aider à surmonter ses sentiments négatifs.

Rappel: il faut utiliser l'imparfait pour décrire des actions qui se produisaient régulièrement dans le passé.

Grammaire

> p253

Demonstratives

Demonstrative **adjectives** describe a noun. In English, we say "this" or "that", "these" or "those". The French equivalents are:

Masc sing	Masc sing before a vowel	Fem sing	Plural
ce	*cet*	*cette*	*ces*

Ce type de violence est très répandu. — This / that type of violence is very widespread.
Cet élève exerce une très mauvaise influence. — This / that pupil has a very bad influence.
Je n'aime pas cette attitude. — I don't like this / that attitude.
Dans ces circonstances, il est très difficile de résoudre le problème. — In these / those circumstances, it is very difficult to resolve the problem.

Demonstrative **pronouns** refer back to a person or thing which has already been mentioned. In English, we talk about "this one" or "that one", "these (ones)" or "those (ones)". The French equivalents are:

Masc sing	Fem sing	Masc plural	Fem plural
celui	*celle*	*ceux*	*celles*

They are often used with *qui, que* and *dont*:
Celui qui manque de confiance en soi. — The one who lacks self confidence.
Quels problèmes? Ceux dont on parlait hier. — What problems? The ones we were talking about yesterday.

3 On s'entraîne

Remplissez les blancs dans les phrases suivantes avec un mot de la case ci-dessous. Ensuite, traduisez-les en anglais!

ce
cet
cette
ces
celui
celle
ceux
celles

1. _____ élève souffre de la violence psychologique depuis l'école maternelle.
2. Il faut établir le rapport entre la violence qu'on voit à la télé et _____ qu'on remarque à l'école.
3. _____ qui en souffrent ont du mal à en parler.
4. Parmi tous mes souvenirs d'enfance, _____ qui reste le plus vif, c'est le jour où j'ai participé à une belle bagarre dans la cour.
5. _____ incidents ne sont peut-être pas très graves en eux-mêmes: c'est l'accumulation de petits gestes qui finit par être insupportable.

4 Travail d'écoute

Victimes de violence psychologique et physique: Écoutez ces reportages qui font référence à des situations vécues en France très récemment. Pour chaque phrase ci-dessous, il faut identifier celui qui parle:

1. «Quand on n'est pas comme la moyenne, la vie devient un enfer à l'école.»
2. «Il vaut mieux être Français dans les écoles françaises.»
3. «Quand on a quitté l'enceinte du lycée, j'ai commencé à avoir vraiment peur. C'était comme dans un film ...»
4. «Chaque fois que je les oubliais, elles me frappaient.»
5. «Je ne savais pas à qui me confier, alors je n'ai rien dit.»

Paco

Lofti

Sophie

Pierre

F. La formation continue

On s'échauffe

Certes, on apprend beaucoup de choses à l'école, mais ce n'est pas le seul endroit où on peut apprendre. De plus en plus, on devient conscient de la nécessité de ne jamais arrêter d'apprendre. On parle de la formation continue.

Par quels moyens est-ce qu'on peut s'instruire sans forcément être à l'école? Est-ce que vous pensez que l'école traditionnelle va finir par disparaître?

1 Travail oral

Regardez la publicité ci-dessous et répondez aux questions en français.

Le CNED: Une formation chez vous et à votre rythme

Centre National d'Enseignement à Distance
Je prépare des concours, tu complètes tes connaissances, elle découvre une nouvelle discipline, il élargit sa culture personnelle, nous sommes au CNED!
Renseignez-vous au 05 49 49 94 94
ou www.cned.fr
Conjuguez votre avenir avec le CNED!

1. **Que signifient les quatre lettres C.N.E.D.?**
2. **Que propose-t-il, le CNED?**
3. **Est-ce qu'il fait appel à des élèves ou à des étudiants habituels?**
4. **Comment peut-on se renseigner sur les activités du CNED?**
5. **Dans quel sens est-ce qu'on peut dire que c'est une publicité qui est optimiste et qui offre de l'espoir?**

2 Travail de recherche

Renseignez-vous dans un bon dictionnaire ou sur le Net pour répondre aux questions suivantes:

> Qu'est-ce que c'est un concours?
> Pourquoi faut-il le préparer?

3 Travail d'écoute

Le Centre National d'Enseignement à Distance organise au niveau national une gamme très variée de cours. La personne intéressée s'inscrit, paie une cotisation et très vite elle reçoit des cours, des exercices et du travail à faire et puis à renvoyer. Ce travail est alors corrigé . . .

a. Listen to three people who have subscribed to the CNED and answer the following questions **in English:**

Paul

1. How long has Paul been working in the construction industry?
2. What is the CNED allowing him to do?
3. What advantage does the CNED offer Paul's parents?

Nathalie

1. Where does Nathalie live?
2. What is she studying with the CNED?
3. What is her level compared to French children living in France?

Marie-Christine

1. Why is Marie-Christine living in Plymouth at the moment?
2. Why has she got lots of free time on her hands?
3. How is she putting this time to good use with the CNED?

b. Écoutez encore trois témoignages et répondez aux questions **en français:**

Ahmed

1. Pourquoi Ahmed s'est-il inscrit au CNED?
2. Comment est-ce que son entreprise l'aide?
3. Qu'est-ce qu'il veut faire plus tard?

Mauricette et Huguette

1. Pourquoi est-ce que ces dames ont beaucoup de temps disponible?

2. Où habitent-elles?
3. Quel cours est-ce qu'elles ont choisi de suivre avec le CNED?

Alain

1. Que fait-il dans la vie?
2. Dans quel but est-ce qu'il fait une licence en histoire avec le CNED?
3. Comment décrit-il le fonctionnement du CNED?

Grammaire

> p262

1236 verbs

Some verbs have spelling changes in the *je, tu, il* and *ils* forms (the 1st, 2nd, 3rd and 6th parts of the basic pattern). These verbs fall into four different groups:

> The *acheter* group including *lever, mener* and *peser.*

The first *e* takes a grave accent before a silent syllable:

J'achète	*Nous achetons*
Tu achètes	*Vous achetez*
Il / elle achète	*Ils / elles achètent*

> The *jeter* group including *(s') appeler* and *épeler.*

There is a double consonant before a silent syllable:

Je jette	*Nous jetons*
Tu jettes	*Vous jetez*
Il / elle jette	*Ils / elles jettent*

> The *nettoyer* group including all *-ayer, -oyer,* and *-uyer* verbs.

Y usually changes to *i* before a silent syllable, but for *-ayer* verbs, *y* is also acceptable:

Je nettoie	*Nous nettoyons*
Tu nettoies	*Vous nettoyez*
Il / elle nettoie	*Ils / elles nettoient*

> The *compléter* group including *céder, espérer, régler* and *révéler.*

An acute accent changes to a grave before a silent syllable:

Je complète	*Nous complétons*
Tu complète	*Vous complétez*
Il / elle complète	*Ils / elles complètent*

You should also note another group of verbs which does not conform entirely to regular patterns.

The *ouvrir* group including *couvrir, découvrir, offrir* and *souffrir.*

They appear to be *-ir* verbs, but in fact use *-er* endings.

Their past participles end in *-ert.*

J'ouvre	*Nous ouvrons*
Tu ouvres	*Vous ouvrez*
Il / elle ouvre	*Ils / elles ouvrent*

4 On s'entraîne

Remplissez les cinq cases vides dans ces phrases. Écrivez la forme correcte des verbes. Il s'agit du présent dans chaque cas.

1. Nous sommes inscrits au CNED et nous _________ toute une nouvelle discipline. (découvrir)
2. Je me _______ à l'eau: je m'inscris au CNED! (jeter)
3. Mes parents sont gentils: ils m' _________ un ordinateur pour mes études. (acheter)
4. C'est simple: tu ________ ta rédaction par mail. (renvoyer)
5. J' _______ finir ma licence l'année prochaine. (espérer)

5 Travail écrit

Imaginez que vous vous êtes inscrit au CNED.
Écrivez un paragraphe de 100 mots environ pour expliquer pourquoi vous l'avez fait.
Il faut donner des détails sur votre projet et comment le CNED vous aide à le réaliser.

G. Images du travail

On s'échauffe

Qu'est-ce que c'est le travail pour vous? C'est un devoir ou un plaisir? Quel genre de travail est-ce que vous voulez faire plus tard dans la vie? Est-ce qu'il est suffisant de gagner beaucoup d'argent? Ou est-ce que vous cherchez autre chose dans votre futur métier?

1 Activité de lecture

Autrefois, l'idée du travail était très influencée par la religion. Le travail était un devoir pour certains et une sorte de punition pour d'autres. Bref: le travail était le destin de tout le monde.

Aujourd'hui, ces vieux mythes de la civilisation judéo-chrétienne ne sont pas tout à fait morts, mais ils sont fatigués. Comment est-ce qu'on considère le travail au début de ce nouveau millénaire?

La conception sécuritaire
Pour beaucoup, le travail est important parce qu'il représente la sécurité. La routine journalière du travail est rassurante. Cette idée est très forte chez ceux qui se sentent menacés d'une façon ou d'une autre. Ils se sentent vulnérables à cause d'un manque de formation, ou parce qu'ils habitent dans une région sinistrée.

La conception financière
Chez les personnes attachées à la consommation, la vision du travail est simple: il s'agit avant tout de bien gagner sa vie, afin de pouvoir dépenser sans trop compter.

La conception affective
Cette vision du travail est répandue parmi ceux qui accordent une importance prioritaire aux relations humaines dans le travail et qui cherchent à s'épanouir.

La conception libertaire
Certains envisagent le travail comme une aventure. Ils sont attirés par la possibilité de créer et de réaliser un projet personnel. Ils sont ouverts à toutes les formes nouvelles de travail et sont par principe très mobiles.

2 Travail écrit

Quelle est votre conception du travail? En utilisant les idées ci-dessus, écrivez un paragraphe pour indiquer comment vous envisagez votre futur métier. Vous devez écrire environ 100 mots.

Voici un exemple:

Je veux être libre dans mon travail. J'ai horreur de l'idée de travailler tous les jours dans le même bureau. Je ne veux pas d'horaires fixes. La routine du métro-boulot-dodo – ce n'est pas pour moi.
Je suis assez créative et j'aime les défis personnels, alors j'aimerais bien faire de la recherche.
Ce n'est pas mon ambition de gagner beaucoup d'argent. À mon avis, les rapports avec les gens sont beaucoup plus importants! Donc, mes idées correspondent plus ou moins à la conception libertaire du travail – du moins, pour l'instant. Je changerai peut-être …

Grammaire

> p272

Prepositions

Prepositions are link-words. They join other words together and show the relationship between them. Prepositions are used to indicate things like:

> Position > Direction > Possession

The common prepositions are listed on page 272.

Most prepositions can be translated literally from French to English. However, you need to be aware of some special uses.

Chez normally means "at" (the house of) or "to" (the house of):

Ce soir je vais chez un ami après l'école.	I'm going to a friend's house after school this evening.

It can also mean "in the case of" or "with" when it refers to a person's or a group's characteristics, as in the text on the opposite page:

Cette idée est très forte chez ceux qui se sentent menacés.	This idea is particularly strong among those who feel under threat.

Keep a note of idiomatic uses of prepositions as you come across them.

3 Travail oral

Essayez de classer les métiers dans la case ci-dessous selon les quatre conceptions déjà mentionnées. Préparez une ou deux phrases dans chaque cas pour justifier votre classement.

Acteur	*Écrivain*
Assistante sociale	*Employé aux PTT*
Bibliothécaire	*Géologue*
Comptable	*Journaliste*
Curé	*Professeur*

Exemple: ***Acteur: C'est la conception libertaire du travail. Un acteur est très créatif. Il n'a pas de routine. Quand il joue dans une pièce par exemple, il doit être ouvert à de nouvelles idées. Il réalise un projet et puis il progresse vers un autre.***

4 Travail d'écoute

Listen to four French people talking about their work. Make notes **in English** about what they consider to be important in their choice of career.

Stéfan antiquaire

Anne assistante sociale

Christine PDG d'une petite entreprise

Alain employé à la SNCF

5 Travail écrit

Anne et ses collègues essaient de présenter positivement leur travail à un groupe de terminales. Remplissez les blancs en choisissant un verbe de la liste dans la case. Attention à la conjugaison nécessaire!

Le choix du travail __1__ quelque chose de très important. Vous ne __2__ pas choisir n'importe quoi. Aider les gens __3__ beaucoup de satisfaction, surtout si vous __4__ la vocation. Il faut cependant __5__ les faibles et les démunis. Si vous __6__ ceux qui sont dans le besoin réel, vous vous __7__ en __8__. La relation humaine __9__ ce travail et c'__10__ fantastique.

aider aimer avoir soutenir être apporter être s'épanouir dominer pouvoir

H. Le stress

On s'échauffe

Est-ce que vous avez l'impression que vous travaillez trop? Vous savez ce que c'est le stress? Qu'est-ce qui le provoque? Quels en sont les symptômes? Quelles en sont les conséquences?

1 Activité de lecture

Lisez les informations sur le stress présentées dans ce texte.

Stress – le mal du nouveau siècle

Avec leurs exigences de compétitivité et le surmenage général, les entreprises d'aujourd'hui sont de véritables usines à stress.

- 72% des personnes affirment ressentir du stress dans leur travail.
- Un stress lourd, qui paralyse l'initiative, fait perdre ses capacités et mène parfois à la dépression.
- 11% des salariés ont eu un ou plusieurs arrêts de maladie liés au stress du travail.
- 3 salariés sur 10 en Grande-Bretagne se disent affectés par les exigences de productivité.
- 7% des retraites précoces en Allemagne sont provoquées par des dépressions.

Toujours plus, toujours plus vite: voilà la devise du travail moderne. La semaine de 35 heures et la flexibilité dans les heures de travail ont en fait provoqué plus de stress. Elles ont forcé une réorganisation qui concentre le travail et la productivité au lieu de les réduire.

Regardez les affirmations qui suivent pour décider, dans chaque cas, si c'est vrai ou faux. Écrivez une phrase pour corriger chaque phrase qui est fausse.

1. Le stress est un problème qui touche 28% de la population.
2. Le stress au travail mène souvent à de nouvelles initiatives.
3. Plus d'une personne sur dix a manqué au moins une journée de travail à cause du stress.
4. En Allemagne, les gens qui prennent la retraite avant 60 ans finissent par être déprimés.
5. La semaine de 35 heures est en train de réduire le stress au travail.

2 Exercice de vocabulaire

Trouvez dans le texte un synonyme des mots suivants:

1. Excès de travail
2. Les demandes
3. Éprouver
4. Immobiliser
5. Diminuer

3 Travail d'écoute

Trois conseils pour maîtriser votre stress

Écoutez attentivement ces trois conseils et remplissez les blancs dans la transcription ci-dessous:

__1__ votre temps! Il faut d'abord analyser __2__ l'organisation de votre temps. Ceci permet de __3__ répartir de __4__ plus équilibrée entre la vie au travail et la vie __5__. Il faut faire des __6__, dire non, __7__ certaines choses pas nécessaires. Il faut apprendre __8__ déléguer __9__.

Soignez votre __10__ de vie.

L'alcool et le tabac sont __11__ générateurs de stress. Le sport, __12__ , est un remède formidable. Attention à votre sommeil. Respectez-le. Imposez-vous des __13__ fixes et appliquez-les __14__.

__15__ sur vos pensées __16__.

Notre éducation et son système de valeurs nous __17__ des croyances fondamentales. Par exemple: vous __18__ depuis toujours que tout travail doit être parfait. Votre collègue bâcle un dossier, __19__ fait, bien fait. Vous stressez. C'est votre façon de penser et de réagir qu'il faut __20__.

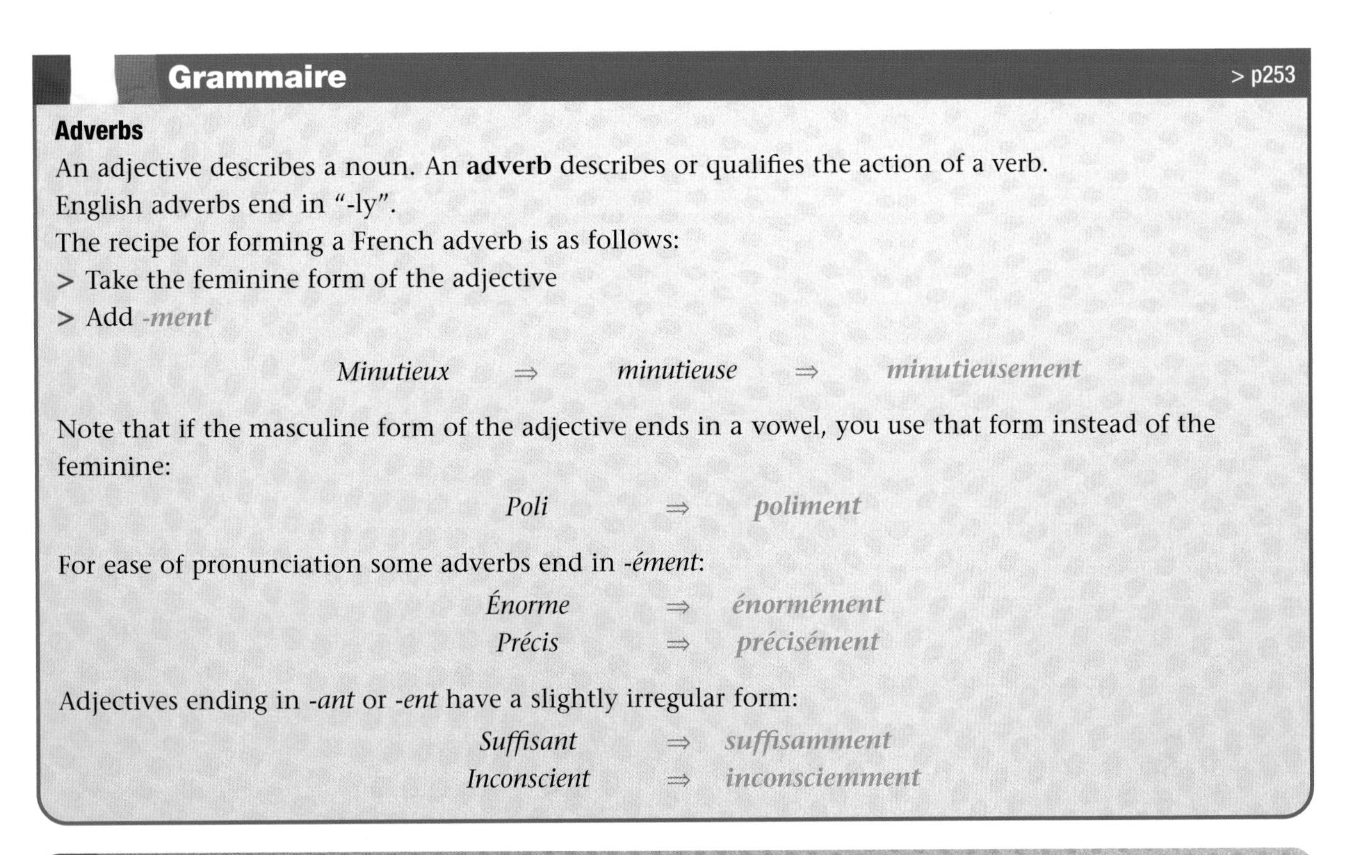

Grammaire

> p253

Adverbs

An adjective describes a noun. An **adverb** describes or qualifies the action of a verb.
English adverbs end in "-ly".
The recipe for forming a French adverb is as follows:

> Take the feminine form of the adjective
> Add *-ment*

Minutieux ⇒ *minutieuse* ⇒ *minutieusement*

Note that if the masculine form of the adjective ends in a vowel, you use that form instead of the feminine:

Poli ⇒ *poliment*

For ease of pronunciation some adverbs end in *-ément*:

Énorme ⇒ *énormément*
Précis ⇒ *précisément*

Adjectives ending in *-ant* or *-ent* have a slightly irregular form:

Suffisant ⇒ *suffisamment*
Inconscient ⇒ *inconsciemment*

4 On s'entraîne

a. Trouvez les adverbes français pour:

1. Independently
2. Briefly
3. Paradoxically
4. Profoundly
5. Fortunately
6. Patiently

b. Traduisez ces phrases sans utiliser d'adverbe en *-ment*.

1. He worked systematically.
2. She drove carefully.
3. They advanced quickly.
4. She wrote intelligently.

5 Travail oral

Regardez les images ci-dessous. Dans chaque cas, il faut dire:

> Quel est le problème?
> Qu'est-ce que la personne doit faire pour gérer son stress?

I. Au boulot

On s'échauffe

Que font-ils dans la vie, vos parents? Est-ce qu'ils sont contents dans leur travail? Avez-vous déjà fait un stage de formation? Comment est-ce que vous avez trouvé l'ambiance? Est-ce que les gens autour de vous étaient motivés par ce qu'ils faisaient?

1 Activité de lecture

Le travail n'est jamais sans problèmes. Lisez ces trois extraits de lettres qui présentent des situations bien différentes. Ensuite, répondez aux questions en français.

Claude, ingénieur à Paris

Tu te plains de la vie à Toulouse. Trop pantouflarde, tu dis. Alors, veux-tu essayer Paris? Je me lève à 5h45 pour prendre un café rapide, avaler un peu de pain, me préparer. Métro à 6h30. Il faut imaginer un métro bondé à craquer, plein de gens à moitié endormis ou déjà énervés. 1h30 de voyage. Au boulot à 8h. Ordinateur, courrier, mail, téléphone sans arrêt jusqu'au repas. Je fais attention de faire une bonne coupure pour reprendre un peu d'énergie. Souvent, l'après-midi, je vais sur place voir un chantier. Retour au bureau où je recommence mes plans. Si j'ai de la chance, je finis vers 20h. Alors, il est bien tard quand, enfin, je rentre chez moi.

Véro, secrétaire trilingue à Perpignan

Nous allons bien tous les trois. Inès grandit: elle aura trois ans en fin de semaine. Elle n'arrête pas de discuter, commenter, raisonner. Je travaille maintenant à temps partiel, ce qui me permet de profiter du mercredi pour m'occuper d'elle et de moi un tout petit peu! Il faut dire que je passais beaucoup de mon temps à courir, à stresser, à crier. Ce n'était pas bon pour la santé. Le temps partiel, c'est une qualité de vie fabuleuse même s'il y a des conséquences financières. Je n'aurai ni promotion ni augmentation de salaire mais au moins, je peux m'occuper de ma fille ...

Malik, maître de conférence à Nantes

Pour moi, le boulot est toujours très intéressant, mais l'ambiance est pourrie. Le chef est parti à Toronto pour un an. Il a laissé derrière lui de petits scandales qui émergent chaque semaine. Ce chef en fait a tout du "petit chef": motivations personnelles, menaces injustes et dissimulées, attitude de celui après qui il faut courir, haines contenues ... Enfin, vous me comprenez. Avec mes collègues de l'école, on a demandé de voir un plan pour les promotions ou avancements. On nous a dit qu'au mieux, tout le monde serait payé l'an prochain! Heureusement que je me régale avec ce que je fais ...

1. Pendant combien de temps est-ce que Claude est absent de chez lui chaque jour?
2. Comment est-elle, l'ambiance dans le Métro?
3. Qu'est-ce qui suggère que Claude essaie de gérer son stress?
4. Fait-il le même travail toute la journée? C'est positif?
5. Qui est Inès?
6. Que fait Véro le mercredi? En quoi cela représente-t-il un changement?
7. Quelles sont les deux conséquences ce ce changement?
8. Approuvez-vous le choix de Véro?
9. Malik aime-t-il son travail?
10. Qu'est-ce qui gâche le travail pour Malik?

2 Exercice de compréhension

Qui a dit cela?

Vous trouvez ci-dessous d'autres extraits des trois lettres. Devinez qui c'est qui parle:

1. Des primes ont été attribuées à ses amis sans raison valable.

2. J'ai donc changé de rythme de vie. Sans cela, j'aurais craqué.
3. Ça ne met pas le beurre dans les épinards, fin du mois, mais je ne regrette pas la décision!
4. "Métro-boulot-dodo"? Vous pouvez enlever le dodo!!
5. Donc, pour l'augmentation de salaire, il faut attendre douze mois!

3 Travail oral

Travaillez avec un partenaire. Chacun doit faire le jeu-test ci-dessous.
Donnez vos réponses à votre partenaire qui doit décider si, oui ou non, le portrait qui en sort vous ressemble.

Êtes-vous winner ou loser?

Un jeu-test de Christine Deymard

1. **Le moyen de transport idéal en ville?**
   a) La trottinette
   b) La bicyclette
   c) Une bonne paire de chaussures
2. **Vous aimeriez l'avoir pour employé?**
   a) Bill Gates
   b) Jacques Chirac
   c) José Bové
3. **Changez de vie et partez vous installer:**
   a) Dans une communauté scientifique de la Silicon Valley
   b) Aux commandes de la station Mir
   c) Dans une tribu de Papous d'Irian Jaya
4. **Généralement, vous faites vos courses:**
   a) En surfant sur le web
   b) Tous les dimanches sur le marché bio
   c) Dans un supermarché qui écrase les prix
5. **Un nom pour votre chien:**
   a) Stock-option
   b) Jackpot
   c) Patapouf
6. **La clé de la réussite?**
   a) Le goût du risque
   b) La capacité d'adaptation
   c) La soif du pouvoir
7. **Que pensez-vous des 35 heures?**
   a) Je les fais en trois jours
   b) C'est une sympathique utopie
   c) C'est encore trop
8. **Créez votre entreprise et baptisez-la:**
   a) Liberty World
   b) MJC (MOI JE Communication)
   c) Rigolade.com
9. **Le travail, c'est:**
   a) Stimulant
   b) Équilibrant
   c) Fatigant
10. **Claquez un mois de salaire d'un seul coup:**
   a) En vous achetant le dernier e-book
   b) En organisant une rave
   c) En vous offrant une liposuccion

Les résultats
Mode d'emploi: comptez trois points quand vous avez répondu ***a***, deux points pour ***b***, un point pour **c** et reportez-vous au portrait correspondant:

Plus de 24 points: Superwinner: le jackpot
Vous êtes habilement passé de la *jet-set* à la *jet-net*. Vous avez faim de réussite et soif de plaisirs. Hyperactif et un brin hystérique, vous avez le parfait profil du *start-upper*. Mais attention de ne pas confondre être bien et bien-être, vie et survie, jouissance et bonheur.

De 20 à 24 points: Winner: le banco
Bravo! Vous avez pris conscience que rien n'est jamais acquis – ni la victoire, ni la défaite. Vous savez adopter les nouvelles combines, sans devenir une *fashion victim*. Vous ne comptez sur personne d'autre que vous pour préparer l'avenir.

De 15 à 19 points: Loser: la scoumoune
Réveillez-vous! Le monde a changé de peau, l'argent de couleur et la vie de saveur. TVTV – Tout Va Très Vite – et vous n'êtes pas dans le rythme. Reconnectez-vous au réel et ne lâchez pas prise!

Moins de 15 points: Superloser: la faillite
Pensée antédiluvienne et mœurs de dinosaures: vous êtes d'un autre temps. Votre immobilisme part, cependant, d'un bon sentiment car un système où l'inégalité est le moteur vous écœure. Le train de la croissance a beau passer et repasser, vous restez sur le quai. Mais peut-être n'est-il pas trop tard pour prendre votre ticket . . .

a. Un ami français a vu ce dessin humoristique dans un magazine chez vous. Il ne le comprend pas. Expliquez-le-lui en français. Vous avez environ 60 secondes pour le faire.

b. Regardez le dessin ci-dessous et préparez une présentation orale sur la violence à l'école.

Voici des questions pour vous aider.

> Qu'est-ce qui se passe dans l'image ?
> Qu'est-ce qui influence le comportement du garçon à droite ?
> Est-ce qu'il y a beaucoup de violence dans les écoles ?
> Quelles sortes de violence est-ce qu'il y a ?
> Quelle forme de violence est la plus mauvaise à votre avis – la violence physique ou la violence psychologique ?

www.toutterrain.co.uk

> **http://aubahut.net**
Everything about school life, for students and teachers.
> **http://membres.lycos.fr/ledindon/debut.htm**
Fun school newspaper written by students.
> **http://www.cyberpapy.com/**
Grandparents help with homework online!

Unité 4
À table

Terrain Thématique

- Les Français sont-ils toujours aussi gourmands?
- Qu'est-ce que ça représente pour vous, un repas?
- Que pensent-ils du hamburger, les Français?
- Qui est ce fameux José Bové?
- Est-il dangereux de manger de la viande?
- Qu'est que c'est, un organisme génétiquement modifié?
- Comment l'agriculture européenne est-elle en train de changer?
- Est-ce que vous savez ce que vous mangez?
- Est-ce que votre régime est bien équilibré?

Ce chapitre vous permettra de répondre …

Terrain Linguistique

- *Chacun* and indefinite pronouns
- The imperfect (revision)
- The language of agreement and disagreement
- The passive
- Linking two verbs
- Indirect object pronouns (revision)
- The imperative

A. Les Français et les repas

On s'échauffe

Les repas en famille autour d'une grande table symbolisent la France pour certains. Les mêmes traditions sont en train de disparaître en Angleterre à cause de l'influence de la télévision et de la culture américaine. Est-ce qu'il est important de se réunir en famille au moment du repas tous les jours?

1 Activité de lecture

En 1999, les Français ont consacré en moyenne 2h14 mins aux repas contre 2h02 en 1986. Peut-on dire que la société moderne, stressée, rapide n'a pas touché ce peuple à table? Lisez ce texte pour en savoir plus.

Choisissez un titre pour chaque paragraphe.

À Table!

A

Le temps qu'on passe à table est en train d'augmenter, mais les horaires et les menus sont plus flexibles qu'il y a vingt ans. Les repas sont de moins en moins à une heure fixe à cause des contraintes des foyers modernes. Les menus sont plus simples aujourd'hui: 8 personnes sur 10 ne prennent pas d'entrée, par exemple. Les plats froids sont plus fréquents. 56% des Français ont sauté au moins un repas ou mangé un sandwich au cours d'une semaine.

B

On mange différemment. Au lieu des repas traditionnels, on mange des snacks. Les personnes les plus concernées sont les hommes entre 30 et 40 ans, et les enfants. (Il faut se rassurer quand même: les Français grignotent entre les repas quatre ou cinq fois moins que leurs cousins aux États-Unis.)
La table ne joue plus le rôle central: 32% prennent le repas de midi sans se mettre à table. En plus, les Français deviennent de plus en plus nomades: 70% prennent au moins un repas en dehors de la maison chaque semaine.

C

L'intérêt pour l'aspect nutritionnel augmente. Chacun se sent responsable de sa santé et cherche à se maintenir en forme en faisant attention à ce qu'il mange. On recherche une alimentation équilibrée. Il y a une volonté croissante de ne pas grossir. Cette attitude est renforcée par les pressions sociales: sur le plan professionnel, une personne mince et en forme a plus de chances de réussir dans sa carrière. Résultat? On consomme plus de produits aux vertus préventives ou thérapeuthiques (vitamines, lait avec calcium ajouté, boissons aux gingseng).

D

La qualité gustative reste essentielle. Les Français refusent les compromis. Ils ne veulent pas grossir mais en même temps, ils ne veulent pas exclure le plaisir de manger. Ils détestent les contraintes: seuls 20% avouent limiter leur consommation de pain. La gourmandise n'est pas un défaut et on peut commettre quelques excès. Cette gourmandise va de pair avec un besoin de convivialité. Les repas de famille et de fête jouent un rôle croissant dans la vie des Français.

Titres:

1. **Grignotage et nomadisme**
2. **Bon appétit, bonne santé!**
3. **Toujours gourmand**
4. **Vivre moderne, manger moderne!**

2 Exercice de compréhension

Relisez le texte ci-contre et indiquez, pour chaque affirmation, si c'est vrai ou faux:

1. Les Français passent plus de temps à table maintenant qu'en 1986.
2. Les entrées sont de plus en plus populaires.
3. Les heures des repas sont respectées.
4. Les Américains grignotent plus que les Français.
5. Les Français mangent toujours à la maison.
6. Les Français ont peur de grossir.

3 Exercice de vocabulaire

Expliquez en vos propres mots ce qu'on veut dire par les termes suivants:

1. Les contraintes des foyers modernes
2. Le grignotage
3. On recherche une alimentation équilibrée
4. La gourmandise
5. Un besoin de convivialité

4 Travail oral et écrit

Préparez une dizaine de questions que vous allez poser à un partenaire sur les habitudes en Angleterre en ce qui concerne les repas.
Interviewez votre partenaire. Écrivez un paragraphe d'environ 100 mots pour résumer ce que vous apprenez.

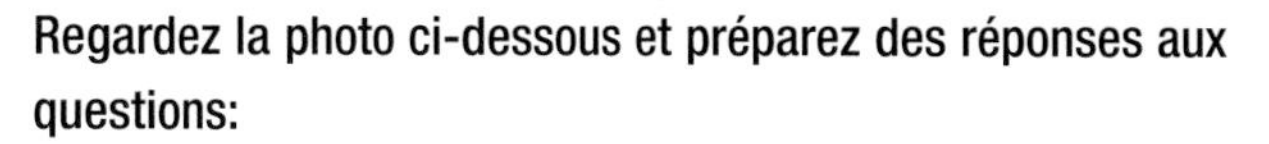

5 Travail oral

Regardez la photo ci-dessous et préparez des réponses aux questions:

- **Qu'est-ce que vous voyez dans la photo?**
- **Quels aliments sont typiquement français?**
- **Où se trouve la table?**
- **Quels aliments sont bons pour la santé?**
- **Que symbolise la vieille église?**
- **Comment est-ce que la nourriture est présentée?**
- **Est-ce que cette photo vous met l'eau à la bouche? Pourquoi? Pourquoi pas?**

Grammaire

> p255

Chacun

Chacun is an **indefinite pronoun** – a useful way to refer to a group of people without being specific about their identity. It means "everyone".
The masculine form is used unless the context applies specifically to women (in which case the feminine form *chacune* is used). *Chacun* takes a singular verb.

Chacun se sent responsable de sa santé. Everyone feels responsible for their health.

Look out for other indefinite pronouns, such as:

> *Certains ... d'autres*
> Some (people) ... others

> *Plusieurs*
> Some / several

> *Quelqu'un*
> Someone

> *Quelque chose*
> Something

B. Mon repas préféré

On s'échauffe

Certains mangent pour vivre, d'autres vivent pour manger! Et vous? Quelle idée est-ce que vous vous faites d'un repas idéal? Quel est votre plat préféré?

1 Travail d'écoute

Un repas pour moi, c'est ... Écoutez quatre jeunes qui parlent de ce que représente un repas pour eux.

a. **Dans le tableau ci-dessous, indiquez pour chaque phrase qui c'est qui parle.** Attention! Pour chaque phrase, il y a peut-être plus d'une réponse.

Affirmation	Lucie	Yannick	Josianne	Philippe
1. *Le repas est un moment social.*				
2. *Le repas doit être rapide.*				
3. *Le repas doit être sain.*				
4. *La table est un point de rencontre.*				
5. *Le repas doit être varié.*				
6. *La découverte est un facteur essentiel.*				
7. *Le repas représente le monde.*				
8. *Le repas est une occasion de convivialité.*				
9. *On mange pour satisfaire l'appétit.*				
10. *On devrait éviter la viande.*				

b. Yannick: Écoutez ce que dit Yannick une deuxième fois et remplissez les blancs dans le texte à trous en utilisant les mots dans la case. Attention: vous n'utiliserez pas tous les mots indiqués dans la case! Il faut non seulement écouter les sons, il faut aussi penser au sens des mots et aux contraintes grammaticales.

«Je suis célibataire, mais ça ne veut pas dire que je ne cuisine pas. Chez moi, c'est simple mais __1__. Et __2__ viande surtout. En __3__, je me __4__ de super salades composées, de bonnes soupes, des __5__ biologiques et du __6__ riz. Le week-end, j'ai toujours des amis qui __7__. Là, je fais un petit __8__ pour découvrir de nouvelles combinaisons de légumes, de fruits, de fromages ... J'achète des ingrédients un peu plus raffinés et je fais la __9__ en __10__ compagnie.»

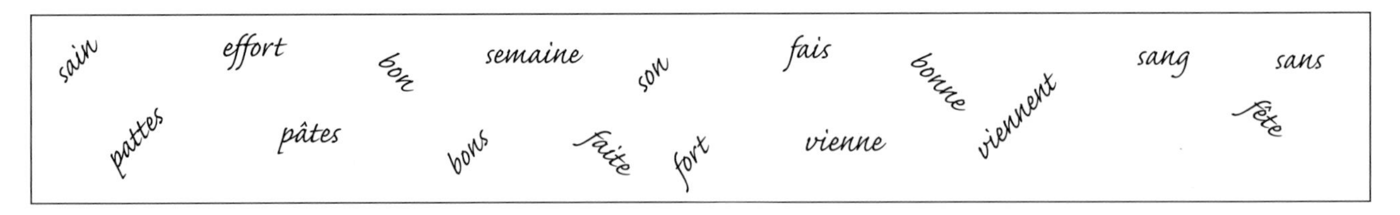

2 Activité de lecture et travail écrit

Lisez la lettre ci-contre où un jeune anglais, Rupert, raconte son premier repas en France. Ensuite, répondez aux questions en français.

Je venais de quitter l'école. J'avais dix-huit ans et je travaillais depuis quelques semaines comme assistant de langues dans un collège à Lourdes. Une des profs d'anglais m'a invité à manger chez elle. Elle s'appelait Madame Carreno. Gloria Carreno. Elle était d'origine écossaise, mariée à un Français d'origine espagnole. Ils s'étaient installés dans un petit village du sud-ouest. J'étais peut-être naïf à l'époque, mais je n'avais aucune idée de ce que c'était un grand repas de fête en France . . .

Il y avait trois ou quatre entrées. Je me rappelle en particulier le jambon du pays. Maintenant je sais savourer cette spécialité délicieuse, mais à l'époque, j'ai trouvé dur de l'avaler. Ça ressemblait à du bacon cru. Mais les autres entrées étaient bonnes. Je me suis servi copieusement et, arrivé au plat principal, je n'avais déjà plus faim. J'ai réussi à faire honneur à l'agneau, mais je ne m'attendais vraiment pas à une deuxième viande. Le coq au vin était sublime, mais j'ai dû me forcer un peu. Après il fallait essayer au moins deux ou trois fromages locaux.

Quand Gloria s'est excusée en disant qu'elle n'avait pas fait de dessert, j'étais presque soulagé. Mais j'avais mal compris. Elle avait acheté deux desserts à la patisserie du village. Ils étaient sans doute excellents ces gâteaux, mais je ne les ai guère appréciés. J'étais plus que rassasié. En fait, pour décrire comment je me sentais à la fin de ce repas, j'avais besoin d'une expression que je n'ai apprise que bien plus tard. Tant pis si elle est un peu vulgaire. J'avais les amygdales qui flottaient!

1. Pourquoi Rupert ne savait-il pas ce que c'était un grand repas à la française?
2. Pourquoi est-ce qu'il a eu du mal à avaler le jambon du pays?
3. Quelle erreur est-ce qu'il a faite en mangeant les autres entrées?
4. Pourquoi est-ce que Rupert a été étonné à un moment donné pendant le repas?
5. Pourquoi est-ce qu'il n'a pas vraiment apprécié les desserts?
6. Pourquoi est-ce que Rupert n'a pas dit à Mme Carreno qu'il avait les amygdales qui flottaient?

Grammaire

> p264

The imperfect – revision

You will have noticed from the *-ais* endings that many of the verbs in the above text were in the imperfect. Most of them were describing a state of affairs **in the past**.

J'étais peut-être naïf.	Perhaps I was naïve.
Il y avait trois ou quatre entrées.	There were three or four starters.

The text also contains examples of special uses of the imperfect.

> The imperfect of *venir*, followed by ***de*** + **infinitive** is used to indicate something that "had just happened" at a given point in the past.
Je venais de quitter l'école. — I had just left school.

> The imperfect is used with *depuis* to indicate something that "had been going on" since a given point in the past.
Je travaillais depuis quelques semaines. — I had been working for a few weeks.

3 On s'entraîne

Traduisez les phrases suivantes en français:

1. She didn't know how I felt.
2. They had just arrived.
3. He had been waiting for nearly two hours.
4. They weren't really hungry.
5. He told her that they had just eaten.

C. Le hamburger: Roi de la cuisine française?

On s'échauffe

Est-ce que vous mangez souvent dans un restaurant de fast-food? Quelle est l'attraction du hamburger pour vous?

1 Activité de lecture et travail écrit

Lisez le texte ci-dessous et répondez en français aux questions qui suivent.

La restauration rapide continue sa percée. 66% des restaurants ouverts depuis 1993 sont des fast-food. Dans ce texte, Béa, une terminale, essaie de nous expliquer pourquoi le hamburger est aussi populaire.

C'est certain, ce n'est pas par hasard. Regardez d'abord un hamburger: doux, rond, moelleux . . . C'est exactement ce qu'on veut, nous, les jeunes. En plus, il fait appel à plusieurs sens: il fait envie à le voir, mais il sent bon aussi. Et, en plus, il fait appel au toucher. C'est agréable de manger avec les doigts. Fini les couteaux, les fourchettes, le code à table: on peut se passer de toutes les règles de la bonne conduite avec le hamburger. C'est un peu retourner à l'enfance, sans se faire gronder. L'autre grand avantage du hamburger, c'est qu'on peut l'emporter. C'est bien parce que nous aimons bouger tout le temps. On veut être libre.

Une chose est certaine: nous ne pouvons pas critiquer le prix. Dans la société de consommation, certains se trouvent parfois exclus. Mais tout le monde peut se payer un hamburger. C'est égalitaire. Ça fait plaisir.

Finalement, le hamburger, ça représente aussi les copains, la tribu moderne. Dans les restaurants traditionnels, on mange le plus souvent en famille, mais lorsqu'on va au fast-food, c'est avec les amis. C'est plus détendu. C'est fraternel, quoi.

Vous voyez où je veux en venir? Moi je dirais que le hamburger est, dans un sens, typiquement français. Le hamburger représente très bien les anciennes valeurs françaises: liberté, égalité, fraternité!

1. À quels sens le hamburger fait-il appel?
2. Pourquoi est-ce que Béa parle de retourner à l'enfance?
3. Dans quel sens est-ce que le hamburger correspond au style de vie des jeunes?
4. Pourquoi est-ce que Béa approuve le prix du hamburger?
5. Quelle est la grande différence entre les restaurants traditionnels et les fast-food, d'après Béa?

2 Exercise de compréhension

Trouvez une phrase dans le texte qui suggère que:

- Béa pense que la popularité du hamburger a été bien calculée.
- Elle trouve que le hamburger est polysensoriel.
- Elle ne mange pas forcément à l'intérieur du restaurant fast-food quand elle y va.
- Elle trouve qu'un hamburger ne coûte pas trop cher.
- Elle trouve l'ambiance dans un fast-food moins stressante que celle dans un restaurant traditionnel.

3 Travail oral

Est-ce que vous pensez que Béa a raison de dire que le hamburger est typiquement français?
Travaillez avec un partenaire. L'un d'entre vous doit soutenir l'argument de Béa. L'autre doit suggérer un autre point de vue.

La langue

Expressing agreement and disagreement

There are lots of ways of saying that you agree or disagree with someone. The important thing is to find the right register or style for different occasions. Of course, body language and facial expression play an important part too!
Some useful phrases are given below:

Agreement:

In speech you might use expressions such as:

■ *Bien entendu*	Of course
■ *Évidemment*	Obviously
■ *Effectivement*	Exactly

In more formal conversations or in writing, you might use:

■ *Elle a raison de dire que ...*	She is right to say that ...
■ *Je trouve que son argument est tout à fait cohérent.*	I find that her argument is entirely coherent.
■ *J'accepte les grandes lignes de ce qu'elle dit.*	I accept the general idea of what she says.

Disagreement:

In speech you might use expressions such as:

■ *Non, pas du tout!*	No, not at all!
■ *Il n'en est pas question!*	There's no question of it.
■ *Absolument pas!*	Absolutely not!

In more formal conversations or in writing, you might use:

■ *Je rejette catégoriquement ce qu'elle dit.*	I categorically reject what she says.
■ *Il me semble qu'elle a tort de dire ...*	I rather think that she's wrong to say ...
■ *Je ne suis pas de son avis parce que ...*	I don't agree with her because ...

4 Travail oral

La publicité ci-dessous présente une image complètement différente de la cuisine. Regardez-la bien et préparez des réponses orales aux questions.

5 Travail écrit

Écrivez un paragraphe d'environ 100 mots pour exprimer ce que vous pensez du fast-food.

Les Grands Blancs: Les Vins d'Alsace

Les Grands Blancs ne savent pas se servir des baguettes. Qui s'en sushi?

- Qu'est-ce que vous voyez dans l'image?
- Est-ce qu'il s'agit d'une entrée simple ou sophistiquée?
- Comment est-ce que le plat est présenté?
- Pourquoi est-ce que l'oiseau essaie d'utiliser des baguettes?
- Pourquoi, d'après la publicité, n'est ce pas grave s'il ne sait pas s'en servir correctement?
- Est-ce que vous aimez la cuisine exotique?
- Est-ce que vous aimez essayer de nouveaux plats?

D. Conversation avec José Bové

On s'échauffe

José Bové est agriculteur. Il est en faveur d'une production alimentaire française saine. En 2000 il a organisé une manifestation qui a visé un restaurant de McDonald. Les manifestants ont démonté le restaurant qui était en construction.
Pourquoi, d'après vous, est-ce qu'il a choisi McDonald comme cible? Est-ce qu'il a eu raison de s'attaquer au géant américain?

Conversation avec José Bové

Depuis quand pensiez-vous vous en prendre à Mc-Do?

Depuis 1990 et le problème des viandes aux hormones. La France refusait l'importation de ces viandes américaines. Mais l'organisation mondiale du commerce l'a condamnée. Nous voulions protester contre les hormones et le Mc-Do nous semblait la cible parfaite.

Comment avez-vous préparé cette action? Comment s'est-elle déroulée?

Nous voulions une action au grand jour, avec beaucoup de monde et pas de violence. Nous voulions démonter le Mc-Do en construction. Nous l'avons fait tranquillement, dans la bonne humeur. C'était très facile et rapide car la construction était bien légère. Nous avons tout chargé sur une grande remorque et traversé la ville sous les applaudissements des habitants.

Cela ne correspond pas avec les revues de la presse ...

Non, c'est bien vrai. Vous comprenez mon étonnement et ma consternation. On nous a accusé de "saccage", "d'un million de francs de dégâts". Rien de cela n'a été vérifié. C'était juste du scandale.

Avez-vous subi des représailles?

Oui, et des graves. Moi, je suis parti en vacances le lendemain, mais on m'a prévenu que les manifestants se faisaient arrêter par la police, et que cinq paysans avaient été amenés au commissariat. Tout a escaladé. Tout s'est empiré. Tout a été exagéré. Quatre de ces hommes pacifistes ont été mis en garde à vue et après, ils ont été condamnés à faire de la prison. C'était d'une ironie incroyable et d'une injustice à vous fendre le cœur.

1 Activité de lecture et travail écrit

Lisez l'article ci-dessus et répondez en français aux questions qui suivent.

1. Pourquoi José Bové voulait-il engager une action contre le Mc-Do?
2. Quelle sorte d'action avait-il en tête?
3. Les faits ont-il correspondu aux désirs?
4. Comment la presse a-t-elle raconté l'action?
5. Les manifestants ont-ils subi des conséquences?
6. Ces conséquences étaient-elles justes selon José Bové?

Et qu'est-ce que vous en pensez?

1. Que représente Mc-Do pour vous? Est-ce que vous l'associez avec les mauvaises viandes?
2. Êtes-vous en faveur de l'action de José Bové?
3. Pensez-vous que le rapport de la presse était impartial?
4. L'emprisonnement des quatre leaders vous paraît-il bon? Nécessaire? Injuste? Disproportionné face à l'action?

2 Exercice de vocabulaire

Trouvez, dans le texte, l'équivalent des mots (ou phrases) suivants.
Attention! La forme grammaticale ne sera pas forcément la même!

Exemple: *Paisiblement* *tranquillement*

1. S'attaquer à
2. Paraître
3. Se passer
4. Public
5. Pas solide
6. Surprise
7. Ne pas être conforme à
8. Les conséquences
9. Sérieux
10. Devenir plus grave

3 Travail écrit

Journaliste

Imaginez que vous êtes le journaliste qui a interviewé José Bové dans le texte ci-contre. Vous écrivez maintenant un article sur les événements qui présente les actions des manifestants d'une façon plus positive. Vous écrivez environ 150 mots.

4 On s'entraîne

a. In the text *Conversation avec José Bové*, find how the following English passive sentences are expressed in French:

1. We were applauded by the inhabitants.
2. I was warned
3. We were accused
4. They were being arrested by the police.

b. Traduisez ces phrases en français:

1. The restaurant was completely demolished.
2. They were told to leave the area.
3. Meat with hormones is not sold here.
4. Twelve demonstrators were arrested.
5. They were taken to the police station.
6. José Bové is greatly admired.

Grammaire

> p266

The passive

> We say that a sentence is "passive" if the subject of the verb is on the receiving end of the action of the verb, rather than doing the action! Compare these two sentences:
The protestors dismantled the building.
The building was dismantled by the protestors.
The first sentence is **active**. The protestors are doing the action of the verb.
The second sentence is **passive** because its subject is having the action of the verb done to it.
Note that the direct object of the active sentence – the building – has become the subject of the passive one.

> The formula for forming the passive in French is simple: ***être*** + **past participle**

La maison sera vendue demain.	The house will be sold tomorrow.
Ils ont été accusés.	They were accused.
La voiture a été réparée le même jour.	The car was repaired the same day.

Note that in the passive, the past participle **always** agrees with the subject.

> Only verbs that take a **direct object** have a passive voice in French. The indirect object of a verb in an active sentence cannot become the subject of a passive sentence.
There is, however, a very neat alternative in French: the pronoun *on*.
Look at these examples:

I was told	*On m'a dit*
They were asked	*On* leur a demandé
She was promised	*On lui a promis*

E. La vache folle

On s'échauffe

Est-ce que vous mangez de la viande ou êtes-vous végétarien? Pourquoi est-ce qu'il y a de plus en plus de végétariens de nos jours? Est-ce qu'il s'agit d'une mode? Ou y a-t-il d'autres raisons?

1 Activité de lecture

Lisez le texte.

La maladie de la vache folle

Le drame commence en Angleterre, en février 1985. La vache 133 – une vache qui deviendra très célèbre par la suite – meurt d'une maladie inconnue. Vingt-et-un mois plus tard, le Laboratoire Vétérinaire Central (le CVL) annonce officiellement qu'une nouvelle maladie vient d'apparaître. Il s'agit de l'ESB: l'encéphalopathie spongiforme bovine. C'est la maladie de la vache folle.

Dès 1987, on découvre 30 à 40 cas de vaches malades par mois. Et puis, le scandale commence. En septembre de la même année, le directeur du CVL refuse la publication d'un certain document de ses propres chercheurs. En effet, cette publication met trop l'accent sur les risques possibles pour la santé des gens. Mais la maladie continue à se répandre et en juillet 1993, le cap de 100.000 vaches touchées est franchi.

Le problème devient beaucoup plus grave encore. La maladie commence à se répandre parmi les humains. On repère le premier cas en 1994 et une personne meurt pendant l'année qui suit. C'est la première. Depuis beaucoup d'autres sont mortes.

2 Exercice de compréhension

Chaque phrase ci-dessous donne une explication d'un numéro ou chiffre donné dans le texte. Vous devez dire de quel numéro il s'agit:

1. C'est le nombre de cas de la maladie enregistrés entre 1985 et 1993.
2. C'est le numéro de la première bête atteinte par la maladie.
3. C'est l'année qui voit la première victime humaine.
4. C'est le délai en mois entre le premier cas de la maladie et le diagnostic officiel.
5. C'est le taux de décès par mois en 1987.

3 Travail oral

Regardez le dessin humoristique ci-dessous et préparez des réponses orales aux questions qui suivent.

- **Qu'est-ce que vous voyez dans l'image?**
- **Que fait l'homme?**
- **Pourquoi cela nous fait rire?**
- **Y a-t-il un message sérieux?**
- **Pourquoi les vaches ne sont-elles plus fiables?**
- **Faut-il avoir peur de manger du bœuf à votre avis?**

4 Exercice d'écoute

Le scandale de la maladie a affecté la consommation de viande, bien entendu. La question reste ouverte. Peut-on manger du bœuf maintenant? Les gens réagissent différemment à la situation. Écoutez ces quatres personnes et remplissez les blanc dans les phrases qui suivent.

Il s'agit de mettre un nom:

> Monique
> Benjamin
> Annie
> Jacques

1. _________ a vu des vaches folles il y a très longtemps, bien avant la crise actuelle.
2. _________ pense qu'il y a beaucoup plus de chance de mourir sur les routes qu'en mangeant du bœuf.
3. _________ pense à ses responsabilités envers sa famille.
4. _________ et ________ pensent, tous les deux, que le gouvernement a raconté des mensonges.
5. _________ n'achète que la viande de bonne qualité.
6. _________ est pessimiste par rapport à sa propre santé.
7. _________ favorise des changements dans les méthodes d'élevage.
8. _________ est dorénavant dans le camp des végétariens.
9. _________explique pourquoi certaines coupes de viandes sont plus à risque que d'autres.

5 Exercice d'écoute et travail écrit

Écoutez la cassette une deuxième fois et écrivez des réponses aux questions suivantes:

1. Pourquoi Monique refuse-t-elle de trop s'inquiéter au sujet de l'ESB?
2. Qu'est-ce qui provoque le cynicisme de Benjamin?
3. Est-ce que vous trouvez le comportement d'Annie responsable ou trop autoritaire? Justifiez votre réponse!
4. Pourquoi, d'après Jacques, la viande hachée est-elle porteuse de maladie?

6 Travail écrit

Imaginez que vous êtes végétarien(ne). Vous allez faire un séjour chez votre correspondant(e) en France. Écrivez-lui une lettre pour l'avertir que vous ne mangez pas de viande. Expliquez-lui pourquoi vous avez pris cette décision. Écrivez environ 150 mots.

7 Travail oral

Étudiez le schéma ci-dessous. Ensuite essayez d'expliquer oralement comment la maladie se propage et ce qu'on peut faire pour freiner la contamination.

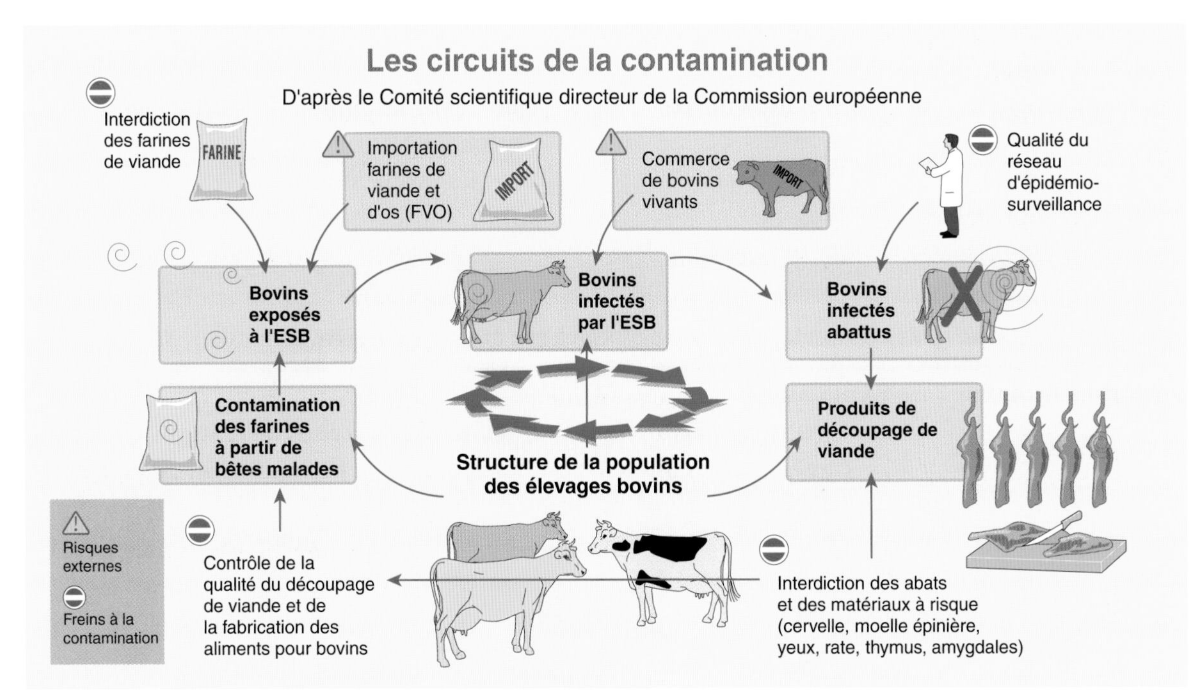

F. Les OGM

On s'échauffe

On parle de plus en plus de problèmes associés à ce qu'on mange. Est-ce qu'il faut avoir peur de ce qu'il y a dans notre assiette? Ou est-ce que les dangers sont exagérés?

1 Activité de lecture et travail écrit

Lisez l'article ci-dessous et répondez en français aux questions qui suivent.

Tout – ou presque – sur les OGM

Qu'est-ce que c'est, les OGM?

Bien des consommateurs ne sont pas très bien informés sur les OGM et donc il n'est pas étonnant qu'ils s'en méfient. Nous allons donc commencer avec les faits. Les OGM sont des organismes qui ont été génétiquement modifiés. C'est la biotechnique qui nous permet de modifier les organismes. La biotechnique est une science jeune qui est liée à la génétique. Quand elle est appliquée aux végétaux, elle permet de changer le gène de façon stable et permanente. Cela veut dire que les graines de la plante modifiée transmettent naturellement les nouvelles propriétés.

Pourquoi changer les gènes?

Il est important de souligner que les OGM présentent de nombreux avantages. Les manipulations génétiques permettent de protéger les végétaux contre les insectes et les maladies. Cela a l'avantage de limiter la quantité de produits chimiques que l'agriculteur doit normalement utiliser. La génétique permet aussi d'améliorer les rendements, d'augmenter la production. Enfin, elle permet de transformer les variétés et de les rendre mieux adaptées aux besoins.

Pourquoi les OGM font-ils peur à certains?

Maintenant, nous abordons les risques. Les scientifiques évaluent peu à peu ces risques. On ne connait pas encore vraiment les conséquences à long terme. Pour transférer les gènes chez les végétaux, on doit introduire des gènes résistant aux antibiotiques. Est-ce que cela présente un danger pour la santé des humains? Des tests sont obligatoires pour tous les produits destinés à la consommation humaine. On cherche à évaluer la toxicité et les risques d'allergies. Il y a encore beaucoup de travail dans ce domaine ...

1. Quel est le sentiment des consommateurs par rapport aux OGM et pourquoi?
2. Dans quel sens est-ce que les changements génétiques sont stables?
3. Quels sont les principaux avantages des OGM?
4. Comment les consommateurs sont-ils protégés?
5. Tous les problèmes sont-ils réglés?

2 Exercice de vocabulaire

Dans le tableau ci-dessous, reliez les mots tirés du texte à gauche à une explication à droite. Exemple: ***1D***

Termes tirés du texte	Explications
1. Un avantage	A. C'est une mauvaise réaction du corps – soit intérieure, soit extérieure – causée par des aliments ou des produits de l'environnement, comme le pollen.
2. Un gène	B. C'est la capacité d'un produit à empoisonner une personne ou l'environnement.
3. Une propriété	C. C'est le taux de productivité.
4. Le rendement	D. C'est la qualité qui rend une chose supérieure aux autres.
5. Une allergie	E. C'est une unité qui définit des caractères héréditaires.
6. La toxicité	F. C'est une caractéristique qui définit une personne ou une chose.

3 Travail oral

Regardez la photo. Quelqu'un a écrit des graffitis sur une pancarte à côté d'un champ de maïs pour protester contre les OGM dans la région.
Imaginez que vous êtes cette personne. Vous apparaissez devant le magistrat local. Expliquez-lui pourquoi vous avez barbouillé la pancarte du village.

Grammaire

> p260

Linking two verbs

The second of two verbs that go together is always in the infinitive.
That second verb is linked to the first one in one of three ways:

> The first verb is simply followed by the second. There is no special link word.
Normalement l'agriculteur doit utiliser des produits chimiques. — Normally farmers must use chemicals.

> The first verb is linked to the second by the preposition *à*:
On cherche à évaluer la toxicité. — They are trying to evaluate the toxicity levels.

> The first verb is linked to the second by the preposition *de*:
C'est la biotechnique qui nous permet de modifier les végétaux. — Biotechnology allows us to modify plants.

There are many verbs in each category. You will find lists of the most common on pages 260–261. Practise them so that you get to know them. Make sure you know the meanings, and be ready to add to the lists as you come across new examples.

4 On s'entraîne

Traduisez les phrases suivantes en français:

1. They have begun to evaluate the risks.
2. We are learning to apply this technique to plants.
3. We want to know the risks.
4. They have managed to increase production by 50%.
5. We must avoid creating a new danger for human health.

5 Travail oral

La peur devant les OGM a aidé à créer un nouveau marché pour les produits naturels du terroir et l'agriculture biologique. Regardez la publicité ci-contre et préparez des réponses aux questions qui suivent.

Aujourd'hui, le bio a sa place en ville.
En rendant enfin accessible l'alimentation bio, Monoprix nous a fait retrouver le plaisir de manger savoureux. Plus proches de la vie que nous avons envie de mener dans nos villes, les produits Monoprix Bio sont aujourd'hui plus d'une centaine, tous porteurs du label AB qui garantit une production sans engrais ni pesticides de synthèse. Ils contribuent donc à protéger l'environnement et sont à l'origine d'une nouvelle qualité de vie.

- **Qu'est-ce que vous voyez dans l'image?**
- **Qu'est-ce qu'il y a d'inattendu?**
- **Que symbolise l'épouvantail?**
- **Pourquoi Monoprix a développé les produits Bio?**
- **Comment est-ce que les produits Bio contribuent à protéger l'environnement?**

G. Point Rencontre:
Dominique Salvador, agriculteur

On s'échauffe

Lorsque vous choisissez un fruit, est-ce que c'est pour le goût ou pour les apparences? Est-ce que vous préférez les pommes "Golden" ou les vieilles variétés anglaises? Pourquoi?

1 Activité de lecture

Lisez le texte où un agriculteur près de la retraite analyse les changements qu'il a vus pendant sa vie active.

Ramassage des melons

Je suis le fils aîné d'une famille d'agriculteurs et donc j'ai repris la ferme de mon père. Je cultive principalement des fruits et je suis spécialiste du melon. Les melons Salvador, ce sont des melons en or!

On ramasse les melons

Quand j'étais jeune, le melon rapportait bien. Avec ma femme, on produisait des fruits qui étaient bons et sucrés et qui se vendaient bien. On n'avait pas besoin de produire énormément pour gagner notre vie. C'était la belle époque.

Tout cela a changé pendant les années 80. Des melons espagnols ont envahi nos marchés et il fallait leur faire concurrence. On a donc introduit de nouvelles variétés – des hybrides. Au début, on était bien contents parce que le rendement était fantastique. Mais très vite les prix ont baissé à cause d'un nouveau problème: la surproduction. On se trouvait pris au piège: on était obligés de produire toujours plus pour faire le même argent. C'était le début d'un cercle vicieux.

Jeunes melons

En plus, les nouvelles variétés étaient plus sensibles aux maladies et il fallait donc utiliser davantage de traitements chimiques. Résultat? De gros fruits beaux et luisants, pompés de produits chimiques et qui sont, à mon avis, moins bons qu'autrefois. En plus, il y en a toujours trop. On n'arrive pas à les vendre et bien souvent on finit par les détruire.

Il y a deux solutions éventuelles à ces problèmes, il me semble. On peut faire un pas en arrière et revenir à des méthodes de production traditionnelles. Dans des fermes voisines, certains agriculteurs se sont tournés vers les cultures biologiques. Ils misent sur la qualité plutôt que la quantité. Sinon, on nous propose les OGM comme remède miracle. À mon avis, cela va encourager de nouveau plus de production. Cela ne va rien arranger du tout.

Jeunes plants de melons

On met les melons dans les cageots

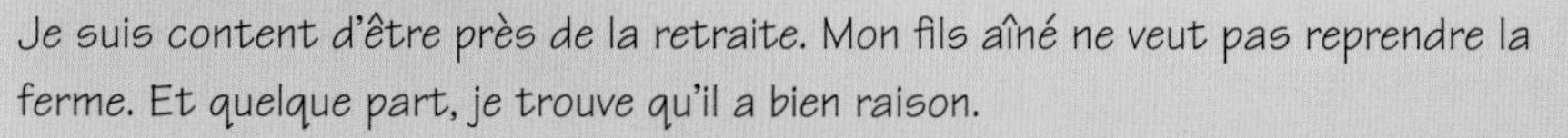

Je suis content d'être près de la retraite. Mon fils aîné ne veut pas reprendre la ferme. Et quelque part, je trouve qu'il a bien raison.

2 Travail écrit

Cherchez dans le texte l'équivalent français des phrases suivantes:

1. We had to compete with them.
2. They were more prone to disease.
3. We end up destroying them.
4. They focus on …
5. That's not going to solve anything.

4 Travail oral

Travaillez avec un partenaire. Remuez-vous les méninges et faites une liste de tous les problèmes auxquels les agriculteurs européens doivent faire face.
Présentez vos idées aux autres membres de la classe.

3 Exercice de compréhension

Trouvez dans le texte une phrase qui indique que:

1. Dominique est fier des produits de sa ferme.
2. Les nouveaux hybrides ont amené certains avantages.
3. Les fruits d'aujourd'hui ne sont pas aussi naturels qu'autrefois.
4. Dominique n'est pas en faveur des OGM.
5. Dominique est plutôt pessimiste pour l'avenir de l'agriculture.

5 Exercice d'écoute

a. Dominique n'est pas en faveur des OGM. Au niveau des gouvernements internationaux, les avis sont partagés.

Écoutez ce reportage sur les OGM dans de différents pays et cochez des cases dans le tableau ci-dessous pour indiquer la position de chaque pays.
Recopiez et complétez le tableau.

b. Écoutez la cassette une deuxième fois afin de décider si les phrases suivantes sont vraies ou fausses:

1. L'Allemagne refuse nettement les OGM.
2. La législation sur les OGM est laxiste aux USA.
3. Les Américains font confiance aux OGM.
4. Le Japon est en retard sur les USA.
5. Le système de contrôle en France est moins sévère qu'aux USA.

	Opposition forte	Opposition	Opinion partagée	Favorable ou très favorable
Autriche				
Canada				
Danemark				
France				
Grande-Bretagne				
Luxembourg				
Suède				
USA				

H. Des idées reçues au banc d'essai

On s'échauffe

En matière d'alimentation, les préjugés sont très nombreux. Voici certaines idées héritées de nos grand-mères ou lancées par les besoins du marketing. Vous allez trouver également des faits. Est-ce que vous êtes bien informé sur ce qu'il y a dans votre assiette?

1 Activité de lecture

Pour chaque idée fausse dans le tableau qui suit, choisissez la bonne riposte parmi celles qui figurent à droite.

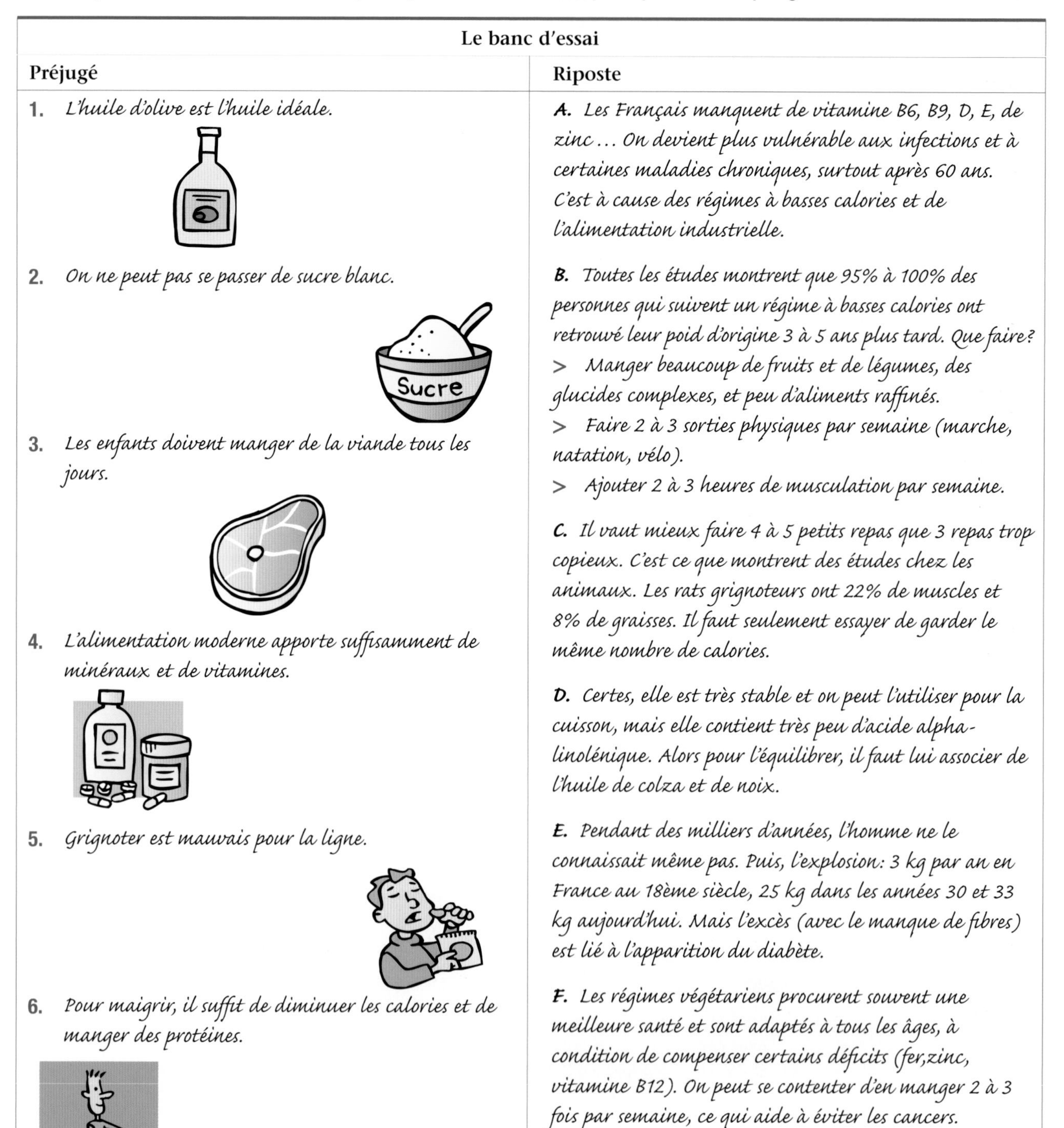

Le banc d'essai

Préjugé	Riposte
1. *L'huile d'olive est l'huile idéale.*	**A.** *Les Français manquent de vitamine B6, B9, D, E, de zinc ... On devient plus vulnérable aux infections et à certaines maladies chroniques, surtout après 60 ans. C'est à cause des régimes à basses calories et de l'alimentation industrielle.*
2. *On ne peut pas se passer de sucre blanc.*	**B.** *Toutes les études montrent que 95% à 100% des personnes qui suivent un régime à basses calories ont retrouvé leur poid d'origine 3 à 5 ans plus tard. Que faire?* > *Manger beaucoup de fruits et de légumes, des glucides complexes, et peu d'aliments raffinés.* > *Faire 2 à 3 sorties physiques par semaine (marche, natation, vélo).* > *Ajouter 2 à 3 heures de musculation par semaine.*
3. *Les enfants doivent manger de la viande tous les jours.*	**C.** *Il vaut mieux faire 4 à 5 petits repas que 3 repas trop copieux. C'est ce que montrent des études chez les animaux. Les rats grignoteurs ont 22% de muscles et 8% de graisses. Il faut seulement essayer de garder le même nombre de calories.*
4. *L'alimentation moderne apporte suffisamment de minéraux et de vitamines.*	**D.** *Certes, elle est très stable et on peut l'utiliser pour la cuisson, mais elle contient très peu d'acide alpha-linolénique. Alors pour l'équilibrer, il faut lui associer de l'huile de colza et de noix.*
5. *Grignoter est mauvais pour la ligne.*	**E.** *Pendant des milliers d'années, l'homme ne le connaissait même pas. Puis, l'explosion: 3 kg par an en France au 18ème siècle, 25 kg dans les années 30 et 33 kg aujourd'hui. Mais l'excès (avec le manque de fibres) est lié à l'apparition du diabète.*
6. *Pour maigrir, il suffit de diminuer les calories et de manger des protéines.*	**F.** *Les régimes végétariens procurent souvent une meilleure santé et sont adaptés à tous les âges, à condition de compenser certains déficits (fer,zinc, vitamine B12). On peut se contenter d'en manger 2 à 3 fois par semaine, ce qui aide à éviter les cancers.*

2 Travail écrit

Expert en diététique

Imaginez que vous donnez des consultations sur des régimes alimentaires. Quels conseils est-ce que vous donneriez aux clients suivants? Écrivez deux ou trois phrases dans chaque cas.

Exemple: Je suis méditérannéenne et donc je cuisine uniquement avec l'huile d'olive.

L'huile d'olive a beaucoup de bonnes qualités, c'est vrai. Mais je vous conseille d'utiliser d'autres huiles aussi pour apporter tout ce dont vous avez besoin. Il faut trouver un équilibre et il y a d'autres bonnes huiles qui peuvent complémenter l'huile d'olive. Personnellement, je suggère l'huile de noix et l'huile de colza.

1. Je mange pas mal de sucre parce qu'il me faut beaucoup d'énergie dans mon poste.
2. Je donne de la viande tous les jours à mes enfants parce qu'ils en ont besoin.
3. Je n'ai pas besoin de faire de l'exercice. Je réussis à garder ma ligne en gardant un œil sur les calories que je consomme chaque jour.
4. Je me sens fatigué, las et sans énergie. Pourquoi est-ce que j'ai perdu mon punch habituel?

Grammaire

> p256

Indirect object pronouns

The object of a verb is the person or thing that is on the receiving end of the action of the verb – either directly or indirectly.

English usually shows that an object is **indirect** by the use of the proposition "to" or occasionally "for".

She passed the cheese **to them**.
He bought the champagne **for her**.

The words in bold are indirect object pronouns.

However, in English, it would be perfectly possible to say:

She passed them the cheese.
He bought her chocolates.

It is just automatically understood that it is the cheese that she is actually passing, not them. We assume that he purchased chocolates, not her!

French is always precise in using indirect object pronouns, so you need to think carefully about what you are saying. Thinking about the **literal sense** helps you to get it right.

She passed **them** the cheese. — *Elle leur a passé le fromage.*
(She passed the cheese **to them**).
He bought **her** chocolates. — *Il lui a acheté des chocolats.*
(He bought chocolates **for her**).

For information on verbs which take an indirect object, refer to page 256.

3 On s'entraîne

Traduisez les phrases suivantes en français:

1. I told him to eat more vegetables.
2. I advised her to stop smoking.
3. I told them to phone you.
4. We write to him regularly.
5. I talked to her about her diet.

I. Manger bien sans manger triste

On s'échauffe

Est-ce que vous pensez de façon active à votre santé et à l'importance de votre régime alimentaire? Est-ce que vous suivez un régime sain et équilibré ou est-ce que vous reléguez tout cela à plus tard?

1 Activité de lecture

Monsieur Delagne a pris du poids récemment. Il s'essouffle plus vite et commence à réfléchir avant de monter les escaliers de sa maison. Comme il est PDG de sa société, il n'a pas trop le temps de faire de l'exercice et en plus, il doit souvent manger au restaurant avec ses clients. Il a donc décidé d'aller voir le médecin. Lisez le résumé des conseils que ce dernier lui a donné.

Prenez le temps de manger un peu pour le petit déjeuner. Choisissez un pain complet avec un tout petit peu de beurre, car le premier aide la digestion et le dernier contient de la vitamine A. Surtout, évitez trop de café. Remplacez-le par du thé vert car il protège le cœur et diminue les risques de cancer de l'estomac. Mangez peut-être un yaourt aussi: ils aident à lutter contre les infections et les diarrhées. Et en plus, ils apportent du calcium. N'oubliez pas les jus de fruits: leur vitamine C est un bon stimulant intellectuel.

A midi, mangez bien mais sain. C'est, après tout, le repas le plus important de la journée. Évitez toujours le pain blanc. Vous n'aimez pas les légumes? C'est grave, ça! Presqu'aussi grave que de fumer! Il y a presque deux ou trois fois plus de cancers chez les gens qui boudent les légumes et les fruits. Savourez donc plein de légumes assaisonnés avec de l'huile de colza et d'olive. Ajoutez-leur des poissons gras comme la sardine, le hareng, le maquereau, le saumon. Ils s'opposent à la formation de caillots de sang et, en plus, ils ont des propriétés anti-inflammatoires. Vous préférez le bœuf? Ça, c'est un problème! Changez vos habitudes: mangez plus de poulet, de dinde, de canard ou de lapin. Vous vous sentirez mieux très vite. Ne consommez des viandes rouges que si vous manquez de fer.

Vous mangez souvent au restaurant? Pensez à sauter les desserts. Ils sont souvents gras et trop sucrés. Ce n'est pas bon pour vous. Croquez une pomme à la place! N'oubliez pas les fruits! Même secs, ils sont bons pour la santé.

Maintenant le dîner. Pensez léger! Buvez plein d'eau minérale et juste un petit verre de vin rouge. Dévorez énormément de crudités. Je sais que vous n'aimez pas ça particulièrement, mais songez au long terme. Tout cru, cru, cru. Les pâtes complètes contiennent des glucides parfaits pour le sommeil. Remettez aussi des lentilles, des pois, des pois-chiches à votre mode: ils renferment du potassium et des fibres et aident à lutter contre le cholestérol. C'est exactement ce dont vous avez besoin. Et pour le dessert, continuez avec des fruits, frais ou secs. Revenez me voir dans un mois. Je pense que vous vous sentirez déjà beaucoup mieux.

2 Exercice de compréhension

Trouvez l'aliment mentionné dans le texte qui apporte les bienfaits suivants:

1. Ça lutte contre les inflammations et c'est aussi très bon pour la circulation sanguine.
2. Ça favorise l'activité du cerveau parce que ça stimule la matière grise.
3. Cela vous aide à vous endormir.
4. C'est une source d'oligo-éléments, mais il faut faire attention de ne pas en consommer trop.
5. Ça diminue le risque de crise cardiaque.
6. C'est un aliment qui fait énormément de bien au système digestif.
7. Ce sont des aliments qui protègent le corps contre le cancer.

8. C'est une source de vitamines, mais il ne faut pas en abuser.
9. C'est une source d'oligo-élements et ça lutte contre le cholestérol aussi.
10. Ça vous donne un apport important de calcium.

3 Travail oral

Copiez et complétez le tableau suivant.

Vous mangez ou buvez ...?	De l'eau minérale	Du vin	Des légumes frais	Des légumes secs	Des yaourts	Du pain complet	Des fruits	De la viande	Du poisson
Jamais									
Rarement									
De temps en temps									
Régulièrement									
Tous les jours									

Faites vous-même la critique de votre régime alimentaire. Comparez votre tableau avec les recommendations du texte ci-contre. Que pouvez-vous conclure?

Préparez un petit discours qui répond aux questions suivantes:

> Votre régime est-il généralement sain et équilibré?
> De quoi manque-t-il, votre régime?
> De quoi est-ce que vous consommez trop?
> Qu'est-ce que vous devez absolument changer?
> Quels sont les points forts de votre régime?

4 Travail écrit

Écrivez environ 120 mots pour décrire vos prises alimentaires pendant une journée typique. Il faut noter non seulement ce que vous mangez, mais aussi un commentaire sur la valeur nutritive de votre régime de ce jour-là. N'oubliez pas d'ajouter l'heure de vos repas et snacks.

Grammaire

> p267

The imperative

The imperative is the form of the verb that is used to give commands, orders or suggestions.
There are three types of imperative, depending on who you are talking to:

> The *tu* form imperative is used to give instructions to one person that you know well:
Mange tes épinards d'abord! Eat your spinach first!
> The *nous* form imperative is used to make a suggestion to a group which includes you:
Mangeons ici! Let's eat here!
> The *vous* form imperative is used to give instructions in more formal circumstances or to more than one person:
Mangez tant que vous voulez! Eat as much as you want!

The formation of the imperative is very straightforward. Simply use the **present tense without the pronoun** (*tu*, *nous* or *vous*).
For **-*er*** verbs (including *aller*), you have to drop the final -s.

With reflexive verbs, you need to include the reflexive pronoun. Note that ***te*** changes to ***toi*** to make it easier to pronounce:
> *Dépêche-toi!* *Dépêchons-nous!* *Dépêchez-vous!*

5 On s'entraîne

Expliquez à un élève français qui mange à la cantine de votre école pour la première fois ce qu'il doit faire.
Écrivez les instructions essentielles.

PHOTO FINISH

a. Un ami français a vu cette photo dans un magazine chez vous. Il ne la comprend pas. Expliquez-lui ce que ça représente.

b. Analysez les statistiques dans le tableau ci-dessous et faites un discours d'environ 90 secondes pour expliquer les problèmes avec le régime en Hongrie par rapport à la France.

Consommation par type d'aliments
(en kg, par personne et par an, en 1995)

	Huiles végétales	Huiles et graisses animales	Fruits et légumes	Viandes	Poissons	Produits laitiers	Mortalité par maladie cardiovasculaire (pour 100 000 en 1995)	Moralité par cancer (pur 100 000 en 1995)	Longévité (hommes / femmes)
Japon	12,0	2,1	166,4	43,2	71,2	68,7	110,0	106,0	77 / 84
France	16,5	18,1	221,6	96,8	28,3	262,4	108,0	131,0	74 / 82
Royaume-Uni	16,0	9,4	171,5	73,5	20,2	222,6	193,0	137,0	74 / 80
Espagne	26,9	4,0	251,6	99,6	37,3	161,4	143,8	120,8	74 / 80
Pays-Bas	17,0	8,2	224,4	86,4	14,4	340,0	160,8	136,7	74 / 80
Norvège	13,2	16,5	178,4	59,4	61,3	265,4	174,4	121,7	73 / 80
États-Unis	24,4	6,5	237,0	118,4	21,7	254,9	188,0	131,0	73 / 79
Mexique	11,5	3,7	145,7	44,9	10,3	99,8	174,7	81,2	69 / 74
Hongrie	14,3	25,6	164,1	87,7	4,5	160,8	369,9	191,9	64 / 73

9 pays sont classés ici dans l'ordre de longévité décroissante. Les chiffres les plus favorables sont indiqués en bleu. Les plus néfastes en orange. Le rôle de l'alimentation est manifeste: une alimentation conforme aux préceptes des nutritionistes (beaucoup d'huiles végétales, de fruits et de légumes et de poissons; pas trop de graisses, de viandes et de laitages) induit généralement une durée de vie plus longue. Ainsi, le Japon, champion de la durée de vie, est aussi le pays qui se nourrit le mieux.

www.toutterrain.co.uk

> **http://www.french-paradox.com/**
French food and habits, including a question and answer section and interviews.

> **http://www.gastronomie.com/**
This website contains all you need to know about food and restaurants.

Unité 5
En route

Terrain Thématique

- Les Français, que font-ils de leurs vacances?
- La plage: une destination de rêve?
- Qu'est-ce qui explique la popularité de Mickey Mouse?
- Pourquoi partir en vacances?
- Aimez-vous voyager?
- Comment peut-on améliorer la sécurité routière?
- La voiture: merveille ou menace?
- Quels sont les avantages de *deux* roues?
- Faut-il investir dans les trains?

Ce chapitre vous permettra de répondre . . .

Terrain Linguistique

- The pluperfect
- Agreements in the perfect tense
- Interrogatives
- The present participle
- Before and After
- The passive
- The conditional perfect

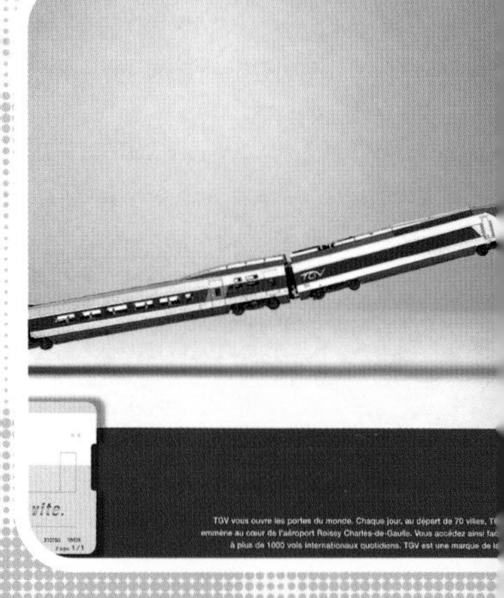

A. Dossier Vacances

On s'échauffe

Combien de semaines de vacances vos parents ont-ils par an? Est-ce qu'ils trouvent que c'est assez? Est-ce que vous partez généralement en été? Pourquoi est-ce que vous pensez que les vacances sont importantes?

1 Activité de lecture et exercice de compréhension

LES FRANÇAIS EN VACANCES

Quantité

Avec ses cinq semaines, la France est le pays d'Europe avec les plus longs congés payés (15 jours en Irlande, 18 à 20 en Allemagne, 22 en Grèce, 24 en Belgique). Parmi les 40% qui ne partent pas, 20% disent ne pas avoir le temps, 6% l'envie. Le manque d'argent reste le facteur le plus mentionné (52%). Six Français sur dix partent en vacances. Depuis la fin des années 80, le taux des départs s'est stabilisé. Il continue à progresser cependant parmi les catégories sociales qui partaient moins (professions indépendantes, ouvriers, agriculteurs, inactifs) donc il y a maintenant moins d'écart entre les classes sociales.

Dépenses

Elles varient beaucoup selon les catégories sociales et les types de vacances. Les moins chères se passent à la campagne – 33 euros par jour, par personne. Celles au ski sont les plus coûteuses – 67 euros par jour par personne. Les Français font de plus en plus attention aux dépenses. Certains évitent les frais d'hôtel parce qu'ils se logent dans des résidences secondaires. D'autres profitent des offres spéciales hors saison. Ils cherchent sur le Minitel et, de plus en plus, sur l'Internet. En général, pourtant, les dépenses pour les vacances augmentent.

Destination

La France d'abord. Neuf vacanciers sur dix restent en France. La richesse et la variété des sites expliquent cela. Ce sentiment est d'ailleurs partagé par les étrangers: la France reste la première destination mondiale. En 1999, c'est la campagne qui a représenté la part la plus importante des séjours, puis la mer. Viennent ensuite les villes et finalement la montagne. Si elles se passent à l'étranger, 72% des vacances sont en Europe, 12% en Afrique, 10% en Amérique et 5% en Asie et Océanie. Les Français restent très casaniers par rapport aux autres pays européens.

Transport

En voiture d'abord. 78% partent en voiture, 11% en train, 6% en avion, 2% en car et 3% en autres moyens – vélo, moto, bateau. Ceci va de pair avec une proportion dominante de vacances en France et en Europe où l'accès est facile. Avec l'augmentation des offres de séjour, la baisse des prix des forfaits et la mise en place de l'euro, les séjours en Europe vont être favorisés et encouragés. La disparition des frais de change et la transparence des prix sont des atouts majeurs dans le tourisme.

Décidez pour chaque affirmation qui suit, si c'est vrai, faux ou pas mentionné dans le texte.

1. Les différences de standing social se ressentent de plus en plus en ce qui concerne les vacances.
2. Les Français jouissent certainement de plus de vacances que les Anglais.
3. Environ 20% des Français disent qu'ils n'ont pas assez d'argent pour partir en vacances.
4. Les Français ne partent pas beaucoup à l'étranger parce qu'ils sont plutôt xénophobes.
5. L'auteur considère l'introduction de l'euro comme un atout pour le tourisme.

2 Travail écrit

Répondez en français aux questions suivantes:

1. Pourquoi les Français n'ont-ils pas à se plaindre au sujet des vacances?
2. Comment est-ce que les Français essaient de faire des économies lorsqu'ils réservent des vacances?
3. Pourquoi les Français sont-ils contents de rester en France pour les vacances?
4. Pourquoi est-ce qu'il est pratique pour la plupart des vacanciers de prendre leur voiture?
5. Pourquoi est-ce qu'on s'attend à voir une augmentation du tourisme en France?

3 Travail d'écoute

Vous allez entendre dix remarques personnelles au sujet des vacances. Chaque remarque correspond à une affirmation du texte ci-contre. Laquelle? Pour chaque personne qui parle, choisissez une lettre du tableau ci-dessous:

	Extrait du texte
A	*La France a les plus longs congés payés d'Europe.*
B	*6% n'ont pas envie de partir en vacances.*
C	*Les Français font de plus en plus attention aux dépenses.*
D	*Les Français sont hébergés … dans une maison secondaire.*
E	*Le manque d'argent est le facteur le plus mentionné [pour ne pas partir].*
F	*Les écarts entre les classes se sont reserrés.*
G	*72% des Français partent en voiture.*
H	*La richesse et la variété des sites [français] expliquent cela.*
I	*10% des Français partent vers l'Amérique.*
J	*La mise en place de l'euro favorise le tourisme.*

Grammaire

> p266

The pluperfect

The pluperfect (*plus-que-parfait*) takes us from the past further back into the past.

It's the tense that is "past-er than past". In English we use the word "had" to indicate that shift:

I arrived at their house before six, but they **had** already gone.

French uses the basic structure of the **perfect** tense (*le parfait*), but the auxiliary verb (*avoir* or *être*) is in the **imperfect** tense. Look at the examples in the text of the advert above:

*Juste le temps de revoir l'itinéraire que nous nous **étions fixés**.* Just time to look over the route we had planned.

4 On s'entraîne

Traduisez les phrases suivantes en français:

1. Last year we went to Spain. The year before we had stayed in England and it had rained every day.
2. He explained that he had forgotten that he was in England and he had therefore driven on the right.
3. We had planned to leave on Friday, but there was a terrible storm.
4. He wondered why he had decided to take French.
5. He told me that I had arrived too late.

5 Travail oral

Il faut vraiment persuader la plupart des Français de quitter l'Hexagone (c'est-à-dire la France). Mais certains aiment être dépaysés – c'est-à-dire, ils aiment découvrir quelque chose de complètement différent.

Travaillez avec un partenaire. Regardez cette publicité pour l'Eurotunnel, et préparez des réponses aux questions. Ensuite, présentez vos idées aux autres membres de la classe.

Eurotunnel: Depuis qu'on passe en voiture sous la Manche, les Anglais s'amusent à éclairer les pelouses.

En arrivant à Calais-Coquelles, les membres d'équipage nous ont guidés jusqu'à la navette d'Eurotunnel et sont restés à notre disposition toute la durée du voyage. Un voyage facile, jusqu'à 4 départs par heure, et court, 35 minutes pour traverser la Manche, juste le temps de revoir l'itinéraire que nous nous étions fixés et nous étions arrivés.

- **Qu'est-ce qui est inattendu dans la photo?**
- **Quel temps fait-il dans la photo? C'est attirant?**
- **Quel aspect de la vie en Grande-Bretagne est-ce qu'Eurotunnel essaie de souligner?**
- **Est-ce que vous pouvez définir le mot dépaysement?**
- **Est-ce que vous cherchez le dépaysement quand vous partez en vacances?**

B. Allons à la plage

On s'échauffe

Remuez-vous les méninges et faites une liste d'une vingtaine de mots que vous associez à la plage. Analysez votre liste! Est-ce que les mots que vous avez choisis sont plutôt positifs ou négatifs?

1 Activité de lecture et travail écrit: La Mer

Lisez le texte et répondez aux questions qui suivent en français.

La famille Misrahi

Nous aimons tous Sète et nous avons une résidence secondaire là depuis 29 ans. La plage, c'est super mais pour une partie de la journée seulement. Alors, Sète est un endroit fantastique car en plus de la plage, il y a une ville vivante, et un vieux port où des bateaux chargés de poissons frais rentrent tous les jours.

Nous sommes des fanas du marché sétois. Les étalages de fruits et de légumes sont toujours impressionnants, mais le mieux, c'est évidemment tous les poissons. L'arrière-pays est merveilleux aussi. Il y a plein de petits coins que nous continuons à découvrir.

La famille Claret

Pas question de plage! C'est abominable, ça! Nous deux, nous détestons les plages françaises bondées à craquer, sans sanitaires. Les gens s'alignent côte à côte. Ils déballent leurs corps sans aucune pudeur, même s'ils sont lardeux et fripés! Ils s'entassent les uns sur les autres pour se brûler ensemble. C'est infect. Une petite plage privée dans un coin du Pacifique: là, d'accord! Il faudra gagner au Loto quand-même . . .

La famille Dussor

Tous les étés, nous partons à la mer, et nous allons d'habitude vers la Méditérranée. Le camping, c'est notre spécialité. On emporte même l'évier avec nous! On retrouve les gens qui reviennent à Port-Bou tous les ans. On bronze bien, on dort, on ne fait pas grand chose. Le soir, on fait la fête, on joue à la pétanque après une bonne journée à la plage. C'est l'idéal et c'est pas cher!

⇒ **pour la famille Misrahi:**

1. La plage est-elle le seul attrait à Sète?
2. Qu'est-ce qu'ils apprécient surtout?
3. Restent-ils toujours à Sète même?

⇒ **pour la famille Claret:**

1. Pourquoi n'aiment-ils pas les plages françaises?
2. Comment trouvent-ils les gens?
3. Où est-ce qu'ils aimeraient aller?

⇒ **pour la famille Dussor:**

1. Les vacances à la mer sont-elles un phénomène nouveau pour cette famille?
2. Qu'est-ce que cette famille recherche principalement?
3. Que font-ils le soir?

2 Travail écrit 

Résumez en une phrase la position de chaque famille par rapport à la plage. Dans chaque cas vous avez le droit d'écrire 12 mots au maximum, mais il faut être aussi précis que possible.

Exemple: *Misrahi: La plage est super en petites doses: une activité parmi tant d'autres.*

3 Travail de recherche

Vocabulaire: Trouvez dans les trois textes sept adjectifs positifs et cinq adjectifs péjoratifs. Pour chaque adjectif négatif, essayez de trouver l'opposé.

4 Travail oral

Album de photos: Regardez les photos et décidez si elles sortent de l'album des Misrahi, des Claret ou des Dussor. Justifiez votre décision.

1 Une plage qu'on a trouvée l'an dernier. Comme ça, ça va!

2 Combien de glaces est-ce qu'on a mangées?!!

3 Elle est belle n'est-ce pas? Je l'ai prise à Pâques.

5 On s'entraîne

Vous montrez votre album de photos à un ami. Traduisez les phrases suivantes en français:

1. These are the mountains (that) we saw from the plane.
2. This is the old farmhouse that we rented.
3. These are some friends that we met at the beach.
4. We invited them to a barbecue at the gîte.
5. This one is overexposed. I took it looking directly towards the sun.

Grammaire

> p263

Agreements in the perfect tense

> The past participle of verbs which take ***être*** as their auxiliary in the perfect agrees with the subject: *Il est allé.* but *Elle est allée. Il est parti en voiture.* but *Nous sommes partis en voiture.*

> The past participle of verbs which take ***avoir*** as their auxiliary agrees with the object, but only when it is a direct object which comes in front of (or precedes) the verb.

There are three occasions when a direct object is likely to come in front of the verb:

1. When the object is in the form of a **pronoun**:
   Je l'ai prise à Paques. (The extra *e* agrees with the *l'* which is feminine and stands for *photo*)
2. In some **question forms** which put the object before the verb:
   Combien de glaces est-ce qu'on a mangées? (The extra *es* agrees with *glaces*, which is feminine plural, is the object of *manger* and comes before the verb)
3. In sentences with ***que*** when the object is moved in front of the verb:
   Une plage qu'on a trouvée l'an dernier. (The extra *e* agrees technically with *que*, which refers back to the feminine singular word *plage*).

C. Les parcs de loisirs

On s'échauffe

Est-ce que vous êtes allé à Disneyland, Paris? Est-ce que ça vous attire? Pourquoi? Pourquoi pas?

1 Activité de lecture

Lisez les informations sur ce site web et décidez pour chaque paragraphe quelle est la question à laquelle il répond.

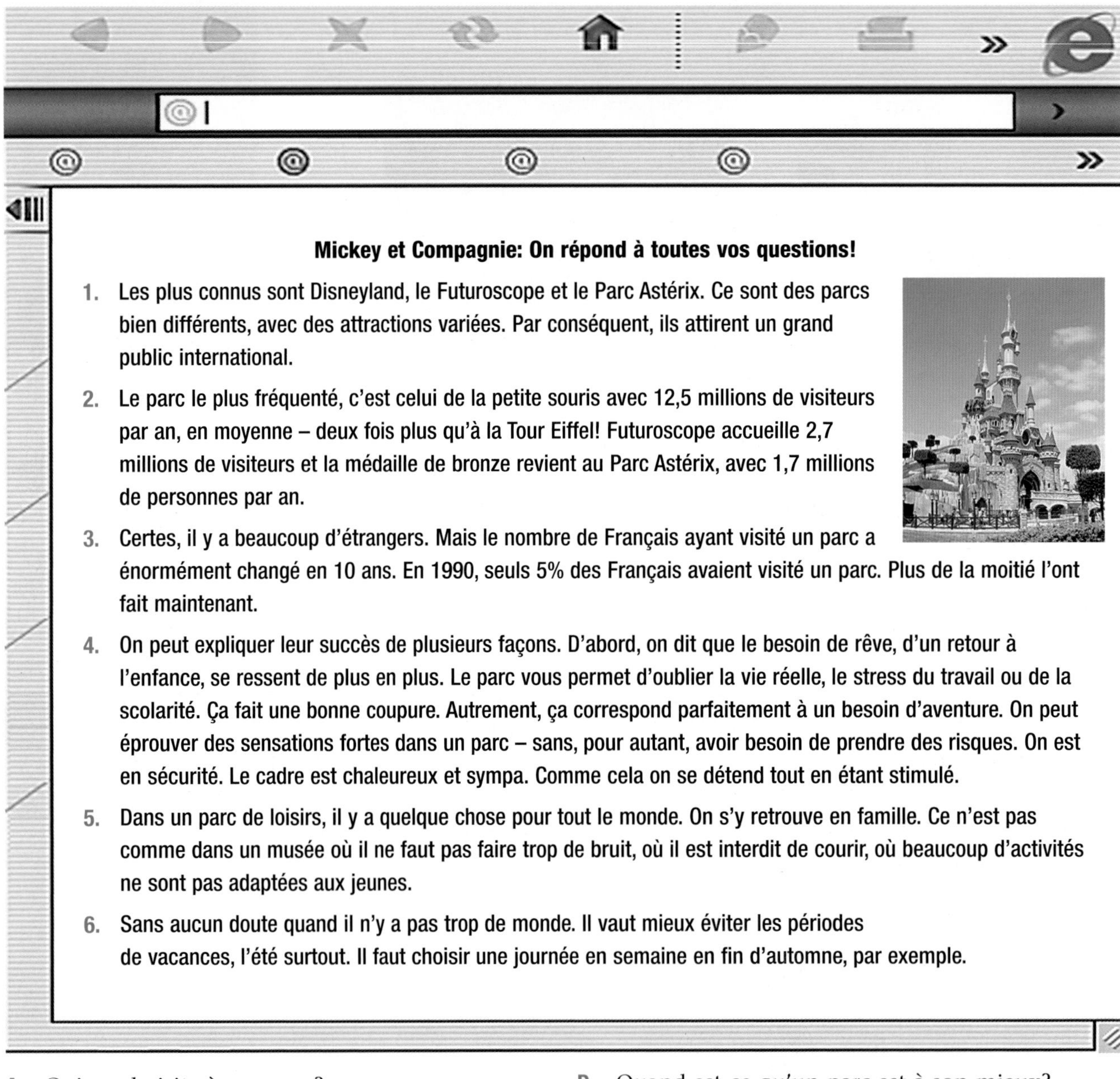

Mickey et Compagnie: On répond à toutes vos questions!

1. Les plus connus sont Disneyland, le Futuroscope et le Parc Astérix. Ce sont des parcs bien différents, avec des attractions variées. Par conséquent, ils attirent un grand public international.
2. Le parc le plus fréquenté, c'est celui de la petite souris avec 12,5 millions de visiteurs par an, en moyenne – deux fois plus qu'à la Tour Eiffel! Futuroscope accueille 2,7 millions de visiteurs et la médaille de bronze revient au Parc Astérix, avec 1,7 millions de personnes par an.
3. Certes, il y a beaucoup d'étrangers. Mais le nombre de Français ayant visité un parc a énormément changé en 10 ans. En 1990, seuls 5% des Français avaient visité un parc. Plus de la moitié l'ont fait maintenant.
4. On peut expliquer leur succès de plusieurs façons. D'abord, on dit que le besoin de rêve, d'un retour à l'enfance, se ressent de plus en plus. Le parc vous permet d'oublier la vie réelle, le stress du travail ou de la scolarité. Ça fait une bonne coupure. Autrement, ça correspond parfaitement à un besoin d'aventure. On peut éprouver des sensations fortes dans un parc – sans, pour autant, avoir besoin de prendre des risques. On est en sécurité. Le cadre est chaleureux et sympa. Comme cela on se détend tout en étant stimulé.
5. Dans un parc de loisirs, il y a quelque chose pour tout le monde. On s'y retrouve en famille. Ce n'est pas comme dans un musée où il ne faut pas faire trop de bruit, où il est interdit de courir, où beaucoup d'activités ne sont pas adaptées aux jeunes.
6. Sans aucun doute quand il n'y a pas trop de monde. Il vaut mieux éviter les périodes de vacances, l'été surtout. Il faut choisir une journée en semaine en fin d'automne, par exemple.

A. Qui rend visite à ces parcs?
B. Pourquoi les parcs deviennent-ils plus populaires que les musées?
C. Quels parcs d'attractions trouve-t-on en France?
D. Quand est-ce qu'un parc est à son mieux?
E. Combien de personnes fréquentent ces parcs?
F. Comment explique-t-on la popularité des parcs?

Grammaire

> p253

Interrogative adjectives

These are used to mean "what" or "which". They always go with a noun and must agree with the noun to which they refer:

Quel parc d'attraction?	Which theme park?
Quelle heure est-il?	What time is it?
Quels sont les avantages de ce programme?	What are the advantages of this programme?
Quelles sont vos impressions du Futuroscope?	What is your impression of the Futuroscope?

Interrogative pronouns

There are several pronouns used to make questions. The most important are:

> *Qui* which means "who?" Or "whom?"

Qui veut venir?	Who wants to come?
Qui avez-vous vu en ville?	Whom did you see in town?

> *Que* (or *qu'*) means "what?"

Qu'avez-vous pensé de Space Mountain?	What did you think of Space Mountain?

There are two fuller versions for "what?"

> *Qu'est-ce qui* is used when it is the subject of the verb:

Qu'est-ce qui s'est passé?	What happened?

> *Qu'est-ce que* is used when it is the object of the verb:

Qu'est-ce que vous avez fait?	What did you do?

2 On s'entraîne

Vous faites un sondage sur Disneyland. Le soir, vous êtes à la sortie du parc. Vous voulez découvrir la réaction de différents groupes. Inventez une question différente pour chacune des personnes suivantes:

> Un enfant
> Un adolescent
> Un jeune adulte
> Une mère de famille
> Une personne âgée

3 Travail d'écoute

L'expérience de Christiane

Écoutez ce témoignage sur une visite à Disneyland, Paris, et répondez aux questions en français:

1. Pourquoi Christiane ne voulait-elle pas aller à Disneyland?

2. Quelle était son impression sur la qualité de la construction?
3. Est-ce qu'elle s'est ennuyée en faisant la queue?
4. Quels sont les deux endroits qu'elle a trouvés fériques?
5. Elle a fait une seule critique. Laquelle?

4 Travail écrit

Écrivez un essai d'environ 200 mots sur le sujet: "Les parcs d'attractions sont bons seulement pour les enfants. Êtes-vous d'accord?"
Vous pouvez mentionner les attraits pour les adultes et les enfants. Il faut aussi analyser les émotions ressenties dans ces parcs et les besoins auxquels ils répondent.

D. Pourquoi partir?

On s'échauffe

Est-ce que vous réussissez vos vacances? Ou est-ce que vous êtes parfois déçus? Est-ce que vous avez vraiment besoin de partir pour profiter des vacances?

1 Activité de lecture et travail oral

Comment faut-il profiter des vacances? Lisez les témoignages ci-dessous. Parmi tous les exemples, qui c'est qui a le mieux réussi ses vacances à votre avis? Travaillez avec un partenaire pour mettre les dix exemples en ordre selon vos propres idées de bonnes vacances.
Il faut être prêt à justifier votre classement.

Exemple: *Je pense que numéro un a profité le plus de ses vacances. Il est allé en Afrique et il a découvert tout un pays, toute une culture. Pour moi, les vacances représentent l'aventure et la découverte. J'aime faire quelque chose de différent chaque année . . .*

1 «J'ai découvert d'autres horizons, d'autres cultures en partant un mois en Afrique.» David, 16 ans, Paris

2 «J'ai appris à faire du parapente en suivant un stage dans les Alpes. C'était fantastique!» Caroline, 19 ans, Dijon

3 «Je me suis vraiment changé les idées en faisant le tour de quatre grandes villes espagnoles avec des copains.» Jean-François, 17 ans, Toulouse

4 «Je me suis bien bronzé en allant à la Méditerranée.» Loïs, 18 ans, Thionville

5 «J'ai trouvé le calme et je me suis donc bien reposé en louant un gîte dans le Massif Central.» Aïcha, 15 ans, Lille

6 «J'ai vu les Pyramides de mes propres yeux en descendant le Nil en croisière.» Étienne, 22 ans, Genève

7 «J'ai perfectionné mon anglais en m'inscrivant à une école internationale à Oxford.» Constant, 21 ans, Bordeaux

8 «J'ai revu des amis pour la première fois depuis dix ans en me payant un billet d'avion pour le Québec.» Françoise, 24 ans, Berne

9 «J'ai vraiment épaté mes collègues au travail en leur disant que j'étais allé à Tahiti.» Paul-Henri, 19 ans, Neuilly

10 «Je me suis rechargé les batteries en restant à la maison.» Axel, 19 ans, Paris

2 Travail d'écoute

Ma destination de rêve

Écoutez cinq Français qui parlent de vacances réussies. Pour chaque personne, indiquez en français les informations demandées dans le tableau ci-contre:

	Destination	Budget	Durée du séjour	Activités
Nadia				
Malek				
Julien				
Joanna				
Paul				

Grammaire

> p269

The present participle

The present participle ends in "-ing" in English, but it is far less common in French because there are other ways to translate English "-ing" words. For example:

> It might be simply the present tense: He is working. *Il travaille.*
> The infinitive might be required: He did it without thinking. *Il l'a fait sans réfléchir.*
> A noun might be used: He loves reading. *Il adore la lecture.*

The formation of the present participle is straightforward:

> Take the ***nous*** form of the present tense
> Replace the ***-ons*** by ***-ant***

Finir → *Nous finissons* → *finissant*

There are only three exceptions:

> *Être – étant* > *Avoir – ayant* > *Savoir – sachant*

The main use of the present participle is with *EN* to mean by/on/while doing something.

J'ai perfectionné mon français en travaillant comme assistant dans une école. I perfected my French by (or while) working as an assistant in a school.

For further information, refer to page 269.

3 On s'entraîne

Comment est-ce que vous allez passer les longues vacances après l'examen d'AS?

Écrivez cinq phrases pour expliquer comment vous allez profiter du temps en faisant une variété d'activités.

Exemple: *Je vais gagner un peu d'argent de poche en travaillant dans le pub à côté de chez moi.*

4 Travail oral

Maroc, l'éblouissment des sens: Regardez la publicité ci-dessous et préparez des réponses aux questions.

Rendez-vous à Marrakech: Les Remparts, 17h 45.
Surtout pas d'airbag ni d'ABS.
Vol au départ de Paris + 1 semaine en demi-pension, à partir de 2 585 FF

- **Qu'est-ce que vous voyez au premier plan de la photo?**
- **Quel sentiment est-ce que les trois visages expriment?**
- **Quel est le message essentiel du texte ("surtout pas d'airbag, ni d'ABS")?**
- **Quelle est la signification de l'heure où la photo a été prise? (Pensez à la situation sur le périphérique parisien à cette heure-là!)**
- **Est-ce que ça vous donne envie d'y aller?**

E. Point Rencontre:
Isabelle Bourgeois en route pour les vacances

On s'échauffe

Comment est-ce que vous voyagez quand vous partez en vacances? En voiture? Ou en avion? Est-ce que le voyage fait partie du plaisir ou est-ce qu'il vous tarde d'arriver?

1 Activité de lecture et exercice de compréhension

Lisez le texte et répondez aux questions qui suivent.

Un Français sur dix part à l'étranger pour ses vacances. Souvent en voiture, en camping-car ou en belle Espace, il parcourt sans crainte des milliers de kilomètres. En Europe surtout, car l'accès est très facile.

La famille Bourgeois de Montauban ne craint ni les kilomètres, ni la chaleur. Lisez le témoignage d'Isabelle, 16 ans, l'aînée de trois filles. Elle nous raconte leur dernier périple l'été dernier, en juillet.

Si vous voulez suivre, il vaut mieux regarder une carte! Après être partis de Montauban (dans le sud-ouest de la France) de bon matin, nous avons fait une pause à Marseille chez mes grands-parents. Nous avons laissé passer la grosse chaleur de l'après-midi avant d'entamer la route vers l'Italie; nous avons donc dormi près de la frontière.

Le lendemain, encore toute une journée en voiture avant notre arrivée à Sorrente. Avec mes sœurs, nous voulions depuis longtemps visiter Pompéi, voir le Vésuve et profiter de la côte et donc nous nous sommes un peu arrêtées dans cette région. Après deux journées bien remplies, nous avons traversé l'Italie vers l'est pour prendre un bâteau direct vers l'île de Zante en Grèce. Là, repos, plage, farniente, soleil, baignades …

Ma mère voulait absolument visiter le Péloponnèse, Corinthe et Delphes, alors après une petite semaine, nous avons repris la route et le bateau! Il faisait une chaleur caniculaire et nous sommes presque tous morts de déshydratation, une après-midi dans les ruines à Delphes!

Le temps passe vite en vacances et il fallait penser au retour. Pour changer, nous sommes rentrés par le Nord de l'Italie avec deux jours d'escale à Venise. Après avoir passé deux jours à visiter cette ville où on se déplace à pied ou en bateau, ça nous a fait drôle de remonter dans notre Renault Espace. Il nous restait 12 heures d'autoroute dans le Piémont et le Sud de la France avant de retrouver le portail de la maison …

1. Pourquoi était-il pratique de faire escale à Marseille?
2. Pourquoi est-ce que la famille a décidé de passer quelques jours dans les environs de Sorrente?
3. Pourquoi est-ce que les vacances ont failli mal tourner à Delphes?
4. Quel avantage est-ce que les Bourgeois ont trouvé en changeant d'itinéraire pour leur voyage de retour?
5. Pourquoi ça leur a fait drôle de remonter dans la voiture après leur séjour à Venise?

2 Travail écrit

Changez d'ambiance! Vous avez sans doute remarqué qu'Isabelle ne parle presque pas de problèmes. La réalité n'est pas toujours comme ça! Souvent les longs voyages tournent au désastre!

Imaginez qu'en fait le voyage ne s'est pas passé à merveille. Réecrivez le texte en changeant le ton. Voici quelques idées qui pourront vous inspirer … Écrivez environ 150 mots.

> problèmes de voiture
> problèmes de logement
> problèmes de santé
> problèmes de relations

Grammaire

> p254

Before and After

There are three possible constructions to use with the French words for before (*avant*) and after (*après*).

Avant

1. ***Avant*** **+ a noun**
   Avant les vacances, j'ai acheté le Guide Routard — Before the holidays I bought the Routard's Guide
2. ***Avant*** **+ *de* + infinitive**
   J'ai vérifié les pneus avant de me mettre en route. — I checked the tyres before setting off.

With this construction, you must make sure that you are referring to the same person in both parts of the sentence.

The last construction is a bit of a grammatical challenge, but for the record, it is:

3. ***Avant*** **+ *que* + *ne* + subjunctive**
   *On va avancer tant que possible avant que les enfants **ne** se réveillent.* — We'll carry on as far as possible before the children wake up.

Après

1. ***Après*** **+ noun**
   Après une traversée très houleuse — After a very rough crossing
2. ***Après*** **+ perfect infinitive**
   Après avoir mangé, j'ai commencé à me sentir beaucoup mieux. — After eating, I began to feel much better.
   Après être arrivés de bonne heure, nous avons pu profiter d'une belle journée à la plage. — After arriving in good time, we were able to make the most of a beautiful day on the beach.

Can you work out how to form a perfect infinitive? It is the infinitive of the auxiliary (either *avoir* or *être*) and the past participle along with any agreements.

There can be no change of person between the two parts of the sentence (as for avant above).

3. ***Après*** **+ *que* + verb**
   Il a commencé à pleuvoir deux jours après que nous sommes arrivés. — It began to rain two days after we arrived.

Again, the advantage of this construction is that you can change person between the two parts of the sentence. In the example, the weather is the subject of the first half; "we" is the subject of the second.

3 On s'entraîne

Traduisez les phrases suivantes en français:

1. After arriving home late at night, they discovered that they had lost their keys.
2. We must book our flight before next week.
3. After the heatwave, we were almost pleased when it started to rain.
4. The island is very calm after the tourists leave in October.
5. Did you look at the map before setting off?

4 Travail oral

Travaillez avec deux ou trois autres membres de la classe.
L'année dernière vous avez vu cette affiche ci-contre:

Vous avez envie de voyager?
Avec le Rotary International, c'est simple.

- Présentez le projet de vos rêves en moins de 500 mots.
- Le Comité choisira le meilleur plan et remettra une bourse de 4500 euros aux gagnants.
- Les dossiers doivent être présentés avant le 30 avril.

Imaginez que vous avez gagné. Vous avez fait un voyage merveilleux ensemble.
Maintenant vous allez faire une présentation sur votre voyage à une réunion du Rotary International en France. Il faut expliquer ce que vous avez fait de votre bourse.
Racontez où vous êtes allés, comment vous avez voyagé, ce que vous avez fait et ce que vous avez vu.

F. La route meurtrière

On s'échauffe

La voiture est un outil formidable, mais pas sans problèmes. La vitesse est parfois difficile à contrôler, et le code de la route n'est pas toujours respecté. Est-ce que vous avez le permis? Est-ce que vous avez eu un accident de voiture? Est-ce que vous avez vu un accident? Qu'est-ce qui s'est passé?

1 Activité de lecture et travail oral

Lisez les informations ci-dessous. Il s'agit des mesures qu'on a prises pour améliorer la sécurité routière. Travaillez avec un partenaire et mettez ces mesures en ordre d'importance. Il faut être prêt à justifier votre classement.

Les accidents de la route sont toujours une calamité en France, mais la situation est en train de s'améliorer. Depuis le record terrible de 1972, quand 16.617 personnes ont trouvé leur mort sur la route, on a pris toute une gamme de mesures:

1. On a amélioré la qualité du réseau routier. Il y a maintenant plus d'autoroutes et les routes nationales et départementales sont en meilleur état.

2. On a rendu le port de la ceinture de sécurité obligatoire.
3. On a limité encore plus la vitesse en ville. Autrefois on roulait à soixante à l'heure en ville; maintenant il faut rouler à cinquante.

4. On a baissé la puissance moyenne des voitures. Il y a moins de gros moteurs sur les routes.

5. On a instauré un permis à points. Il est maintenant possible de perdre son permis pour une accumulation de fautes mineures.

6. On a lancé des campagnes successives sur la sécurité routière.

2 Exercice de compréhension

Lisez les témoignages personnels ci-dessous et indiquez, dans chaque cas, à quelle mesure ça correspond.

A. Je suis davantage conscient des risques quand je suis au volant.

B. Avant, je pensais que c'était une atteinte à la liberté personnelle, mais maintenant, je me rends compte que c'est nécessaire.

C. Depuis qu'on a construit la rocade, il y a moins de circulation au centre-ville. C'est moins dangereux.

D. Mon cousin a eu un contrôle en sortant d'une boîte de nuit. Il va certainement perdre des points.

E. On a plus de chance de pouvoir s'arrêter si un piéton surgit d'entre deux voitures stationnées.

F. J'ai acheté une Renault Twingo. C'est plus pratique en ville.

Grammaire

> p266

The passive

Remember that the passive is formed using: ***Être*** **+ the past participle**

Des mesures ont été prises pour améliorer la situation.	Some measures have been taken to improve the situation.

In passive constructions, the past participle agrees with the subject.

3 On s'entraîne

Regardez toutes les phrases dans le texte ci-dessus qui commencent par *on*. Remplacez-les par des phrases qui utilisent le passif.

Exemple: On a amélioré la qualité du réseau routier.
La qualité du réseau routier a été améliorée.

La fin des voitures...?

4 Travail oral

Les statistiques montrent que la situation sur les routes françaises est en train de s'améliorer, mais il reste beaucoup de travail à faire pour réduire le nombre d'accidents.

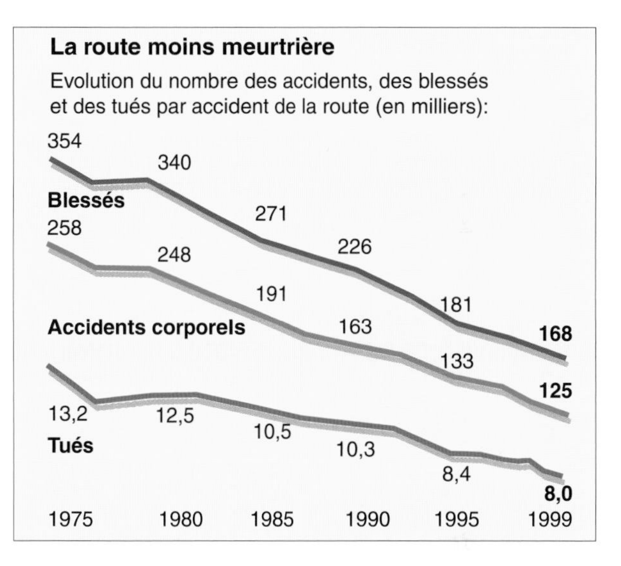

Travaillez avec un partenaire pour préparer un jeu de rôle. L'un va prendre le rôle d'un ministre du gouvernement responsable de la sécurité routière. L'autre va jouer le rôle d'un journaliste qui pense que le problème est toujours très grave.
Imaginez leur entretien.

G. La voiture en ville

On s'échauffe

Quels sont les problèmes associés à la voiture en ville? Remuez-vous les méninges et faites-en une liste!

1 Activité de lecture

Lisez cette lettre tirée du magazine mensuel *Dijon Notre Ville.* On peut rêver d'une ville sans voitures où le piéton est roi. En attendant, renseignez-vous sur les mesures prises par deux grandes villes européennes pour essayer d'éliminer certains problèmes provoqués par un excès de voitures ...

DIJON: UNE LETTRE DU MAIRE

Parmi les nombreux problèmes que rencontrent les villes, celui du stationnement des voitures figure en bonne place. La voiture est adulée par les uns et décriée par les autres, mais une chose est certaine: les Maires doivent faire face aux problèmes qu'elle crée en ville. Faut-il continuer à la favoriser ou faut-il la chasser complètement du centre-ville? La réponse se trouve dans une solution médiane, sans aucun doute.

Selon la Loi, chaque ville doit avoir ses propres plans de déplacements urbains, mais bien avant cette loi, Dijon avait déjà adopté son propre plan de circulation. On a mis en place un réseau dense de parkings qui permettent d'accueillir au total 4 000 véhicules. En plus, une série de mesures facilitant le stationnement de courte durée et les stationnements de moyenne et longue durée a été appliquée. Tous, commerçants et résidents, y ont trouvé leur compte.

Dijon

En complément à ces nouvelles dispositions, la ville de Dijon s'est engagée dans une expérience que la presse nationale regarde avec intérêt: les agents encaisseurs. Rien de plus simple: ces agents sont là pour surveiller le stationnement en ville. Mais l'initiative présente bien des avantages. Sur le plan économique, elle crée des emplois. Elle évite les désagréments parce que le système est plus juste: on ne paie plus un forfait unique pour garer la voiture, mais en fonction du temps réel de stationnement. Et finalement, cette initiative offre plus de sécurité aux conducteurs. La présence d'agents à proximité des voitures décourage les voleurs.

Mais il ne s'agit que d'une expérience. Ce sera à vous, Dijonnais et Dijonnaises de nous dire, en fonction des avantages et des inconvénients qu'elle vous procure, si elle doit être prolongée, si elle doit être pérénnisée.

Robert Poujade.

2 Exercice de vocabulaire

Trouvez dans le texte l'équivalent français des phrases suivantes:

1. [it] comes high up the list
2. A third way (or a solution which lies somewhere between the two)
3. A traffic policy
4. Short term car-parking
5. It's only an experiment
6. Made permanent

3 Exercice de compréhension

Répondez aux questions suivantes en français:

1. Pourquoi est-il difficile de formuler une politique par rapport à la voiture qui plaît à tout le monde?
2. Comment est-ce que Poujade essaie de donner l'impression que Dijon est une ville qui va de l'avant?
3. Qu'est-ce qu'on avait déjà fait à Dijon pour régler les problèmes du stationnement avant de s'engager dans l'expérience des agents encaisseurs?
4. Quels sont les avantages principaux associés aux agents encaisseurs?
5. Quel est le rôle des Dijonnais dans l'expérience des "agents encaisseurs"?

4 Travail d'écoute

Les agents encaisseurs

Un journaliste pour un hebdomadaire local a entendu parler des agents encaisseurs à Dijon. Il téléphone à un responsable pour obtenir plus de détails.
Écoutez leur conversation et puis indiquez si les phrases ci-dessous sont vraies ou fausses:

1. Il y a 12 agents encaisseurs à Dijon.
2. Ils sont subventionnés entièrement par le Maire.
3. Ils travaillent en relation avec le Ministère des Transports.
4. Ils sont une forme d'horodateur.
5. Ils font payer les automobilistes qui stationnent leurs voitures.
6. Il y a un seul tarif-forfait, ce qui est injuste.
7. Si l'automobiliste dépasse le temps prévu, il a une amende.
8. Si l'automobiliste stationne moins longtemps que prévu, la différence lui est remboursée.
9. Le système rencontre pas mal de problèmes en ce moment.
10. Il y aura peut-être des agents encaisseurs dans d'autres villes en France.

5 On s'entraîne

Conjugaison

Conjuguez les verbes qui vous sont donnés à l'infinitif. Ensuite, traduisez le texte en anglais.

Je suis allé à Dijon cet après-midi et je [découvrir] un nouveau type d'horodateur. Je [le voir] de mes propres yeux: il [marcher] et il [parler] et il [demander] de l'argent! On [m'expliquer] que la mairie [installer] ce nouveau système plus convivial parce qu'elle [vouloir] encourager les gens à payer leur place de stationnement.
Après [avoir] [voir] comment ça fonctionne, je pense que c'est un bon système. J'espère que d'autres villes en France le [copier].

6 Travail oral

Est-ce que vous trouvez que les idées de Robert Poujade sont suffisamment radicales?

Travaillez avec un partenaire pour trouver d'autres solutions aux problèmes posés par la voiture.
Présentez votre point de vue aux autres membres de la classe.

H. Deux roues

On s'échauffe

Est-ce que vous habitez en ville? Est-ce que vous êtes conscient de la pollution atmosphérique? Est-ce que vous prenez la voiture systématiquement pour vous déplacer en ville? Ou est-ce que vous pensez parfois au vélo?

1 Activité de lecture et travail écrit

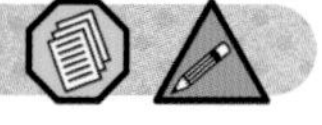

Lisez le texte et répondez en français aux questions qui suivent.

Le vélo n'est pas encore reconnu en France comme un véritable moyen de transport. Cela est réservé aux pays du Nord de l'Europe. S'il y a des grèves de transports en commun, ou qu'il y a une crise d'essence, on le sort peut-être du garage, mais cela ne dure jamais longtemps. Même les préoccupations écologiques croissantes n'ont pas eu de grande influence sur son utilisation. Elles semblent au contraire un frein, car en ville les cyclistes ont le sentiment de subir davantage de pollution. Il y a aussi le risque d'accidents multiples liés au manque de pistes cyclables.

Le vélo, on l'aime beaucoup pour les loisirs. Certaines personnes y consacrent toutes leurs vacances. On trouve des circuits de campagne organisés avec des chambres d'hôtes qui sont même adaptés aux familles avec de jeunes enfants. Il y a de plus en plus de VTT – des vélos tout terrain – dans le cadre des loisirs. Avec le VTT, on peut se défouler sur deux roues hors des routes et hors des villes.

1. Quel est le standing du vélo en France?
2. Dans quels pays est-il populaire comme moyen de transport ?
3. Dans quelles circonstances est-ce que les Français risquent de se servir d'un vélo en ville?
4. Est-ce qu'ils y prennent goût?
5. Les préoccupations écologiques influencent-elles l'utilisation du vélo? Pourquoi?
6. Pourquoi est-ce que le VTT devient de plus en plus populaire?

2 Travail d'écoute

Deux cyclistes: Rachid et Pierre sont, tous les deux, des cyclistes, mais dans des conditions très différentes. Écoutez leurs témoignages et puis décidez qui aurait pu dire chacune des affirmations ci-contre.

Est-ce qu'il s'agit de Pierre ou de Rachid? Ou est-ce que c'est ni l'un, ni l'autre?

1. J'habite une ville de taille moyenne.
2. Nous vivons dans un cadre rural.
3. J'aime me garder en forme.
4. J'habite dans une des grandes agglomérations françaises.
5. La vitesse des voitures me fait peur parfois.
6. Les embouteillages sont rares.
7. Sous la pluie, ce n'est pas rigolo.
8. Le trajet prend moins d'une demi-heure.
9. Je fais du vélo pour me défouler.
10. Réduire la pollution, c'est important pour moi.

3 Travail oral

Remuez-vous les méninges avec un partenaire et faites une liste de dix avantages du vélo. Préparez un petit discours, d'environ 60 secondes, pour persuader les autres membres de votre classe que deux roues valent mieux que quatre.

4 Activité de lecture et travail écrit

Lisez l'article ci-dessous. Il s'agit de ce qu'on fait sur deux roues en Italie!
Ensuite, répondez aux questions en français.

ROME: TAXISCOOTERS

Les taxis de Rome

Fluidifier le trafic urbain, créer de nouveaux emplois, diminuer la pollution et offrir un service rapide aux citadins pressés: telle est l'ambition des taxiscooters qui viennent de faire leur apparition dans les rues de Rome et de Palerme.

Comme l'indique leur nom, ces taxiscooters bleus et jaunes fonctionnent comme des taxis à deux roues. Le prix du trajet? 3 euros jusqu'à 4 kilomètres, et puis 1 euro pour chaque kilomètre supplémentaire. Les scooters, des Bellini de 150 cm^3 de cylindrée, sont équipés de barres latérales et d'une carrosserie qui enveloppe et le conducteur et son passager. Alors, les client n'ont guère besoin de se vêtir comme des coursiers en cas de pluie. Le casque est fourni au passager qui doit aussi porter un "sous-casque" – une sorte de bonnet de bain jettable. Hygiène oblige!

Actuellement à essence, les taxiscooters seront alimentés au gaz à partir de l'an prochain, puis au gaz et à l'électricité dans la version de seconde génération, afin de réduire la pollution.

Formés par des instructeurs de la police, les chauffeurs acquièrent la licence et le véhicule par un système de franchise coûtant 9150 euros. Certaines municipalités prennent en charge une partie de la franchise. Les taxiscooters seront bientôt 1 200 à Rome et 2 600 à Milan et présents dans quarante villes de la péninsule.

Dominique Dunglas, à Rome.

1. Quels sont les quatre avantages des taxiscooters à Rome?
2. Est-ce que les scooters sont bien équipés, à votre avis?
3. L'année prochaine, ces taxis ne rouleront plus à essence. À quoi rouleront-ils alors et pourquoi?
4. Est-ce que ça coûte partout pareil de devenir conducteur d'un tel taxi?
5. Qu'est-ce qui montre que ces scooters sont populaires?

5 Exercice de vocabulaire

Liez les affirmations opposées:

1. Fluidifier	A. Produire plus de gaz nocifs
2. Offrir un service rapide	B. Une contribution annuelle élevée
3. Un abonnement annuel symbolique	C. Provoquer des embouteillages
4. Hygiène oblige	D. Être trop lent
5. Réduire la pollution	E. Sans respect pour la propreté individuelle

6 Travail oral

Taxis pour tous? Qu'est-ce que vous en pensez, vous, de ces taxiscooters? Sympa, non? Bonne idée? Cependant, ils ne sont pas sans inconvénients. Pouvez-vous penser à certaines situations ou personnes pour lesquelles ces taxis ne sont pas convenables? Par exemple, si vous avez soixante-sept ans et les genoux un peu raides ...
Imaginez cinq cas différents.

Exemple: *Ces taxis ne sont pas très pratiques pour ceux qui sont un peu âgés, surtout s'ils ne sont pas très en forme physiquement ...*

I. Le TGV

On s'échauffe

Est-ce que vous prenez le train? Régulièrement? De temps en temps? Jamais?
Qu'est-ce qui influence votre décision de prendre ou de ne pas prendre le train?

1 Travail oral

Travaillez avec un partenaire. Regardez la publicité ci-dessous et préparez des réponses aux questions.

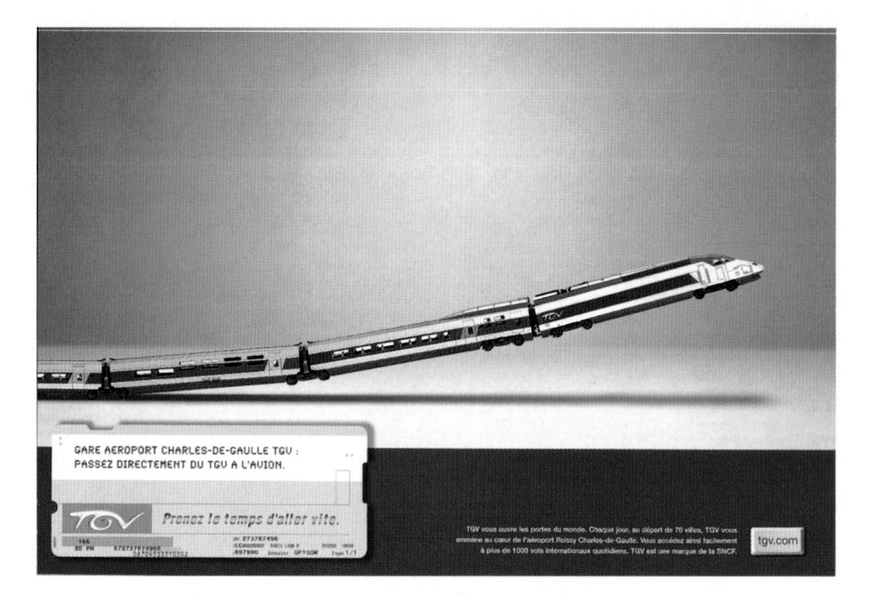

- **Qu'est-ce que vous voyez dans l'image?**
- **Comment est-ce que l'image essaie de créer une impression de vitesse?**
- **Pourquoi est-ce que le bleu est la couleur dominante à votre avis?**
- **À quelle classe de voyageur cette publicité s'adresse-t-elle?**
- **Comment est-ce qu'on peut se renseigner davantage sur le TGV?**
- **Le slogan "Prenez le temps d'aller vite" semble contradictoire. Est-ce que vous pouvez l'expliquer?**

2 Activité de lecture et travail écrit

Lisez cet article qui présente une image très positive des trains français. Ensuite, répondez aux questions qui suivent. Les Français sont les champions du monde pour leurs trains qui sont propres, confortables, bien aménagés . . . .et qui partent à l'heure. En plus, les billets sont si bon marché! Le TGV a épaté tout le monde, mais en France, on n'arrête pas le progrès! Cet article parle des derniers exploits . . .

Samedi 26 mai 2001.

Aujourd'hui le TGV est devenu le premier train du monde à compléter un trajet de mille kilomètres en moins de quatre heures. Il a atteint une vitesse maximale de 366 km/h le long de la nouvelle ligne en Provence. Un des conducteurs ne pouvait guère cacher sa fierté. «On aurait pu aller plus vite», a dit Monsieur Burgarella, «mais on voulait arriver à Marseille pendant les informations de 20 heures. C'était notre objectif du point de vue des médias.»

Calais-Marseille en trois heures vingt-neuf minutes, c'est presque un miracle! Il faut dire que cela représente une vitesse quasiment deux fois plus élevée que le train anglais le plus rapide . . . Alors, de nouveau, la France fête la prouesse technologique de ses trains.

On pense déjà à l'avenir. Ce dernier exploit donne un coup de fouet aux plans de la SNCF pour ouvrir une ligne Londres-Méditerranée avant 2004. Le voyage durera six heures, cinq peut-être en utilisant une nouvelle ligne sous la Manche.

1. Pour quelles raisons est-ce que les Français peuvent être fiers de leur système ferroviaire?
2. Comment est-ce que la SNCF a essayé d'exploiter les médias, le 26 mai?
3. Quels seront les avantages principaux du projet proposé par la SNCF pour 2004?

3 Travail oral

Imaginez que vous êtes le reporter envoyé par TF1 pour couvrir l'arrivée du TGV à Marseille pour les informations télévisées de vingt heures. Faites votre reportage en direct. Vous pouvez peut-être travailler avec un partenaire qui prendra le rôle d'un des conducteurs du train.

Grammaire

> p265

The conditional perfect

The conditional perfect is used to indicate things that might or should have happened in the past, given different circumstances, but which, in fact, didn't happen!

Elle l'aurait acheté mais elle n'avait pas d'argent sur elle.	She would have bought it, but she didn't have any money on her.
On aurait pu aller plus vite, mais on voulait arriver à Marseille pendant les informations.	We could have gone faster, but we wanted to arrive in Marseilles during the news.
Normalement, je serais arrivé à l'heure, mais la circulation ce matin était affreuse.	Normally I would have arrived on time, but the traffic this morning was terrible.

You form the conditional perfect in the same way as the perfect tense, except that you use the conditional of the auxiliary verb, *avoir* or *être*.

Note in particular the use of ***pouvoir*** and ***devoir*** in the conditional perfect:

> *J'aurais pu faire quelque chose* – I could have done something

> *J'aurais dû faire quelque chose* – I should have done something

4 On s'entraîne

Traduisez les phrases suivantes en français:

1. We should have invested more in our rail network.
2. Normally I would have come by car, but it's at the garage at the moment.
3. You would have loved the French trains!
4. You should have come with us!
5. I could have done it last week, but now it's impossible.

5 Travail écrit

Écrivez une rédaction de 200 mots sur le thème suivant: "Est-ce que les Français ont raison d'investir autant d'argent dans leur système ferroviaire?"

Les questions suivantes vous aideront à structurer votre réponse:

> Est-ce important, le train, dans un pays? Pour qui? L'industrie? Le commerce? Les individus?

> Pourquoi est-ce que le train est très pratique?

> Quels sont les avantages pour l'environnement?

> Quels problèmes est-ce qu'on a vu en Angleterre en raison d'un manque d'investissement?

a. Pierre et Vacances

Préparez une présentation orale (d'environ 90 secondes) sur cette publicité!

Pierre et Vacances: À chacun son idée des vacances.

Repos ou guerrier. À chacun sa façon de vivre ses vacances: profiter d'un petit déjeuner en famille ou s'initier à l'escalade avec des professionnels. À chacun son envie d'être logé selon ses goûts: du studio à la villa. Mais pour tout le monde, la même envie d'être chez soi tout en étant ailleurs. C'est ainsi que nous avons conçu nos résidences et nos villages, pour vous offrir à la fois l'intimité et l'accès à de nombreuses activités.

Voici des questions pour vous aider:

> Qu'est-ce que vous voyez dans les deux parties de la publicité?
> Quelles sortes de vacances est-ce que les photos représentent?
> Pouvez-vous expliquer le sens de la légende "à chacun son idée des vacances"?
> Est-ce que "Pierre et Vacances" répond à un besoin réel au sein des familles à votre avis?

b. Voilà ce qu'on dit nous, à la pollution

Vous êtes chez votre correspondant en France. Son jeune frère a vu cette publicité pour le Métro dans un magazine, mais il ne la comprend pas tout à fait.

Expliquez-lui comment le métro peut réduire la pollution atmosphérique en ville.

www.toutterrain.co.uk

> **http://voyages-sncf.com**
The official train travel website.
> **http://nouba.voila.fr/sortir/voila-nouba/**
Organise outings on this site!

Unité 6

On change de look

Terrain Thématique

- Que peut-on espérer pour le nouveau millénaire?
- Comment voit-on la France et les Français?
- Le passage à l'euro: une réussite?
- Est-ce que l'influence des ordinateurs est toujours bonne?
- Comment utilisez-vous l'Internet?
- Est-ce que vous êtes à la mode?
- Qu'est-ce qui fait une bonne publicité?
- L'adolescence: est-ce toujours une période de crise?
- Est-ce que ça va être le siècle de la femme?

Ce chapitre vous permettra de répondre . . .

Terrain Linguistique

- The subjunctive
- The future (revision)
- *Faire* + infinitive
- The pronoun *y*
- The imperfect (revision)
- Disjunctive pronouns

A. Après l'an 2000

On s'échauffe

Est-ce que vous vous rappelez des fêtes à l'occasion du nouveau millénaire? Qu'est-ce que vous avez fait, vous? Pensez-vous que l'optimisme du premier de l'an 2000 s'est vite dissipé? Qu'est-ce que vous espérez voir au cours du vingt-et-unième siècle?

1 Activité de lecture

Y a-t-il de l'espoir pour le vingt-et-unième siècle? Lisez ce qu'en pensent ces huit jeunes.

1. Fabrice

Je veux qu'on fasse des efforts pour protéger la nature, qu'on attache plus d'importance à l'environnement, qu'on établisse des contrôles de pollution plus rigoureux dans tous les domaines.

5. Laure

Il faut que la richesse mondiale soit mieux distribuée, que les pays du Tiers Monde se sortent de la famine et la pauvreté, que les gens prennent davantage conscience des besoins des autres, et qu'ils fassent des sacrifices de temps et d'argent pour eux.

2. Anneli

Il faut que les gens grandissent dans la tolérance, qu'ils s'acceptent les uns les autres, qu'ils soient sans tabous, et qu'ils ne rejettent pas ceux qui sont différents de la norme.

6. Thierry

Je m'attends à ce que la médecine découvre des formules miracle et qu'on guérisse les maladies terribles comme le SIDA, le cancer, les scléroses, la maladie de Parkinson. Il faut quand même qu'on fasse attention aux problèmes éthiques dans la médecine.

3. Mylène

Je veux que mon pays se débarrasse du racisme ouvert et latent, que les gens de toutes les couleurs soient acceptés, qu'ils s'intègrent complètement dans notre société, que le Front National disparaisse du monde politique.

7. Maryse

Je voudrais qu'on respecte les animaux, qu'on protège davantage les espèces menacées, qu'on punisse les braconniers beaucoup plus sévèrement.

4. Jacques

Je m'attends à ce que l'Europe devienne une réalité, que les gens puissent travailler ensemble avec plus de flexibilité, qu'on mette en valeur nos ressources en matière grise afin d'être plus compétitif dans le monde du commerce.

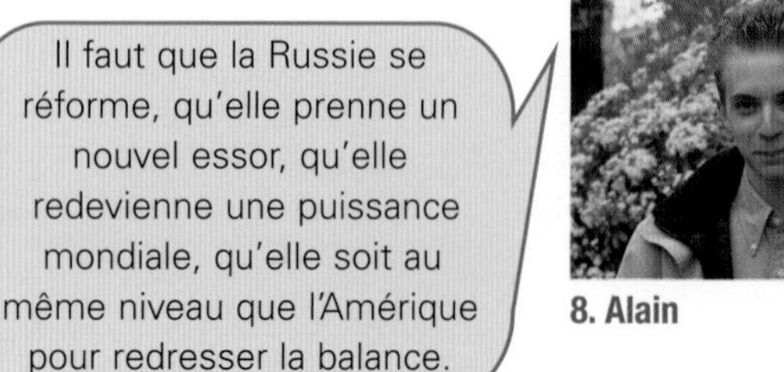

8. Alain

Il faut que la Russie se réforme, qu'elle prenne un nouvel essor, qu'elle redevienne une puissance mondiale, qu'elle soit au même niveau que l'Amérique pour redresser la balance.

2 Exercice de compréhension

Dans le texte ci-contre, les jeunes expriment, de façon positive, leurs désirs pour le nouveau siècle. Mais derrière cet espoir pour le troisième millénaire se cachent des craintes et des soucis. Ci-dessous, vous trouverez la version négative des mêmes pensées et opinions. Dans chaque cas, il faut trouver qui c'est qui parle ...

1. Je crains la recrudescence du petit nationalisme.
2. Je m'inquiète de la domination des États-Unis.
3. Je désapprouve le matérialisme occidental.
4. Je condamne l'extrémisme – surtout lorsqu'il mène à la persécution.
5. Je crains fort que le tigre, par exemple, ne disparaisse.
6. Je désapprouve l'idée de l'exclusion.
7. Je m'inquiète de l'avenir de la planète à cause des menaces de la pollution.
8. Je m'intéresse énormément à la génétique, mais je m'en méfie aussi.

Exemple: *Numéro 1, c'est Jacques* (parce qu'il veut que l'Europe devienne une réalité pour combattre la tendance au nationalisme.)

3 Travail écrit

Est-ce que vous êtes optimiste ou pessimiste pour le vingt-et-unième siècle? Écrivez 150 mots pour expliquer pourquoi.

4 On s'entraîne

Écrivez une dizaine de phrases pour exprimer ce que vous recherchez dans un éventuel partenaire:

Exemple: *Il faut qu'elle soit intelligente.*
Je m'attends à ce qu'il fasse la moitié du ménage.

Grammaire

> p267

The subjunctive

All verbs have tenses (the present, the future, the perfect etc) which locate the action in time. They can also have different **moods**. By far the most common mood is the **indicative**, which indicates facts. All the tenses you have learnt so far are in the indicative.

But there is another mood known as the **subjunctive**, which can be used subtly to suggest a degree of uncertainty or doubt.

However, some grammatical structures – all ending in ***que*** – require the subjunctive for no immediately obvious reason. You just have to learn these constructions and practice using the subjunctive.

You need the subjunctive in the following circumstances:

- **Expressing emotions and feelings:** *Aimer que* *Vouloir que* *Être content que* *Souhaiter que* *Avoir peur que* *Regretter que*
- **Expressing possibility and doubt:** *Il est possible que* *Il est impossible que*
- **Expressing necessity and expectation:** *Il faut que* *Il est nécessaire que* *S'attendre à ce que*
- **After certain conjunctions:** *Bien que* (although) *Pour que* (so that) *Jusqu'à ce que* (until) *Á moins que* (unless)

The present tense of the subjunctive is by far the most common and important. It tends to be used regardless of the tense in the main part of the phrase. It is formed by removing the ***-ent*** from the end of the ***ils*** form of the present tense, and replacing it with the following endings:

Example:	*Finir*	*ils finissent*	*finiss:*	*que je finisse*	*que nous finissions*
				que tu finisses	*que vous finissiez*
				qu'il finisse	*qu'ils finissent*

The most important irregulars are listed on page 268.

B. Images de la France

On s'échauffe

À quoi pensez-vous lorsqu'on parle de la France? Pour vous, c'est le pays d'Astérix ou de Zidane? Pensez-vous à l'industrie ou à la gastronomie? Remuez-vous les méninges et faites une liste de dix choses que la France évoque pour vous!

1 Activité de lecture et travail écrit

Lisez le texte et répondez en français aux questions qui suivent.

La presse internationale semble avoir adopté un nouveau ton à l'égard de la France ces derniers temps. De plus en plus, on y trouve une certaine admiration.
La victoire des Bleus à la Coupe du Monde de 1998 a eu un impact important sur l'image de la France dans les pays où le football est roi.
Dans d'autres pays le respect se manifeste à cause des performances économiques en France. Certes l'économie française est très forte à l'heure actuelle: l'inflation est maîtrisée, le chômage a diminué, les taux de croissance battent tous les records.
La presse étrangère observe avec envie que la France reste le pays de "l'art de vivre". Mais c'est aussi un pays qui va de l'avant dans le domaine industriel. Les chantiers navals au Havre construisent les plus gros paquebots du monde. Airbus lance l'A3XX, le plus gros avion de ligne jamais imaginé.

Ce concert de louanges n'a pas pour autant fait disparaître les critiques. On reproche à la France son arrogance. On constate que les minorités étrangères ou immigrées ont parfois du mal à s'intégrer à l'Hexagone. Et on dit que que l'administration et la bureaucratie françaises sont trop envahissantes.

1. Quel est le "nouveau ton" adopté par la presse internationale à l'égard de la France?
2. Qui sont les Bleus?
3. Qu'est-ce qui prouve que l'économie française est forte?
4. Qu'est-ce que c'est, "l'Hexagone"? Pourquoi se nomme-t-il ainsi?
5. Qu'est-ce qui, dans le texte, semble nier l'idée de "liberté, égalité fraternité"?

2 Travail écrit

Rédacteur xénophobe: La presse anglaise est souvent moins bien disposée envers la France. Récrivez la première section du texte en utilisant des négatifs et en changeant des mots clés pour créer une mauvaise image de la France.

Exemple: *La presse internationale semble avoir adopté un nouveau ton à l'égard de la France ces derniers temps. De plus en plus, on y trouve une certaine méprise.*
La victoire des Bleus à la Coupe du Monde de 1998 n'a eu aucun impact ....

3 Travail oral

Et les Français, comment sont-ils? Le texte ci-dessus implique qu'ils sont peut-être un peu arrogants. Est-ce que vous pouvez penser à d'autres stéréotypes pour les Hexagonaux? Travaillez avec un partenaire et inventez une dizaine de phrases pour les décrire.

Comparez vos idées avec celles d'autres membres de la classe. Est-ce que vous pensez tous pareil au sujet de nos voisins d'Outre-Manche?

4 Travail oral

Regardez l'image ci-dessous et préparez des réponses aux questions.

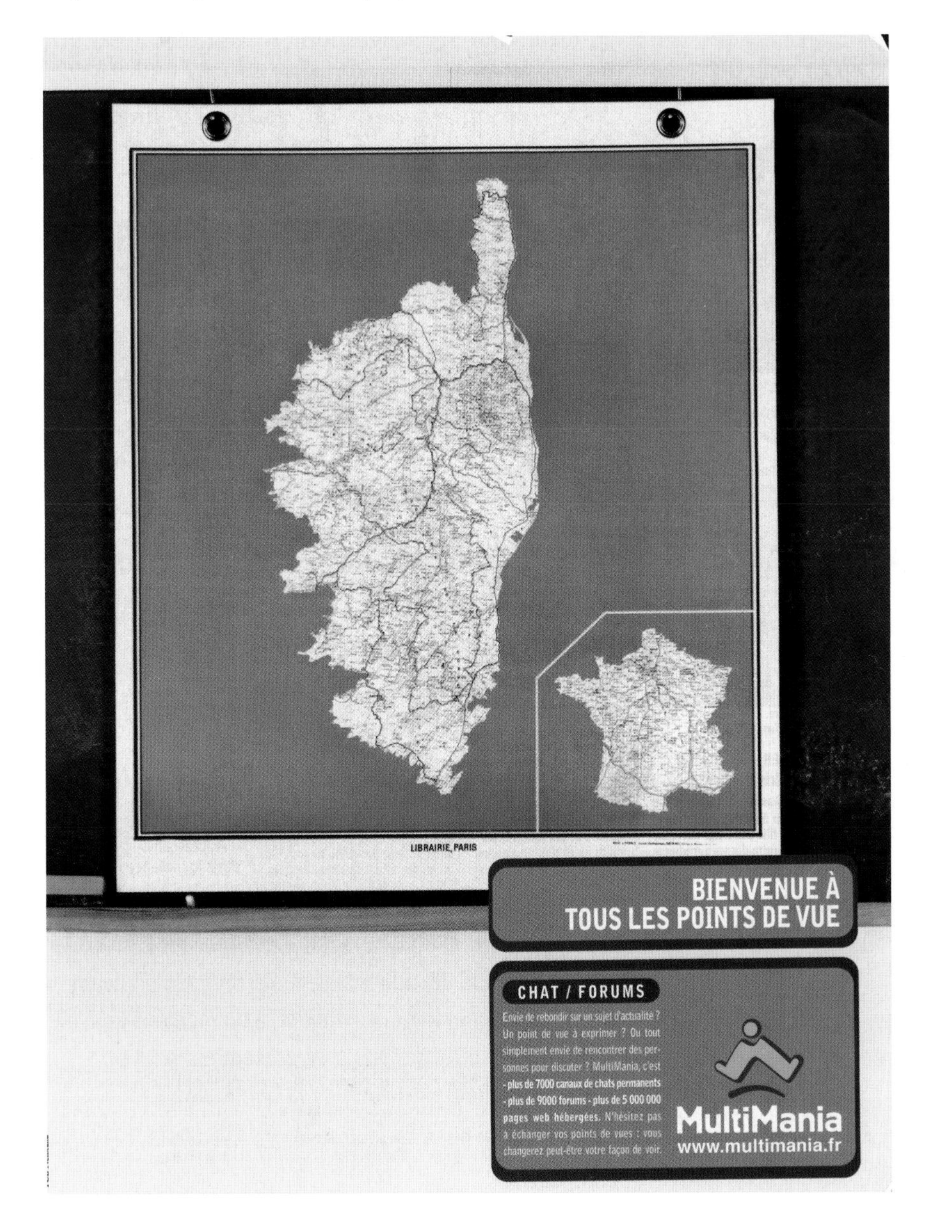

- **Quels sont les deux pays représentés?**
- **Dans cette pub, lequel paraît dominant?**
- **Cela reflète-t-il la réalité?**
- **Est-ce que cette image vous encourage à penser différemment? Pourquoi?**
- **Quelle est la meilleure façon d'éliminer nos préjugés envers un autre pays?**

C. 2002: L'heure de l'euro

On s'échauffe

Ça y est! L'euro dont on parle depuis si longtemps est déjà apparu en France. Et vous, êtes-vous pour ou contre cette nouvelle monnaie européenne?

1 Activité de lecture et exercice de compréhension

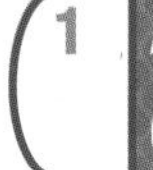

Lisez cette brochure qui a été publiée en 2001 pour aider les Français à se préparer pour l'arrivée de l'euro. Ensuite, répondez aux questions en français. Attention! On change de perspective. Le passage à l'euro est, pour les Français au moins, un fait accompli.

Le 31 décembre 2001 à minuit, l'euro remplacera le franc. À quelques mois de ce passage le compte à rebours de l'euro pratique a déjà commencé. Ce passage, nous allons le réussir ensemble. Pour que chacun puisse vivre cet événement dans les meilleures conditions, le ministère de l'Économie, des Finances et de l'Industrie a mis en place un programme d'accompagnement pour vous faciliter le passage à l'euro.

Ce guide pratique en est l'illustration concrète. Chacun de nous va pouvoir grâce à lui commencer à apprendre l'euro. Vous y trouverez les pays qui font partie de la zone euro et qui vont vivre avec nous le passage à l'euro, les pièces et les billets de notre nouvelle monnaie et des repères de prix en euro des produits quotidiens.
Des conseils et des renseignements pour bien vivre l'euro, ainsi que des contacts, sont mis à votre disposition.
L'euro-mémo situé à l'intérieur du guide vous aidera à vous familiariser avec votre nouvelle monnaie. Vous y retrouverez un guide de conversion et des formules simples pour passer de l'euro au franc, ainsi que les grandes dates qui vont rythmer cet événement historique.

Ce passage à l'euro renforce notre solidité économique. Il marque d'une certaine façon notre entrée dans l'Europe de demain. Tous ensemble, nous allons le réussir.

Laurent Fabius
Ministre de l'Économie, des Finances et de l'Industrie

1. Attention! Qu'est-ce qui s'est passé à minuit le 31 décembre 2001?
2. Qu'est-ce que le gouvernement français avait fait pour faciliter le passage à l'euro?
3. Qu'est-ce qu'il y avait à l'intérieur du guide pratique?
4. Qu'est-ce que le passage à l'euro allait faire d'après Fabius?
5. Comment est-ce que Fabius a essayé d'encourager les Français dans cette introduction?

Rappel Grammaire

> p264

The future

Remember that there are two ways that you can refer to events in the future:

> The future tense

L'euro remplacera le franc.	The euro will replace the franc.

> *Aller* + infinitive

Ce passage, nous allons le réussir ensemble.	We are going to make a success of this changeover period together.

2 On s'entraîne

Évidemment, le texte de la brochure a été rédigé bien avant 2002. Il parle d'événements qui étaient, à ce moment-là, à l'avenir. Toutes les informations sont présentées sous un angle très positif. Redressez un peu la barre avec des pronostics plus pessimistes pour exprimer les peurs des Anglais.

Utilisez soit le futur, soit aller + infinitif.

Exemple: *Le passage à l'euro sera très difficile pour les personnes âgées.*

Écrivez cinq phrases.

3 Travail écrit

L'euro en 7 dates clés

Lisez les informations dans le tableau ci-dessous.

L'euro en sept dates clés	
À partir de juillet 2001	*Les comptes bancaires des particuliers et des entreprises passent progressivement en euros et les banques fournissent systématiquement* ***des chéquiers en euros.***
Début décembre 2001	*Les commerçants et artisans reçoivent* ***des fonds de caisse*** *(pièces et billets) en euros.*
14 décembre 2001	*Pour 100 F (soit 15,24 €), les particuliers peuvent acquérir* ***leurs "premiers euros".***
1er janvier 2002	*L'euro et ses centimes (ou cents) sont mis en circulation dans les 12 pays de la zone euro.*
1er janvier au 17 février 2002 à minuit	*Double circulation des francs et des euros.* ***Retrait progressif des pièces et des billets en francs.***
17 février 2002 à minuit	*Suppression du cours légal des pièces et des billets en francs.*
Jusqu'au 30 juin 2002	*Vous pouvez échanger gratuitement jusqu'au 30 juin 2002 vos pièces et billets en francs auprès de votre banque, de La Poste et de la Banque de France qui vous préciseront les modalités de cette opération.*
Après le 30 juin 2002	***Les pièces*** *en francs peuvent être échangées gratuitement pendant 3 ans et* ***les billets*** *pendant 10 ans auprès de la Banque de France et du Trésor Public.*

Décidez pour chacune des phrases suivantes, si c'est officiellement possible ou impossible. Écrivez, dans chaque cas, une phrase pour expliquer votre réponse.

Exemple: «Mon chéquier est arrivé début septembre 2001. Il était en francs.»

Impossible. À partir de juillet 2001 tous les chequiers ont été fournis en euros.

1. «J'ai donné un billet de vingt euros à tous mes enfants à Noël, 2001.»
2. «Début juin 2002, j'ai essayé d'échanger des francs à la poste. On m'a refusé.»
3. «J'ai reçu des billets en euros début décembre 2001.»
4. «J'ai payé en francs et on m'a rendu la monnaie en euros.»
5. «Début mars, je suis allé à Paris. J'ai acheté un café sur les Champs Élysées. J'ai payé en francs.»

D. Les ordinateurs

On s'échauffe

À quel âge avez-vous utilisé un ordinateur pour la première fois? Avez-vous un frère ou une sœur plus jeune que vous? Savent-ils se servir d'un ordinateur? Mieux que vous? Pourquoi?

1 Activité de lecture et exercice de compréhension

Lisez cet article et répondez en français aux questions qui suivent.

Faire cliquer les bébés!

Ils veulent faire cliquer les bébés. Les bébés intéressent les éditeurs de logiciels. La tendance vient des États-Unis. Le but est de plonger les petits, dès un an, dans un univers interactif virtuel. Les fabricants de CD-roms éducatifs ont vu, dans les 12 derniers mois, leur part du marché grimper de presque 12%! Ils offrent même des souris adaptées aux petites mains. Ces producteurs sont entourés de spécialistes de l'enfance, pour rendre leur marchandise crédible aux yeux des parents.

1. Quel marché est-ce que les fabricants de logiciels veulent développer?
2. Est-ce par intérêt pédagogique?
3. Qu'est-ce qui montre que leurs produits sont adaptés aux tout-petits?
4. Qui vérifie le matériel produit?
5. Quel est le rôle des experts dans le marketing?

2 On s'entraîne

Traduisez les phrases suivantes en français:

1. We had a new computer network installed at school last year.
2. Have you had your hair cut recently?
3. They are having a swimming pool built!
4. We've been had!
5. I will get them printed tomorrow.

3 Travail d'écoute

Est-ce que l'ordinateur exerce toujours une bonne influence? Écoutez un extrait d'une conversations avec Daniel Desjardins, un psychologue qui est spécialiste dans le domaine des tout-petits et leurs mères. Décidez si les affirmations ci-dessous correspondent à ses opinions.

Affirmations	Ça correspond aux opinions de Daniel Desjardins?	
	Oui	Non
1. *Les logiciels à 1 an posent des problèmes.*		
2. *L'ordinateur doit rester une forme de jeu avec les parents.*		
3. *L'enfant doit apprendre à utiliser l'ordinateur tout seul.*		
4. *Les parents doivent toujours rester avec l'enfant.*		
5. *Il faut continuer à penser aux activités physiques des enfants.*		
6. *L'enfant ne comprend pas toujours la différence réel-magie.*		

Grammaire

> p261

Faire + Infinitive

When *faire* is followed directly by a second verb in the infinitive, it means "to get something done by someone else". There is a world of difference between the following two sentences:

J'ai réparé la voiture.	I repaired my car.
J'ai fait réparer ma voiture.	I had my car repaired.

> In this construction, *faire* can be used in a variety of tenses:

Je ferai venir le plombier demain.	I'll get the plumber to call round tomorrow.

Faire can even be in the infinitive itself, if it is following another verb:

Les fabricants de logiciels veulent faire cliquer les bébés.	Software manufacturers want to get babies logged on.

> You can make *faire* reflexive if you are getting an action done to yourself by someone else. This is more common than it may sound!

Elle s'est fait couper les cheveux hier.	She had her hair cut yesterday.

> When you are adding more detail (about who or what is involved) you need to be careful with direct and indirect objects. If the sentence stops after the infinitive, you use a direct object:

Je les ai fait rire.	I made them laugh.

But if the infinitive has an object of its own, then the object with *faire* is indirect:

Je leur ai fait admettre qu'ils avaient menti.	I made them admit that they had lied.

4 Travail oral

Pourquoi est-ce qu'on trouve l'ordinateur tellement indispensable? Travaillez avec un partenaire. Remuez-vous les méninges et faites une liste de toutes les activités pour lesquelles un ordinateur est très utile. Comparez votre liste avec celle d'autres membres de la classe.

5 Travail écrit

Regardez la publicité ci-dessous et répondez aux questions suivantes:

Microsoft: Jusqu'où irez-vous?

Donnez un poisson à un homme, il se nourrit une fois. Apprenez-lui à pêcher, il se nourrit toute sa vie. Éclairez-le davantage, il monte une chaîne de restaurants de poissons.

- **Traduisez en anglais le texte de la publicité!**
- **La publicité laisse entendre que l'homme est "éclairé" davantage par l'ordinateur. Êtes-vous d'accord? Est-ce que l'homme a vraiment besoin d'un ordinateur pour bien "démarrer dans la vie"? Écrivez environ 120 mots.**

6 Exercice d'analyse grammaticale

Look at the advert again and find the following:

> Three imperatives
> Two infinitives
> One adverb
> One indirect object pronoun
> One reflexive verb
> One irregular future

E. L'Internet

On s'échauffe

C'était quand, la dernière fois que vous êtes allé sur le Net? C'était pour faire quoi? Est-ce que vous étiez satisfait? Combien de temps est-ce que vous y avez consacré?

1 Activité de lecture

Le shopping sur le Net

Avec l'ordinateur, on peut faire les courses sans quitter son fauteuil. On nous offre tout un monde de produits et de services et on y accède par l'Internet. L'avènement du Net permet aux consommateurs de comparer les prix et même d'obtenir des informations de la part d'autres consommateurs dans un processus nouveau d'interactivité.

Voici le Dossier français de l'Internet au début de l'an 2000:

- 26% des foyers ont un ordinateur.
- 10% des foyers sont connectés à l'Internet.
- Il existe 1 200 sites marchands et 6 000 visiteurs par mois.
- 76% des visiteurs sont des hommes (contre 50% aux États-Unis) âgés d'environ 35 ans et ayant un niveau d'éducation élevé.
- Pour les achats sur l'Internet, la dépense moyenne est environ 28 euros, contre 22 euros en Angleterre.
- Les produits les plus concernés sont le matériel informatique, les CDs, les livres, les billets d'avion et les réservations d'hôtels.
- Le principal frein est: les soucis au sujet de la sécurité des paiements.
- On s'attend à un très fort développement de l'Internet et du Cybercommerce.

2 Activités de compréhension

a. Indiquez, pour les phrases suivantes, si c'est vrai, faux ou pas mentionné dans le texte:

1. L'Internet permet de demander l'avis à d'autres clients avant d'acheter un produit.
2. En l'an 2000 un peu plus d'un quart des foyers français étaient équipés d'un ordinateur.
3. En l'an 2000 le profil typique d'un internaute français était un homme bien éduqué.
4. Aux États-Unis les femmes utilisaient l'Internet beaucoup moins que les hommes en l'an 2000.
5. Il faut parler anglais pour pouvoir profiter de l'Internet.
6. Le commerce sur le net avait déjà atteint son plafond en l'an 2000.
7. Le mode des paiements n'était pas assez sûr.

b. Les phrases suivantes ont été coupées au milieu. Joignez les deux bouts qui correspondent.

Début de la phrase	Fin de la phrase
1. J'ai arrêté d'utiliser l'Internet pour mes achats ...	A. ... parce que le shopping sur le Net est super efficace!
2. J'ai reçu mon CD très vite ...	B. ... car ils me videraient le compte en banque.
3. Pas question de laisser les enfants acheter sur le Net ...	C. ... car j'ai eu des problèmes graves avec ma carte de crédit.
4. Je préfère le contact personnel dans les magasins ...	D. ... mais je dois dire que le Net est tentant pour les prix!
5. Je continue à acheter mes billets d'avion (chers!) à mon agence de voyage ...	E. ... mais à mon âge, ce n'est pas toujours facile d'aller en ville!

3 Exercice d'écoute

Bien sûr, il y a des excès avec l'Internet. Les drogués du Net sont arrivés. Ces personnes passent leur vie devant l'écran. C'est un problème terrible aux États-Unis qui arrive à toute allure chez nous. Les amis, les époux, les enfants, la santé et le travail sont massacrés à cause de cette dépendance. Le mal est si grave que ces accros du Cybermonde se font soigner par des psychiatres specialisés.

Listen to this case of a French woman and make notes in English on:

> Her family situation
> Her personality
> What happened to her through using the Net
> The consequences of her passion

Grammaire

> p256

The pronoun *y*

> You are no doubt familiar with the pronoun *y* meaning "there".

Est-ce que tu es jamais allé à Paris?	Have you ever been to Paris?
Oui, j'y suis allé l'an dernier.	Yes, I went (there) last year.

In this example *y* is replacing ***à*** + the noun *Paris.*

> With verbs that are followed by *à* + noun, *y* must always be used even when we would use a direct object pronoun in English.

Tu joues régulièrement au foot?	Do you play football regularly?
Oui, j'y joue tous les samedis.	Yes, I play every Saturday.

> The pronoun *y* can also stand for ***à*** + **a verb**

Combien de temps est-ce que tu as consacré à surfer le Net?	How much time did you spend surfing the Net?
J'y ai consacré deux heures.	I spent two hours on it.

4 Travail oral

Travaillez avec un partenaire. Remuez-vous les méninges et faites une liste de tous les avantages et de tous les inconvénients de l'Internet. Ensuite, comparez vos listes avec celles d'autres membres de la classe.
Qu'est-ce que vous en déduisez? Faut-il absolument être branché?

5 Travail écrit

Regardez la publicité ci-contre qui souligne un des problèmes associés à l'Internet. Imaginez la conversation entre la femme et son mari quand, finalement, il arrive au lit.

Voici le début du dialogue:
«Tu as vu l'heure?!»
«Oui, désolé, je n'ai pas vu le temps passer ...»

Maintenant, c'est à vous de le finir. Vous devez écrire environ 180 mots.

F. La mode

On s'échauffe

La mode, c'est important pour vous? Vous mettez beaucoup de temps à choisir vos vêtements? Vous dépensez de l'argent dans ce domaine? Quelles sortes d'habits aimez-vous porter?

1 Activité de lecture et exercice de compréhension

Lisez cet article sur la mode et répondez en français aux questions qui suivent.

Mode pour le Millénaire

Le vêtement est un moyen de montrer sa propre identité. Les années de crise économique sont finies. Les Français sortent de l'austérité et ont envie de se faire plaisir. Les dépenses vestimentaires ont recommencé à augmenter en 1997. L'offre a beaucoup changé aussi et a encouragé ce mouvement: des vêtements moins basiques, plus colorés et originaux. Des matériaux plus confortables avec des propriétés nouvelles (anti-transpiration, antibactérien) plus agréables au toucher et plus facile à entretenir sont apparus. Ils incitent le Français à faire de nouveaux achats.

La mode au début de ce nouveau siècle n'apparait pas être inspirée de la technologie, du métal, des robots ou des extraterrestres, comme on aurait pu le penser. Elle est au contraire épurée, lumineuse, artisanale et authentique ...

Il y a toujours cette tendance au mélange: on emprunte beaucoup aux cultures étrangères et à leurs coutumes. Les ambiances et les couleurs de vacances sont fréquentes. La nature est plus souvent représentée à travers les imprimés de fruits, de fleurs ou d'animaux. La mode traduit l'ouverture au monde et la volonté de trouver sa place dans l'environnement.

1. Pourquoi est-ce que les circonstances sont favorables pour que les Français montrent leur identité par les vêtements?
2. Quand est-ce-que les dépenses ont commencé à augmenter?
3. L'offre a-t-elle changé? Dans quel sens?
4. Quels sont les avantages des nouveaux matériaux?
5. Comment est-ce que l'auteur de l'article essaie de définir la mode?
6. Est-ce que vous êtes d'accord avec cette définition?

2 Exercice de vocabulaire

a. **Cherchez dans un dictionnaire afin de donner une définition de ces trois adjectifs:**

> Épuré > Artisanale > Authentique

b. **Joignez à ces trois adjectifs les deux de cette liste qui leur sont opposés:**

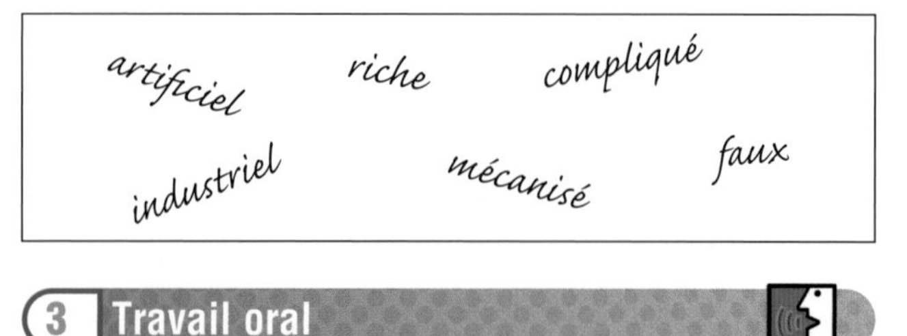

3 Travail oral

Créateur d'habits: Imaginez que vous êtes responsable du rayon des vêtements chez Marks et Spencer à Toulouse.

Vous allez présenter la nouvelle collection (pour homme ou pour femme) aux directeurs du magasin. Vous avez voulu changer un peu le *look*. Vous avez donc choisi beaucoup de vêtements qui sont influencés par:

> Les emprunts de cultures différentes
> La tendance "nature"

En deux minutes présentez les grands thèmes de votre nouveau catalogue et expliquez pourquoi vous êtes certain que ce sera un grand succès.

4 Travail écrit

À vous d'écrire maintenant. Vous allez exprimer clairement ce que vous pensez des vêtements et des apparences. Vous écrirez une rédaction d'environ 250 mots pour répondre à la question suivante:
"La mode est-elle un moyen d'appartenir ou de se distinguer?"
Pensez à donner des exemples tirés de votre expérience.

5 Travail d'écoute

a. Vous allez entendre trois jeunes parler de la mode. Après avoir écouté, indiquez si les affirmations dans le tableau sont vraies ou fausses:

Affirmations	Vrai	Faux
1. *Anna ne s'intéresse pas à la mode.*		
2. *Fanny est passionnée par le shopping.*		
3. *Anna préfère les vêtements de sport.*		
4. *Luc ne porte pas d'habits de marque.*		
5. *Luc rejette la compétition vestimentaire de l'école.*		
6. *Fanny ne craint pas les dépenses pour les habits.*		
7. *Luc n'aime pas qu'on se moque de lui.*		
8. *Anna veut ressembler aux autres.*		
9. *Fanny aime avoir les regards sur elle.*		
10. *Anna refuse de porter des marques vieillottes comme "Jeannot Lou Paysan".*		

b. Ci-contre vous trouvez des commentaires des mères de Fanny, Anna et Luc. Écoutez la cassette une deuxième fois pour décider, pour chaque commentaire, quelle mère parle. Tout d'abord, lisez les commentaires:

Exemple: 1. «Deux ou trois fois, on s'est moqué de ses tennis et maintenant il lui faut toujours des tennis de marque.»
C'est la mère de Luc. (1L)

2. On dirait toujours un épouvantail! J'aimerais des habits plus féminins parfois!
3. J'ai l'impression que ce qui compte le plus pour sa bande, c'est de ne pas se faire remarquer.
4. Elle est sans cesse devant un mirroir et son image personnelle importe énormément.
5. Si seulement elle pouvait dépenser un peu moins d'argent sur les vêtements!
6. Le plus important, c'est le confort.
7. Si je ne l'arrêtais pas, elle passerait tout son week-end à faire les magasins.
8. Elle ne supporte pas de ressembler au reste de sa classe.
9. Pas de bonheur si les derniers Reeboks ne sont pas sur ses pieds!
10. Par nature, la mode ne l'intéresse pas. C'est à cause des autres.

6 Travail oral

Êtes-vous *in* ou *out*? Travaillez avec un partenaire. Est-ce que vous êtes archi *in*, moyennement branché ou un peu dépassé par les événements?
Décidez si les idées suivantes sont ***in*** ou ***out***. Comparez vos conclusions avec celles d'autres membres de la classe. Soyez prêts à justifier vos décisions!

Idée	In	Out
1. *Faire du Jet Ski*		
2. *Porter un bikini à fleurs*		
3. *Jouer avec des pistolets à eau*		
4. *Lire des articles sur des Top-Models*		
5. *Utiliser la crème solaire protection 15 et plus*		
6. *Avoir un tatouage d'une rose dans le dos*		
7. *Porter de gros bracelets qui font kling, kling, kling*		
8. *Porter un petit haut qui laisse deviner le nombril*		
9. *Boire du champagne à la paille*		
10. *Porter des flip-flops à 2 euros la paire*		

G. Point Rencontre:
Thierry Kaiser, directeur d'une maison de publicité

On s'échauffe

Pourquoi est-ce qu'on investit tant d'argent à faire des publicités? Quelle sorte de pub est la plus efficace à votre avis? Pourquoi?

1 Activité de lecture

Nous avons demandé à Thierry Kaiser, directeur d'une maison de publicité à Montpellier de nous parler de son travail.

C'est un travail fascinant, la publicité, parce que les gens changent en permanence et nos techniques doivent changer aussi. Autrefois, un message publicitaire durait 2 à 3 minutes. Maintenant, il compte entre 10 et 30 secondes. À l'heure actuelle, les gens sont habitués à une vie plus rapide et concentrée. Dans le monde qui les entoure, ils rencontrent tous les jours quelque chose de nouveau, quelque chose à essayer ou à goûter. Et nous qui travaillons dans le monde des pubs, nous devons nous adapter. En moins de 30 secondes, nous devons attirer la sympathie du public et provoquer son désir. Car bien sûr, nous sommes employés pour déclencher le réflexe d'achat.

Ça, ce n'est pas aussi facile que ça ne semble. Les gens sont bombardés d'images, de sons et de logos de toutes parts. Alors, on estime que 85% des messages publicitaires n'atteignent pas leur but. Et ce n'est pas fini! Sur les 15% qui restent, 5% ont des effets contraires, 5% de plus sont oubliés dans les premières 24 heures. Alors si vous comptez, vous voyez que 95% de la publicité part dans le vide! Dans le monde publicitaire, la rentabilité n'est pas évidente!

On sait maintenant qu'il ne faut pas insister sur le message mercantile, sur le produit lui-même. Les gens accueillent plus facilement les pubs avec un côté ludique. Ils préfèrent celles qui provoquent des émotions, des sentiments, qui trouvent un écho dans la personne.

On nous reproche bien sûr de manipuler, et c'est certain que, dans la publicité, il y a un côté fabricateur d'esprits. On essaie d'influencer les gens autant que possible. Mais finalement, ça fait partie d'une société d'abondance où on a le choix. La décision reste libre et personnelle. La pub n'est pas une dictature.

2 Exercice de compréhension

Répondez en français aux questions suivantes:

1. En ce qui concerne la durée, comment est-ce que la longueur des pubs a évolué? Comment explique-t-il cela ?
2. Quel est, d'après Thierry Kaiser, le premier but de la pub?
3. Pourquoi est-il si difficile de faire une publicité qui est rentable?
4. Quel type de message intéresse moins les gens de nos jours? Par quoi a-t-il été remplacé?
5. Quel grand reproche fait-on à ceux qui créent les pubs?
6. Quelles sont les qualités nécessaires pour réussir dans le monde publicitaire?

3 Exercice de vocabulaire

Trouvez dans le texte l'équivalent français des expressions suivantes:

1. (They) are constantly changing
2. In the past . . . nowadays
3. The impulse to buy
4. . . . don't reach their target
5. Value for money
6. We are accused

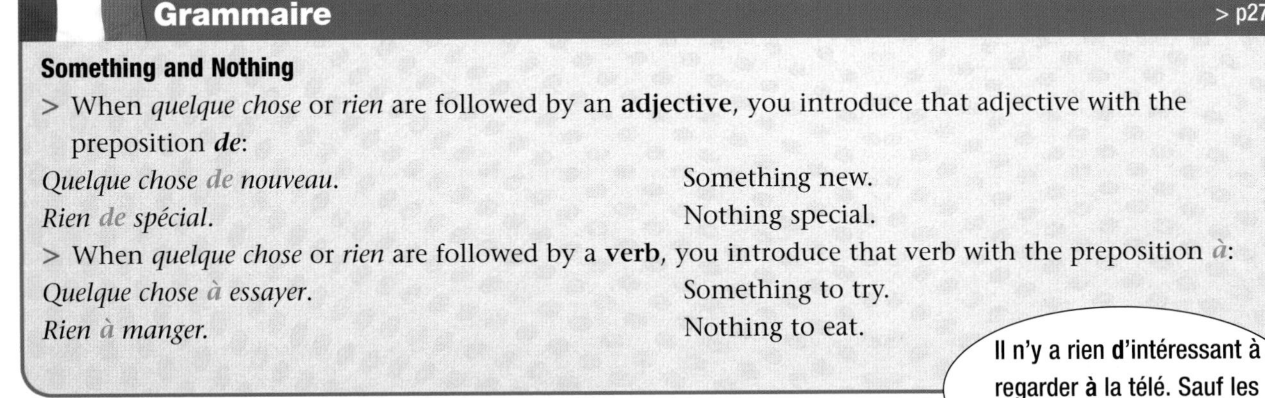

Grammaire

> p272

Something and Nothing

> When *quelque chose* or *rien* are followed by an **adjective**, you introduce that adjective with the preposition ***de***:

Quelque chose de nouveau.	Something new.
Rien de spécial.	Nothing special.

> When *quelque chose* or *rien* are followed by a **verb**, you introduce that verb with the preposition *à*:

Quelque chose à essayer.	Something to try.
Rien à manger.	Nothing to eat.

Il n'y a rien **d'**intéressant **à** regarder **à** la télé. Sauf les pubs!

4 Travail oral

Ça vous intéresse, la pub? À votre tour d'essayer. Travaillez avec un partenaire et faites une publicité de 30 secondes pour la radio. Choisissez un produit que vous voulez vendre. Inventez un slogan. Préparez le script. Vous pourriez enregistrer votre pub sur cassette avant de la présenter aux autres membres de la classe.

Rappel Grammaire

> p264

The imperfect

You are familiar with the idea that the imperfect is used to describe things that **used to** happen in the past.

Quand j'étais jeune, je regardais toutes les pubs à la télé.	When I was younger, I used to watch all the ads on telly.

In English, we sometimes translate this use of the imperfect by **would**. It's quite formal in style and should not be confused with the conditional.

Autrefois, un message publicitaire durait deux ou trois minutes.	In the past, an advertising message would last two or three minutes.

5 On s'entraîne

«Autrefois les publicités duraient trois minutes; actuellement, elles ne durent que trente secondes.»
Mais ce n'est pas seulement la longueur des pubs qui a changé.
Écrivez cinq phrases de plus pour illustrer les changements que vous avez remarqués depuis votre enfance.

6 Travail écrit

Regardez la publicité ci-contre pour les montres Audemars Piguet. Écrivez un paragraphe d'environ 120 mots pour expliquer comment elle essaie de déclencher le reflexe d'achat.

H. Les jeunes

On s'échauffe

"Adolescent", selon son étymologie latine, veut dire "celui qui est en cours de maturité". Certains prétendent que les jeunes d'aujourd'hui restent adolescents plus longtemps qu'autrefois. Quand est-ce qu'on devient "adulte" à votre avis?

1 Activité de lecture

Qu'est-ce que c'est l'adolescence?

Axelle, 15 ans

Mes parents me critiquent parce que je me réfugie tout le temps dans ma chambre pour écouter ma musique. Mais il faut qu'ils comprennent. J'ai besoin d'être seule. L'adolescence est une période de mutation. Je suis en train de me faire une nouvelle peau. Mes rapports avec mes parents ne sont plus les mêmes. De plus en plus je ne suis pas d'accord avec eux, même si je les aime toujours. Si je prends mes distances un peu, c'est tout à fait normal.

Paul-Henri, 16 ans

C'est la période où je me forge ma propre identité. Mes parents disent que je suis en train de tout abandonner. Je ne fais plus de sport, je ne travaille pas comme avant à l'école. Mais je dois trouver le moyen d'être moi-même. Si je veux m'exprimer par le piercing ou par le tatouage, c'est mon affaire. Mon père ne l'aime pas, mais ce n'est pas à lui de prendre des décisions pour moi.

Marion, 17 ans

Il y a bien sûr de grands changements au niveau de la sexualité. Pour cela, mes parents s'inquiètent énormément. Moi, je recherche le grand amour. Eux, ils voient de terribles menaces partout. Ils me parlent sans cesse de sida, de grossesses non désirées, de maladies sexuellement transmissibles …

2 Exercice de compréhension

Indiquez pour chaque phrase ci-dessous qui c'est qui parle:

1. Mes parents sont choqués parce qu'ils ont découvert que j'ai un anneau au nombril.
2. Ils voient du danger dans chaque baiser.
3. Ils ne sont pas contents parce que je n'ai que la moyenne. Je leur dis que la vie est plus importante que les bonnes notes.
4. Ils seraient encore moins contents si je l'écoutais au salon.
5. On est moins naïfs dans ce domaine qu'ils ne pensent.

3 Exercice de vocabulaire

Trouvez dans le texte l'équivalent français des termes suivants:

1. They've got to understand
2. A period of change
3. That's my business
4. They go on about
5. Unwanted pregnancies

4 Travail écrit

Traduisez en anglais le témoignage de Paul-Henri.

5 On s'entraîne

Traduisez les phrases suivantes en français:

1. I prefer to talk to him myself.
2. Who decided to do it? I did.
3. Like you, I am worried about the consequences.
4. And you! What have *you* done all day?
5. It's ours.

Grammaire

> p256

Disjunctive pronouns

Disjunctive pronouns are so called because they do not stand in any special relation to a verb. They are disjointed or disconnected from them. They are also referred to as emphatic pronouns, because one of their main functions is to give added emphasis.

They are:

Moi	*Nous*
Toi	*Vous*
Lui	*Eux*
Elle	*Elles*
Soi	(corresponding to *on, chacun, tout le monde* etc)

The main uses of the disjunctive pronoun are as follows:

> To give emphasis:
Moi, j'aime le rock; eux, ils préfèrent la musique classique. — I like rock; they prefer classical music.

> In comparisons:
Tu dois en savoir plus que moi. — You must know more than me.

> After prepositions:
Je ne suis pas d'accord avec eux. — I don't agree with them.

> After the preposition *à*, the disjunctive pronoun can be used to indicate possession:
Ce stylo est à moi. — This is my pen.

> In exclamations or short answers without a verb:
Qui a dit ça? Moi. — Who said that? Me.

> With *-même* to mean "self":
Je dois trouver le moyen d'être moi-même. — I have to find a way to be myself.

6 Travail d'écoute

L'adolescence est une période difficile pour les parents aussi. Écoutez cette conversation entre Colette Bourgeois, mère de trois adolescents, et Daniel Desjardins, psychiatre pour enfants.

Daniel Desjardins

a. Répondez à ces questions en français:

1. Quel conseil est-ce que Daniel Desjardin offre à Colette au sujet des disputes en famille?
2. Que faut-il faire si la dispute devient vraiment très sérieuse?
3. Comment est-ce que les parents traitent le sujet de la sexualité bien souvent?
4. Quelles sont les conséquences d'une approche claire et ouverte en ce qui concerne la sexualité?
5. Quel conseil est-ce que Desjardins donne au sujet de la drogue?

b. Réécoutez la cassette et traduisez les phrases suivantes en français:

1. If it gets worse . . .
2. You've got to try not to be threatening.
3. Another painful subject . . .
4. If parents are too strict . . .
5. Maintain contact!

I. Le féminisme

On s'échauffe

Est-ce que l'égalité entre l'homme et la femme est déjà acquise ou est-ce qu'il reste du travail à faire, à votre avis?

1 Activité de lecture et travail écrit

Lisez le texte ci-dessous et répondez en français aux questions qui suivent.

Du mal à être mâle?

Très longtemps les femmes n'avaient que deux rôles dans la société: celui de mère et celui d'épouse. C'était une situation qui était sans doute bénéfique pour l'homme et peut-être pour les enfants aussi, mais elle était désastreuse pour la femme. Cette conception de la vie féminine a été largement modifiée par la révolution du féminisme.

La principale victoire a bien sûr été celle de la contraception. Avant la disponibilité de la pilule et sa reconnaissance légale, en 1967, la vie de la femme était rythmée par la succession de grossesses. Grâce à cette nouvelle forme de contraception, elle pouvait accéder à une vie professionnelle plus riche, à un rôle social plus important, à une vie de couple plus épanouie.

Aujourd'hui, plus des trois quarts des femmes de 25 à 54 ans sont actives. Le modèle du couple biactif est devenu majoritaire depuis la fin des années 80. La participation des femmes au budget des ménages s'accroît; il est de plus en plus fréquent que les deux partenaires disposent de revenus comparables. Le modèle de la femme au foyer, qui était dominant depuis l'entre-deux-guerres, apparaît donc obsolète.

L'image de la femme a changé. Les magazines, la littérature et l'imagerie publicitaire des années 80 célébraient la "superwoman" – celle qui faisait tout et au travail et à la maison. On observe aujourd'hui une tendance de la publicité ou du cinéma à montrer des femmes "vamps": bombes sexuelles, mangeuses d'hommes.

Certains hommes vivent mal la transformation actuelle des images respectives de l'homme et de la femme. Les qualités dites féminines (intuition, sens pratique, modestie, générosité, pacifisme, douceur) sont de plus en plus valorisées, alors que les caractéristiques souvent associées aux hommes (compétition, domination, agressivité) sont dénoncées. 49% des hommes considèrent qu'il est plus difficile d'être un homme aujourd'hui que pour la génération de leur père.

1. Qu'est-ce qui a dominé la vie des femmes pendant des siècles?
2. Pourquoi est-ce que 1967 reste une date-clé dans l'évolution de la condition féminine?
3. Pourquoi est-ce que la "femme au foyer" est en train de disparaître?
4. Quelle image de la femme était courante au cours des années 80?
5. Pourquoi est-ce que les hommes vivent mal la transformation des images de l'homme et de la femme?

2 Travail écrit et travail oral

La femme est décrite de plusieurs façons différentes dans cet extrait. Rédigez une simple définition de chaque terme utilisé.

> Mère
> Épouse
> Femme au foyer
> Superwoman
> Femme Vamp

Ensuite, lisez une de vos définitions aux autres membres de la classe. Est-ce qu'ils savent reconnaître laquelle vous avez choisie?

3 Travail écrit

Regardez la photo ci-dessous et préparez des réponses aux questions.

(Un conseil: essayez d'utiliser du vocabulaire que vous venez de lire dans le texte ci-contre!)

- **Décrivez l'attitude de la femme!**
- **Qu'est-ce qu'elle est en train de faire?**
- **Pourquoi, à votre avis, ne voit-on même pas le visage de l'homme?**
- **Qu'est-ce qu'il est en train de faire, l'homme?**
- **Comment est-ce que la condition féminine a évolué ces dernières années?**

4 Travail d'écoute

La femme numérique: Quand la technologie joue la séduction

Listen to Colette Mainguy describing women's attitudes towards new technology.
Make notes in English on what it is that women want.

5 Travail oral

Faites une présentation au sujet suivant:
"Le vingt-et-unième siècle sera le siècle de la femme."

Vous pouvez mentionner:

> La situation au début du vingtième siècle
> Les changements au cours du vingtième siècle
> L'influence des médias
> Votre opinion personnelle

a. Faites une présentation orale sur la publicité suivante.

> De quoi s'agit-il?
> Qu'est-ce que vous voyez dans la photo?
> Quelle sorte d'objets y a-t-il dans le filet?
> Comment est-ce que l'homme a procuré ces objets?
> Est-ce qu'il a dû faire beaucoup d'efforts?
> Quelle impression est-ce que cela donne de la société actuelle?
> Est-ce que vous approuvez l'Internet pour les courses?

b. Regardez ce dessin humoristique.
Travaillez avec un partenaire et faites un jeu de rôle. Imaginez la conversation, un peu plus tard ce soir-là, entre la fille à l'ordinateur et un de ses parents.

www.toutterrain.co.uk

> **http://www.zipzapFrance.com/**
Read about France as seen through the eyes of foreign teenagers.

> **http://www.lamodeFrancaise.bm.fr/**
Find out more about the current catwalk fashions and their creators.

> **http://www.euro.fbf.fr/**
This financial website gives you all the information you need about the euro.

Listening

What to listen to?

Make the most of every opportunity in class. Practise listening to off the cuff remarks and casual conversation in French as well as in more formal exercises.

Outside the classroom, you can try listening to the following:

- French radio. Don't be put off if you find it difficult: that's quite normal! Try recording short news bulletins. You will probably have the advantage of knowing something about the likely content.
- French TV. Again, short sections from a news programme are a good idea. You can also find a whole range of quiz and games shows with which you will be familiar.
- French films. You will of course need to read the sub-titles. It's hard not to! You will discover that your brain can cope with reading the English and listening to the French at the same time.

How to improve your listening skills

- Practise!
- Work with friends. Make a tape of a French news bulletin, for example, and then write notes in English about what you hear. Give the tape to a friend and get them to write notes in English too. Compare notes. Do you disagree about anything? Listen to the tape again and see if you can sort out your differences.
- Practise taking notes while listening. You need to focus on key words. Don't attempt to write out everything. You need to develop your own shorthand in French.
- Work with a tape and a transcript so that you get used to associating sounds that you hear with words that you can see.
- The best way to improve your listening ability is to go to a French-speaking country during the course.

Approaching listening exercises in an exam

- Pay particular attention to any information you are given in the introduction. Is this a news broadcast, for example, or are you listening to an interview or a conversation between friends?
- Read the questions carefully so that you know exactly what you have to find out.
- Remember, you do not have to understand every word in order to get the right answer.
- Most exam passages are very short, so listen to the whole extract. Sometimes, a key word at the end may help you to make sense of what you heard at the beginning.
- Listen out for any clues to help you understand. Tone of voice, for example, can be significant.
- Don't waste time. Use the counter on your tape recorder so that you can locate the beginning of a section easily.

Listening for different purposes in an exam

- If you are identifying information for answering questions, make sure you have understood precisely what it is you want to find out. Don't be distracted by other information that is not strictly relevant. Jot down a key word that will help you remember. Use the pause button on your tape player.

> If you are writing a summary of what you have heard in English, it is vitally important to get a sense of the passage *as a whole* before you start writing. Listen all the way through once in order to understand the gist. Listen a second time to pick out the main points. The terms of the question will usually give a pretty clear indication of the content of the passage. A third run through will give you an opportunity to add important detail. Remember that you are not asked to *translate* the passage. Keep an eye on the clock!

> If you are listening for synonyms, think about the possibilities before you start to listen. Focus on the form of the required word. Are you listening for a noun or an adjective, for example?

Top Tips

- ✔ Keep calm.
- ✔ Get your bearings by reading through the questions and any printed background material carefully.
- ✔ Listen to the whole passage once first so that you get a good general idea of what it is about.
- ✔ Be aware of time. Don't keep listening to the same item over and over again if, by doing so, you run the risk of not being able to finish other questions.
- ✔ Listen out for short key words that can change the whole sense. *Ne* and *pas* can be easily missed but they change everything.
- ✔ Keep your concentration. Don't be distracted by anything or anyone in the room.

Reading

Why read?

During your AS and A2 courses, you need to come into contact with as much authentic French as possible.

Your teachers are an excellent resource, but you should not rely on them alone.

You need to read a whole range of texts so that you come into contact with different styles, information and opinions.

Wide reading is an excellent way to improve your performance. If you can find the right materials to *read*, you will find help in *speaking* and *writing*.

Readers are smart workers.

What to read?

> French magazines and newspapers. Find out which publications your school subscribes to and choose a few short articles to start you off. Well-known national newspapers like *Le Monde* can be rather hard-going, but there are plenty of news magazines like *Le Point, Le Nouvel Observateur* or *Paris Match* which are more accessible and provide lots of up to date information on many of the topics you will study.
> French Literature. Ask your teachers to recommend some good authors. You could start with a few chapters from Voltaire's *Candide* or perhaps a short play such as *Huis Clos* by Sartre.
> It's a good idea to read the book of a French film you have seen, so that you have an idea of the plot. The films of Pagnol's *Jean de Florette* and *Manon des Sources* are justifiably well known. The books tell a good story in a comfortable style that is easy to read.
> Try some non-fiction books. *Francoscopie* by Gérard Mermet is a mine of fascinating information about contemporary French society. The style is journalistic, but the prose is broken up by lots of illustrations, graphs and tables of statistics.

Making the most of your reading

If you are reading independently, make sure that you get maximum benefit from the time that you put in.

> Take note of interesting facts and figures relating to your AS or A2 course.
> Look up new vocabulary.
> Summarise the text in ten short bullet points in French.
> Map out the text in a totally different way: choose a flow-diagram, a web or a tree diagram.

Approaching a text in an exam

> Don't panic if you don't understand everything! That's quite normal.
> Look out for any clues that might help you to understand what it's about, such as illustrations, headings and subheadings.
> Take time to think about the implications of the title. Is there a play on words, for example?
> Read and understand the questions that you will have to answer before you begin the text. You need to know what to look out for.

> Read the whole text quickly. It may be that a phrase towards the end will throw light on an earlier section.

Reading for different purposes in an exam

> For answering questions, make sure that you focus on what is strictly relevant. Don't be tempted to cram too much material into your answer.
> For gap-fills and exercises which require you to match the beginning and ends of sentences, use not only the content of the text, but also your knowledge of grammar to help you. Be specific about what sort of word or phrase you are looking for.
> For true / false exercises, look out for deliberate traps. Look out for false friends: French words that look like an English word, but mean something different. Pay attention to detail: the word *ne* can easily be missed, but it may completely change the sense.
> Keep your mind focused on the task in hand. If you are looking for synonyms, for example, don't waste time trying to understand the whole text.
> Be aware of the constraints of time.

Top Tips

✔ Read as much French as you can.
✔ Read from a variety of different sources.
✔ Use the Internet for reading.
✔ Choose something to read that you will enjoy.

and in the exam ...
✔ Remember that you don't have to understand everything.
✔ Always bear in mind the purpose of your reading.
✔ Keep an eye on the time.

Speaking

The ability to speak French fluently and with confidence is one of the most enjoyable benefits of an A-level qualification. For most people, it's a skill that requires a lot of hard work to develop. Just like when you're learning to play an instrument or to drive a car, the secret of success is lots of practice.

Speaking in class

> Don't wait until you are absolutely sure that you have got every minor detail absolutely correct before daring to open your mouth. Have a go!
> Don't clam up if you make a mistake. Even experienced French speakers get things wrong.
> Be mentally active when others are speaking. If someone else is answering a question, think what you would have said.
> Be ambitious. Don't settle for the simplest answer to a question. Expand on your basic ideas. Make a deliberate attempt to employ new vocabulary and constructions in your oral work. Try things out!

Making a presentation

Giving an oral presentation of some sort will be an integral part of your oral exam.

You will have plenty of opportunities to practise, so set yourself new objectives each time you do one.

> Start with a full script. Simply reading it out will give you a good idea about the demands for clarity, a proper pace and audibility.
> Gradually reduce your dependence on a script. Don't write everything out in full. Work from notes.
> Practise making presentations from bullet points on a card. You will need to learn key phrases, but make it sound as natural and spontaneous as you can!
> Make sure that the different sections of your presentation are clearly indicated so that it is easy to follow your argument.
> Use the rhetorical device of repetition. A string of phrases all introduced by *il faut* for example can sound very effective.
> Remember that you are speaking to an audience. Don't rush. Speak clearly. Try to maintain some eye contact with the person to whom you are speaking.

Speaking tasks in the exam

Responding to a visual stimulus

> Start with a strategic overview of the material, rather than plunging straight into specific detail. What sort of material is it? Is it a cartoon, an advert or a photo?
> Describe what you see.
> Analyse the implications of what you see.
> Give personal opinions.
> You might finish with an assessment of the effectiveness of the material – particularly if it is an advert or a cartoon.

Role-play

> Think carefully about the setting and the context of the role-play.

- > Take time to absorb all the background information.
- > Think about the person you are addressing. Is it more appropriate to use *tu* or *vous*? What *register* of speech should you be using?
- > Focus on what information you have got to communicate. Map out the main points of your side of the conversation.
- > Listen to the examiner and respond appropriately to the twists and turns of the conversation, but do not lose sight of the essential points that must be included.

General conversation and discussion of issues

- > Show your cultural awareness. It is essential to relate what you say to France and other French-speaking countries. It is tempting to talk exclusively about your own experience, but the examiners will be assessing the breadth of your knowledge. Learn some facts, figures and statistics that relate to France.
- > Speak your mind and express opinions. Two tactics can help here. First of all, learn a range of phrases that can be introduced in a variety of circumstances, such as *à mon avis* or *je ne crois pas que ce soit raisonnable de . . .* These will give you time to think about what to say and boost your confidence. Second, don't let yourself be caught out. You know in advance the range of topics that will come up in the exam, so make sure you know what you think about matters of controversy.
- > At this level, it is important that you show the ability to clarify an argument or to tease out some of the complexities of a given topic. Complex ideas often require more complex grammatical constructions. Don't rely totally on simple sentences. You need to prove to the examiner that you have progressed since GCSE, so show off what you can do.

Top Tips

- ✔ Make sure that you've got something interesting to say.
- ✔ Keep going! Don't get sidetracked by mistakes.
- ✔ Take the initiative. Don't give minimal responses, but keep the conversation going.
- ✔ Remember that a conversation is a two-way thing.

Writing

What are you writing? During the course, you will be asked to produce writing for a variety of different purposes. You need to adapt accordingly.

Short answers to specific questions

> Make sure that you include all the necessary information clearly and concisely.
> Don't copy chunks of text indiscriminately.
> Use your own words.
> Make sure that everything you write is relevant to the question.

Letters

> If you are writing a letter in response to some stimulus material, make sure that you have understood the key issues which need to be raised.
> Make your points clearly.
> Don't be tempted to make your arguments or your sentences too complicated.
> Revise the way to begin and end a formal letter.
> Memorise phrases for making a complaint, for requesting further information and for introducing a suggestion.
> Think about register, that is the way you address someone.
> Remember that the French tend to be more formal than the English.

Essays

> Always make a plan before starting to write.
> The structure and argument of your essay must be clear.
> Use the ***introduction*** to set out the stall of your essay. You may want to define the key terms of the title or highlight some of the aspect of the topic that you are going to consider. Do not use the introduction to voice your personal opinions (or to anticipate your conclusion).
> In the ***main body*** of the essay, use paragraphs to make each stage of your argument clear. As a general rule, you should make one major point per paragraph and then expand your ideas.
> Make sure that you sequence your arguments carefully, leaving your strongest points until the end so that they lead naturally into your conclusion.
> Your ***conclusion*** should not merely repeat what has gone before. You may want to express your personal opinion here and it might be appropriate to raise a question that opens up a new aspect of the topic you have discussed. Above all, make sure that you have given a clear and definite answer to any question in the title.
> Further advice on essay writing, together with a structured example, is given in the photocopiable worksheets.

Coursework

Coursework is *not* the easy option. It involves a lot of planning, research and background rewading, as well as extensive writing.

> Choose your title carefully. Make sure it is a topic that interests you.
> Avoid vague titles. Give yourself a specific problem to consider, so that you can arrive at a worthwhile conclusion.
> Your work must relate to France or a French-speaking country. Check the details of your exam board's specifications carefully.
> Map out your campaign of action. Set yourself deadlines for the various stages, such as background research, note-taking, first draft and final version.

> Research materials in French. As a starting point, you can use some of the websites listed in each unit of *Tout Terrain*. You might want to write to some of the organisations you have come across in the course of your studies to ask for extra information.
> Skim read all the materials you have collected and choose the best. It is easier to concentrate on a few really good texts.
> Make notes in French. If you make your plan in English, you will end up with a very long and very difficult translation to do!
> Use ideas, vocabulary and quotations from your source materials, but work them into your own writing. They should become part of *your* argument. Coursework is not an extended cut-and-paste exercise!
> Make sure that you acknowledge all your sources. A detailed bibliography can be an impressive part of your final submission.

Translation

> Avoid translating word for word.
> When translating into French, think about why a particular sentence has been set as an exercise. Is your knowledge of a particular grammatical construction being tested?
> Check carefully for agreements (between subjects and verbs, nouns and adjectives).
> When translating into English, make sure that your final version sounds natural and convincing.

Developing your own style

> Your main concern should always be to communicate the essential information clearly.
> Beyond that, it is important to show what you can do.
> Think carefully about your vocabulary. Before tackling a longer piece of writing, think about the range of words that it would be good to include. Try not to fall back on a staple diet of GCSE words. Don't overuse *il y a, beaucoup de, avoir* and *être* for example.
> Key vocabulary for each topic is given in photocopiable worksheets for each unit.
> Don't make your sentence structure too complicated, but try to include some of the more sophisticated constructions that you have learned since GCSE.
> Use facts, figures and statistics that relate to France or other French-speaking countries.
> Don't forget to voice your own opinions.

Checking what you have written

Always leave time to check your work. If possible, go on to do something else before coming back to check with a fresh mind and eye.

Look in particular at the following:

> Subject and verb agreements. If the subject is singular, have you got a singular verb ending?
> Adjective agreements. It's all too easy to forget the appropriate ending, particularly if the adjective does not immediately follow the noun.
> The use of tense. If you are using the perfect tense, make sure that you have all three parts: subject, auxiliary and past participle. Make sure that you have included any necessary agreements.

Top Tips

✔ Adapt your writing to the purpose.
✔ Be clear and concise.
✔ Check!

Unité 7
SOS Planète

Terrain Thématique

- Faut-il s'inquiéter s'il fait plus chaud?
- Que peut-on faire à la maison pour lutter contre l'effet de serre?
- Est-ce que vous faites le tri de vos déchets?
- Qu'est-ce qui provoque une "marée noire"?
- Pourquoi est-ce que même l'air nuit gravement à la santé?
- Que pensez-vous de l'énergie nucléaire?
- Y a-t-il un rapport entre la pollution et la maladie?
- Qui sont les Verts?
- Le monde est-il fichu ou existe-t-il une autre voie?

Ce chapitre vous permettra de répondre . . .

Terrain Linguistique

- The future perfect
- The pronoun *en*
- The subjunctive (revision)
- The present participle (revision)
- Demonstrative pronouns (revision)
- Registers of language

A. Effet de Serre

On s'échauffe

Pour une fois, le monde entier est concerné par un phénomène. Vous avez sans doute entendu parler du réchauffement de la planète. Qu'est-ce que c'est? Quels signes y a-t-il qu'il affecte déjà l'Angleterre?

1 Activité de lecture

Lisez cet article.

La Terre a la fièvre

Les océans gonflent, les glaces fondent, les déserts s'étendent. Cette fois-ci, c'est sérieux. Nous vivons le plus grand dégel depuis la fin de la période glacière. Les cinq années les plus chaudes depuis 150 ans appartiennent toutes à la décennie la plus récente.

- Les glaciers des Alpes ont perdu un tiers de leur volume depuis 1850. Depuis trente ans, la gentiane violette s'est installée cent mètres plus haut dans nos montagnes.
- Le niveau des mers, surveillé de près, monte. Et ce n'est pas prêt de finir. Certaines espèces de pingouins se sentent mal dans les eaux, devenues trop chaudes et moins riches en nourriture.
- A Iakoutsk, en Sibérie, les immeubles, construits sur un sol gelé, glissent sur la boue et doivent être abandonnés.
- Dans le nord-est des États-Unis, les gelées disparaissent onze jours plus tôt qu'en 1950.
- La sécheresse gagne en Europe. D'ici 2050, le Sahara aura gagné l'Andalousie au sud de l'Espagne.
- Dans l'Atlantique du Nord, la violence des tempêtes suscite des vagues plus hautes de moitié qu'il y a 30 ans.

2 Travail de recherche

a. Commençons par un peu de géographie. Faites la liste des pays ou endroits mentionnés dans le texte qui sont affectés par le réchauffement de la planète. Regardez ensuite dans un bon atlas. Qu'est-ce que vous en concluez sur l'étendue du problème?

b. Le texte commence par une description générale très inquiétante. Cherchez dans le texte pour trouver un exemple précis de chacune de ces affirmations:

> Les océans gonflent
> Les glaces fondent
> Les déserts s'étendent

N'oubliez pas de donner des détails géographiques dans chaque cas.

3 Activité de lecture et exercice de compréhension

Regardez les explications que nous donne Gérard Petitjean dans les tableaux ci-dessous et répondez aux questions qui suivent. Notez que le tableau de droite concerne la France seulement et que les chiffres donnés sont en millions de tonnes. Le réchauffement est dû aux gaz – CO_2, méthane – que nos industries, nos voitures ou notre agriculture rejettent dans l'atmosphère.

1. Qui produit le plus de CO_2 dans le monde en ce moment?
2. Les agriculteurs sont-ils de grands responsables de la production de CO_2 en France?
3. Quelle est la plus grande source d'énergie en France?
4. Quel continent produira le plus de CO_2 en 2050?
5. Quels pays ou continents auront diminué leur production de CO_2 d'ici 2050?
6. Quel secteur d'activité a consommé 50,1 millions de tonnes équivalent pétrole en 1997?

7. Quelle région géographique dans le monde produit le moins de CO_2?
8. Quel secteur d'activité produit le plus de CO_2 en France?
9. Quel type d'énergie est le plus limité au niveau de la production en France?
10. Combien de millions de tonnes d'énergie ont été consommées et perdues en 1997?

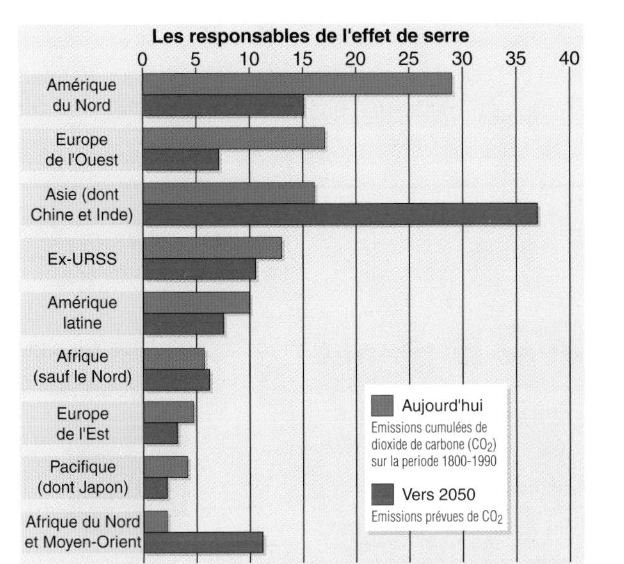

Grammaire

> p265

The future perfect

> This tense looks forward to a time in the future when something will be finished or completed.
It is usually translated in English by the words "will have".
They **will have** reduced their production of CO_2.

> It is formed in French like the perfect tense with an auxiliary verb (*avoir* or *être*) plus a past participle.
The difference is that the auxiliary verb is in the future.

J'ai déjà économisé 150 euros.	I have already saved 150 euros.
D'ici la fin de l'année, j'aurai économisé 760 euros.	By the end of the year, I will have saved 760 euros.

> The same rules of agreement apply as for the perfect tense.

J'aurai fini dans dix minutes.	I will have finished in ten minutes.
Elle sera arrivée.	She will have arrived.

> Note that English does not always use the future perfect when it would be logical to do so.
I'll give you a ring when I've finished my homework.
The act of finishing is still in the future, so French uses the future perfect. It's more logical and precise!

Je t'appellerai quand j'aurai fini mes devoirs.	Literally: I'll give you a ring when I will have finished my homework.

This use of the future perfect occurs in time clauses – it happens after words like *quand, lorsque, dès que* and *aussitôt que*.

4 On s'entraîne

Traduisez les phrases suivantes en français:

1. By 2050 the Sahara will have reached the south of Spain.
2. The sea level will have risen.
3. The number of cars on the roads will have doubled.
4. We will buy another car when I have passed my test.
5. They will understand what they have done when they have destroyed all the forests.

B. Pollution de la Terre

On s'échauffe

Êtes-vous conscients de votre consommation d'énergie? Faites-vous des efforts chez vous? Pensez-vous à éteindre des lampes quand vous quittez une pièce par exemple? Quels autres gestes est-ce que vous faites pour économiser de l'énergie?

1 Activité de lecture

Lisez cette brochure qui nous encourage tous à passer à l'action.

Des gestes pour sauver la planète

Relevez le défi et luttez chez vous contre l'effet de serre!

Vous vous inquiétez du réchauffement de la planète? Voici des solutions ui sont pratiques et accessibles. À vous de passer à l'action!

1. Surveillez votre chauffage! Mettez un pull et chauffez votre maison un peu moins. Une baisse de 1°C réduit les émissions de CO_2 de 5%.

2. Remplacez vos ampoules ordinaires par des ampoules à économie d'énergie. Elles consomment cinq fois moins d'électricité. Chaque kilowatheure économisé évite le rejet de 90 grammes de CO_2 dans l'atmosphère.

3. Éteignez vos téléviseurs, vos magnétoscopes et vos ordinateurs! Il est pratique de les laisser en veille, mais pensez aux conséquences pour la planète! Dans un ménage moyen, les appareils en veille rejettent 50 kilos de CO_2 par an.

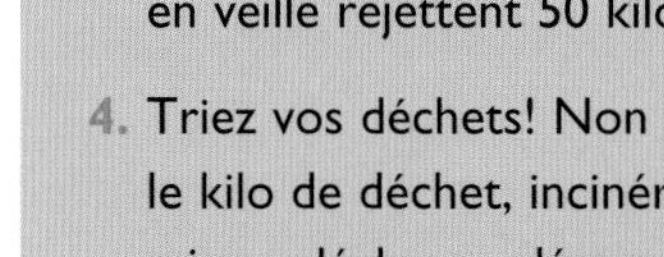

4. Triez vos déchets! Non trié, le kilo de déchet, incinéré ou mis en décharge, dégage 640 grammes de CO_2 ou de l'équivalent en méthane.

5. Laissez votre voiture à la maison! Une personne seule en ville dans sa voiture émet 309 grammes de CO_2 au kilomètre. En bus, 80, en tramway 20, à vélo, 0.

2 Travail écrit

Imaginez que cette brochure vous a vraiment inspiré. Vous êtes résolu et vous allez passer à l'action. Pour chaque idée dans le dépliant, écrivez une ou deux phrases pour parler de vos bonnes résolutions. Vous allez utiliser le futur pour cet exercice.

Exemple: *Je m'habillerai un peu plus pendant l'hiver. C'est simple: je mettrai un bon pull en laine et je baisserai le chauffage. Je ne resterai plus en bras de chemise à l'intérieur alors qu'il fait froid dehors.*

3 Activité de compréhension

Malheureusement, dans notre société de consommation, on fait souvent exactement le contraire de ce qu'il faut faire. Dans le tableau suivant, choisissez la fin de phrase qui convient le mieux.

1. Nous entassons toutes les poubelles …	A. … parce que ça revient trop cher.
2. Je laisse l'ordinateur en veille …	B. … parce que c'est toujours bondé.
3. Je ne prends pas d'ampoules à économiser l'énergie …	C. … parce que, dès que l'hiver arrive, on laisse les radiateurs en marche en permanence.
4. On est toujours au chaud …	D. … parce que ça économise du temps.
5. Je ne prends jamais le tramway …	E. … parce que ça ne demande pas d'effort.

4 Travail d'écoute

Vous allez entendre plusieurs personnes faire des commentaires sur ce qu'il s'est passé au Sommet International de l'Environnement qui a en lieu à Kyoto. Dans chaque cas, il faut décider si la personne est positive, négative ou ambivalente par rapport à la conférence de Kyoto.
Cochez les cases dans le tableau ci-dessous:

Opinion ...	positive	négative	ambivalente	raison
Laure				
Jean-David				
Patricia				
Thomas				
Michelle				
Roger				

5 Travail oral

Regardez la publicité ci-dessous et préparez des réponses aux questions:

Redécouvrons EDF
Lutter contre l'accroissement de l'effet de serre? Pour EDF, ce n'est pas une idée en l'air.

EDF produit plus de 90% de son électricité avec des énergies qui n'émettent pas de gaz à effets de serre. En développant les énergies renouvelables et en favorisant les économies d'énergie, EDF participe activement au respect des accords de Kyoto sur la réduction des émissions de gaz à effets de serre.

- **Faites la description de la photo utilisée dans la publicité.**
- **Qu'est-ce que c'est l'EDF?**
- **Comment est-ce que cette compagnie lutte contre l'effet de serre? (3 moyens)**

Et maintenant, travaillez avec un partenaire pour préparer des réponses aux questions suivantes:

- **Est-ce que vous êtes convaincu par cette publicité?**
- **Est-ce que l'EDF est particulièrement écologique à votre avis?**

Dominique Voynet, Ministre de l'Environnement en France

C. Les déchets

On s'échauffe

Chaque Français produit un kilo de déchets par jour! Est-ce que vous êtes conscient d'en produire autant? Qu'est-ce que vous jettez chaque jour? Est-ce que vous triez vos déchets à la maison?

1 Activité de lecture et travail écrit

Regardez les informations dans cette publicité et répondez en français aux questions qui suivent.

Et pourtant, on peut en produire moins,
les trier, les recycler, les transformer en énergie...
Alors, pourquoi attendre ?

Déchets : derrière la laideur, le gaspillage et le danger.

Chaque français produit 1 kilo de déchets ménagers par jour ! 22 millions de tonnes par an en France, qui finissent encore trop souvent dans des décharges. Au-delà de la laideur et des odeurs, ces décharges constituent un véritable danger pour notre santé (contamination des sols, de l'eau et de l'air). Ces déchets, qui proviennent à 80 % des produits de consommation, sont un gaspillage de matières premières et d'énergie.

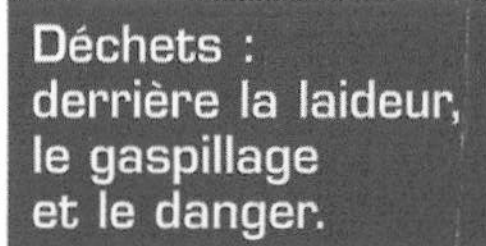

Les politiques de recyclage menées par les collectivités permettent de réduire progressivement la mise en décharge. Le tri sélectif progresse vite auprès des Français : un tiers de la population en 1999, les trois quarts en 2002. Et le recyclage gagne du terrain : déjà une bouteille sur deux est en verre recyclé. Quant aux industriels, ils doivent respecter des normes contraignantes pour la production et la gestion de leurs déchets.

Maintenant, c'est à chacun de nous d'agir.

Choisir des produits à emballage recyclable, trier ses déchets ménagers en respectant les recommandations de sa commune, apporter en déchetterie les déchets encombrants ou dangereux. Chacun peut ainsi limiter le gaspillage de matières et d'énergie, réduire les coûts de gestion des déchets et contribuer à améliorer notre environnement.

POUR EN SAVOIR PLUS :
N°Azur 0 810 060 050
ou www.ademe.fr

Etablissement public national, l'ADEME participe à la politique de protection de l'environnement et de maîtrise de l'énergie. Implantée dans chaque région, elle agit en partenariat avec les collectivités locales, les entreprises et informe le public.

AGENCE DE L'ENVIRONNEMENT ET DE LA MAITRISE DE L'ENERGIE
Réconcilions progrès et environnement.

1. Quels sont les deux premiers problèmes associés aux déchets qui sont mentionnés dans le texte?
2. Pourquoi est-ce que les déchets représentent un danger pour notre santé?
3. Dans quel sens les déchets sont-ils un gaspillage?
4. Quel est le grand avantage du tri sélectif des déchets?
5. Qu'est-ce qui indique que le recyclage est de plus en plus commun en France?
6. Comment est-ce qu'on essaie de contrôler les déchets produits par l'industrie?
7. Qu'est-ce qu'on peut faire individuellement pour améliorer la situation?
8. Quels sont les avantages d'un tel comportement?
9. Qu'est-ce que c'est, l'ADEME?
10. Pourquoi est-ce qu'il est important d'informer le public?

2 Activité d'évaluation

a. Pendant une semaine, notez ce que vous jetez à la poubelle. Il faut penser à compter tous les emballages des produits que vous mangez. Essayez de classer vos déchets par matière: papier, plastique, verre, métal, tissu.

b. Faites le bilan! Qu'est-ce que vous pourriez faire pour réduire la quantité de déchets que vous produisez?

Exemple: *Je pourrais amener mes bouteilles vides au récup-verre au lieu de les jeter à la poubelle.*

3 Travail écrit

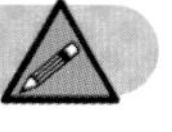

Analyse du slogan de l'ADEME

Écrivez un paragraphe (d'environ 100 mots) pour expliquer le slogan "Réconcilions progrès et environnement".
Il faut expliquer pourquoi, dans une société de consommation, le progrès nuit très souvent à l'environnement. Montrez comment l'ADEME essaie de changer nos attitudes.

4 On s'entraîne

Traduisez les phrases suivantes en français:

1. How many bottles have you got? I've brought six.
2. We didn't need them, so we got rid of them.
3. We produce so much rubbish! We must recycle more of it.
4. My friend went to Switzerland last month. He's come back with good intentions for sorting our rubbish.
5. If you want to know more (about it), visit www.ademe.fr

Grammaire

> p257

The pronoun *en*

> Most pronouns simply replace a noun. The pronoun ***en*** replaces *de / du / de la / de l' / des* + a noun.

Vous voulez du papier?	Do you want some paper?
Ça va, merci. J'en ai.	No thanks. I've got some.

In this example, *en* stands for *du* and *papier*.

> It is often used in expressions of quantity. It means "of it" or "of them" and can often be translated as the word "some", or missed out altogether in English.

Chaque Français produit un kilo de déchets par jour, mais on peut en produire moins.	Each Frenchman produces a kilo of rubbish per day, but it's possible to produce less.

Note that there appears to be no translation of *en*. It stands for *de* and *déchets*. We could spell it out in English by saying "less **of it**", but we tend to omit it. The word *en* has to be there in French!

> ***En*** is very common with *il y a*:

Combien de récup-verres est-ce qu'il y a en ville?	How many bottle banks are there in town?
Il y en a trois.	There are three (of them).

> ***En*** is also used with verbs that are followed by *de*.

Avoir besoin de – to need:

J'espère que tu n'as pas jeté la boîte.	I hope you haven't thrown the box away.
J'en avais besoin!	I needed it!

D. Pollution de la mer

On s'échauffe

C'était le premier cauchemar de l'an 2000. L'Erika, un superpétrolier, a fait naufrage près de la côte française. Une catastrophe pour le patrimoine écologique et le tourisme local. Remuez-vous les méninges et faites une liste de toutes les conséquences d'un tel désastre.

1 Activité de lecture

Quand l'Erika a fait naufrage, le gouvernement français a promis des centaines de millions de francs pour lutter contre la marée noire. Certains prétendent que c'était trop peu, trop tard. Lisez le témoignage de cet écologiste:

La bataille contre la marée noire est perdue dès qu'il faut éponger le pétrole. C'est déjà trop tard! C'est avant qu'il faut agir, en empêchant les naufrages. Bien sûr, il y aura toujours des accidents. Mais il y a d'autres problèmes. La flotte internationale est en mauvais état parce que les propriétaires sont obsédés par le profit. En plus, il est difficile de cerner qui sont vraiment les propriétaires dans la jungle de sociétés qui semblent exister seulement dans un monde virtuel. La responsabilité finit par être diluée. Tout se ligue contre la raison et contre l'environnement.

Quand on pense à tous les poissons et tous les oiseaux qui meurent, c'est à fendre le coeur. Sans parler des conséquences pour ceux qui habitent le long de la côte: le risque du cancer de la peau pour ceux qui touchent le produit à mains nues, la perte de revenus pour ceux qui travaillent dans le tourisme. Et oui, c'est une véritable catastrophe ...

2 Exercice de compréhension

Trouvez une phrase dans le texte qui indique que:

1. Personne n'accepte entièrement la faute.
2. Il vaut mieux prévenir que guérir.
3. On ne s'intéresse qu'à l'argent.
4. Il y a beaucoup de compagnies différentes.
5. Ces compagnies n'ont pas de locaux qu'on peut visiter.
6. Ça va à l'opposé du bon sens.

Exemple: 1. *La responsabilité finit par être diluée.*

3 Travail écrit

Répondez aux questions suivantes en français:

1. Pourquoi est-ce que c'est déjà trop tard quand le pétrole est sur l'eau?
2. D'après l'auteur du texte, peut-on empêcher tous les naufrages?
3. Pourquoi est-ce que les propriétaires des bateaux ne pensent-ils pas assez à la sécurité?
4. Pourquoi est-ce qu'il n'est pas facile de trouver les responsables?
5. Quelles sont les conséquences sur l'environnement de ces abus et de ces oublis?
6. Quelles en sont les conséquences pour les gens?

Rappel Grammaire

> p267

The subjunctive

> One of the most common uses of the subjunctive that you will meet is with ***il faut que***:

Il faut que tu le finisses ce soir.	You must finish it this evening.
Il faut que le gouvernement fasse quelque chose pour empêcher de tels désastres.	The government must do something to prevent such disasters.

> One of the most complicated constructions with the subjunctive is with ***avant que***. For no apparent reason, you need to include ***ne*** in front of the verb. No negative sense is implied.

Il faut tout ranger avant qu'elle ne vienne.	We must tidy up everything before she comes.
Combien de catastrophes est-ce qu'on va voir avant que le gouvernement ne réagisse?	How many catastrophes are we going to see before the government reacts?

4 On s'entraîne

Traduisez les phrases suivantes en français en utilisant les deux constructions ci-dessus:

1. We must be realistic.
2. The government must act quickly.
3. It will take years before the marine life gets re-established in the area.
4. How many more disasters will there be before the ship-owners understand?
5. You must take it seriously.

5 Travail d'écoute

Pauvre mer! Elle n'en finit pas de souffrir. Deux tiers de la pollution des eaux sont amenés par les fleuves ou par les pluies. Nous avons demandé à trois écologistes de nous parler de l'origine des déchets qui polluent la mer.

a. Écoutez le premier écologiste et remplissez les mots qui manquent dans le texte ci-dessous:

Nous sommes tous __1__ finalement. L'origine principale de la pollution de la mer est __2__. Il y a peu de stations d' __3__, surtout dans les pays les moins riches. Les __4__ de nos maisons et de nos immeubles __5__ les rivières, les fleuves et le grand large. Nos voitures aussi __6__ des gaz qui finissent par polluer l'eau. Il y a des choses auxquelles on ne pense pas: on __7__ des hormones dans la viande. Quand ces hormones __8__ l'eau, elles __9__ des changements de sexe ou même des cas d'hermaphrodisme chez les animaux __10__.

b. Écoutez le deuxième écologiste et répondez aux questions suivantes en français:

1. Il est spécialiste en quel domaine, cet écologiste?
2. Quel est le premier problème dans ce domaine?
3. Et les engrais, qu'est-ce qu'ils provoquent?
4. Quel est le problème avec les algues vertes?
5. Quel est le résultat final de la présence des engrais dans l'eau?

c. Écoutez le troisième écologiste et finissez les cinq phrases interrompues ci-dessous. Vous avez le choix de dix possibilités, mais vous n'en utiliserez que cinq.

Débuts de phrase:

1. Les usines lachent ...
2. Elles créent des dégâts ...
3. Avec ça, on ajoute ...
4. Elles viennent aussi ...
5. L'état refuse ...

Fins de phrases:

a. des substances radioactives.
b. d'endosser la responsabilité.
c. des essais nucléaires.
d. des acides, des métaux lourds, des colorants.
e. de nous dire la vérité.
f. des essais militaires.
g. des stations d'épuration.
h. qu'on ne voit pas forcément.
i. beaucoup de gaz nocifs dans l'air.
j. qu'on ne peut pas réparer.

6 Travail oral

Ayant étudié toutes les informations dans ce thème, expliquez à un ami français pourquoi vous préférez ne pas vous baigner dans la mer. Il s'agit de parler pendant environ 60 secondes.

E. Pollution de l'air

On s'échauffe

Est-ce que vous habitez en ville? Est-ce que vous êtes conscient de la pollution atmosphérique?
Est-ce que vous êtes susceptible à l'asthme? Ou est-ce que vous avez des amis qui le sont?
Est-ce que vous prenez la voiture systématiquement pour vous déplacer en ville?

1 Lecture

L'air à plein poumons

Depuis 1945, largement plus de 600 000 Français sont morts sur les routes, victimes de la folie routière qui s'est emparée de nos civilisations.

Le bilan écologique est aussi désastreux. Des milliers de kilomètres carrés stérilisés, bitumés en parkings, routes et autoroutes. Des coupures dans les paysages, non seulement pour les êtres humains, mais aussi pour la faune. Pire encore, c'est la pollution de l'air que nous respirons tous. C'est une pollution invisible qui nuit gravement à notre santé collective. C'est la pollution par les oxydes d'azote, les oxydes de carbone, les hydrocarbures, le plomb et autres métaux lourds. Et tout cela pour quoi? Pour se déplacer.

Faut-il alors brûler la bagnole, idole de la civilisation occidentale? Non, mais il faut la remettre à sa place. La moitié des trajets effectués par les voitures en agglomération font moins de deux kilomètres, et pourraient donc être effectués à pied, à vélo ou en bus sans difficulté, et pour le plus grand profit de la qualité de la vie en ville pour tous. Moins d'encombrements, moins de bruit, moins de danger pour les piétons et les cyclistes, et surtout moins de pollution de l'air qui nous maintient tous en vie.

Une ville où il fait bon vivre, où l'on prend plaisir à flâner, où les enfants peuvent jouer dans la rue, c'est une ville où la voiture est rare. C'est là où on peut respirer à pleins poumons! Ceux qui ont visité les villes d'Europe du nord (Amsterdam, Copenhague, Stockholm), ou certaines villes suisses, allemandes ou autrichiennes, en sont convaincus. En France, il n'y a guère que Strasbourg qui ait choisi cette voie. On y dissuade l'usage de l'automobile en centre-ville, tout en développant un tramway moderne, et en favorisant le vélo (15% des déplacements contre 1% à Paris). Ce n'est pas forcément un choix populaire au départ, tant les habitudes sont ancrées, mais à long terme, tous profitent de l'amélioration de la qualité de l'air. Et de l'amélioration de la qualité de la vie!

2 Exercice de vocabulaire

Trouvez dans le texte l'équivalent français des termes suivants:

1. ... which has got a hold on
2. worse still
3. ... which seriously damages our health
4. less congestion
5. ... as old habits die hard.

3 Exercice de compréhension

Écrivez une ou deux phrases, inspirées par les informations dans le texte, pour mettre les fausses idées suivantes au placard:

1. L'idée que la voiture pollue est une invention des médias.
2. La voiture est indispensable en ville.
3. Le centre-ville risque de mourir si on ne peut pas y accéder en voiture.
4. Il n'y a pas d'alternative à la voiture.
5. Ceux qui se disent contre la voiture ne cherchent que la popularité à court terme.

4 On s'entraîne

Traduisez les phrases suivantes en français:

1. We are encouraging the use of bikes by creating more cycle paths in town.
2. The government must offer a real choice by investing in the rail network.
3. Even though he says he favours public transport, he always travels by car.
4. The Town Hall has shown goodwill by buying fifty electric cars for its employees.
5. Even though I am optimistic in the long term, I think it will be difficult to change people's habits.

5 Travail oral

Travaillez avec un partenaire et préparez un jeu de rôle. L'un de vous va prendre le rôle d'un journaliste, l'autre celui du Maire de Strasbourg.
Imaginez une interview au sujet de la voiture en ville. Rappelez-vous que Strasbourg est une ville où la voiture est rare et que le Maire a choisi exprès de suivre cette voie!

6 Travail écrit

Écrivez une rédaction d'environ 250 mots au sujet suivant: "La voiture est tellement polluante qu'il faut la bannir complètement du centre-ville."

Êtes-vous d'accord?

Rappel Grammaire

> p269

The present participle

You are already familiar with the present participle which you met in Unit 5.

> ***En*** **+ present participle** is used to mean on / by / while doing something:

On dissuade l'usage de l'automobile en centre-ville en favorisant le vélo.	They persuade people not to use their cars in the town centre by favouring the use of bikes.

> The addition of ***tout*** in front of ***en*** can suggest that there may be an element of contradiction between the two things going on:

J'ai pris la voiture tout en sachant que je perdrais un quart d'heure dans un in *embouteillage.*	I took the car even though I knew (literally: while knowing) that I would waste a quarter of an hour a traffic jam.

F. Point Rencontre:
Christophe Dussourd et le nucléaire

On s'échauffe

La science a amené beaucoup de développements au niveau de l'énergie. Celui dont on parle peut-être le plus en France, c'est le nucléaire. On le soutient, on l'attaque . . .
Quelle est votre attitude face au nucléaire? Êtes-vous heureux d'habiter un pays où on n'en utilise que peu? Ou ça vous est égal?

1 Travail d'écoute

Christophe habite à Dunes, un petit village à côté de Golfech dans le Tarn et Garonne. Il nous a parlé du nucléaire, de la centrale et de son village.

a. Listen to Christophe's account of life in Dunes and make notes in English on:

> His general attitude towards nuclear power.
> His attitude towards the construction of a nuclear power station near Dunes.
> The changes he has noticed in Dunes since the construction of Golfech.

b. Écoutez la conversation avec Christophe une deuxième fois et notez en français tous les points positifs qu'il mentionne par rapport au nucléaire et à la centrale de Golfech.

2 On s'entraîne

Relisez les informations sur le subjonctif dans l'unité précédente pour que vous puissiez traduire les phrases suivantes:

1. I am glad they built a nuclear power station at Golfech.
2. I really don't think that it's a real danger.
3. Although there are some disadvantages, the presence of a power station at Golfech is generally positive.
4. I want the government to pursue its nuclear energy programme.
5. They have got to understand that the risks are minimal.

3 Travail oral

a. Regardez l'image et le texte d'EDF ci-dessous et préparez des réponses orales aux question suivantes.

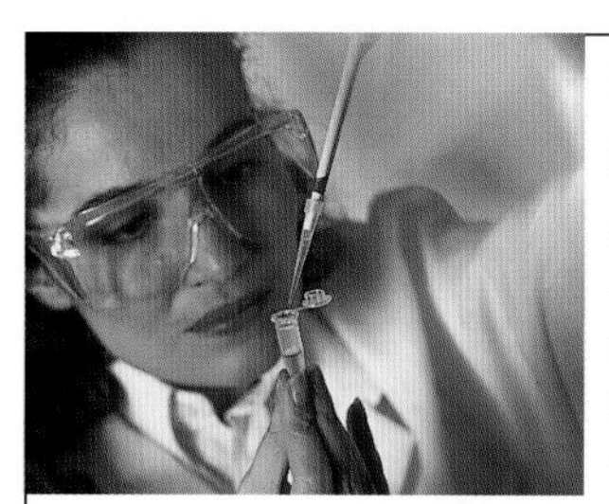

Contrôleur d'environnement dans une centrale nucléaire

«Notre objectif, c'est de mesurer et limiter l'impact de la production sur l'environnement: le bruit, les vibrations, la pollution . . .»

Aujourd'hui, la question énergétique et ses conséquences sur l'effet de serre, la couche d'ozone et la qualité de l'air sont des préoccupations planétaires majeures. Le nucléaire, lui, est une énergie qui n'émet pas de gaz à effet de serre, ce qui présente un indéniable avantage écologique pour les centrales nucléaires. En réduisant de 70% la pollution atmosphérique au cœur de ses villes, la France est devenue grâce au nucléaire l'un des pays industrialisés où l'atmosphère est la moins polluée par la production d'énergie.

- **Qu'est-ce que vous voyez dans l'image?**
- **Décrivez la femme!**
- **Est-ce qu'on est conscient d'un danger quelconque dans la photo?**
- **Comment est-ce que la photo donne une impression de sécurité?**

b. Travaillez avec un partenaire et faites un jeu de rôle. L'un d'entre vous suggère que le nucléaire n'est pas sans dangers. L'autre va prétendre que c'est bien de présenter aussi les aspects positifs du nucléaire. Préparez un court dialogue.

4 Travail écrit

Compréhension et analyse

Relisez le texte dans la publicité et répondez aux questions suivantes en français:

1. Pourquoi l'énergie est-elle devenue une préoccupation planétaire majeure?
2. Quel est le grand avantage de l'énergie nucléaire par rapport au réchauffement de la planète?
3. Quels résultats positifs est-ce que la France a connu grâce à son programme d'énergie nucléaire?
4. L'EDF dit que son objectif, c'est de limiter l'impact de la production sur l'environnement. Est-ce que la compagnie réalise cet objectif à votre avis?
5. La publicité invite les lecteurs à "redécouvrir l'EDF". Pourquoi est-ce nécessaire à votre avis?

5 Travail de recherche

Le site internet de l'EDF est très intéressant. Cliquez sur le site (www.edf.fr) et surfez un peu. Prenez des notes sur les renseignements qui vous intriguent le plus. Présentez les résultats de vos recherches aux autres membres de la classe.

6 Activité de lecture

Lisez les informations suivantes sur l'énergie nucléaire en Europe:

L'énergie nucléaire représente:

> 78% de la consommation d'électricité en France
> 27% au Royaume-Uni
> 30% en Espagne
> 35% en Allemagne

Les Français sont peut-être contents d'avoir l'atmosphère la moins polluée d'Europe, mais la construction des centrales nucléaires n'a pas été sans répercussions sur la population. Même dans le Tarn et Garonne, le plus petit de tous les départements français, il y a une centrale plantée au milieu des champs de tournesols: Golfech. Ainsi, du haut des collines, on voit un beau champignon de vapeur s'élever et se fondre dans le ciel. Cela pourrait presque être joli, mais les Tarn et Garonnais sont bien conscients que ce nuage représente la présence d'un danger éventuel.

Le gouvernement et l'EDF ont compensé la population locale: les petits villages aux alentours de Golfech se sont soudain rajeunis. Les façades ont été recrépies, de nouvelles fontaines sont apparues dans les placettes ensoleillées et des parterres de fleurs sont nés un peu partout. Mais peut-on acheter sa tranquillité?

7 Exercice de compréhension

Écrivez une phrase pour corriger les fausses idées qui apparaissent dans les affirmations suivantes:

1. L'Angleterre consomme presque autant d'énergie nucléaire que la France.
2. Les centrales nucléaires polluent l'atmosphère autant que toute autre centrale.
3. Les centrales nucléaires se trouvent principalement à côté des grandes agglomérations.
4. Les gens ignorent les dangers éventuels de l'énergie nucléaire.
5. Les villages autour de Golfech ont été rénovés pour attirer de nouvelles industries dans la région.

Exemple: **1.** *Loin de là! Seulement 27% de l'électricité en Angleterre vient des centrales nucléaires. Il s'agit de 78% en France.*

G. Les maladies

On s'échauffe

On parle beaucoup plus de nos jours de leucémies et d'autres cancers graves. Le rapport environnement-maladie n'est pas toujours facile à prouver, mais de plus en plus d'experts confirment des liens très étroits.
Est-ce que vous avez entendu parler de Tchernobyl? Qu'est-ce qui s'est passé à cet endroit? Est-ce que c'est un vieux problème qui a été réglé, ou est-ce que les conséquences se font encore sentir aujourd'hui?

1 Activité de lecture

Lisez cet article sur les conséquences du plus grave accident nucléaire que le monde ait jamais vu.

Le 15 décembre 2000, presque quinze ans après l'explosion catastrophique, le dernier réacteur de Tchernobyl encore en activité a été fermé pour toujours. Des milliers d'ouvriers travaillaient encore là dans le bloc 3, accolé au 4 qui a explosé. Ces gens ne veulent pas perdre leur travail. Ils disent qu'on leur a pris leur santé (en 1986 lors de l'explosion), et que maintenant, on leur prend leur salaire et leur futur. Pourtant, comment vouloir continuer à travailler dans une zone encore radioactive, traverser chaque jour pour se rendre à la centrale trente kilomètres de terres irradiées, de maisons et de routes en friche? Comment oublier que le samedi 26 avril 1986, cinq millions de personnes ont été contaminées? 600 000 civils, militaires, pompiers et opérateurs de la centrale sont intervenus entre 86 et 90. Une proportion effrayante de ces gens souffrent de leucémie. Les cancers de la thyroïde sont cent fois plus nombreux dans la région qu'ailleurs.

En 1986 en Provence, dans le sud de la France, tout le thym est mort et beaucoup de champignons sauvages ont disparu. Les deux plantes, on le sait, sont extrêmement sensibles aux radiations. Dans les quinze dernières années, des stations de ski dans les Alpes ont fermé certaines pistes pour cause de radioactivité.
Ça fait peur, non?

2 Travail écrit

Compréhension et réaction personnelle

Répondez aux questions sur le texte, mais aussi sur ce que vous en pensez:

Compréhension	Appréciation
> *Qu'est-ce qui s'est passé le 15 décembre 2000?*	> *Cela vous étonne?*
> *Comment réagissent les ouvriers face à cela?*	> *Leur réaction vous surprend-elle? Pourquoi?*
> *Combien de personnes sont intervenues à Tchernobyl entre 1986 et 1990?*	> *Pourquoi tant de monde a dû intervenir à votre avis?*
> *Ces personnes ont-elles subi des conséquences de ce travail? Lesquelles?*	> *Qu'est-ce qui n'a probablement pas été assez respecté?*
> *Quel autre pays a aussi été affecté par la catastrophe de Tchernobyl?*	> *Quelles questions vous posez-vous par rapport à la Grande-Bretagne?*

3 Travail d'écoute

Vous allez maintenant entendre un soldat français parler de son expérience pendant la Guerre du Golfe. Certains obus employés à l'époque contenaient de l'uranium appauvri, un métal lourd très toxique.

Écoutez son témoignage et décidez si les affirmations ci-dessous sont vraies, fausses ou pas mentionnées:

1. *La première crainte, c'était la mort.*
2. *Des gaz étaient utilisés pendant les batailles.*
3. *L'uranium utilisé dans les obus coûte énormément cher.*
4. *Les gaz n'étaient pas du tout dangereux.*
5. *Les fumées étaient radioactives.*
6. *Les soldats portaient des masques qui les protégeaient complètement.*
7. *Pendant une guerre, il faut avoir beaucoup de foi.*
8. *Les gaz affectent les poumons seulement.*
9. *Les soldats souffrent de cancers après les guerres.*
10. *Certaines maladies apparaissent longtemps après la guerre.*

4 Activité de lecture et exercise de compréhension

Certes, l'homme est malade à cause de la pollution, mais on pourrait dire que la Terre elle-même est malade aussi. D'après les experts de l'environnement aux Nations Unies, il y a dix maladies qui affligent notre planète: les dix plaies de la terre:

1. **La dégradation des sols**
2. **Le réchauffement climatique**
3. **La réduction de la biodiversité**
4. **La déforestation**
5. **La raréfaction de l'eau douce**
6. **La pollution chimique**
7. **L'urbanisation anarchique**
8. **La surexploitation des mers**
9. **La pollution de l'air**
10. **Le trou de la couche d'ozone**

Pour chaque menace mentionnée dans la liste ci-dessus, vous trouverez ci-dessous une continuation de la phrase qui donne une explication ou une précision sur le problème. Reliez le gros titre (1-10 dans l'exercise précédent) à l'explication (a-j):

a. ... conséquence des prélèvements par l'agriculture et de la pollution des nappes phréatiques.

b. ... qui entraîne la multiplication des mégapoles et des bidonvilles où les conditions de vie se détériorent.

c. ... 20% à 30% au dessus de l'Arctique et plus de 50% de l'Antarctique, qui réduira la protection aux rayons du soleil.

d. ... due à la disparition du couvert forestier et à l'intensification des cultures.

e. ... causé par l'effet de serre, qui provoquera une élévation du niveau des mers et modifiera les écosystèmes.

f. ... liée à l'activité des grandes villes (chauffage, circulation, usines ...), qui favorise les pluies acides.

g. ... 150 millions d'hectares disparus entre 1980 et 1990, soit 12% de la surface totale.

h. ... liée au recul des zones naturelles devant l'urbanisation, les cultures et la pollution, qui fait disparaître des milliers d'espèces.

i. ... produite par l'industrie, qui se retrouve dans l'eau, l'air, les sols et contamine les animaux et les hommes.

j. ... par la pêche et la pollution du littoral, qui vont accroître la famine dans certains pays et les risques de maladie dans les pays développés.

H. Les Verts

On s'échauffe

Remuez-vous les méninges et dites ce que vous comprenez par le terme "les Verts"! Qui sont-ils? Que font-ils? Que veulent-ils?

1 Activité de lecture

L'accident de Tchernobyl a marqué un grand départ pour les Verts et les "attitudes vertes". Il a été suivi d'importantes campagnes à la télévision sur les problèmes de la fissure de la couche d'ozone, l'effet de serre et la disparition de la forêt amazonienne. L'esprit vert est rentré de nouveau dans les mentalités. Il est apparu de façon très sensible aux élections européennes de 1999: les Verts ont récupéré 9,7% des votes. Quelle est l'attitude des Français face à ce phénomène?

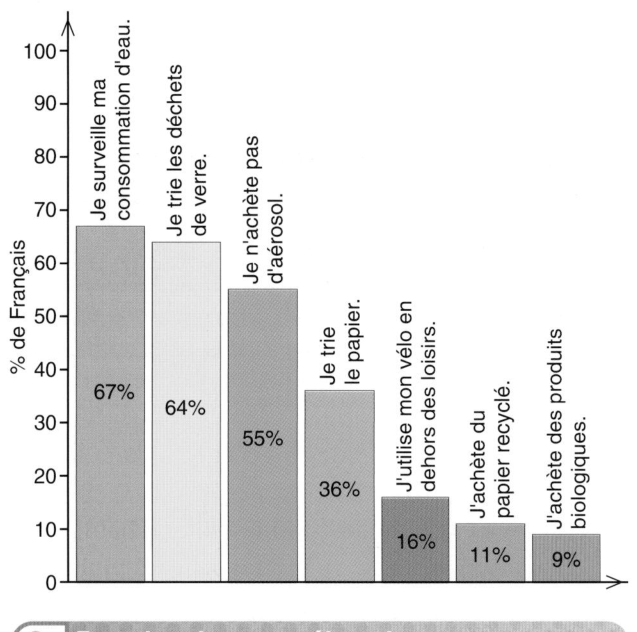

2 Exercice de compréhension

Répondez aux questions suivantes en français:

1. Pourquoi l'accident de Tchernobyl est-il un moment-clé pour les Verts?
2. Dans quel sens est-ce que la télévision a favorisé les Verts?
3. Qu'est-ce qui montre la popularité des Verts?
4. L'attitude verte est-elle seulement politique?
5. Pourquoi, à votre avis, est-ce que ceux qui surveillent leur consommation d'eau sont plus nombreux que ceux qui achètent des produits biologiques?

3 Travail oral

Les statistiques

Imaginez que vous êtes en train de faire un discours intitulé "L'esprit Vert en France".

Dans votre présentation avec PowerPoint, vous êtes arrivé à la diapositive de l'exercice 1. Préparez des commentaires sur ces statistiques.

4 Activité de lecture et travail écrit

Lisez ces informations sur le parti politique, les Verts. Ensuite, préparez le texte pour une page d'un site web pour expliquer les aspirations politiques de ce parti.

Il s'agit d'écrire environ 180 mots.

Le parti politique des Verts offre de passer à l'action de façon constructive et durable. Il propose des mesures et des lois pour les faire mettre en place. C'est un parti qui veut protéger les consommateurs. Les Verts pensent que les gouvernements, avec l'aide des scientifiques, se laissent dominer par le rapport financier. Ils oublient trop vite les conséquences de l'industrialisation systématique.

Ce que les Verts attaquent, ce sont les grandes boîtes de l'agri-alimentaire. Ces compagnies puissantes multi-nationales ne laissent pas les petites industries saines s'implanter. Les Verts attaquent la surproduction, la masse malsaine. Ils veulent plus de produits biologiques. Ils veulent faire disparaître les antibiotiques dans l'alimentation animale. Pour tout cela, ils encouragent davantage de contrôles sanitaires pour la sécurité du consommateur.

Cette recherche de la qualité, ils l'appliquent aussi face à l'industrie en général, face aux négligences des grands industriels. Ils accusent ceux-ci de fermer les yeux et les oreilles pour toujours gagner plus.

Rappel Grammaire

> p258

Demonstrative pronouns

You are already familiar with the demonstrative pronouns *celui, celle, ceux* and *celles* which we first met in Unit 3.

These pronouns can be used with the tags *-ci* and *-là* to mean the latter and the former:

> ***Celui-ci*** means the latter
> ***Celui-là*** means the former

Des deux idées, je préfère celle-là.	Of the two ideas, I prefer the former.
Ils accusent ceux-ci de fermer les yeux au problème.	They accuse the latter of closing their eyes to the problem.

Remember that *celui, celle, ceux* and *celles* must refer to a particular noun.
Ceci and ***cela*** are used to mean "this" and "that" when you are not referring to a specific noun.
Cela, often shortened to ***ça*** is far more common than *ceci*.

Ça m'énerve!	That gets on my nerves!
Ça se comprend.	That's understandable.
Regardez ceci!	Look at this!

5 Travail de recherche

Comparez vos idées avec le site web qui a été rédigé par les Verts eux-mêmes. Vous trouverez celui-ci à www.les-verts.org .

6 On s'entraîne

Révisez les informations sur les démonstratifs dans l'unité trois et ci-dessus. Ensuite, traduisez les phrases suivantes en français:

1. Of these two books, the former is in French and the latter is in English.
2. Don't do that!
3. I will say this: the Greens will not accept any compromise.
4. They are working for our security – and that of our children.
5. The Greens' ideas are more radical than those of other parties.

Les Verts

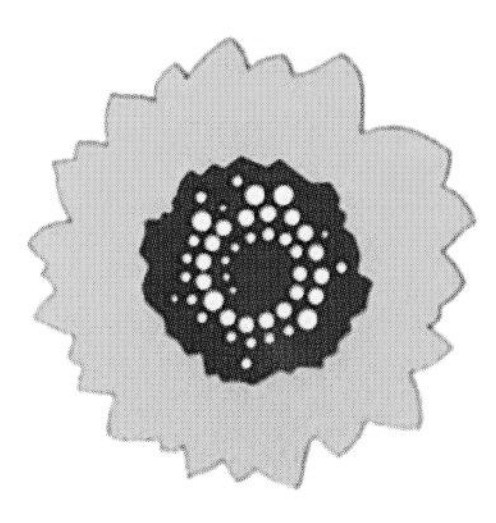

7 Activité de lecture et exercice de compréhension

Reliez les commentaires ci-dessous à des catégories socioprofessionnelles dans le camembert ci-dessous:

1. Ils votent Vert parce qu'ils sont jeunes et ne savent rien de la vie réelle.
2. Ils ne votent pas pour les Verts parce qu'ils ne veulent pas subir davantage de contrôles dans leur travail de tous les jours.
3. Ils sont trop âgés pour se soucier des problèmes de l'environnement.
4. Ils sont moins de dix pourcent à voter vert parce qu'ils pensent que les idées écologiques sont trop idéalistes et sont seulement pour les riches.
5. Ils votent Vert parce qu'ils se sentent un peu exclus de la société de consommation et donc ils favorisent des attitudes radicales.

Qui vote Vert en France?

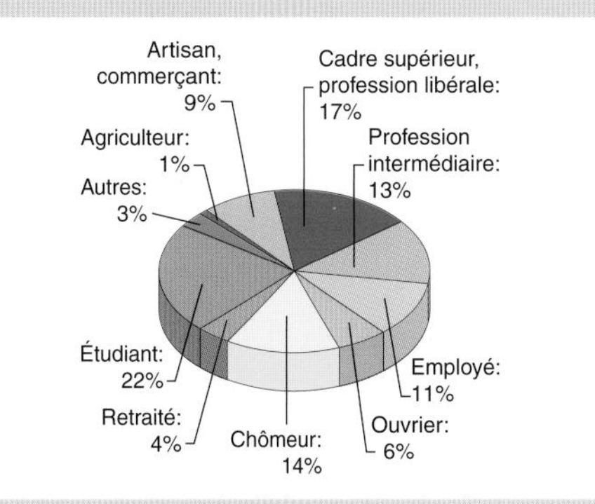

I. Alternatives

On s'échauffe

Ce chapitre donne une vue un peu pessimiste de notre planète. Non sans raison! Mais il ne faut pas oublier le côté positif. Est-ce que vous pouvez penser, par exemple, à de nouvelles sources d'énergie ou des inventions qui sauvegardent les ressources de la terre? Remuez-vous les méninges et faites-en une liste!

1 Activité de lecture

Lisez cet article au sujet d'un projet intéressant dans le Larzac.

✓ À Paris, un groupe d'ados manifeste. Il sauve ainsi une mare au milieu des immeubles de la banlieue parisienne.
✓ Au Brésil on apprend à cultiver la terre sans l'épuiser.
✓ Les Japonais couvrent leurs toits de photopiles.
✓ Les Indiens, eux, installent des éoliennes.

Réagir positivement n'est pas toujours facile. Dans le Larzac, ces mêmes éoliennes ont été mal reçues. Une entreprise de l'Ardèche veut implanter une quinzaine d'éoliennes sur un plateau isolé. Au début, les gens ont bien réagi, même si, côté esthétique, ce n'était pas idéal: quinze mâts de 103 mètres dressés sur plusieurs kilomètres dans un paysage de plateau!

Mais surviennent les contraintes. Sur le site choisi, il y a des dolmens et des tumulus. Il faut faire d'énormes travaux pour soutenir le poid des mâts, et on a peur de détruire ces sites historiques. Des espèces d'oiseaux rares y vivent. Les mêmes mâts peuvent déranger les cigognes, les hérons, les vautours.

Une autre espèce est aussi menacée: les parapentistes! L'endroit est idéal pour faire du parapente, mais les mâts seraient un trop grand risque.

Les Maires, eux, sont plus positifs. On offre à leurs communes 12 200 euros en taxes sur les éoliennes. C'est le Préfet de l'Aveyron qui décidera ...

2 Activité de compréhension

Lisez le texte ci-dessus pour décider si les affirmations suivantes sont vraies, fausses ou pas mentionnées dans le texte.

1. Un groupe d'ados a sauvé un oiseau rare au milieu des immeubles parisiens.
2. Au Brésil on développe de nouvelles récoltes qui ont besoin de beaucoup moins d'eau.
3. Les Japonais se tournent vers l'énergie solaire.
4. On installe des éoliennes dans l'ouest des États-Unis.
5. Dans le Larzac, les gens ont changé d'avis au sujet des éoliennes.
6. Des tas de pierres et des tombeaux risquent de mettre le holà au projet des éoliennes.
7. Il y a déjà plus de cigognes dans le Larzac.
8. Le parapentiste est une espèce d'oiseau très rare.
9. Le projet va coûter 12 200 euros aux communes où les éoliennes seront situées.
10. Les Maires dans le Larzac sont généralement en faveur de ce projet.

3 Travail écrit

Lettre au Préfet: Vous habitez dans le Larzac et vous êtes formellement contre le projet des éoliennes. Peut-être est-ce parce que vous vous intéressez à l'histoire, ou bien vous êtes ornithologue. Peut-être que c'est simplement parce que vous vous passionnez pour le parapente.
Vous avez appris que ce sera le Préfet de l'Aveyron qui prendra la décision ultime sur ce projet. Vous décidez donc de lui écrire pour exprimer votre opposition aux mâts.
Écrivez une lettre d'environ 180 mots.

La langue

Register

- Letters to French officials need to be very formal.
- Begin simply with *Monsieur* or *Madame*; never use the word *cher* / *chère* in a formal letter.
- Remember to end with a flourish! For example, "yours sincerely" might be translated by a complete sentence! *Veuillez, Monsieur le Préfet, agréer l'expression de mes sentiments les plus distingués.*
- Think carefully about your vocabulary. Is there an alternative way of saying something which might be more precise or stylish? For example, *maintenant* might become *à l'heure actuelle*; *possible* might become *éventuellement*.
- The same principle applies to the grammatical constructions you use. In conversation you might say: *Les mâts vont peut-être déranger les oiseaux.* In a letter of this sort, you might come across the more formal: *Il se peut que les oiseaux soient dérangés par les éoliennes.*

4 Travail d'écoute

Écoutez Francis Coffrigny, un habitant de ce plateau de Larzac. Il n'est pas très heureux du projet. Dans quel ordre est-ce que vous entendez:

> Sa critique des priorités des Maires
> Son souci par rapport aux sites historiques
> Son explication de sa décision d'habiter sur ce plateau
> Son raisonnement contre l'installation des éoliennes
> Sa suggestion qu'il existe d'autres sites éventuels pour les éoliennes
> Son souci par rapport à la faune du Larzac

5 On s'entraîne

Écoutez le témoignage de Francis Coffrigny une deuxième fois et identifiez:

> Deux adjectifs
> Deux verbes pronominaux (reflexive verbs)
> Deux infinitifs
> Deux négatifs différents
> Deux verbes qui apparaissent plus d'une fois (vous n'avez pas le droit d'utiliser être!)

6 Travail oral

Regardez la publicité ci-dessous et préparez une présentation orale sur cette source alternative d'énergie. Il y a des questions pour vous aider à structurer votre présentation.

Parce que l'énergie est essentielle, et la vie est précieuse.

Vivre et survivre! Protéger la nature! Chaque cellule solaire aide à réduire les émissions de dioxyde de carbone et par conséquent évite l'effet de serre. Ce problème n'était pas au cœur de l'actualité lorsque KYOCERA a développé, en 1975, la technologie solaire. Aujourd'hui nous faisons partie des premiers producteurs mondiaux de modules solaires au silicium polycristallin. Notre mission consiste à utiliser le soleil comme source d'énergie pour les hommes du monde entier. Cela ne rendrait-il pas la vie plus douce sur notre planète?

Nous faisons ce que les autres n'osent pas faire!

- **C'est une publicité pour quel produit?**
- **Depuis quand est-ce que Kyocera fabrique ce produit?**
- **Quelle est la mission de Kyocera?**
- **Qu'en pensez vous?**
- **Pourquoi la vie serait-elle plus douce?**

PHOTO FINISH

a. Regardez ce dessin humoristique et préparez une présentation sur votre peur pour l'avenir de la planète.

Voici quelques questions pour vous aider:

> De quoi s'agit-il?
> La Conférence de la Haye en 2000 était à quel sujet?
> Qu'est-ce que vous voyez dans l'image?
> Quelle est l'importance des couleurs dans ce dessin?
> À quoi la terre ressemble-t-elle?
> Pourquoi est-ce que la tête de mort porte un chapeau américain?
> Quelle est la bêtise dont parle la tête de mort?

Est-ce que vous avez personnellement peur pour l'avenir de la planète?

b. Regardez cette photo.
Imaginez que vous habitez dans la region. Vous êtes en train de donner une interview à TF1 pour les informations de 20 heures après le naufrage d'un superpétrolier. Travaillez avec un partenaire pour préparer ce jeu de rôle.

www.toutterrain.co.uk

> **http://perso.chello.fr/users/g/glecq/planete**
Find out more about the 10 illnesses of the Earth.

> **http://membres.lycos.fr/mat66**
Facts and articles about nuclear power.

> **http://www.les-verts.org**
Official website of the political party.

Unité 8
Le riche et le pauvre

Terrain Thématique

- Aimeriez-vous rouler dans l'or?
- Est-ce qu'on est en train d'exploiter la force ouvrière des pays du Tiers Monde?
- Que peut-on faire pour rendre le commerce plus équitable?
- Quelle est la réponse de l'état par rapport à la pauvreté en France?
- Quelle est la routine journalière d'un assistant social à Paris?
- Quelle est la contribution des associations bénévoles?
- Comment peut-on préserver la dignité humaine?
- Qui sont les riches et les pauvres à la campagne?
- Est-ce qu'on est coupable de mettre les personnes âgées au rancart?

Ce chapitre vous permettra de répondre...

Terrain Linguistique

- Relative pronouns: *lequel*
- Constructions with *il faut*
- Interrogatives (revision)
- Word order with negatives: *ne ... que*
- The conditional perfect

A. L'argent

On s'échauffe

Vous recevez toujours de l'argent de poche? Ou est-ce que vous avez un petit boulot pour en gagner? Vous avez assez d'argent ou est-ce que vous rêvez d'en avoir plus? Vous avez envie d'être riche? Vous voulez disposer des revenus des stars? Pourquoi?

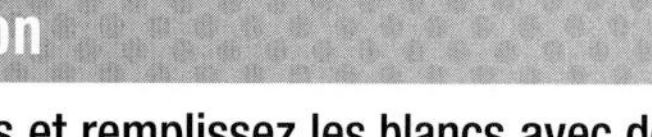

1 Activité de lecture et exercice de compréhension

Lisez le texte ci-dessous et remplissez les blancs avec des mots que vous choisirez de la case.

Le salaire des stars

Les sommes perçues par les __1__ du show-business, les champions __2__ et plus largement __3__ qui bénéficient d'une forte notoriété laissent les Français __4__. Est-il __5__ qu'un acteur de cinéma gagne des millions d'euros pour __6__ semaines de tournage à l'issue desquelles il avoue s' __7__ bien amusé? Est-il acceptable qu'un animateur de télévision __8__ des fortunes, surtout s'il est producteur? Si les écarts avec les simples __9__ sont considérables, ils le sont aussi à l'intérieur des catégories concernées. Ainsi, mieux vaut être __10__ professionnel (avec un salaire mensuel parfois supérieur à 150 000 euros) ou __11__ de Formule 1 (plus de 3 millions d'euros par an pour Jean Alési, qui ne gagne pas de courses) que médaillé olympique de tir à l'arc, de bobsleigh ou de snowboard. Ces __12__ sont aggravées par les __13__ en nature (maison et voiture souvent fournies pour les footballeurs "expatriés") et les revenus des __14__ publicitaires qui représentent de l'argent vite __15__.

Ces __16__ ont une cause commune et unique: la plus ou moins grande __17__ des activités. Pour le sport télévisé, par exemple, tout dépend des taux de téléspectateurs.

Il est probable que la __18__ en marche, en élargissant la taille des marchés, va __19__ ces inégalités. Elle risque du même coup d'accroître les résistances à son __20__.

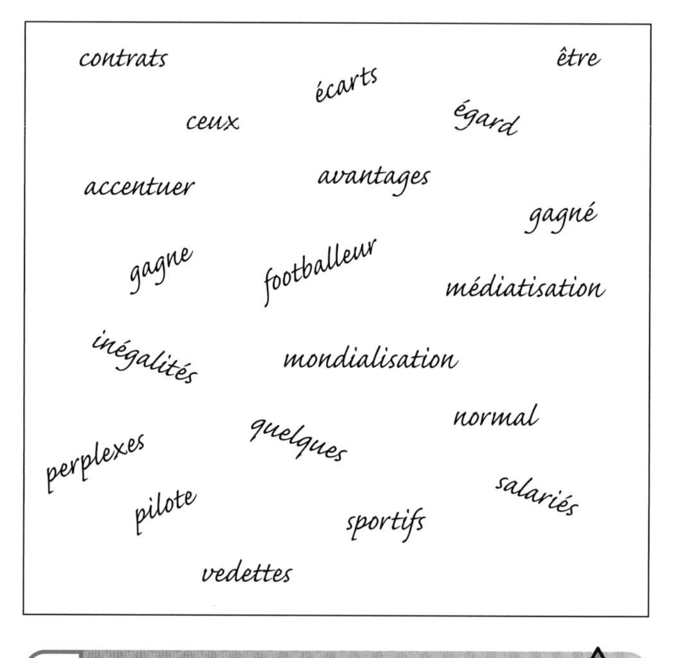

2 Travail écrit

Répondez aux questions suivantes en français:

1. Comment les Français réagissent-ils par rapport aux gros salaires de certaines vedettes?
2. Est-ce que le texte donne l'impression que les vedettes de cinéma travaillent dur?
3. Qui est Jean Alési?
4. Pourquoi est-ce que les footballeurs gagnent beaucoup plus que les sportifs qui pratiquent le tir à l'arc?
5. Qu'est-ce que c'est "un avantage en nature"?

3 Travail oral

Imaginez que vous êtes un grand sportif ou une vedette de cinéma. Vous gagnez des millions de franc par an.
Travaillez avec un partenaire et essayez de trouver des raisons (ou peut-être des excuses) pour votre bulletin de paie mensuel.
Ensuite, l'un de vous va essayer de justifier le salaire que vous touchez aux autres membres de la classe.

Grammaire

> p259

Lequel

> ***Lequel*** is another relative pronoun. It means "which" as it is not used to relate to people. It occurs after a preposition, so you will need it if you want to say something like "with which", or "on which" or "through which":

Le stylo avec lequel j'écris est un Waterman. The pen with which I am writing is a Waterman.

> *Lequel* must agree with the noun to which it refers, so it exists in four forms: *lequel, laquelle, lesquels* and *lesquelles*:

Les conditions dans lesquelles ils travaillent The conditions in which they work.

The *lesquelles* in this example refers back to the word *conditions* which is feminine plural.

> After the prepositions ***à*** and ***de,*** the form of *lequel* is modified as follows:

Masc. singular	Fem. singular	Masc. plural	Fem. plural
auquel	*à laquelle*	*auxquels*	*auxquelles*
duquel	*de laquelle*	*desquels*	*desquelles*

4 On s'entraîne

Traduisez ces phrases en français:

1. The car in which he won the Formula 1 race is going to be sold.
2. He worked there for three months at the end of which he felt very tired.
3. The terms of the contracts which I am referring to are very favorable.
4. The team which he played for last year has won the Cup.
5. The colleague I work with earns more than me.

5 Travail d'écoute

Certains ont tellement envie de devenir riches qu'ils jouent chaque semaine au Loto. Ça existe depuis longtemps en France, mais les avis là-dessus sont toujours très partagés. Écoutez le témoignage de deux frères, Vincent et Patrick qui expriment leurs opinions très différentes.

Patrick et Vincent

a. **Répondez aux questions suivantes en français:**

1. Selon Vincent, à quoi le Loto ressemble-t-il?
2. Pourquoi est-ce que la plupart des gens y jouent à son avis?
3. Comment est-ce qu'il aimerait contrôler le Loto?
4. Comment est-ce qu'on peut choisir les chiffres pour le Loto selon Patrick?
5. Quelle est la réaction de Patrick quand il gagne une petite somme?

b. **Écoutez une deuxième fois pour pouvoir traduire les phrases suivantes:**

1. They would not be happy to miss one.
2. Everything will be different for them.
3. It's a cheap game.
4. It doesn't commit you to anything.
5. No-one forces you to do it.

B. Exploitation

On s'échauffe

Qu'est-ce que vous portez aujourd'hui? Regardez l'étiquette! Où est-ce que ça a été fabriqué? Pourquoi est-ce que de plus en plus de nos habits viennent des pays lointains? Est-ce que cela a de l'importance?

1 Activité de lecture

Prisca essaie de porter des habits français. Lisez son explication et répondez en français aux questions qui suivent.

Moi, je fais attention aux étiquettes de ce que je porte. J'essaie d'acheter des vêtements fabriqués en France, non parce que je suis très nationaliste, mais parce que je m'inquiète de l'exploitation de la main d'oeuvre dans d'autres pays. Dans les pays du Tiers Monde, la force ouvrière est immense. Et si on manque de personnel, alors on embauche des gens de plus en plus jeunes. Les enfants ne vont pas à l'école. Ils vont s'user dans des usines malsaines pour produire des habits de haute qualité qu'ils ne pourront jamais porter. Non, car ces vêtements sont pour nous en Europe.

Entre-temps, il y a des enfants qui travaillent quinze heures par jour pour un salaire minable. Les lieux de travail sont dangereux et insalubres. Mais la sécurité ne compte pas, les pertes de personnel non plus. L'homme est un outil de production, une machine. Lorsqu'il craque, il n'y a pas de moyens médicaux pour le réparer. Alors, on le remplace. La différence entre les riches et les pauvres dans notre monde est faramineuse. Ça m'attriste et quelque part ça me dégoûte aussi. Je suis contre cette exploitation des gens!

1. Pourquoi est-ce que Prisca recherche des étiquettes françaises?
2. Pourquoi est-ce que la force ouvrière est souvent mal éduquée dans certains pays du Tiers Monde?
3. Dans quel sens est-ce que les conditions de travail y sont mauvaises?
4. Qu'est-ce qui se passe quand un ouvrier tombe malade? Pourquoi?
5. Quelle est la réaction de Prisca par rapport à l'écart entre les riches et les pauvres?

2 Exercice de vocabulaire

a. Trouvez dans le texte l'équivalent des termes suivants:

1. The work force
2. To wear themselves out
3. Pathetic, miserable or wretched
4. Mind-boggling
5. It saddens me

b. Ci-dessous vous trouverez des adjectifs tirés du texte. Faites des recherches dans un dictionnaire et, dans chaque cas, donnez le substantif qui correspond à l'adjectif:

1. Nationaliste
2. Immense
3. Haut
4. Dangereux
5. Jeune
6. Malsain

Exemple: 1 *Le nationalisme*

3 Activité de lecture

Lisez ce texte très évocateur de René Backmann. Il nous parle de la production, au Vietnam, de ces fameuses chaussures dont tout le monde raffole.

La firme américaine Nike est connue dans le monde entier grâce à ses colossales campagnes de publicité. Les campagnes mobilisent les plus grandes stars du sport et engloutissent des montagnes de dollars. Nike a réussi jusqu'à présent à cacher les conditions de travail désastreuses et les salaires misérables versés aux ouvriers asiatiques. Sa recette est simple. La fabrication des chaussures est confiée à des sous-traitants coréens anonymes. Ces sous-traitants transfèrent la fabrication à des usines vietnamiennes encore plus discrètes. C'est seulement après une grève à Saigon qu'on a appris que le salaire mensuel d'un ouvrier qui produit des baskets Nike ne dépasse pas 40 dollars. Cela représente un cinquième du prix d'une paire de chaussures! Un autre document d'audit vient d'apparaître. Il concerne une entreprise coréenne basée au Vietnam. Elle fabrique aussi des Nike. Selon le document, les ouvriers sont exposés à un taux de produits chimiques nocifs 155 fois supérieur à la norme légale. Les ouvriers sont contraints de travailler jusqu'à 65 heures par semaine pour un salaire hebdomadaire de dix dollars.

La réponse de Nike? Ils proposent des prêts aux habitants les plus pauvres des villages où sont implantées les usines.

4 Travail oral

Qu'est-ce que vous savez sur les grandes compagnies internationales, comme Nike? Travaillez en petits groupes de trois ou quatre et remuez-vous les méninges. Préparez un petit dossier sur une compagnie.

Voici des questions pour vous aider:

> De quelle nationalité est-elle, cette compagnie?
> Qu'est-ce qu'elle fabrique?
> C'est quel type de chaussures?
> Elles sont bon marché?
> Avez-vous vu des publicités pour des produits de Nike?
> Connaissez-vous de grands sportifs qui utilisent des Nike?
> Combien ça coûte, une paire de Nike typique?
> Savez-vous ce que ça veut dire, le mot "Nike" selon l'origine grecque?

5 Travail écrit

Analyse et opinion

Relisez le texte ci-dessus et répondez aux deux questions suivantes. Il faut écrire un petit paragraphe (d'environ 100 mots) dans chaque cas.

1. Comment est-ce que Nike a réussi à cacher ses activités au Vietnam?
2. La conclusion du texte vous semble-t-elle positive? Pourquoi?

6 Travail oral

Imaginez que vous êtes un jeune Vietnamien ou Vietnamienne qui travaille dans une usine de chaussures Nike. Décrivez votre journée habituelle. Vous devez parler pendant environ 60 secondes.

Voici des questions pour vous aider:

> À quelle heure est-ce que vous vous levez? Fait-il déjà jour?
> Que mangez-vous pour le petit déjeuner? Et les autres membres de la famille?
> Où est-ce que vous travaillez? Comment est-ce que vous y allez? À quelle heure commencez-vous?
> Est-ce que votre travail est varié ou travaillez-vous à la chaîne? Le travail est facile?
> Comment sont les conditions de travail? Est-ce que l'usine est bien éclairée?
> Est-ce que vous faites souvent des pauses pour vous reposer ou pour manger? Vous sentez-vous toujours en forme?
> Est-ce que les contremaîtres sont gentils?
> À quelle heure finissez-vous? Que faites-vous alors?
> Combien est-ce que vous recevez comme salaire?

C. Le commerce équitable

On s'échauffe

Qu'est-ce que vous comprenez par le terme "commerce équitable"? Pensez-vous que ce soit possible dans un monde où les conditions de travail sont tellement variables?

1 Travail d'écoute

Tout le monde n'est pas désintéressé par les problèmes de l'exploitation des pauvres par les riches. Philippe Michaud travaille pour une organisation qui essaie de faire quelque chose de concret pour améliorer la situation. Écoutez ce que dit Monsieur Michaud. C'est divisé en trois parties:

a. Listen to the first part of the item and note, in English, the four main problems which poorer countries face on the international markets.

b. Écoutez la deuxième partie et indiquez, pour chaque affirmation ci-dessous, si c'est vrai, faux ou pas mentionné par M. Michaud:

1. L'Association a été créée en Irlande.
2. Au début, elle a lancé un cri d'appel pour pouvoir venir à l'aide de producteurs mexicains.
3. Les Mexicains ne voulaient pas d'aide financière.
4. L'Association a des plantations dans quatorze pays européens.
5. Les Ingénieurs sans Frontières soutiennent l'Association Max Havelaar.
6. Havelaar était hollandais.
7. Il avait lui-même une exploitation de café.
8. Il critiquait ce que faisaient ses compatriotes au Mexique.

c. Écoutez la dernière partie de l'extrait et notez en français:

> Les buts et principes de l'Association
> Les sept produits qui portent le label "Max Havelaar" à l'heure actuelle

2 Activité de lecture

Lisez cette explication de comment l'Association marche dans la pratique:

Qu'est-ce qui se passe dans la pratique?
Suivons l'exemple du café. L'Association n'achète pas et ne vend pas le café. Elle met en relation directe des coopératives de caféiculteurs mexicains et des toréfacteurs européens. Ils établissent un contrat bilatéral. Ce contrat répond aux conditions suivantes:

- **pour les producteurs**, ceux qui cultivent le café:

a. Ils doivent être organisés en coopératives.
b. Les coopératives doivent fonctionner de façon démocratique.
c. Les bénéfices doivent financer d'autres développements.
d. Le mode de culture doit préserver l'environnement.

- **pour les toréfacteurs**, ceux qui traitent et préparent le café:

a. L'achat est direct.
b. Ils doivent garantir un paiement minimum.
c. Ils doivent payer 60% du prix de la production à l'avance.
d. Ils doivent signer un contrat à long terme.
e. Ils doivent verser 25 centimes par paquet commercialisé à l'Association. (soit 0,03€)

3 Exercice de compréhension

a. Relisez les termes du contrat pour les toréfacteurs. Ci-dessous vous trouverez des avantages de ces conditions. Reliez les avantages (**1 – 5**) aux termes du contrat (**a – e**).

1. Le producteur peut faire des projets pour l'avenir.
2. On évite les frais des intermédiaires.
3. Le producteur n'a pas besoin de s'endetter pour investir.
4. Le producteur est protégé des variations des cours mondiaux.
5. L'Association est ainsi économiquement viable.

4 Travail oral

Relisez les termes du contrat pour les producteurs. Imaginez que vous travaillez pour l'Association Max Havelaar. Une communauté dans un pays francophone qui produit du sucre et du miel veut joindre l'Association. Vous allez expliquer oralement à des représentants de cette communauté les quatre points auxquels ils doivent s'engager afin de bénéficier de ce commerce équitable.

Il vous faut exploiter les informations dans le texte, surtout les points **a – d** du contrat pour les producteurs.

Exemple: *Il faut que vous vous organisiez en coopératives. C'est-à-dire, il faut travailler ensemble pour le bienfait de tout le monde. Il vous faut donc créer une coopérative…*

Rappel Grammaire

> p261

Il faut

> *Falloir* is an impersonal verb. It only exists in the *il* form.

> *Il faut* is most often used with an infinitive:

Il faut travailler ensemble.	It is necessary to work together.

> If you want to make it absolutely clear **who** is involved, you can use *il faut que* + subjunctive:

Il faut que vous travailliez ensemble.	You must work together.

> Alternatively, it is possible to insert an object pronoun between *il* and *faut* to make it clear on whom the obligation falls:

Il vous faut créer une coopérative.	You have to create a cooperative.

5 Travail écrit

Répondez aux questions suivantes en français. Dans chaque cas, il faut écrire un paragraphe d'environ 120 mots.

> Pourquoi est-ce que le commerce équitable est nécessaire?

> Pourquoi faut-il acheter les produits de l'Association de Max Havelaar?

Vous pouvez trouvez plus de détails sur le commerce équitable sur http://maxhavelaarfrance.org/.

D. La pauvreté en France

On s'échauffe

La pauvreté n'est pas seulement un problème lointain. Ça existe bel et bien en France et en Angleterre même si les circonstances sont différentes de celles que l'on trouve dans le Tiers Monde. Comment définissez-vous la pauvreté?

1 Activité de lecture

La pauvreté à la française

Les études sur la pauvreté font référence à un seuil de pauvreté. On le définit comme la moitié du revenu médian. En France, il serait de 3 500 F par personne. Selon cette définition, 10% des Français peuvent être considérés comme pauvres. C'est deux fois plus qu'aux Pays-Bas mais deux fois moins qu'aux États-Unis.

Parmi ces Français officiellement "pauvres", on trouve de plus en plus d'agriculteurs et de jeunes adultes en période d'insertion dans la société. Les adultes plus âgés qui ont des difficultés sur le marché du travail sont aussi de plus en plus nombreux.

L'origine de cette pauvreté?
L'exclusion et la marginalisation sont très souvent le résultat du manque de soutien familial. On a fait des enquêtes auprès des personnes qui dépendent du RMI (le Revenu Minimum d'Insertion). Elles montrent que les gens les plus vulnérables sont ceux qui sont les plus coupés des réseaux familiaux. Les familles monoparentales sont les plus exposées à la pauvreté.

Que fait l'État?
Dans ces situations de pauvreté, l'État français est aussi actif que possible. Voici un petit tableau représentant les aides qu'offre la Sécurité Sociale.

Allocation	Revenu mensuel de cette allocation
Le RMI – Revenu Minimum d'Insertion	390€ pour une personne seule 583€ avec une personne à charge 117€ pour chacun des deux premiers enfants à charge 156€ pour chaque enfant à partir du troisième
Minimum Vieillesse	545€ pour une personne seule 978€ pour un couple
Allocation adulte handicappé	545€
Allocation spécifique de solidarité	385€
Allocation parent isolé	658€ pour un enfant 165€ par enfant supplémentaire
Minimum Invalidité	Même montant que vieillesse
Allocation Veuvage	481€
Allocation d'Insertion	6€ par jour

2 Travail écrit

Répondez aux questions suivantes en français. Il faut vous renseigner dans le texte, mais il faut aussi réfléchir à ce qu'impliquent les statistiques:

1. Qu'est-ce que vous apprenez sur les Pays-Bas?
2. Les États-Unis est un des pays le plus riche du monde. Pourquoi y a-t-il tant de pauvreté alors?
3. Quelle impression formez-vous de l'importance de la famille en ce qui concerne la sécurité financière?
4. Quelles catégories de personnes sont les plus touchées par la pauvreté?
5. Pensez-vous que l'État français fait assez pour aider les pauvres?

3 Exercice de compréhension

À vos maths, prêts, partez!

Vous allez lire les témoignages suivants et calculer combien la personne qui parle reçoit de l'État, pour elle ou pour sa famille, chaque mois. Il faut être prêt à expliquer comment vous avez calculé votre réponse.

1. Je suis célibataire. J'ai eu un accident au travail: je suis tombé d'un mur très haut et je me suis cassé le dos. Depuis 4 ans je ne peux plus travailler.
2. Nous étions tous les deux agriculteurs, mais nous n'avons pas organisé de retraite. Alors maintenant que nous sommes à la retraite, nous n'avons pas grand-chose.
3. Mon mari m'a quittée il y a six mois. Je ne travaillais pas, alors j'ai eu un départ très difficile, surtout avec les quatre enfants à charge.
4. Mon époux est mort il y a trois ans. Mes revenus personnels sont vraiment très limités.
5. Je me suis mis dans un cercle vicieux. Quand j'ai perdu mon premier emploi, j'ai déprimé. J'ai commencé à boire. Je suis devenu dépendant de l'alcool. J'ai commencé à dormir à droite et à gauche dans les cités du Val de Marne. Heureusement, l'État me permet de continuer à vivre.

4 Travail d'écoute

Même avec de bonnes intentions, le départ dans la vie active n'est pas toujours simple. Le manque de soutien familial n'arrange pas les choses. Si vous prenez la tranche des 25-29 ans qui touchent le RMI, 22% de ces gens ont un niveau d'études supérieur au Bac!

Écoutez l'expérience de Xavier. Il a 22 ans et un diplôme de programmeur sur ordinateur.

a. Listen to Xavier's account and make notes in English on:

> His childhood
> His studies
> His entry into the world of work
> His courage

b. Écoutez une deuxième fois et décidez, pour les affirmations suivantes, si c'est vrai, faux ou pas mentionné.

1. À 12 ans, Xavier n'avait ni père, ni mère.
2. Avec son frère, ils sont allés dans une institution de l'État.
3. Les bourses d'état couvraient toutes ses dépenses.
4. Il n'arrive pas à trouver du travail.
5. Il est tombé dans un cercle vicieux.

c. Écoutez une dernière fois pour traduire les phrases suivantes en français:

1. I was unlucky.
2. I passed my exam.
3. I've got the loan to pay off.
4. I get the RMI allowance.
5. It allows me to survive.

E. Point Rencontre:
Yannick Barthes – Assistant social à Paris

On s'échauffe

En Angleterre, on parle souvent des problèmes sociaux des grands centres urbains. En France, c'est souvent dans la banlieue des grandes villes qu'on rencontre les mêmes problèmes. Remuez-vous les méninges et faites une liste des différentes sortes de difficultés qu'on y trouve.

1 Activité de lecture et exercice de compréhension

Lisez cette interview avec Yannick Barthes et répondez en français aux questions qui suivent.

~ Yannick, merci d'avoir accepté de parler avec nous. Vous êtes assistant social depuis vingt ans. Vous pourriez nous dire où vous travaillez et pour qui?

Y: Je travaille à Ivry, dans la banlieue sud de Paris. Je suis payé par les services sociaux du département du Val de Marne.

~ En quoi consiste votre travail?

Y: Alors là, il est plutôt varié. Je dépanne les gens à plein de niveaux différents: sur le plan financier, administratif ... C'est toujours un travail pratique. Je m'occupe de beaucoup d'étrangers: des Arabes, des Chinois...

~ Qu'est-ce que vous avez fait hier, par exemple?

Y: Le matin, j'ai rendu visite à une Algérienne qui attend un bébé. Je voulais l'aider à remplir les papiers nécessaires parce qu'elle est illettrée. Quand je suis arrivé, elle était seule, en train d'accoucher! J'ai appelé une ambulance. Ensuite, j'ai filé vers une famille avec cinq enfants. Ils sont sans revenus. Le père est au chômage. Je les aide dans les finances. Je fais attention aux enfants: il faut qu'ils aillent à l'école. J'ai nettoyé la tête aux deux plus grands. Ils étaient couverts de poux.

~ Il y a des frustrations dans votre travail?

Y: Oh, toujours les mêmes choses. On manque d'argent pour subvenir aux besoins de tout le monde. On est un peu à la merci des gouvernements et de ce qui leur paraît important. Et puis, la paperasse est frustrante: ça m'agace de passer mon temps à remplir des dossiers.

~ Quel côté est-ce que vous appréciez le plus?

Y: Soulager, aider, même si je sais que ce n'est que momentané.

~ Qu'est-ce qui devrait être la priorité du gouvernement à votre avis?

Y: Le chômage – j'en suis certain. C'est la source de bien des maux. Ensuite, le logement. Il y a trop de SDF à Paris. C'est inacceptable.

1. Est-ce que Yannick travaille en tant que bénévole?
2. Pourquoi est-ce que Yannick doit surveiller les enfants de la famille dont il parle?
3. D'après Yannick, quelle est la source des problèmes de cette famille?
4. Quel aspect de son travail est-ce qu'il aime le plus?
5. Quel aspect est-ce qu'il aime le moins?

2 Exercice de vocabulaire

Trouvez un seul mot dans le texte qui veut dire:

1. Qui a beaucoup d'aspects différents.
2. Aider quelqu'un à sortir d'un problème immédiat.
3. Qui ne sait ni lire ni écrire.
4. Toute la bureaucratie associée à quelque chose.
5. Qui ne dure que très peu de temps.

3 Travail oral

Travaillez avec un partenaire. Regardez l'image ci-dessous et préparez des réponses aux questions:

- **Qu'est-ce que vous voyez dans l'image?**
- **Quelle sorte de logement est-ce que vous voyez à l'arrière-plan?**
- **Quel "travail" ont-ils trouvé, les deux jeunes?**
- **Commentez le jeu de mots "on bosse, on bosse"!**
- **Quelle impression est-ce que cette image donne de la vie en banlieue?**

4 Exercice d'écoute

Écoutez ce jeune, Pierrot, qui parle de ses expériences en banlieue parisienne.

a. Dans le témoignage de Pierrot, identifiez une courte phrase qui indique le contraire des affirmations suivantes:

1. Il est maître de sa situation.
2. Son cas est unique.
3. Il habite dans un immeuble d'un certain standing
4. Il est bien présenté.
5. Il n'a jamais travaillé de sa vie.
6. Son père est fier de lui.
7. Malik était plus sérieux que Pierrot.
8. La mort de Malik a fait un grand scandale.
9. Pierrot aime bien le quartier où il habite.
10. Pierrot veut échapper au sort de Malik.

Vocabulaire

Crécher – dormir; habiter
Une piaule – une chambre
Ne pas avoir un rond – ne pas avoir d'argent
Fauché – sans argent
Crado – sale
Du boulot – du travail
Crever – mourir
Avoir ras-le-bol – en avoir assez

b. Le témoignage de Pierrot est écrit à la première personne et dans un style assez argotique. Écrivez un résumé de ce qu'il dit à la troisième personne et dans un style plus formel. Exemple:

> ***Pierrot raconte la vie en banlieue parisienne. Il se plaint de sa situation parce qu'il...***

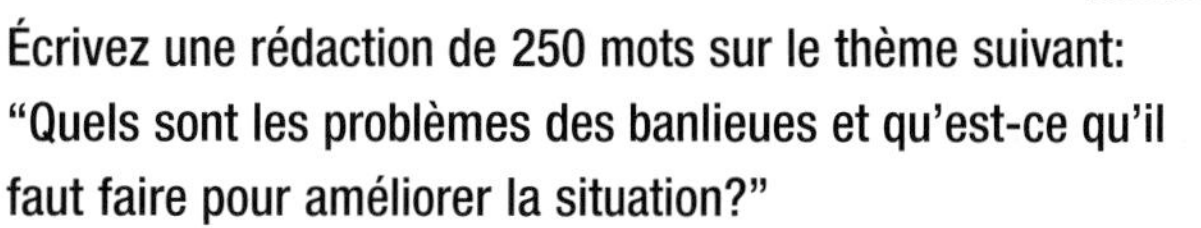

5 Travail écrit

Écrivez une rédaction de 250 mots sur le thème suivant: "Quels sont les problèmes des banlieues et qu'est-ce qu'il faut faire pour améliorer la situation?"

F. Les associations bénévoles

On s'échauffe

Près d'un Français sur quatre travaille pour une association bénévole. Qu'est-ce qui les motive à votre avis? Est-ce que vous êtes membre d'une telle organisation? Pourquoi? Pourquoi pas?

1 Activité de lecture

Renseignez-vous sur une association française, Les Restaurants du Cœur.

En 1985, Coluche, un comédien français très populaire, a annoncé qu'il voulait fonder une association pour ceux qui avaient faim. Il espérait récupérer des fonds de la Communauté Européenne. Mais il a aussi reçu un soutien fantastique de ses amis (aussi riches que lui!) de la télévision et des médias en général.
Les Restaurants du Cœur étaient nés.

L'Association en chiffres
La dernière campagne 2000 / 2001 sur toute la France:
540 000 bénéficiaires (dont 24 000 bébés de moins de 18 mois)
58 millions de repas distribués
40 000 bénévoles
430 000 donateurs
2 200 centres et antennes
80 Camions et Points Repas Chauds
455 hébergements d'urgence et logements d'insertion
600 activités d'aide à insertion
170 Ateliers et Jardins
355 activités culturelles et loisirs
340 logements en sous-location

Pour 100 francs que dépensent les Restos:
72 francs sont pour l'aide alimentaire (1 repas = 5 francs)
13 francs vont aux actions d'aide à insertion
9 francs sont pour les frais généraux
5 francs sont pour la tournée des Enfoirés (un groupe de comédiens qui génèrent beaucoup d'argent pour les Restos)
1 franc va à la formation des bénévoles

2 Exercice de compréhension

Répondez aux questions suivantes en français. Il s'agit non seulement de lire le texte; il faut interpréter les chiffres aussi.

1. Pourquoi est-ce que Coluche était bien placé pour fonder une telle organisation?
2. Comment est-ce que l'Association est financée?
3. Quel est le but principal des Restaurants du Cœur?
4. Dans quel sens est-ce que leur travail s'est diversifié depuis 1985?
5. Est-ce que l'Association a connu du succès à votre avis?
6. Est-ce que les finances de l'Association sont bien gérées à votre avis?

3 Travail oral

Conférence de Presse: C'est 1985. Imaginez que vous êtes Coluche. Vous avez convoqué vos amis de la télévision et de la presse. Vous voulez les persuader de soutenir votre nouvelle initiative. Préparez un petit discours (d'environ 90 secondes) pour convaincre le public que le besoin existe et qu'il leur faut donner une aide financière.
Voici des idées de vocabulaire pour vous aider:

> *Des revenus insuffisants* – insufficient income
> *Des difficultés pour se déplacer* – problems getting about
> *Ne pas se débrouiller tout seul* – to be unable to cope alone
> *Un problème qui s'aggrave en hiver* – a problem which gets worse in winter
> *Ne pas fermer les yeux aux problèmes des autres* – to not close one's eyes to others' problems

Rappel Grammaire

> p258

Interrogatives

You remember that both ***qu'est-ce qui*** and ***qu'est-ce que*** can be used to mean "what?" when you are asking a direct question.

> ***Qu'est-ce qui*** is used as the subject of the following verb:

Qu'est-ce qui te gêne? What's troubling you?

> ***Qu'est-ce que*** is used when it is the object of the verb:

Qu'est-ce que tu veux faire? What do you want to do?

4 On s'entraîne

Imaginez que vous assistez à la conférence de presse avec Coluche mentionnée ci-contre.

a. Traduisez ces questions que vous lui posez en tant que journaliste:

1. What inspired you to create Restaurants du Cœur?
2. What do you want to change?
3. What worries you the most in today's society?
4. What do you hope to achieve in the first twelve months?
5. What is happening at government level?

b. Maintenant, inventez cinq autres questions. Vous pouvez utiliser toutes sortes de questions. Vous n'êtes pas limité à *qu'est-ce qui* et *qu'est-ce que*.

5 Travail d'écoute

Nous avons parlé à deux femmes engagées dans le soutien des autres. Écoutez les témoignages de Martine et de Jeanne.

a. Martine

Répondez aux questions suivantes en français:

1. Qu'est-ce qu'elle faisait autrefois comme travail?
2. Combien est-ce qu'elle gagnait par mois?
3. Pourquoi est-ce qu'elle ne travaille plus?
4. Qu'est-ce qu'elle faisait autrefois pour les chômeurs?
5. Pour quelle organisation est-ce qu'elle fait du travail bénévole maintenant?
6. Comment est-ce qu'elle décrit cette organisation? (3 détails)
7. Qu'est-ce qu'on a fait à Nantes l'an dernier?
8. Qu'est-ce que Martine décrit comme "terrible"?
9. Comment est-ce qu'elle décrit les enfants qu'elle voit?
10. Pour Martine, qu'est-ce que c'est, la vraie politique?

b. Jeanne

Ci-dessous vous trouverez une transcription du témoignage de Jeanne, mais il n'est pas tout à fait exact. Dix mots ont été changés. Écoutez la cassette pour identifier les dix mots qui sont différents. Quels sont les mots que vous avez entendus?

Exemple: *Moi, j'avais une vie simple.*
Le mot que vous avez entendu était *tranquille.*

Moi, j'avais une vie simple. Le salaire de mon mari me permettait de ne pas m'inquiéter. J'avais une vie de luxe, je tenais tranquillement la maison et je m'occupais des enfants. Et puis, j'ai reçu un coup de fil de la police: ma fille venait d'être accusée de traffic de drogue. J'apprenais ça sans avertissement. J'apprenais aussi qu'elle était elle-même toxicomane.

Elle a été condamnée à deux ans de prison. C'est ça que j'ai découvert: les prisons. Les cris, les bruits, les odeurs, l'ombre. Une catastrophe. Quand ma fille est rentrée de prison, j'ai continué à y retourner. Je rends visite, j'écoute, j'apporte des gâteries. Je viens d'organiser une maison qui accueille les familles des prisonniers. C'est comme réparer des déchirures.

G. Les sans travail

On s'échauffe

Est-ce que cela vous arrive de ne pas avoir envie de vous lever le matin? Dans quelles circonstances? Est-ce que vous êtes déprimé parfois? Qu'est-ce qui vous aide à vous sortir d'une telle dépression?

L'Homme n'est digne que debout

Dans nos sociétés, l'Homme doit rester prioritaire. Il est urgent de relever le défi de l'exclusion, du mépris et de la désespérance d'une large part des femmes et des hommes de notre temps. Nous avons tous, avec nos différences et nos complémentarités, une place dans la construction de ce monde. Le collectif de l'Homme debout veut promouvoir la dignité de la personne humaine et relever le défi de la pauvreté et de l'exclusion.

1 Travail oral

Travaillez avec un partenaire. Regardez l'image ci-contre et préparez des réponses aux questions suivantes. Ensuite, comparez vos réponses avec celles d'autres membres de la classe.

1. Qu'est-ce que vous voyez dans la photo?
2. Combien de personnes sont représentées?
3. Celles qui sont dans le flou à l'arrière sont-elles importantes?
4. Décrivez l'homme dans la photo! Dans quelle position est-il?
5. Qu'est-ce qu'il porte?
6. Que signifie le fait qu'on ne voit pas clairement son visage?
7. Pourquoi l'image est-elle négative? Quelles couleurs renforcent cela?
8. Comment le repli sur soi de la personne est-il exprimé?
9. Où est-ce que cette photo a été prise à votre avis?
10. En quoi cela accentue-t-il l'exclusion de cette personne?

2 Travail écrit

Faites un peu travailler votre imagination. Racontez la vie de cet homme en décrivant la journée où cette photo a été prise. Utilisez le présent pour rendre votre histoire plus immédiate. Pour la même raison, il faut raconter tout en utilisant la première personne – je.
Essayez de communiquer le désespoir de cet homme dans les détails de ce que vous racontez.

Rappel Grammaire

> p270

Word order with negatives

You are already familiar with different forms of negative in French as we came across them in Unit 1. You might like to refer back to the information on page 11.

One explanation for the word order with ***ne … que***, meaning "only", is that it is not strictly a negative. It **limits** something, rather than making it entirely **negative.**

Compare the following two sentences:

Il n'a pas d'argent. — He doesn't have any money.

Il n'a que 1.5 euros. — He only has 1.5 euros.

Que comes directly in front of the thing it is limiting:

L'homme n'est digne que debout. — It is only when a man is standing on his own two feet that he has his dignity.

So ***que*** goes directly in front of *debout.*

Look at another example:

Je n'ai compris que plus tard. — It was only later that I understood.

So ***que*** goes in front of *plus tard.*

Note that with expressions of time ***ne … que*** can mean "not until":

Nous n'arriverons que demain. — We won't arrive until tomorrow.

Il ne s'est levé qu'à midi. — He didn't get up until midday.

3 On s'entraîne

a. Traduisez les phrases suivantes en français:

1. We must never abandon the homeless.
2. No-one stops to talk to him.
3. He only got six euros a day when he was unemployed.
4. Nothing is impossible.
5. I only realised when I got home!

b. Répondez à ces questions oralement, en utilisant la forme négative indiquée entre parenthèses:

1. Il te reste de l'argent? [ne … plus]
2. À quelle heure est-ce que tu es rentré cette nuit? [ne … que]
3. Tu passes souvent au centre-ville le soir? [ne … jamais]
4. Connaissez-vous des gens qui pourraient vous aider? [ne … personne]
5. Vous avez fini tout le travail? [ne …que]

4 Travail écrit

Traduisez en anglais le texte de la publicité pour l'Homme Debout.

5 Travail oral

Travaillez avec un partenaire et faites un jeu de rôle entre l'homme dans la photo et le photographe de "L'Homme Debout". Ce dernier demande la permission de prendre la photo et explique comment elle va être utilisée.

Au début, l'homme refuse, mais il se laisse persuader.

H. L'exode rural

On s'échauffe

Si vous aviez le choix, où est-ce que vous aimeriez habiter? En ville ou à la campagne? Pourquoi? Quels sont les avantages et les inconvénients des deux? Remuez-vous les méninges et faites-en une liste.

1 Activité de lecture

Lisez ce témoignage d'Eddy Lonjou, fils d'agriculteur dans le petit village de Montalzat dans le sud-ouest de la France.

Les villages et les hameaux français se vident. C'est une réalité, et même si elle n'est pas nouvelle, elle est bien triste. Il y avait à Montalzat un boulanger au village, une poste, un curé et une école. C'est fini. Ils ont tous progressivement disparu au cours des trente dernières années et les anciens habitants de Montalzat ont vendu leurs vieilles maisons romantiques à des nordiques avides de soleil et de nature. Les campagnes françaises se remplissent de citadins Suédois, Hollandais, Allemands et Anglais qui achètent pour trois fois rien de belles propriétés en pierre.

Où est donc passée la communauté rurale?
D'abord, l'agriculture a changé. De nouvelles lois encouragent les grandes fermes très techniques. Ce qui compte, c'est le rendement. À Montalzat, on avait quelques pruniers, quelques vignes. On cultivait un ou deux hectares de melons, du blé et du maïs, du tournesol aussi. Mais pas assez pour payer les nouveaux impôts, le nouveau matériel, pas assez pour produire les quantités demandées. Alors, les fils aînés ont commencé à partir. Les changements dans l'éducation leur ont permis d'obtenir des diplômes. Ils se sont rendu compte que rester à la campagne, c'était de se condamner à la pauvreté, aux fins d'hiver sans argent, aux dents pas réparées et à une misérable retraite.

Les jeunes ont donc progressivement quitté les campagnes. Ils ont établi leur nid ailleurs. Leurs enfants vont à l'école en ville. De la communauté rurale de naguère, il ne reste que les vieux. Le curé vient leur dire la messe une fois par mois. Et – à contre cœur – ils vont chercher leur pain au supermarché comme les autres…

2 Exercice de vocabulaire

Trouvez dans le texte une phrase qui indique que:

1. L'exode rural ne s'est pas produit du jour au lendemain.
2. Ce qui compte pour les Anglais, c'est le climat agréable et la tranquillité.
3. Les étrangers ont fait de bonnes affaires en achetant leurs résidences secondaires.
4. Les agriculteurs n'ont pas de sécurité financière pour la vieillesse.
5. Les vieux préféreraient acheter leur pain chez un boulanger.

3 Exercice de compréhension

Répondez en français aux questions suivantes:

1. Qu'est-ce qui montre que Montalzat était un village vivant dans le temps?

2. Qui habite le village maintenant?
3. Quels changements est-ce qu'on a vu dans l'agriculture?
4. Comment est-ce que les jeunes de la campagne ont pu partir?
5. Pourquoi est-ce qu'il est triste que les vieux achètent leur pain au supermarché?

4 Travail oral

Travaillez avec un partenaire et préparez un jeu de rôle. L'un de vous va jouer le rôle d'un jeune qui a décidé de quitter la ferme familiale et d'aller s'installer en ville. L'autre jouera le rôle de son père ou de sa mère. Imaginez leur conversation quand le jeune annonce ses intentions de partir.

5 Travail d'écoute

L'exode rural emmène les jeunes vers les villes, mais il y a aussi un phénomène inverse. 500 000 personnes ont quitté Paris dans les dix dernières années. Ce sont les dégoûtés de la cité, du stress et du managing, qui retournent à la nature. Ce ne sont ni des rebelles, ni des baba-cool. Ils sont informaticiens, cadres, ingénieurs …

a. Écoutez le témoignage de trois néo-ruraux – Marie, Olivier et Francis – et répondez aux questions suivantes:

1. Pourquoi est-ce que Marie a décidé de quitter la ville?
2. Qu'est-ce qu'elle fait maintenant à la campagne?
3. Quel est le métier d'Olivier Andrieu?
4. Pourquoi est-ce qu'il dit qu'il y a un extra-terrestre à Heiligenstein?
5. Pourquoi est-ce que Francis est reparti à la campagne?

b. Écoutez les trois témoignages une deuxième fois et décidez, pour chaque affirmation ci-dessous, qui c'est qui parle: Marie, Olivier ou Francis.

1. J'ai changé de lieu, mais je n'ai pas changé de boulot.
2. Je n'arrêtais jamais en ville!
3. Mes nouveaux voisins regardent le monde d'un œil très différent.
4. C'est super de les voir s'épanouir à la campagne.
5. Les vacances étaient devenues essentielles pour ma santé mentale.

6 Travail oral

Regardez l'image ci-dessous et préparez un petit discours pour expliquer l'humour.

Voici des questions pour vous aider à structurer votre discours:

> Qu'est-ce que vous voyez dans l'image?
> Vers où est-ce qu'ils vont?
> Qu'est-ce qu'ils laissent derrière eux?
> Pourquoi ont-ils l'air heureux?
> Est-ce que leur idée de la vie à la campagne est réaliste ou idéalisée?
> Est-ce que la campagne va être pareille après leur arrivée?

I. La vieillesse

On s'échauffe

Est-ce que la vieillesse est uniquement une question d'âge ou est-ce que c'est aussi une question d'attitude?
Est-ce que l'idée de vieillir vous fait peur? Pourquoi? Pourquoi pas?

1 Activité de lecture et exercice de compréhension

Lisez le texte et répondez en français aux questions qui suivent.

Au premier janvier 2000, on comptait 12,2 millions de Français âgés d'au moins 60 ans, contre 10 millions en 1982. Leur part dans la population est de 20,5%, contre 12,7% au début du vingtième siècle. Le déséquilibre de la pyramide des âges s'est beaucoup accentué au fil du temps. Les progrès de l'espérance de vie, ajoutés à la stagnation du nombre des naissances expliquent le vieillissement continu de la population.

Et comment est-ce qu'on décrit cette partie croissante de la population?
Le mot "vieux" est devenu à la fois imprécis et péjoratif dans une société qui a plutôt le culte de la jeunesse. Le terme "ancien" présente l'inconvénient d'être opposé dans l'inconscient collectif à "moderne".
L'expression "troisième âge" est tout aussi confuse. Elle a été remplacée depuis quelques années par l'appelation de "senior". Mais ce mot est souvent associé à l'idée du marché: les "seniors" sont ceux qui achètent une certaine gamme de produits.

Mais qu'est-ce qui se passe quand les vieux n'ont pas assez d'argent pour intéresser le marché? Sont-ils alors complètement anonymes?

1. Pourquoi y a-t-il de plus en plus de personnes âgées en France?
2. Pour quelle raisons est-ce que le terme "vieux" peut sembler péjoratif?
3. Quel est le problème avec le mot "ancien" d'après le texte?
4. Dans quel domaine est-ce qu'on a tendance à utiliser le mot "senior"?
5. Quel problème l'auteur soulève-t-il à la fin du texte?

2 Travail oral

Travaillez avec un partenaire. Remuez-vous les méninges et pensez à des inconvénients d'avoir plus de 60 ans. Est-ce que vous pouvez penser à autant d'avantages?
Ensuite, comparez vos idées avec celles d'autres membres de la classe.

3 Travail écrit

Quand on a passé un certain âge, il devient de plus en plus difficile de trouver un emploi. Les entreprises sont fermes. "On veut des 35-45 ans, pas plus". Le taux d'emploi des 55-64 ans en France est le plus faible d'Europe.
Écrivez un paragraphe de 150 mots pour expliquer l'humour noir du dessin ci-dessous. Il y a des questions ci-contre pour vous aider.

- Qu'est-ce qu'il cherche, l'homme moustachu?
- Est-ce qu'il a l'air plein de confiance?
- Qu'est-ce qu'il a comme qualifications?
- Est-ce que l'employeur semble impressionné par l'expérience de ce demandeur d'emploi?
- À quel âge est-ce que l'homme se trouve mis au rancart? Est-ce normal?

4 Activité de lecture

Lisez ces réflexions de Martine. Elle raconte les regrets de quelqu'un qui ne s'est pas occupé de sa mère quand elle était vieille.

Il y aurait eu de la place au sous-sol pour un petit appartement, avec une cuisine, un frigo, une table ronde et quelques casseroles.
On aurait mis une rampe à l'escalier pour qu'elle ne tombe pas. Oui, j'en suis certaine, il y aurait eu de la place. On avait déjà le lit, une vieille télé, des meubles par ci par là. On aurait pu aménager un petit studio sympa. Elle aurait accroché au mur toutes ses vieilles photos – mon père, mes frères et moi quand nous étions petits.
Elle aurait gardé son chat. Elle aurait tricoté des pulls pour les enfants. Elle les aurait gavés de chocolat. Elle serait allée à la messe de dimanche et nous l'aurions amenée en voiture voir ses amies …
Mais nous l'avons laissée dépérir dans une maison de retraite. Elle a passé ses dernières années à nous attendre, puis elle s'est laissée mourir d'ennui.

5 Travail écrit

Est-ce que vous avez des regrets par rapport à une certaine situation? Écrivez un paragraphe d'environ 100 mots pour dire ce que vous auriez pu (ou dû) faire différemment.

6 On s'entraîne

a. Faites une liste de choses que la grand-mère aurait fait, si on lui avait aménagé une pièce au sous-sol.
Exemple: *Elle aurait regardé la télé...*

b. Traduisez les phrases suivantes en français:

1. They should have checked first.
2. I would have helped you.
3. It was great! You should have come.
4. She had debts, but I would have paid them.
5. I would have forgotten them.

Grammaire

> p265

The conditional perfect

> This tense is often used, as in Lemay's song, to express regrets: it describes what would – or should – have happened, but it's now too late to do anything about it!

Il y aurait eu de la place au sous-sol.	There would have been room in the basement.

> It is formed in French like the perfect tense, with an auxiliary verb (*avoir* or *être*) plus a past participle. The same rules of agreement of the past participle apply as for the perfect tense.

Elle aurait gavé les enfants de chocolat.	She would have stuffed the children with chocolate.
S'il n'y avait pas eu d'accident sur l'autoroute, elle serait arrivée à l'heure.	If it wasn't for the accident on the motorway, she would have arrived on time.
Si j'avais su que tu m'attendais, je me serais dépêché(e).	If I had known you were waiting for me, I would have hurried.

> Note the sequence of tenses when you use ***si***.
When you use the pluperfect in the part of the sentence introduced by ***si***, you need the conditional perfect in the main part of the sentence.

> The conditional perfect is very common with the verb ***devoir*** to indicate what you should have done:

J'aurais dû travailler un peu plus.	I should have worked a bit more.
Nous aurions dû aller la voir.	We should have gone to see her.

PHOTO FINISH

Faites une présentation orale d'environ deux minutes sur la publicité ci-dessous.
Voici quelques questions pour vous aider à la structurer.

> De quoi s'agit-il?
> Qu'est-ce que vous voyez dans la photo?
> Où est-ce que la photo a été prise?
> Pourquoi la fille a-t-elle l'air tellement contente?
> D'après le texte, qui sont les enfants qui ne vont pas à l'école?
> Comment est-ce qu'on peut changer cette situation?
> Quels sont les avantages du système proposé par Aide et Action?
> Qu'est-ce qui suggère qu'on peut donner de l'argent à cette organisation avec confiance?

Chaque enfant a le droit d'aller à l'école.
Avec vous, ce droit va devenir une réalité.

Aujourd'hui encore, beaucoup d'enfants ne vont toujours pas à l'école: enfants travailleurs, filles domestiques ou tout simplement enfants nés dans un pays pauvre. Quel est leur avenir ? En parrainant la scolarité d'un enfant avec Aide et Action, vous l'aidez concrètement à prendre sa vie en main. Grâce à vous, il apprendra à lire, à écrire, à compter, à s'exprimer. Vous soutiendrez la construction et l'équipement de son école, la formation de ses instituteurs, l'amélioration de son cadre de vie... A travers des correspondances régulières, vous suivrez ses progrès, et découvrirez son environnement, sa culture. Aide et Action, première association française de parrainage, agit depuis 20 ans avec 50 000 marraines et parrains pour la scolarisation de plus de 500 000 enfants en Afrique, en Inde et en Haïti. Aide et Action est la seule association à avoir obtenu deux fois le Prix Cristal de la transparence de l'information financière décerné par la Compagnie Nationale des Commissaires aux Comptes. Vous avez l'assurance que, sur les 130 F mensuels de votre parrainage, 85 % sont affectés aux activités de terrain et seulement 15 % aux frais de gestion. Quelque part dans le monde, un enfant va devenir votre filleul. Faites le premier pas, accompagnez-le sur les chemins de l'école.

COMITÉ DE LA CHARTE
donner en confiance

BON À DÉCOUPER ET À RENVOYER À : AIDE ET ACTION - 53 BD DE CHARONNE 75545 PARIS CÉDEX 11
TÉL. 01 55 25 70 00, SITE WEB : www.aide-et-action.org, E-MAIL : info@aide-et-action.org

Cet espace est gracieusement offert par votre support.

www.toutterrain.co.uk

> **http://www.ethnik.org**
Discover more about fairly traded products.
> **http://www.travail.gouv.fr**
All you need to know about getting your first job.

Unité 9

Santé physique, santé morale

Terrain Thématique

- Est-ce que les Français dépensent trop sur leur santé?
- Pourquoi fume-t-on?
- Est-ce qu'on est trop tolérant envers l'alcool et l'alcoolisme?
- Quelle est l'attraction de la drogue? Quels en sont les dangers?
- Comment peut-on donner la vie à quelqu'un après la mort?
- Pourquoi est-ce qu'on ne parle plus du sida?
- Le don du sang est-il indispensable?
- La médecine, est-elle une entreprise?
- C'est à qui de décider entre la vie et la mort?

Ce chapitre vous permettra de répondre . . .

Terrain Linguistique

- Giving explanations
- Inversion
- *Faire* + dependent infinitive (revision)
- Imperfect or perfect?
- Verb constructions

A. Les Français et la médecine

On s'échauffe

Est-ce que vous êtes satisfait du NHS en Angleterre? Quels sont les problèmes auxquels le service doit faire face en ce moment?

1 Activité de lecture et exercice de compréhension

Reliez les mots et les expressions disloqués pour créer un mini-dossier sur la santé en France.

Début de la phrase	Fin de la phrase
1. La France consacre près de 10% ...	A. le statut social et les caractéristiques individuelles.
2. Tous les Français sont couverts ...	B. acheteurs de médicaments d'Europe et les premiers au monde en ce qui concerne les Psychotropes.
3. Les dépenses de santé varient beaucoup selon ...	C. sont celles qui consultent le plus.
4. Les Français restent les plus gros ...	D. à l'égard des médecins.
5. Les Français effectuent en moyenne ...	E. aux "psy".
6. Les femmes et les personnes âgées ...	F. ainsi que l'automédication.
7. Les Français sont plus exigeants ...	G. de son PIB aux dépenses de la santé.
8. Les Français recourent de plus en plus	H. est une préoccupation générale.
9. Les médecines alternatives se développent ...	I. 7,2 consultations de médecins par an.
10. La recherche du bien-être ...	J. par la Sécurité Sociale et la plupart par une assurance complémentaire.

La langue

Giving explanations

- The following **prepositions** or prepositional phrases are useful in explaining your point of view. They are all followed by a **noun**:
  à cause de — *étant donné*
  en raison de — *vu*
  en vertu de
- The following **conjunctions** are used to introduce an explanation. They are all followed by a clause with a **verb** in it.
  parce que — *si bien que*
  ce qui fait que — *car*
  voilà pourquoi ...

2 Activité de lecture et travail écrit

Lisez les informations dans le texte et le tableau ci-contre. Ensuite, répondez en français aux questions qui suivent.

Les Français aiment consulter leur médecin et recevoir beaucoup de médicaments. Ils y vont souvent et pour un rien. Molière l'avait bien senti il y a plusieurs siècles en écrivant *Le Malade Imaginaire*. Les Français sont prêts à appeler un médecin n'importe quand, au milieu de la nuit s'il le faut, pour des raisons parfois pitoyables. Le docteur Bourgeois à Tarbes nous disait qu'il avait été appelé en pleine nuit pour une piqûre d'insecte ou une température insignifiante.

Le médecin en France est très accessible, facile à voir: les Français ne connaissent que très peu l'attente – que ce soit pour un généraliste ou un spécialiste. Les hôpitaux comptent deux fois plus de lits disponibles par rapport au Royaume-Uni. Ce n'est pas pour rien qu'on a dit, dans un rapport publié en 2001, que la France avait la meilleure médecine du monde. Elle a, sans doute, les meilleurs malades aussi. Ils sont prêts à dépenser 1 000 francs par mois par personne pour la santé.

1 000 F par mois pour la santé				
Évolution de la consommation de soins et de biens médicaux, calculée par habitant (en francs par an)				
	1990		**1998**	
Soins hospitaliers et en sections médicalisées:				
Soins hospitaliers	4 307		5 652	
Soins en sections médicalisées	90		180	
		4 397		5 832
Soins ambulants:				
Médecins	1 187		1 603	
Auxiliaires médicaux	459		632	
Dentistes	566		714	
Analyses	254		282	
Cures thermales	88		91	
		2 554		3 322
Transports de malades:		122		173
Médicaments:		1668		2 407
Autres biens médicaux *:		340		573
(Total: Consommation de soins et de biens médicaux:)		(9 081)		(12 307)
Médecine préventive:		201		281
Consommation médicale totale		9 282		12 588
** optique, prothèses, orthèses, petits matériels et pansements*				

1. Pourquoi fait-on référence au *Malade Imaginaire* dans le texte?
2. Qu'est-ce qui montre que les Français prennent les services de leur médecin comme un dû?
3. Pourquoi y a-t-il beaucoup moins d'attente pour aller à l'hôpital en France par rapport à l'Angleterre?
4. Combien le Français moyen a-t-il dépensé chez le dentiste en 1998?
5. Combien a-t-il dépensé sur les médicaments pendant la même année?

3 Travail oral

Travaillez avec un partenaire.
Ayant lu les informations sur cette page, il faut décider si les Français sont effectivement des "malades imaginaires". Pensez-vous qu'ils exagèrent et qu'ils dépensent trop sur la santé? Ou est-ce que vous pensez, au contraire, qu'ils ont bien raison d'investir de telles sommes?
Quand vous aurez pris votre décision, préparez vos arguments pour les présenter aux autres membres de la classe.

4 Travail d'écoute

Vous allez entendre deux malades qui parlent des services médicaux en France:

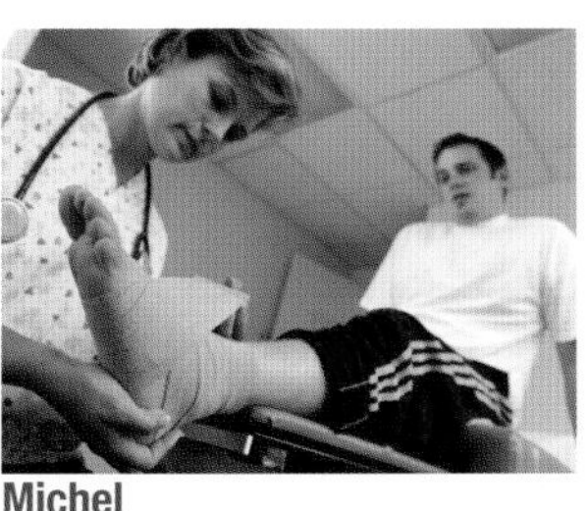

Michel

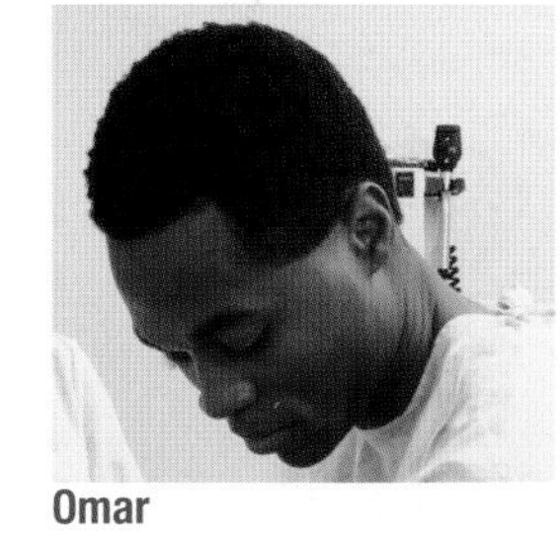

Omar

a. Michel: Prenez des notes en français sur les inégalités au sein du peuple français. D'un côté vous mettrez les luxes des riches, de l'autre les restrictions des plus pauvres.
Il y a trois exemples précis à noter.

b. Omar: Pour les affirmations suivantes, notez si c'est vrai, faux ou pas mentionné:

> Les Français sont contents des soins médicaux.
> Omar est très positif par rapport aux services médicaux en France.
> Il a passé du temps à l'hôpital.
> Il trouve l'accès aux soins très facile.
> Le droit à la santé est nouveau.

B. La cigarette meurtrière

On s'échauffe

Est-ce que vous fumez?
Oui? Combien de cigarettes par jour fumez-vous? Depuis quand? Qu'est-ce que ça vous apporte?
Non? Pourquoi pas? Est-ce que cela vous arrive d'avoir envie d'une cigarette? À quelles occasions? Comment y résistez-vous?

1 Activité de lecture

Pourquoi est-ce que je fume?

Lisez les témoignages ci-dessous.

Un tiers des jeunes de 12 à 18 ans fument au moins dix cigarettes par jour. Pourquoi . . .

1. «Moi, j'ai commencé juste pour que les copains arrêtent de se moquer de moi. Ils disaient que j'étais démodé.»

2. «C'était interdit, alors il fallait essayer.»

3. «Le nouveau, c'est toujours tentant. Je voyais faire les adultes autour de moi et j'ai voulu essayer.»

4. «Chez moi, nous vivons dans la fumée permanente. C'était naturel pour moi de m'y mettre aussi.»

5. «Je suis très nerveuse et j'ai trouvé que la cigarette me calmait. Je m'y suis vite habituée.»

6. «Au début, c'était pour une raison idiote. Ma copine m'avait dit que cela m'aiderait à maigrir.»

7. «Une cigarette avec le café après un bon repas, c'était une image attrayante pour moi. J'ai commencé tard, à l'âge où on apprécie les bons repas.»

8. «Avec les copains, c'était comme ça. Tout le monde le faisait.»

9. «Pour moi, c'était gestuel. Ça me donnait quelque chose à faire avec les mains.»

10. «J'ai commencé quand j'ai rompu avec ma copine. C'était une échappatoire.»

2 Exercice de compréhension

Reliez les raison données ci-dessus à ces personnes.

Exemple: *Martine, c'est numéro 3.*

- > Martine est attirée par les nouvelles expériences.
- > Jean-François venait de passer par des moments difficiles.
- > Chloë est une boule de nerfs.
- > Les parents de Fabrice sont de grands fumeurs.

- > Xavier a des goûts sophistiqués.
- > Ève a toujours été attirée par le fruit défendu.
- > Fabienne voulait perdre du poids.
- > Benjamin est très sensible et facilement influençable.
- > Mylène suit toujours la foule.
- > Avant, Olivier tapait des doigts tout le temps.

3 Travail oral

Travaillez avec un partenaire pour faire un jeu de rôle. Vous êtes chez votre correspondant(e) en France et vous demandez la permission au père/à la mère de votre ami(e) de fumer une cigarette le soir. Le parent de votre correspondant est un peu surpris. Imaginez la conversation. N'oubliez pas d'expliquer pourquoi vous avez commencé à fumer.

4 Activité de lecture et travail écrit

Lisez cet article et répondez en français aux questions qui suivent.

De l'ammoniaque dans vos cigarettes

Pendant des décennies, ils ont nié les dangers de la cigarette et refusé d'admettre que la nicotine était une drogue. Il a fallu attendre 1997 pour que le directeur de Philip Morris, le numéro un mondial, reconnaisse l'évidence. Une telle mauvaise foi cachait bien pire: les manipulations chimiques et génétiques du tabac. Pas pour atténuer les effets nocifs de la cigarette, mais pour augmenter la dépendance des consommateurs. À leur insu.

La lutte historique entre 39 états américains et les géants du tabac en 1997, dont est issu le film *Révélations* (ou *The Insider*) avec Al Pacino, a obligé les fabricants à dévoiler leurs documents internes et à mettre en exergue ces pratiques. Parmi elles, l'ajout de nicotine ou encore celui d'ammoniaque. L'effet direct de ce procédé est d'accroître la proportion de nicotine sous sa forme libre afin qu'elle pénètre plus rapidement dans le flux sanguin.

Ces industriels n'ont reculé devant rien pour s'assurer une clientèle fidèle et une rentabilité exemplaire. L'OMS (Organisation Mondiale de la Santé) estime à 1,1 milliard le nombre de fumeurs dans le monde et à 4 millions le nombre de décès annuels dus au tabac. Ce chiffre devrait atteindre 10 millions en 2030.

1. Dans quel sens est-ce que l'attitude des fabricants de cigarette a été malhonnête et peu responsable?
2. Est-ce qu'ils avaient de bonnes intentions quand ils faisaient des manipulations génétiques du tabac?
3. Qu'est-ce qui a poussé les géants de la cigarette à publier leurs documents internes?
4. Pourquoi l'ajout de l'ammoniaque augmente-t-il la dépendance des fumeurs?
5. Qu'est-ce qui montre l'avidité des industriels?

5 Travail d'écoute

What does it mean to be dependent on cigarettes? Listen to this account where Alain talks of his attitude towards smoking and his will to give up.
Make notes in English and answer the following questions:

- What type of tobacco does Alain use and how long does it last?
- What indicates that he is a practised smoker?
- In what sense is his attitude towards cigarettes ambivalent?
- What is the effect of a cigarette?
- When did he decide to give up smoking?
- What method is he going to use?
- What precautions has he taken to help him succeed?

6 Travail oral

Travaillez dans un petit groupe de trois ou quatre étudiants. Vous trouverez ci-dessous une liste des problèmes associés au tabac. Mettez-les en ordre d'importance. Commencez par le problème le plus grave. Préparez quelques phrases pour justifier votre classement. Comparez votre classement avec celui d'autres groupes dans la classe.

a. Ça revient cher.
b. C'est malodorant.
c. Ça provoque le cancer.
d. Ça aggrave les problèmes respiratoires.
e. C'est sale.
f. Ça gêne les non-fumeurs dans un train ou un restaurant par exemple.
g. L'exposition passive à la fumée accroît le risque du cancer.
h. La nicotine attaque les cellules du cerveau sept secondes après l'inhalation.
i. Ça coûte cher à la société.
j. Les cigarettes réduisent l'espérance de vie du fumeur.

7 Travail écrit

Utilisez toutes les informations qui apparaissent sur cette page écrire une rédaction sur le thème: "La cigarette meurtrière". Vous pouvez diviser votre rédaction en trois parties:

- Les raison pour lesquelles les gens commencent à fumer
- Les risques du tabac
- Les remèdes possibles

Il faut écrire 250 mots.

C. L'alcool: Sachez consommer avec modération!

On s'échauffe

Que pensez-vous de l'alcool? Quels sont les plaisirs qu'il apporte? Quels en sont les dangers?

1 Activité de lecture et travail écrit

Lisez cet article et répondez en français aux questions qui suivent.

Dans l'inconscient collectif national, l'alcool a toujours été associé à la fête, au plaisir et à la convivialité. Le verre de vin qui accompagne chaque repas fait partie du patrimoine culturel français. Mais le choix d'autres alcools n'est pas sans intérêt. Ça peut être très révélateur sur la personne. Les jeunes, surtout les hommes urbains et célibataires, sont souvent attirés par le whisky, associé à la culture américaine et aux mythes qu'elle véhicule. La tendance actuelle est aux alcools blancs du monde latin – l'Amérique du Sud, le Cuba – ce qui souligne l'idée de la fête.

Les modes de vie et les systèmes de valeurs sont en train de changer. D'une part, on observe une progression de la recherche de l'ivresse dans certains groupes sociaux. Dans ce contexte, la capacité des hommes à boire est même considérée comme une marque de virilité. D'autre part, les Français sont plus conscients des risques que représente l'alcool pour la santé. Leur consommation globale diminue et elle se concentre sur la fin de semaine.

1. Quelles sont les raisons traditionnelles pour prendre un peu d'alcool?
2. Pour quelle raison négative est-ce que certains ont tendance à boire à l'heure actuelle?
3. Pourquoi est-ce que certains hommes se sentent obligés de boire trop d'alcool?

2 Exercice de compréhension

Faites correspondre une phrase clé du texte avec un commentaire personnel dans le tableau ci-dessous.

Les phrases clé	Les commentaires personnels
1. Une marque de virilité	A. «Ce soir, on sort avec les copains. Je viens d'avoir 18 ans et ça s'arrose!»
2. La recherche de l'ivresse	B. «Ce qu'il y a dans le verre, ça en dit beaucoup sur la personne qui le tient.»
3. La conscience des risques	C. «À la fête de Marc, on s'est tous saoûlés. On était tous paf!»
4. L'idée de la fête	D. «Faut bien que je montre que je suis un vrai homme, moi.»
5. Une consommation qui diminue	E. «Les statistiques sur les maladies du cœur me font un peu peur, il faut dire.»
6. Un choix révélateur	F. «On boit moins de vin à table qu'autrefois. On a tendance à boire de l'eau minérale en semaine.»

3 Travail d'écoute

Écoutez deux témoignages personnels au sujet de l'alcool.

a. Christophe: In what order do you hear the equivalent of the following phrases?

> It releases anxiety
> It breaks the ice
> It makes me come out of my shell
> It's like an escape
> It's as if I wanted to make a break

b. Gina: Répondez aux questions suivantes en français:

1. Donnez deux exemples des bons côtés de l'alcool dont parle Gina!
2. Dans quel domaine est-ce que les femmes sont deux fois plus à risque que les hommes?
3. Pourquoi est-ce que Gina boit un peu d'alcool de temps en temps?
4. Par quoi est-ce qu'elle a été dégoûtée?

4 Travail oral

Selon un rapport réalisé par le Ministère de la Santé en France en 1999, l'alcool devrait être classé dans la même catégorie de drogues que l'héroïne ou la cocaïne.
Cette idée semblerait logique étant donné que 24 000 personnes meurent en France tous les ans à cause de l'abus de l'alcool.

Qu'est-ce que vous en pensez? Faut-il changer la loi et classer l'alcool comme une drogue dure?

Travaillez avec un partenaire pour préparer un argument pour ou contre ce changement.

Grammaire

> p271

Inversion

> You are already familiar with inversions of the subject and verb of a sentence to make a question:

Avez-vous goûté ce vin?	Have you tried this wine?

> Inversion also occurs with a verb like "he said" or "she asked" after direct speech or thought:

«Tu veux conduire? »a-t-il demandé.	"Do you want to drive?" he asked.

> Inversion is necessary when the following adverbs begin a sentence or clause:

aussi	and so	*peut-être*	perhaps
du moins	at least	*sans doute*	doubtless / probably
à peine	scarcely	*toujours*	nonetheless

Sans doute fera-t-il beau demain.	No doubt it will be fine tomorrow.

Note that with *peut-être* and *à peine,* inversion can be replaced by *que* + normal word order:

Peut-être qu'il a raison.	Perhaps he's right.

5 Travail écrit

Nous avons demandé à Jean-Michel pourquoi il buvait de temps en temps. Il n'est pas un régulier du verre, mais ça lui arrive de boire. Il nous a envoyé cette réponse:

De: jeanmichel@aventure.fr Sujet: Alcool

Un voile de brume sur la vallée: l'alcool, c'est un peu ça pour moi.
Je regarde autour: tout est là, je le sais, mais c'est plus doux.
Le contour des choses est moins aïgu.
Les sensations coulent: je me sens sourire sans effort, je me mets à rire spontanément comme si je réapprenais tout à coup. Quelques verres pour quelques instants d'insouciance dans un monde qui me dépasse.
Je suis conscient que le voile existe, mais je ne suis pas inquiet.
Sans doute fera-t-il beau demain.

Écrivez un paragraphe d'environ 150 mots pour analyser l'attitude de Jean-Michel. Voici des questions pour vous aider à structurer votre réponse:

> Que pensez-vous de son attitude envers l'alcool? Est-ce réaliste ou plutôt romantique?
> Pouvez-vous expliquez ce qu'il veut dire par "le contour des choses est moins aïgu"?
> Est-ce que c'est normal d'avoir besoin d'alcool pour sourire et pour rire?
> Pourquoi en est-il arrivé là à votre avis?
> A-t-il raison de dire qu'il "fera beau demain"?

D. Les dupes de la dope

On s'échauffe

On entend parler sans cesse de la drogue. Est-ce que c'est un problème qui est exagéré par les médias, ou est-ce qu'il s'agit d'un fléau qu'il faut éliminer?

1 Activité de lecture

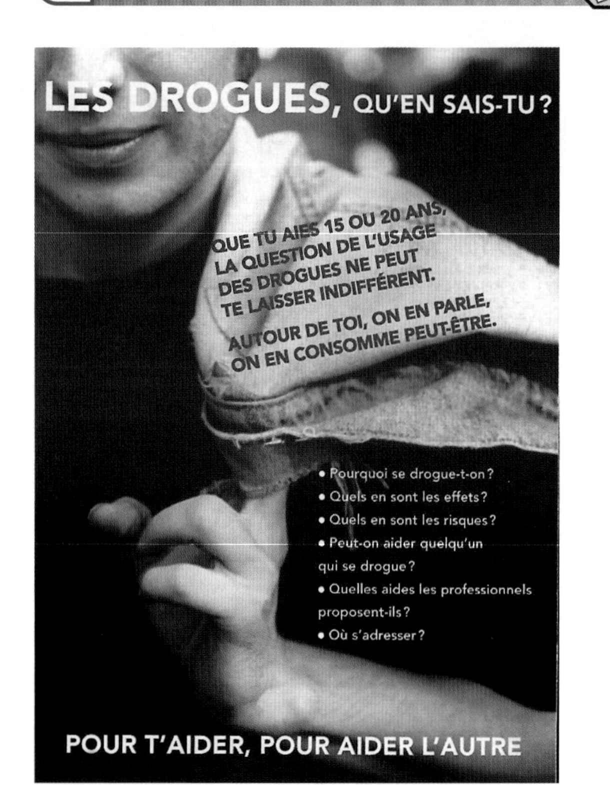

Lisez cet extrait d'une brochure contre les drogues distribuée sur la grande place à Montpellier.
La brochure a été déchirée. C'est à vous de relier les mots et expressions disloqués pour découvrir pourquoi les gens se droguent.

Début du mot ou de la phrase	Fin du mot ou de la phrase
À cause de la pression ...	...comme les autres
Par dé...	...du fruit défendu
Par cur...	...fi
Pour faire...	...mer
À cause de l'attrait...	...les problèmes
Pour s'éc...	...physique ou psychologique
Pour fri...	...des pairs
Pour différer...	...aux contraintes de la vie de tous les jours
Pour échapper...	...des sensations fortes
À cause d'une dépendance...	...iosité
Pour éprouver ...	...later

2 Activité de lecture et exercice de compréhension

Lisez cet éditorial d'un journal régional français. Ensuite répondez aux questions sur la page ci-contre en choisissant dans chaque cas la fin de phrase qui convient le mieux.

On découvre ce matin que le corps d'une jeune fille disparue voilà une semaine a été retrouvé. Un jeune homme a avoué sa culpabilité: il a heurté l'adolescente dans un virage, alors qu'il conduisait à 120 km/h après avoir fumé du cannabis. Il avait l'intention de la conduire à l'hôpital mais, pris de panique, il l'a arrosée d'essence et brûlée. Un cas extrême peut-être, mais vrai.

La consommation de cannabis augmente chez les jeunes en France. Un tiers des jeunes de quinze à dix-neuf ans en ont déjà consommé et la moitié d'entre eux sont des consommateurs réguliers. L'usage concerne surtout les garçons vivant dans des familles de gens aisés, où les mères sont actives et cultivées.

À partir de seize ans, plus de la moitié ont déjà fumé plus de dix fois du cannabis. Il y a aussi, dans la même couche de la population, 3% qui consomment de l'ecstasy ou du LSD, 2% de l'héroïne, 2% des amphétamines et 4% d'autres drogues. La consommation est en hausse.

La drogue, bien sûr ne concerne pas seulement les jeunes. Chez les adultes, elle reste à forte prédominance masculine. Mais ce fléau nous concerne tous.

1. Le jeune homme dans le journal était:
   a) ivre.
   b) épuisé.
   c) drogué.
2. Dans un virage sur la route, il a:
   a) écrasé l'adolescente.
   b) évité l'adolescente.
   c) brûlé l'adolescente.
3. Le jeune a avoué qu'il était:
   a) incapable.
   b) coupable.
   c) impardonnable.
4. Tout de suite après l'accident, ses intentions étaient:
   a) bonnes.
   b) violentes.
   c) mauvaises.
5. Il a changé à cause:
   a) du choc psychologique.
   b) de l'arrivée de la police.
   c) de la réaction de ses parents.

3 Travail écrit

Après avoir étudié les informations dans le texte, remplissez les trous dans ce résumé. Il s'agit dans chaque cas d'un seul mot:

> De plus en plus de jeunes **1** du cannabis.
> La moitié des consommateurs en prennent **2**.
> Les **3** en consomment plus que les filles.
> Dans les familles de ces garçons, souvent les mères **4** et ont reçu une bonne **5**.
> Après le cannabis, l'**6** est la drogue illicite la plus consommée.
> La consommation des drogues ne cesse d'**7**.
> Les **8** ne sont pas les seuls à consommer de la drogue. Chez les **9**, les hommes en prennent plus que les **10**.

4 Travail oral

Chez les jeunes, la prise de drogues accompagne à la fois le désir de faire la fête et la nécessité d'échapper à un gros malaise. Ensuite, dans de nombreux cas, vient la dépendance. Travaillez avec un partenaire. Remuez-vous les méninges et faites une liste des conséquences que peuvent avoir ces drogues, même si on n'en consomme pas souvent.

5 Travail d'écoute

Le dopage généralisé

Les drogues sont utilisées dans tous les domaines pour accroître les performances, pour lutter contre le stress, pour garantir le bien-être.

À chacun sa dose:

> Les **sportifs** se droguent aux anabolisants.
> Les **cadres** sous pression au travail prennent des amphétamines.
> Les **déprimés** se tournent vers le Prozac.
> Les **artistes** en mal d'imagination se shootent à la cocaïne.
> Les **amants** et les maris en difficulté font appel au Viagra.

Éfficacité, plaisir, harmonie intérieure: voilà les buts de la médicalisation croissante de l'existence. Ça provoque de nouvelles dépendances qui caractérisent notre monde speedé, stressé, qui n'en a jamais assez ...
Vous allez entendre plusieurs personnes parler. À vous de décider à quelle catégorie (sportifs, cadres, déprimés, artistes, amants) elles appartiennent.

6 Travail de recherche

Si vous en avez la possibilité, cliquez sur www.drogues.gouv.fr.
Notez ce qui vous intéresse et partagez vos découvertes avec d'autres membres de la classe.

E. Point Rencontre:
Olivier Bourgeois, médecin

On s'échauffe

Est-ce que vous portez une carte de donneur d'organes? Pourquoi? Pourquoi pas?

1 Activité de lecture et exercice de compréhension

Lisez le texte ci-dessous rapidement pour avoir une idée générale de quoi il s'agit. Ensuite, regardez les phrases dans la case et décidez dans quel ordre elles devraient apparaître dans le texte. Pour chaque trou numéroté, il faut choisir une des phrases (a) – (f).

Olivier Bourgeois est médecin généraliste dans les Pyrénées. Il a écrit un livre sur les dons d'organes et il a accepté de nous parler à ce sujet.

Pourquoi vous intéressez vous à la greffe des organes?
Parce qu'il est nécessaire d'exprimer des points de vue différents dans la médecine. Les progrès de la science sont fabuleux. __1__.

Dans le domaine des dons d'organes, quelles sont les limites pour vous?
Certaines sont évidentes: il ne doit pas y avoir de commerce d'organes. On a déjà entendu parler de trafic entre certains pays riches et d'autres très pauvres. __2__. Ce qui est essentiel, c'est que le but de la greffe soit de sauver une personne. Pour moi, il est inacceptable que l'on se serve de greffons pour faire des expériences au delà d'une situation de survie.

La loi française présume que si la personne n'a pas interdit les prélèvements pendant son vivant, alors elle est consentante. Qu'est-ce que vous pensez de cette loi?
En fait, elle provoque d'énormes traumatismes dans les familles qui viennent de perdre un proche par accident. On ne leur demande pas la permission de faire des prélèvements. On leur demande si le défunt possédait une carte, ou s'il avait signalé un refus de donner des organes. __3__.

Vous proposez une alternative?
Les Espagnols ont une approche plus sensible. Les dons sont volontaires. __4__. Les prélèvements se limitent aux organes autorisés par les familles. Alors, les familles deviennent beaucoup plus généreuses. __5__. Je trouve que cette méthode est beaucoup plus honorable.

Quelle est votre position personnelle?
Si j'étais en mort encéphalique, je voudrais laisser prélever mes organes. __6__. J'encourage mes amis à prendre une carte de donneur ou à faire connaître leur position à leurs proches.

a) **Cette façon de demander provoque souvent une réaction opposée.**
b) **En 6 ans, le nombre de donneurs a augmenté de 75%.**
c) **Ils ont aussi besoin d'être questionnés pour qu'on puisse y mettre des limites.**
d) **Aucun prélèvement ne peut se faire sans le consentement des familles.**
e) **Je pense à tous ceux qui attendent une greffe pour continuer à vivre ou pour mieux vivre.**
f) **Les filières commerciales sont inadmissibles.**

2 Exercice de vocabulaire

Trouvez dans le texte l'équivalent des mots et expressions suivants:

1. To express
2. Some are obvious
3. The aim of the transplant
4. During his lifetime
5. A more sensitive approach
6. The deceased
7. Brain dead
8. To make known

3 Travail d'écoute

Listen to the following information on organ transplants and make notes in English on what you hear.
You should note the following information:

> When the first transplants were carried out.
> Why there was a reluctance to carry out transplant operations.
> The attitude of the Catholic church towards organ transplants.
> A definition of "brain dead".
> Why there is a shortage of organs in France at the moment.
> What you have to do if you want to ensure that your organs are not used for transplants.

4 Travail oral

Regardez la couverture du livre écrit par Olivier Bourgeois. Qu'est-ce que vous pensez de la photo qu'on a choisi? Est-ce que ça représente bien l'idée des greffes d'organes? Présentez votre point de vue aux autres membres de la classe.

Rappel Grammaire

> p261

***Faire* + dependent infinitive**

> You are already familiar with the construction where *faire* is immediately followed by an infinitive, meaning to have something done by someone else:

J'ai fait bâtir un nouveau garage.	I had a new garage built.
Elle s'est fait couper les cheveux.	She had her hair cut.

> Note these further expressions with *faire* + an infinitive:

faire attendre – to make someone wait
faire entrer – to show someone in
faire savoir – to let (someone) know
faire venir– to fetch
faire voir – to show

5 On s'entraîne

Traduisez les phrases suivantes en français:

1. They kept me waiting for hours.
2. Show them in!
3. He let me know that I was not welcome.
4. Do you think that we ought to fetch the doctor?
5. Show us your scar!

6 Travail écrit

Écrivez une rédaction d'environ 200 mots au sujet suivant: "On devrait interdire les greffes d'organes parce qu'elles représentent une atteinte à la dignité humaine."
Est-ce que vous êtes d'accord?

F. Le sida

On s'échauffe

Un moment donné, le sida était à la une de tous les journaux. On en parle beaucoup moins ces temps-ci. Qu'est-ce qui explique le manque d'intérêt actuellement? Est-ce qu'il n'y a plus de danger?

1 Activité de lecture et travail écrit

Lisez ce dépliant sur le sida et traduisez-le en anglais.

Que signifient les quatre lettres du mot "sida"?

Les lettres qui composent le mot "sida" définissent la nature de cette maladie:

S pour syndrome, c'est-à-dire l'ensemble des troubles provoqués par la maladie;

I et **D** pour immunodéficience: le virus atteint les défenses naturelles de l'organisme, qui ne peut plus se protéger contre des infections et risque d'être atteint par diverses maladies dites "opportunistes" et par certains cancers;

A pour acquise: l'immunodéficience est provoquée par un virus qui pénètre dans l'organisme. Cette immunodéficience est donc acquise par la personne qui en est atteinte.

2 Activité de lecture

«Le sida, on en meurt encore!»

En ce début d'été, le Ministère de la Santé lance une nouvelle campagne de communication destinée à prévenir de nouvelles contaminations. Les messages opposent des préoccupations estivales (14 juillet, bronzage . . .) ou de notre environnement (foot, internet . . .) et la poursuite dans l'indifférence de l'épidémie de sida. Le slogan "*on meurt encore du sida*" a le mérite d'exposer auprès du grand public une réalité qu'il a tendance à vouloir ignorer au vu des nouvelles thérapies. En effet, près de 10% des français pensent que celles-ci guérissent la maladie!

La campagne sera déclinée auprès des publics définis comme prioritaires, c'est à dire homos et bisexuels, femmes, usagers de drogues par voie intraveineuse, populations migrantes et surtout les jeunes.

Le budget total qui doit couvrir TV, presse, radio . . . est en augmentation (45 millions contre 36 en 99).

3 Exercice de compréhension

a. Trouvez *un mot* dans le texte qui veut dire:

1. Qui a comme but
2. Ce à quoi nous nous intéressons
3. Le manque de réaction
4. L'avantage
5. Ne pas tenir en compte

b. Répondez aux questions suivantes en français:

1. Quelle est l'attitude du grand public envers le sida à l'heure actuelle?
2. Qu'est-ce qui montre que le gouvernement prend la situation au sérieux?

4 Travail oral

Pour la Journée Mondiale du Sida, il y a eu une compétition. Il fallait dessiner une carte postale pour exprimer un message de solidarité envers les personnes touchées par la maladie. Des centaines de cartes ont été créées par des jeunes de 7 à 18 ans. Quatre ont été sélectionnées. Maintenant c'est à vous de choisir la meilleure carte.

Travaillez avec un partenaire pour prendre votre décision. Ensuite, il faut justifier votre choix, en disant pourquoi vous pensez que cette carte communique un message important au sujet du sida.

5 Travail d'écoute

Écoutez le témoignage de Magali qui parle de sa réaction personnelle aux campagnes de communication sur le sida. Ensuite, répondez aux questions suivantes:

1. Magali trouve qu'on ne parle pas assez:
   a) de la prévention du sida.
   b) des risques de la toxicomanie.
   c) de la fidélité dans les rapports sexuels.
2. Le changement des mœurs se passe:
   a) sans qu'on s'en aperçoive.
   b) graduellement.
   c) de façon abrupte.
3. D'après Magali, l'attitude envers les drogues est:
   a) de plus en plus tolérante.
   b) de plus en plus intolérante.
   c) carrément intolérable.
4. Quand on donne des conseils aux jeunes, on pense surtout à:
   a) la satisfaction personnelle.
   b) la sécurité par rapport à la santé.
   c) la liberté de l'individu.
5. D'après Magali, les valeurs traditionnelles sont:
   a) démodées.
   b) une bonne façon de contrôler le virus.
   c) un moyen de trouver le bonheur.

6 Activité de lecture

Lisez ce rap qui a été écrit par trois jeunes de 17 ans (Bachedine, Saïd et Samir) dans le cadre d'un concours qui visait à encourager des jeunes à produire des créations sur le sida. Ensuite, répondez aux questions.

Vocabulaire

MST: *des maladies sexuellement transmissibles*
Une capote: *un préservatif*

Nous on veut être des animateurs
Ou si possible devenir des chanteurs
Du moment qu'on a un micro
Pour pouvoir exprimer bien haut
Partir en guerre contre tous ces fléaux.

On veut animer des choses bien
Pour aider tous les médecins
Distribuer dans le monde entier des capotes
À tous nos potes.

On veut chanter contre les MST
Dire aux gens qu'il faut les détester
Écrire même s'il faut pour expliquer.

On veut chanter des trucs extra
Pour combattre ce fameux SIDA
On veut écrire des tas de poèmes
Et les dédier à tous ceux qui peinent.

On veut gratter sur nos guitares
Des airs qui aideront les toxicards
On va taper sur nos pianos
Pour tous les toxicos.

On construira des hôpitaux
Afin de sauver l'humanité
D'un sort qui ne doit pas lui être destiné
Mais pour l'instant, simple mec des cités
On pense à avoir notre BAC
Ensuite passer à la FAC
Et là on pourra enfin exaucer notre rêve
Éviter que des gens crèvent.

1. Qu'est-ce qu'ils proposent de faire pour lutter contre le sida?
2. Qu'est-ce qui montre qu'ils ont les pieds sur terre, malgré l'idéalisme de leurs ambitions?

G. Le sang contaminé

On s'échauffe

Qu'est-ce que c'est que l'hémophilie? Pourquoi les hémophiles ont-ils besoin de transfusions sanguines?

1 Activité de lecture

Lisez ce texte sur un scandale qui remonte aux années 80 et dont on parle toujours:

C'était bientôt après la découverte de la maladie du sida. On a constaté que la maladie se transmettait par le sang et que le stock de produits sanguins était peut-être contaminé. Cependant, pour des raisons financières, on a continué à les utiliser.

Trois personnes ont été impliquées:

- Le docteur Michel Garetta, directeur du Centre National de la Transfusion Sanguine (CNTS)
- Laurent Fabius, Premier Ministre
- Georgina Dufoix, Ministre des Affaires Sociales

Laurent Fabius

Voici une petite chronologie des dates clés dans cette affaire:

juin 83: Une étude du CNTS montre que des anomalies du système immunitaire sont apparues chez des hémophiles français.

juillet 84: Dans *Le Matin* Jacques Leibowitch écrit "La voie de transmission du virus du sida par le sang et par certains produits sanguins est démontrée."

décembre 84: Le docteur Pinon rend publique une étude qui indique un fort taux de contamination chez les donneurs de sang (autour de 0,6%). Il conclut que les produits pour les hémophiles, faits à partir de milliers de lots de donneurs, sont potentiellement *tous contaminés*.

juin 85: Le Premier Ministre annonce à l'Assemblée Nationale la mise en œuvre d'un processus pour dépister la présence du sida dans les produits sanguins. Il ne dit pas *quand*.

août 85: Le test sur les dons du sang est dorénavant obligatoire. Les produits sanguins non testés sont toujours en vente. Pendant deux mois encore, rien n'interdit leur commercialisation.

décembre 87: Le premier hémophile porte plainte. Il est infecté du sida suite à une transfusion sanguine.

octobre 92: On condamne Michel Garretta, l'ex-directeur du CNTS, à quatre ans de prison ferme.

septembre 94: Trois anciens ministres, y compris Fabius et Dufoix, sont mis en examen pour complicité d'empoisonnement.

2 Travail écrit

C'est au cours de 1985 que les actions des responsables sont les plus coupables. Écrivez un paragraphe pour expliquer pourquoi.

Voici quelques questions pour vous aider à structurer votre réponse:

> Qu'est-ce qu'on savait déjà à la fin de 1984?
> Qu'est-ce qu'on a continué à faire quand même pendant 1985?
> Pour quelles raisons est-ce qu'on a l'a fait?
> Quelle attitude est-ce que cela montrait envers la santé et la sécurité des hémophiles?

Rappel Grammaire

> p264

Remember that the perfect tense is used for completed actions or events in the past.

The **imperfect** tense is used:

> To describe a state of affairs in the past:
Le sang était contaminé. The blood was contaminated.
> To describe a state of mind in the past:
Il ne voulait pas perdre tout ce stock de sang. He didn't want to lose all the stock of blood.
> Something that used to happen on a regular basis in the past:
Je donnais du sang quand j'étais plus jeune. I used to give blood when I was younger.
> Something that was going on at a given time in the past:
Je faisais mon bac quand ce scandale a éclaté. I was doing my baccalauréat when this scandal started.

3 On s'entraîne

Conjuguez les verbes dans le texte ci-dessous. Ils vous sont donnés à l'infinitif. Dans la plupart des cas, vous devez choisir entre le passé composé (le parfait) et l'imparfait. Il y a aussi certains verbes qui nécessitent le présent.

On parle encore d'un scandale qui (éclater) dans les années 80. On (découvrir) que des gens séropositifs (donner) du sang mais on (ne pas utiliser) de test à l'époque pour dépister la présence du virus. (Il y a) donc tout un stock de sang contaminé. On (le signaler) au gouvernement.

Mais on (ne pas interdire) la commercialisation de ce sang porteur du sida. Ce (ne pas être) un hasard. Le docteur Garetta (savoir) que les flacons (contenir) du sang meurtrier, mais il (les répandre) dans la France entière.

4 Exercice d'écoute

On pourrait être découragé par ce scandale mais il reste très important de donner du sang. Aucun autre produit ne peut se substituer complètement au sang humain. C'est pourquoi le don de sang peut souvent sauver une vie. Si vous avez entre 18 et 65 ans, vous aussi pouvez faire le geste.
Bien sûr, ce don est sans risque de contamination maintenant. Tout le matériel est stérile et utilisé seulement une fois.

Don du Sang · Don du Sang ·
Don du sang
Aujourd'hui, je peux décider de sauver des vies
www.dondusang.net
EFS

a. Écoutez ce qui se passe quand vous donnez du sang et mettez-les événements ci-dessous dans le bon ordre:

A. Le prélèvement du sang
B. L'entretien avec un docteur
C. L'analyse du sang
D. Une restauration sur place
E. Une enquête sur votre état de santé
F. Une décision sur votre aptitude
G. L'accueil par l'équipe médicale

b. Écoutez le témoignage de Pierrette et répondez, en français, aux questions suivantes:

1. Depuis combien de temps est-ce qu'elle donne son sang?
2. Qu'est-ce qu'elle appréciait surtout quand elle donnait du sang en tant qu'étudiante?
3. Qu'est-ce qu'elle a fait comme études?
4. Comment est-ce que son sang peut être utilisé? (trois exemples)
5. Combien de fois par an est-ce qu'elle donne du sang?
6. Qu'est-ce qu'elle fait de plus pour aider le travail de l'Établissement Français du Sang?
7. Combien de volontaires donnent régulièrement du sang en France?

5 Travail oral

Vous êtes maintenant expert en ce qui concerne les dons du sang. Qu'est-ce que vous diriez pour répondre aux questions suivantes? Préparez des réponses orales.

> Le don du sang est-il indispensable?
> Quelles sont les conditions pour être donneur de sang?
> Y a-t-il des risques d'infection ou de contamination pour le donneur?
> En quoi consiste exactement le don?
> Puis-je devenir donneur de sang?
> Qui organise le don du sang?

H. Les médicaments: Un pas dans le bon sens?

On s'échauffe

Est-ce que vous avez une petite pharmacie à la maison? Quels médicaments s'y trouvent? Quand vous êtes enrhumé, prenez-vous un remède spécialisé, ou vous contentez-vous d'une aspirine ou d'un paracétamol? Croyez-vous aux remèdes naturels?

1 Travail d'écoute

Évidemment, les laboratoires qui créent de nouveaux médicaments ne font pas du travail bénévole. Ils veulent vendre leurs produits. Parfois les représentants de ces compagnies mettent beaucoup de pressions sur les généralistes pour qu'ils prescrivent leurs drogues.

Écoutez ce que dit Leila. Elle est secrétaire dans un centre médical et reçoit les visiteurs à la réception.
Répondez aux questions suivantes en français:

1. Pourquoi est-ce que les représentants des laboratoires téléphonent à Leila?
2. Quel est leur but?
3. Comment est-ce qu'ils essaient de "persuader" les médecins?
4. Qu'est-ce qui a fait rire Leila?
5. Comment est-il, le médecin pour qui Leila travaille?
6. Quelle est son opinion sur d'autres médecins?

2 Activité de lecture

Lisez cet article sur la réponse de la Sécurité Sociale aux abus dans le domaine des médicaments:

Pour diminuer le coût des médicaments en France, la Sécurité Sociale fait une grande campagne en ce moment pour encourager les médicaments génériques. Le générique est la copie d'un médicament existant. Son brevet de fabrication est parvenu dans le secteur public. Son prix est inférieur à l'original de 30%, car le fabricant des génériques ne supporte pas les frais de recherche et de développement de l'original. Ce générique comporte les mêmes molécules et a les mêmes effets que le médicament d'origine. Il est aussi efficace et fait objet des mêmes contrôles. Il peut remplacer un autre médicament à tout moment, même au milieu d'un long traitement. Il y a déjà des génériques pour beaucoup de maladies, qu'elles soient de longue ou de courte durée.

Sur chaque boîte on trouve la mention "Gé" avec un nom de marque ou le nom de la molécule et du laboratoire.

Pour encourager l'utilisation de ces médicaments, le décret du 11 juin 1999 permet aux pharmaciens de remplacer les médicaments inscrits sur l'ordonnance par des génériques. On appelle ça le droit de substitution. Les pharmaciens ne peuvent pas imposer cette substitution. Ils se contentent de l'encourager. Bien sûr, il va falloir du temps pour changer les habitudes, mais les résultats pourraient être fantastiques: on pourrait économiser six cent millions d'euros chaque année. Les malades, par ailleurs, continueraient à être bien soignés.

3 Exercice de compréhension

Les Français aiment leurs belles boîtes de médicaments, grandes marques et laboratoires mondialement connus. Les génériques paraissent moins attrayants et les gens s'en méfient. Voici les questions que posent les gens. Prenez le rôle du pharmacien et répondez-leur. Il s'agit de trouver la réponse dans le texte ci-dessus.

1. Les génériques sont-ils vraiment efficaces?
2. Le médecin peut-il prescrire des génériques pour toutes les maladies?
3. Que se passe-t-il si je suis un traitement depuis longtemps?
4. Est-ce aussi sûr qu'un autre médicament?
5. Comment peut-on reconnaître un générique?
6. Est-ce que je serais remboursé de la même façon?
7. Quel est l'intérêt de ces médicaments?
8. Pourquoi leur fabrication revient-elle moins cher?

4 Travail oral

Travaillez avec un partenaire et faites un jeu de rôle. Imaginez une conversation entre un représentant sans scrupules qui veut absolument convaincre un médecin généraliste de prescrire un nouvel antibiotique développé par son Laboratoire. Le médecin, lui, est convaincu qu'il faut prescrire davantage de génériques.

Rappel Grammaire

> p260

Verb constructions

Look at this sentence from the last text you read:

Le décret du 11 juin 1999 permet aux pharmaciens de remplacer les médicaments inscrits sur l'ordonnance par des génériques.

(The decree of the 11 June 1999 allows pharmacists to replace the medicine on the prescription with generics.)

This gives you a lot of important information about the verb *permettre*:

> First of all, the person who is being allowed to do something is introduced by ***à***.

Ça permet aux pharmaciens...

In other words, French says to allow **to** someone to do something.

This is important because it means that if you wanted to replace the noun *pharmaciens* by a pronoun, it would need to be an **indirect** object pronoun.

Ça leur permet de ...

> Second, the verb which follows *permettre* is introduced by the preposition ***de***.

Ça leur permet de changer les médicaments.

> So, the full construction with the verb *permettre* is: *Permettre à quelqu'un de faire quelque cho se.*

Other verbs which follow this pattern are listed on page 261.

5 On s'entraîne

Traduisez les phrases suivantes en français:

1. The doctor advised him to take antibiotics for a fortnight.
2. She asked him to phone back the next day.
3. I promised the doctor to do more exercise.
4. He told the rep that he wasn't interested in his offers.
5. He allowed Simon to go.

6 Travail oral

Vous êtes chez votre correspondant en France. Son jeune frère vient de voir la publicité ci-contre dans un magazine. Il ne comprend pas tout à fait le message que *L'Assurance Maladie* essaie de communiquer. Expliquez-lui.

- **Dans quel sens est-ce qu'il y a un abus d'antibiotiques?**
- **Qu'est-ce qu'on nous conseille de faire?**

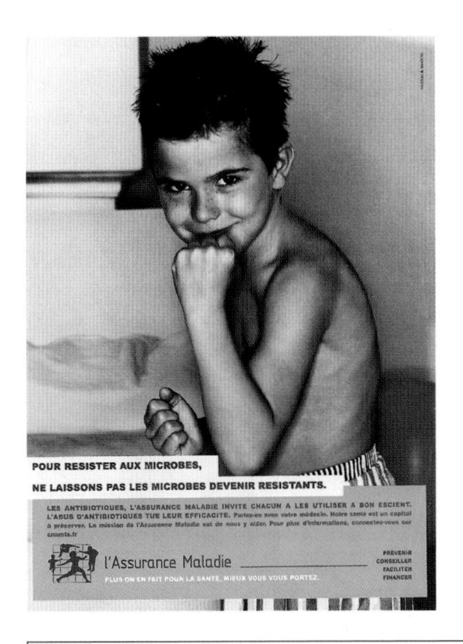

Pour résister aux microbes, en laissons pas les microbes devenir résistants.

Les antibiotiques, l'Assurance Maladie invite chacun à les utiliser à bon escient. L'abus d'antibiotiques tue leur efficacité. Parlez-en avec votre médecin. Notre santé est un capital à préserver.

I. Droit à la vie, droit à la mort

On s'échauffe

Les deux sujets de ce thème - l'avortement et l'euthanasie - sont très délicats sur le plan éthique. Est-ce qu'il s'agit d'un choix personnel dans les deux cas? Ou est-ce que nous avons une responsabilité collective pour sauvegarder la vie?

1 Activité de lecture

Lisez cette interview.

De nos jours on a tendance à parler plus de nos droits que de nos responsabilités. Cela a infiltré le monde de la médecine. L'avortement ou IVG, interruption volontaire de grossesse, reste un des sujets très discutés: il est douloureux pour certains, simple pour d'autres. Nous avons parlé avec Geneviève Créstias, généraliste à Valence.

On parle en France d'allonger la limite légale pour avorter de dix semaines à douze. Cela a provoqué de nouveau la colère des militants anti-IVG. Qu'est-ce que vous en pensez?

Pour moi, il y a peu de différence éthique entre dix et douze semaines. Un avortement, c'est un avortement. Ce qui compte, c'est de voir la différence au niveau clinique.

Il y a un changement important au niveau du foetus entre dix et douze semaines?

Oui, énorme. En France, 90% des Françaises font une échographie à onze semaines. Là, on voit le visage, les doigts, le sexe. On peut détecter toutes les malformations graves. Ces choses ne se voient pas à dix semaines ou avant.

Mais c'est bien, non, de pouvoir détecter ces malformations?

Le problème, c'est que l'embryon devient alors un produit. Il n'est plus une personne. Quand la femme apprend que l'enfant est malformé, elle subit tout un tas de pressions familiales et sociales. La crainte s'installe, la peur. Alors, on décide très vite de se débarrasser du bébé.

Vous pensez que ce choix est mauvais?

Oui, parce qu'il encourage l'eugénisme. On choisit ce qui est parfait, ce qui répond à nos idées. On poursuit un mythe. On voit même des avortements parce que le sexe du bébé n'est pas celui qu'on voulait.

Qu'est-ce qui, pour vous, serait la meilleure solution?

J'aimerais qu'on garde la loi à dix semaines, pour permettre aux cas de détresse de recevoir des secours. Après, il faut garder l'aide de l'IMG (interruption médicale de grossesse), qui se pratique dans des centres prévus par la loi de 1975 pour l'avortement. Elle permet à un comité dans chaque région de juger les cas particuliers: les malformations profondes, les cas médicalement dangereux pour la mère ou l'enfant. Là au moins, le choix d'avorter reste un cas particulier, pas banal.

Merci pour vos informations.

2 Travail écrit

Répondez aux questions suivantes en français:

1. Pourquoi les militants anti-IVG sont-ils en colère?
2. Quelle est la différence clinique dans l'état de l'embryon entre dix et douze semaines?
3. Qu'est-ce qui influence bien des femmes à se faire avorter?
4. Dans quel sens est-ce que certains couples pratiquent l'eugénisme sans en avoir vraiment conscience?
5. Quelle est la différence entre l'IVG et l'IMG?

3 Travail oral

Imaginez que vous êtes pour ce nouveau projet de loi qui envisage d'augmenter la limite légale pour avorter. Justifiez votre attitude dans une courte présentation orale.

4 Travail d'écoute

a. Écoutez le témoignage de Marie-Christine. Pour chaque affirmation ci-dessous, décidez si c'est vrai, faux ou pas mentionné:

1. Marie-Christine avait 24 ans quand sa fille est née.
2. Pendant sa grossesse, elle a fait douze échographies.
3. Elle a fait une échographie dans une clinique privée.
4. On a découvert, pendant la grossesse, que le bébé avait une fente labio-palatine.
5. Marie-Christine a demandé de se faire avorter.
6. Elle avait l'impression d'être soutenue par tout le monde.

b. Écoutez le témoignage une deuxième fois et répondez aux questions suivantes:

1. Quelle partie du corps est touchée par une fente labio-palatine?
2. Quel autre nom pour cette condition est mentionné par Marie-Christine?

5 Activité de lecture

Lisez ce texte sur l'euthanasie.

Alors que certains défendent le droit à la vie des 220 000 embryons avortés chaque année en France, d'autres réclament le droit à la mort des personnes âgées qui souhaitent mettre fin à leurs jours. Comme dans le cas de l'avortement, l'acte de provoquer ou d'accélerer la mort – l'euthanasie – est énormément questionné. Le débat s'est renouvelé récemment quand une infirmière de Mantes-la-Jolie a fait la une de journaux: elle avait, à trente reprises, donné la mort à des patients en phase terminale.
Quels sont les thèmes principaux du débat?

- **La volonté des patients:** Bien souvent, c'est la souffrance qui provoque ce désir d'en finir avec la vie. Elle enlève toute la joie, tout l'espoir, toute volonté de futur. On voit cela chez des personnes très âgées, qui végètent ou qui sont très handicappées. Mais on le voit aussi chez des gens plus jeunes. Ils sont frappés de maladies très douloureuses: certains cancers, certaines scléroses . . .
- **Le consentement des familles:** Une personne fait normalement partie d'un groupe. La famille proche soutient l'individu. Les liens d'amour sont peut-être étroits. Est-ce qu'on peut laisser un malade dans l'agonie prendre une décision aussi finale tout seul?
- **La loi:** En France, l'euthanasie est toujours considérée comme "homicide volontaire". La personne qui pratique l'euthanasie, comme l'infirmière de Mantes-la-Jolie, est condamnable.

Mais aux Pays-Bas, l'euthanasie est légale dans certaines conditions. Qui a raison?

6 Exercice de compréhension

Trouvez dans le texte une phrase qui indique que:

1. L'euthanasie est de nouveau dans les actualités en France.
2. L'infirmière à Nantes a aidé beaucoup de malades à trouver la mort.
3. La question de l'euthanasie ne concerne pas seulement les vieux.
4. Une décision sur la mort peut rarement être considérée comme individuelle.
5. L'infirmière de Nantes-la-Jolie risque de faire de la prison.

7 Travail écrit

Écrivez une rédaction de 250 mots au sujet suivant:
"Tout le monde a le droit de choisir de mourir dans la dignité."
Voici des idées pour vous aider:

En faveur de l'euthanasie:

> mettre fin à la souffrance
> faire arriver ce qui va arriver
> abréger le désespoir
> soulager les émotions des familles
> accorder la dignité à l'individu

Contre l'euthanasie:

> respecter la vie
> la possibilité de l'abus
> payer les docteurs pour accélérer les héritages
> la position difficile du médecin

Les alternatives:

> de meilleurs soins palliatifs
> une meilleure préparation à une mort naturelle

PHOTO FINISH

a. Regardez cette photo. Travaillez avec un partenaire et préparez un jeu de rôle.
Un d'entre vous jouera le rôle du jeune, l'autre prendra le rôle du père ou de la mère qui vient de découvrir ce jardin secret.

b. Que fait le gouvernement pour lutter contre le problème de la drogue? Préparez une présentation orale à ce sujet, en utilisant des informations et des idées de cette publicité.

www.toutterrain.co.uk

> **http://www.sijefume.com**
How to stop smoking, or how not to start, presented with an interactive animation.

> **http://choix.org**
Young Canadians share their opinions on this site.

> **http://perso.club–internet.fr/admd**
The ADMD (Association pour le Droit de Mourir dans la Dignité) presents facts and figures about euthanasia.

Unité 10

La France: Terre d'accueil

Terrain Thématique

- Qu'est-ce que c'est le racisme?
- Où la discrimination commence-t-elle?
- Quelle est la politique du Front National?
- L'apartheid existe-t-il en France?
- Pourquoi les parents de Zidane n'ont-ils pas le droit de voter?
- Avez-vous des préjugés?
- Qui sont les "Pieds Noirs"?
- Pourquoi est-ce que l'on s'entretue en Côte d'Ivoire?
- Est-ce qu'on est susceptible à la propagande raciale?

Ce chapitre vous permettra de répondre . . .

Terrain Linguistique

- Comparison of adverbs
- The passive (revision)
- Possessive pronouns
- The past historic
- Constructions with *manquer* and *plaire*
- Agreement of past participles (revision)
- *Dont*

A. Racisme: Un mal, des mots

On s'échauffe

Il y a un jeu de mots dans le titre de cette double-page. Pouvez-vous l'expliquer? Dans quel sens est-ce que les mots peuvent faire du mal?
Est-ce qu'il y a des limites à la liberté de la parole?

1 Travail d'écoute

Écoutez les définitions de certains mots-clés associés au racisme. Trouvez ci-dessous le terme qui correspond:

- Le racisme
- La xénophobie
- Une ratonnade
- L'antisémitisme
- L'ethnie
- L'eugénisme

2 Activité de lecture

Lisez cet extrait d'un livre sur le racisme de Jacques Tarnero.

D'où vient le racisme?

Pour les scientifiques d'aujourd'hui, les races n'existent pas. Par contre, le racisme, sous toutes ses formes, remporte un succès planétaire.

Le racisme est une notion récente, née des sciences du vivant et de l'anthropologie à la fin du dix-neuvième siècle. C'est l'époque où les scientifiques tentent de projeter sur les groupes humains les classifications animales établies par les naturalistes. Il s'agit donc à ce moment-là, du moins le croit-on, de faire une œuvre de science.

Ce projet de classement doit s'effectuer à partir de caractères spécifiques, perçus comme héréditaires, non seulement au plan physique, mais aussi aux plans intellectuel, culturel et social. Ce classement fonde par ailleurs une hiérarchie des types humains définis, allant des groupes identifiés comme inférieurs jusqu'à la race supposée parfaite.

Cette théorie a légitimé des actions qui visaient à réduire en esclavage ou à anéantir des populations jugées inférieures ou nuisibles. L'idée de la purification ethnique y trouve sa justification.

3 Exercice de compréhension

Trouvez dans le texte une courte phrase qui indique que:

1. Il existe différents types de racisme.
2. Le racisme est présent dans le monde entier.
3. Le racisme en tant que tel n'existe pas depuis très longtemps.
4. Le racisme classe les gens dans une série ascendante de pouvoir et de situation.
5. L'idée de la perfection chez une race n'est pas réelle.

4 Travail écrit

Répondez en français aux questions suivantes:

1. Dans quel sens l'existence même du racisme est-elle profondément ironique?
2. Pourquoi est-ce que les principes du racisme semblaient tout à fait raisonnables à la fin du dix-neuvième siècle?
3. Dans quel sens le classement des humains est-il complètement différent du classement des animaux?
4. Pourquoi le classement humain est-il extrêmement dangereux?

5 Travail oral

Le racisme s'exprime d'abord dans les mots du quotidien, dans le langage. Il commence par des mots avant de passer aux actes. Autrefois, les termes "sale juif" ou "sale nègre" traduisaient sans ambiguïté les opinions de celui qui les employait. Heureusement, de telles expressions doivent rester privées aujourd'hui parce qu'elles sont susceptibles d'être punies par la loi.
Pourtant, le langage des discours néo-racistes est loin d'être innocent.
Regardez la déclaration du premier Président du Front National en France sur la page suivante.

«J'aime mieux mes filles que mes cousines, mes cousines que mes voisines, et mes voisines que des inconnus.»
Heure de Vérité, 2 mars 1984

Travaillez avec un partenaire et discutez ensemble. Dans quel sens est-ce que cette déclaration semble tout à fait logique et innocente? Dans quel sens est-ce qu'elle est imprégnée d'idées racistes?
Préparez une petite présentation orale sur les dangers éventuels de cette déclaration.

Rappel Grammaire

> p254

Comparison of adverbs

> You are already familiar with the comparative and superlative of adverbs.
They are formed in exactly the same way as the comparative and superlative forms of adjectives:

Nous le voyons plus facilement d'ici. — We can see it more easily from here.
Je n'y vais pas aussi souvent maintenant. — I don't go there as often now.
C'est lui qui exprime ses idées le plus clairement. — He's the one who expresses his ideas most clearly.

> Note that the adverb *bien* has irregular forms for the comparative and the superlative:

Il s'exprime bien. — He expresses himself well.
Il s'exprime mieux que moi. — He expresses himself better than me.
Il s'exprime le mieux. — He expresses himself the best.

> In the same way, the adverbs *beaucoup* and *peu* have irregular forms:

Adverb	comparative	superlative
beaucoup	*plus*	*le plus*
peu	*moins*	*le moins*

6 On s'entraîne

Traduisez les phrases suivantes en français:

1. He knows better than you.
2. I don't have the chance to see them as often as I would like.
3. He works a lot, but I think that I work more.
4. You can see it better from the bedroom window.
5. She earns the most.

7 Travail oral

Lisez la citation d'Albert Einstein ci-dessous et préparez des réponses orales aux questions suivantes.

«Si la relativité se révèle juste, les Allemands diront que je suis allemand, les Suisses que je suis citoyen suisse, et les Français que je suis un grand homme de science. Si la relativité se révèle fausse, les Français diront que je suis suisse, les Suisses que je suis allemand, et les Allemands que je suis juif.»

> Qui était Einstein?
> De quoi parle-t-il lorsqu'il mentionne "la relativité"?
> De quoi son droit d'appartenir dépend-il?
> Est-ce que les étiquettes changent quoi que ce soit?
> Pourquoi est-ce qu'on traitera Einstein de "juif" seulement si la relativité se révèle fausse?
> Qu'est-ce que cela révèle de la mentalité des gens?

B. Discrimination à l'école et au travail

On s'échauffe

Le racisme n'est pas toujours ouvert ni flagrant. La discrimination est bien souvent sournoise et subtile. Est-ce que vous avez vu ou vécu des expériences d'une telle discrimination à l'école ou ailleurs? Comment avez-vous réagi dans ces circonstances?

1 Activité de lecture: La discrimination raciale au collège.

Dans les collèges de banlieue, dès la sixième, les élèves français et ceux issus de l'immigration ne connaissent pas du tout le même sort. Des exemples? À niveau égal, les jeunes filles françaises se retrouvent dans des classes de bon niveau. Les filles, et plus encore les garçons, d'origine Maghrébine, eux, peuplent le plus souvent les "mauvaises classes". «Cette fabrication de filières a des effets désastreux sur l'identité des jeunes issus de l'immigration ...» explique Payet, sociologue-chercheur à l'université de Lyon II. «Les enfants intègrent l'idée qu'ils sont mauvais. Ils étaient fiers d'être à l'école, ils finissent par la rejeter, parce qu'ils ont un réel sentiment d'injustice.» Comment en est-on arrivé là? «Les parents français refusent que leurs enfants soient mélangés avec les enfants des quartiers. Et les enseignants veulent de bonnes classes.» Résultat: le chef d'établissement s'exécute.

2 Exercice de lecture et de compréhension

Lisez le témoignage de six personnes dont il s'agit dans ce texte:

- > Monsieur Simon: chef d'établissement dans un collège de banlieue.
- > Monsieur Dupont: un parent d'élève, d'origine française.
- > Thérèse: une jeune fille maghrébine.
- > Anne-Laure: une autre fille, d'origine française.
- > Monsieur Boutonnet: professeur dans le collège.
- > Monsieur Babiole: le sociologue-chercheur de l'université de Lyon II.

Pour chaque affirmation il faut:

- ✔ décider qui c'est qui parle
- ✔ trouver une phrase dans le texte qui justifie votre décision.

Copiez et complétez ce tableau qui commence avec un exemple:

Affirmation	Personne qui parle	Phrase dans le texte
1. *Je ferais de mon mieux pour vous accommoder, Monsieur.*	***Le chef d'établissement***	***"Le chef d'établissement s'exécute."***
2. *Avant, je recevais de bonnes notes. J'étais contente. Plus maintenant...*		
3. *Ce tri sélectif selon la couleur de la peau est à la base de l'échec scolaire de beaucoup.*		
4. *Si vous ne la sortez pas de cette classe, je la mettrai dans un autre établissement.*		
5. *J'avoue que je choisis toujours de préférence les classes où les élèves sont motivés.*		
6. *C'est bizarre. Mohammed avait les mêmes notes que nous l'an dernier, mais il n'est plus dans notre classe.*		

3 Activité de lecture et travail oral

Lisez cet extrait et préparez le jeu de rôle qui s'ensuit.

Quand elle découvre dans un journal de l'Yonne une petite annonce proposant deux emplois d'hôtesse de vente, Aïcha , 25 ans, décroche aussitôt son téléphone. À l'autre bout du fil, une femme lui demande son nom de famille. Évidemment, sa consonance est maghrébine. «Les emplois sont déjà pourvus», lui répond-on. Aïcha, étonnée, contacte son amie Nadine. Cinq minutes plus tard, celle-ci appelle et obtient un entretien immédiatement.

Imaginez la conversation entre Aïcha et son amie Nadine. Aïcha raconte à son amie ce qui s'est passé quand elle a téléphoné pour avoir des renseignements sur le poste dans la petite annonce. Nadine promet de faire quelque chose. Préparez un court dialogue.

4 Travail écrit

Le cas d'Aïcha n'est pas isolé. Cette offre d'emploi a été trouvée en Alsace. Regardez-la bien et puis écrivez un paragraphe d'environ 120 pour expliquer comment elle est certainement un exemple de discrimination raciale. Réfléchissez bien! Qu'est-ce que c'est le bleu-blanc-rouge? Qu'est-ce que cela laisse entendre?

Magasin de jouets
recherche
■ *15 caissières*
■ *10 conseillers de vente*
■ *15 employé(e)s*
Profils:
✓ *Jeune*
✓ *Moins de trente ans*
✓ *Bleu-blanc-rouge*

5 Travail d'écoute

Écoutez deux avocats, Me Didier Seban et Me Olivier Noël, qui s'intéressent à la discrimination raciale dans le domaine de l'embauche. Pour chacune des phrases ci-dessous, décidez s'il s'agit de Seban, de Noël ou d'aucun des deux.
Avant de commencer cet exercice, renseignez-vous dans un bon dictionnaire ou sur le Net. Il faut savoir ce que veulent dire les abréviations suivantes:

> MRAP > ANPE > ASSEDIC

C'est qui?

1. Il travaille pour le MRAP.
2. Il travaille pour l'ANPE.
3. Il dit que les chefs d'entreprises sont subtils.
4. Il dit que les annonces étaient mieux contrôlées dans le passé.
5. Il dit que les chefs d'entreprise ont envie de changer maintenant.
6. Il dit que le progrès a été facile.
7. Il dit que les chefs d'entreprise n'acceptent pas l'idée qu'ils sont, eux-mêmes, racistes.
8. Il a dix ans d'expérience dans le domaine de la discrimination en ce qui concerne l'embauche.
9. Il est plutôt positif en ce qui concerne la situation actuelle.
10. Il dit que les chefs d'entreprise refusent même de voir les candidats d'origine étrangère.

6 Travail oral

Regardez l'image ci-dessous et préparez des réponses aux questions.

- **Combien de groupes de personnes voyez-vous dans cette image?**
- **Quel type de vêtements portent les gens dont on voit le visage?**
- **Que fait la femme qui porte des lunettes?**
- **Dans quelle direction vont-ils?**
- **Où vont les autres?**
- **Que portent-ils comme vêtements?**
- **Qu'est-ce qu'ils ont en commun?**
- **Quel est le message essentiel de ce dessin?**

C. Les hauts et les bas du Front National

On s'échauffe

Nous habitons un pays pluri-ethnique. Remuez-vous les méninges et faites une liste de tous les avantages de cette variété culturelle.

1 Activité de lecture et travail écrit

Lisez ce texte et répondez en français aux questions qui suivent.

Aux élections municipales de juin 1995, trois villes du sud-est de la France ont élu un Maire appartenant au Front National. Le FN est un parti d'extrême droite. Il veut encourager la "préférence nationale" et garder une France blanche, épurée de toute "contamination" extérieure. Qu'est-ce qui explique cet extrémisme au sein de la France?

L'essor du Front National s'explique en grande partie par l'insécurité intérieure. Aux moments de crise, les immigrés deviennent facilement un bouc émissaire. Le slogan lepéniste "trois millions d'étrangers, trois millions de chômeurs – l'équation est facile à faire!" a connu un grand succès au cours des années 90. C'était l'immigré, le Maghrébin en tête, que l'on dénonçait comme la cause des malheurs de l'Hexagone.

Le sentiment de précarité, le manque de certitude dans le domaine de l'emploi, l'accumulation des frustrations personnelles ont avantagé le Front National. Il est apparu pour de nombreuses personnes comme le seul parti capable de frapper fort et d'installer l'ordre dans un pays marqué par le chômage et la délinquance.

Et aujourd'hui? Aux élections européennes de 1999, le Front National a reçu 3,3% des votes, ce qui représentait une forte baisse. Pour certains, le parti était allé trop loin. Protéger la France, c'était une chose. Laisser la police frapper et même tuer des gens pour de petits délits parce qu'ils étaient arabes, c'était beaucoup plus grave. Ensuite, la Coupe du Monde en 1998 a fait du bien à la France. Un héro mondial d'origine maghrébine, c'était fantastique. Cela montrait que l'on pouvait faire une équipe de toutes les couleurs qui fonctionnait bien. Et enfin, et surtout, le Front National s'est pris à son propre jeu de pouvoir. Ses dirigeants, Jean-Marie le Pen et Bruno Maigret, se sont disputés et ont ainsi divisé et affaibli le parti.

La France semble être de nouveau sur le bon chemin au début de ce nouveau millénaire . . . Ce serait une bonne et belle chose!

Septembre 2001

Vocabulaire

lepéniste: qui suit la politique de Le Pen (extrême droite)

1. Qu'est-ce qui a annoncé la montée de l'extrême droite en 1995?
2. Quelle est la philosophie du Front National?
3. Qu'est-ce qui a favorisé le Front National au cours des années 90?
4. Dans quel sens le Mondial de 98 a-t-il fait du bien à la France?
5. Qu'est-ce qui a provoqué une chute de popularité du Front National?

2 Travail oral

Imaginez que votre père a entendu le slogan "Trois millions d'étrangers, trois millions de chômeurs – l'équation est facile à faire". Il semble convaincu par cette logique. Vous devez lui expliquer tous les défauts de cet argument.
Travaillez avec un partenaire et préparez un petit dialogue.

3 Travail de recherche

Renseignez-vous sur le Front National aujourd'hui. Quels sont les thèmes d'actualité? Vous pouvez écrire au parti pour demander de la documentation, ou peut-être visiter leur site sur le Net. Présentez ce que vous découvrez aux autres membres de la classe.

Voici les co-ordonnées:

Front National: 4 rue Vauguyou, 92210 Paris
Tél: +33 1 41 12 10 08
www.front-nat.fr

4 Travail d'écoute

Vous allez entendre six personnes parler de leurs convictions politiques. Trois d'entre elles ont des tendances d'extrême droite; les trois autres défendent plutôt les droits de l'homme.

Pour chacune des phrases dans le tableau, il faut identifier la personne dont il s'agit.

Qui...	... dit quoi?
> *Albert*	1. ... *pense que la France n'est pas assez forte pour s'occuper des problèmes des autres.*
> *André*	2. ... *pense que l'immigration est comme une invasion.*
> *Sylvain*	3. ... *pense que les frontières géographiques n'ont guère d'importance.*
> *Danièle*	4. ... *voudrait voir des contrôles plus stricts en ce qui concerne l'immigration.*
> *Laure*	5. ... *prône le soutien les uns des autres.*
> *Véronique*	6. ... *pense que le FN est un fléau dont la France devrait se débarrasser.*
	7. ... *pense que les Arabes n'ont pas les capacités nécessaires pour le travail.*
	8. ... *critique le FN pour son manque d'honnêteté.*
	9. ... *cite la situation dans une ancienne colonie française pour soutenir son argument.*
	10. ... *a peur du chômage.*

5 Travail oral

Être raciste, c'est séparer, organiser les personnes selon des critères génétiques, sociaux, religieux.
Être humain, c'est aborder chaque personne individuellement, sans préjugé, sans idées reçues d'ailleurs. C'est de s'intéresser aux droits des autres.
Regardez la publicité ci-contre pour la Fédération Internationale des Droits de l'Homme. Quelqu'un vient de vous demander ce que c'est la *fidh*. Expliquez-lui en 60 secondes.

6 Travail écrit

Écrivez une rédaction au sujet suivant:
"La France aux Français" – un slogan juste et légitime?

Il faut expliquer l'origine de cette affirmation extrémiste. Pourquoi est-ce que Le Pen a convaincu beaucoup de gens pendant les crises économiques des années 90? Quels sont les défauts de cet argument?
Dans votre conclusion, il faut donner votre réaction personnelle face au racisme et à l'exclusion.

Contribuez avec nous à défendre les droits de l'Homme. La lutte pour les droits de l'Homme, ce sont des hommes et des femmes qui luttent pour vos droits. Depuis plus de 75 ans, la Fédération internationale des ligues des droits de l'Homme défend activement, dans le monde entier, le respect des droits de l'Homme. En recueillant des témoignages, en protégeant les victimes et en informant l'opinion publique, la FIDH intervient partout et tous les jours. Ce combat contre l'injustice, l'illégalité, l'intolérance et toute forme de racisme ou de discrimination est soutenu et relayé par les 105 organisations membres de la FIDH, dans près de 100 pays.

D. Apartheid à la française

On s'échauffe

Qu'est-ce que c'est l'apartheid? Quel pays africain était célèbre pour sa politique d'apartheid?
Qu'est-ce qui s'est passé dans ce pays là?
Est-il possible qu'une forme d'apartheid existe dans nos pays européens et libéraux?

1 Activité de lecture

Lisez ce témoignage d'Hermann Ebongue.

Je suis étudiant à Paris et je peux vous dire qu'un apartheid existe bel et bien en France. C'est pour ça que je fais du bénévole pour SOS Racisme. C'est une organisation qui a été fondée pendant les années 80 et qui lutte contre la discrimination raciale.
Moi, j'essaie de faire quelque chose de concret et de pratique pour aider ceux qui buttent contre l'injustice. Ce matin, par exemple, j'ai reçu une plainte de Mohammed. Il essayait de trouver un studio et il a vu une petite annonce prometteuse dans "De particulier à particulier". Il a téléphoné au propriétaire qui lui a tout de suite demandé s'il était d'origine française. Quand Mohammed a répondu qu'il était français, issu de la deuxième génération, le propriétaire lui a signalé que le studio avait déjà été pris.
Mohammed est loin d'être convaincu que ce soit vrai et c'est pour cela qu'il a contacté SOS Racisme. Dorénavant, son problème est le mien. Étant donné que je travaille pour SOS Racisme, mon soutien pourrait faire faire la différence pour Mohammed, si je l'aide à pousuivre cette affaire.

2 Travail écrit

Vous découvrez que Monsieur Leroy, le propriétaire dont il s'agit dans le texte ci-dessus, ne disait pas la vérité. Prenez le rôle de Hermann Ebongue et écrivez-lui pour vous plaindre de son comportment envers Mohammed. Vous écrivez cette lettre dans votre capacité officielle de bénévole pour SOS Racisme.
Vous essayez d'expliquer, dans la lettre, que son comportement est inacceptable à bien des égards.
Vous gardez un ton mesuré et respectueux dans la lettre.

3 Travail oral

Préparez un petit discours d'environ 60 secondes pour expliquer la situation illustrée dans le dessin ci-contre.

4 Exercice de compréhension

Regardez les extraits ci-contre de l'histoire de SOS Racisme. Ensuite, pour chaque phrase ci-dessous, choisissez la date à laquelle ça correspond.

1. Les médias s'intéressent sérieusement à l'Association.
2. La lutte contre le racisme franchit de nouvelles frontières.
3. Une campagne de communication mise la coopération et l'unité.
4. Le Pen n'a pas la vie tranquille quand son parti organise sa rencontre annuelle.
5. L'influence du FN est en train de diminuer alors que la voix du SOS Racisme se fait entendre davantage.
6. C'est la case de départ pour l'Association et un nouveau slogan.

octobre 84	**Création** de l'Association "SOS Racisme – Touche pas à mon Pote".
février 85	Le Nouvel Observateur consacre sa "Une" au badge des Potes.
août 85	**Invasion** de la South Africa Air Lines pour protester contre l'exécution du poète sud-africain Benjamin Moloïsé.
août 96	Le Pen, Président du Front National, affirme: «Je crois à l'inégalité des races.»
mars 97	Le train de la fraternité: manifestation de plus de 50 000 personnes contre le congrès du FN à Strasbourg.
avril 97	**Ouverture** de l'année européenne contre le racisme.
mars 98	Assistance du Ministre de l'éducation au Conseil National de SOS Racisme pour lancer la semaine d'éducation contre le racisme.
mai 98	Marche du 150ème anniversaire de l'abolition de l'esclavage. 10 000 personnes au rendez-vous.
septembre 98	**Lancement** d'une pétition nationale pour l'arrêt du financement public du FN.
octobre 98	Sortie des trois affiches "N'oublions pas qu'on peut être tous ensemble".
novembre 98	**Publication** du livre "Un apartheid à la française".
juin 99	**Élection** au Parlement Européen de Fodé Sylla (Président de SOS Racisme International). Chute de l'extrême droite.

7. Un chef politique énonce l'inadmissible.
8. Le gouvernement montre clairement son soutien pour l'Association.
9. On prétend que le FN ne mérite aucune aide de l'état.
10. On se souvient d'une nouvelle liberté au dix-neuvième siècle.

5 On s'entraîne

Remplacez chaque substantif en gras dans la chronologie ci-dessus par une phrase avec un verbe dans la voix passive.

Exemple: Création: *L'Association SOS Racisme a été créée.*

Grammaire

> p258

Possessive pronouns

> The possessive pronoun does two jobs. It stands for, or replaces, a noun and it indicates who owns something.

J'ai trouvé ton passeport, mais je n'ai pas encore trouvé le mien. — I've found your passport, but I haven't found mine yet.

Here, *le mien* stands for *passeport* and indicates that the passport in question belongs to me.

It is much neater than saying: *J'ai trouvé ton passeport, mais je n'ai pas encore trouvé mon passeport.*

> ***Le mien*** changes or declines according to the number and gender of the noun that it is replacing.

Si ta voiture est au garage, tu peux prendre la mienne. — If your car is at the garage, you can take mine.

In this example, *le mien* has changed to *la mienne* because it stands for *la voiture.*

> The possible forms of the possessive pronoun "mine" are as follows:

	Masc. singular	**Fem. singular**	**Masc. plural**	**Fem. plural**
Mine	*Le mien*	*La mienne*	*Les miens*	*Les miennes*

Others are listed on page 258.

6 On s'entraîne

Traduisez les phrases suivantes en français.

1. My parents are of Italian origin. And yours?
2. Their culture is very different from ours.
3. Whose idea was this? It was theirs.
4. My accent isn't very authentic. Hers is almost perfect.
5. I would like a job like yours. Mine is boring!

E. Un bon accueil pour l'étranger?

On s'échauffe

Quels sont les problèmes auxquels on doit faire face lorsqu'on s'installe dans un autre pays? Comment est-ce qu'un pays peut se montrer accueillant envers ses résidents qui sont d'origine étrangère?

1 Activité de lecture et exercice de compréhension

Lisez l'article ci-dessous et répondez en français aux questions qui suivent.

Le droit de vote aux étrangers

Ce n'est pas normal. Il y a des gens qui habitent en France depuis des années. Ils participent à la vie de la communauté. Leurs enfants vont à des écoles françaises et à des universités françaises. Ils paient des impôts comme les autres. Mais ils ne votent pas. Kofi Yamgnane, député socialiste du Finistère, résume bien cette anomalie quand elle demande: «Comment va-t-on expliquer aux Français qu'on a demandé à Zidane de porter le drapeau tricolore et qu'on a interdit à ses parents, habitant en France depuis des années, de voter dans leurs communes?» Les partis politiques font des promesses, mais ils sont très lents à les mettre en pratique. Le calendrier des promesses et des déceptions en est la preuve:

printemps 1981: François Mitterand, candidat aux élections présidentielles, envisage de "donner aux immigrés le droit de voter aux élections municipales après cinq ans de présence sur le territoire français."

automne 1981: Mitterand est dorénavant Président. Il paraît urgent tout à coup d'attendre.

Une vingtaine d'années s'écoulent ...

automne 1999: Le MRAP et la Fédération Léo Lagrange lancent la campagne "même sol, mêmes droits, même voix". Ils reçoivent un grand soutien.

novembre 1999: Un sondage publié par "La Lettre de la Citoyenneté" montre que 52% des Français se déclarent pour le vote aux étrangers, contre 32% en 1994. Les hommes politiques commencent à bouger aussi. «Le Gouvernement doit maintenant octroyer aux résidents qui ont des origines hors la communauté européenne des droits correspondant à leurs devoirs», dit Michel Destot, Maire socialiste de Grenoble.

printemps 2001: Elisabeth Guigou propose de nouvelles lois à l'Assemblée Nationale. C'est la première grande discussion politique de ce sujet.

décembre 2007: La date prévue par le Premier Secrétaire du Parti Socialiste, François Hollande, pour l'aboutissement du processus.

1. Pourquoi est-ce qu'il semblerait tout à fait naturel que certains étrangers aient le vote en France?
2. L'attitude de Mitterand a-t-elle été complètement honnête?
3. Comment est-ce que l'opinion française a changé à ce sujet?
4. Quel est le principe essentiel selon Michel Destot?
5. En quoi l'année 2001 marque-t-elle un tournant?

2 Travail oral

Vous vous rappelez sans doute de Zinédine Zidane, joueur de foot dans l'équipe nationale. Il est d'origine arabe et ses parents n'ont pas le droit de voter dans des élections en France. Travaillez avec un partenaire. Un de vous va jouer le rôle du père ou de la mère de Zidane. L'autre va prendre le rôle de quelqu'un qui travaille pour MRAP.

Imaginez une interview. Le but de l'interview pour celui qui travaille pour MRAP, c'est de souligner l'injustice du cas des parents de Zidane et de beaucoup d'autres comme eux.

3 Travail d'écoute

Ce que font nos voisins: Listen to this round-up of information about what voting rights our European neighbours give to their residents who come from non-EU countries. Make notes in English on the situation in:

> Ireland
> Sweden
> Denmark
> Holland
> Finland
> Spain and Portugal
> The United Kingdom
> Belgium and Germany
> Austria, Greece and Luxemburg

4 Activité d'écoute et de lecture

Chanson pour l'Auvergnat: Il n'est pas facile de vivre loin de la maison dans un autre pays. Il est parfois très dur d'être minoritaire dans une autre culture. Donner le droit de vote, c'est une façon d'accueillir l'étranger. Mais il y en a d'autres . . .

Dans *La chanson pour l'Auvergnat*, Georges Brassens nous parle de trois personnes qui lui ont réservé un bon accueil alors que d'autres ne l'acceptaient pas. Elle évoque, de façon très simple, l'importance de l'amitié et de l'hospitalité. Lisez et écoutez la chanson.

Elle est à toi, cette chanson,
Toi, l'Auvergnat qui, sans façon,
M'as donné quatre bouts de bois
Quand, dans ma vie, il faisait froid,
Toi qui m'as donné du feu quand
Les croquantes et les croquants,
Tous les gens bien intentionnés
M'avaient fermé la porte au nez . . .
Ce n'était rien qu'un feu de bois,
Mais il m'avait chauffé le corps,
Et dans mon âme il brûle encore
À la manière d'un feu de joie.

Toi l'Auvergnat, quand tu mourras
Quand le croque-mort t'emportera,
Qu'il te conduise, à travers ciel
Au Père éternel.

Elle est à toi, cette chanson,
Toi, l'Hôtesse qui, sans façon,
M'as donné quatre bouts de pain
Quand, dans ma vie, il faisait faim,
Toi, qui m'ouvris la huche quand
Les croquantes et les croquants,
Tous les gens bien intentionnés
S'amusaient à me voir jeûner . . .
Ce n'était rien qu'un peu de pain,
Mais il m'avait chauffé le corps,
Et dans mon âme il brûle encore
À la manière d'un grand festin.

Toi, l'Hôtesse, qaund tu mourras,
Quand le croque-mort t'emportera,
Qu'il te conduise, à travers ciel,
Au Père éternel.

Elle est à toi, cette chanson,
Toi, l'Étranger qui, sans façon,
D'un air malheureux m'as souri
Lorsque les gendarmes m'ont pris,
Toi qui n'as pas applaudi quand
Les croquantes et les croquants
Tous les gens bien intentionnés
Riaient de me voir amené . . .
Ce n'était rien qu'un peu de miel,
Mais il m'avait chauffé le corps,
Et dans mon âme il brûle encore
À la manière d'un grand soleil.

Toi, l'Étranger, quand tu mourras,
Quand le croque-mort t'emportera,
Qu'il te conduise, à travers ciel,
Au Père éternel.

5 Travail écrit

a. Trouvez dans le texte l'équivalent français des phrases suivantes:

1. Without a fuss
2. Well-meaning people
3. (They) had shut the door in my face
4. To see me go hungry
5. It was nothing more than . . .

b. Choisissez une des strophes et essayez de la traduire en anglais. Est-ce que vous arrivez à trouver quelques rimes?

6 Travail oral

Préparez une présentation orale sur cette chanson de Brassens. Voici des idées et des questions pour vous aider:

❖ **une chanson de remerciements:**
- Qui est-ce qu'il tient à remercier?
- Est-ce qu'ils sont riches ou pauvres?
- Qu'est-ce qu'ils ont fait exactement?
- Que représentent le bois, le pain et le sourire?
- Dans quel sens est-ce que l'aide de l'Étranger est différente?

❖ **une chanson de révolte:**
- Qui sont les "croquantes et les croquants"?
- Est-ce que leurs bonnes intentions sont valables?
- Qu'est-ce qu'ils ont fait pour aider celui dans le besoin?
- Quelle est l'attitude du chanteur par rapport à ces gens?

❖ **une chanson de la vraie religion*:**
- Qu'est-ce que le chanteur souhaite pour ceux qui l'ont aidé?
- Dans quel sens est-ce que cette chanson vous fait penser à la parabole du bon Samaritain?
- Quel est le principe de base prôné par Brassens dans cette chanson?

* Attention: ça ne veut pas dire que ce soit une chanson religieuse.

F. Les préjugés raciaux

On s'échauffe

Qu'est-ce que c'est, un préjugé? Pourquoi les étrangers en sont-ils souvent les victimes? Par quels moyens peut-on les combattre?

1 Activité de lecture

Lisez cette courte introduction du roman *Élise ou la vraie vie*.

Le roman *Élise ou la vraie vie* de Claire Etcherelli a été publié en 1967. Le roman se situe dans la banlieue parisienne à la fin des années 50. C'était une période de changements sociaux et économiques importants en France. La guerre d'indépendance en Algérie s'intensifiait. En France, parallèlement, l'animosité entre les Français et les ouvriers immigrés d'origine arabe allait croissante.

C'est dans cette ambiance qu'une jeune bordelaise arrive à Paris. Là, Élise doit s'adapter à son nouveau travail dans une usine de voitures; ce n'est pas facile. Mais c'est quand elle tombe amoureuse d'Arezki, un Algérien, qu'elle découvre tout un monde de préjugés. La relation entre Élise et Arezki provoque de l'hostilité et les expose à des dangers inattendus. . .

2 Travail oral

An English friend takes *Élise ou la vraie vie* off your bookshelf. Explain to him in English what the book is about and why the fact that it is set in the late 1950s is important.

3 Activité de lecture

Lisez cet extrait du roman qui décrit ce qui se passe lorsque la police arrive dans l'immeuble d'Arezki.

Cela se fit très vite. Arezki alluma, tourna la clé. Ils entrèrent. Ils étaient trois. Quand ils m'aperçurent, ils sifflotèrent.

- Lève tes bras, Algérien, Marocain, Tunisien?
- Algérien.

Ils tâtèrent ses poches, ses manches.

- Tes papiers, ta feuille de paye. La dernière.
- C'est là, dit Arezki, montrant son portefeuille.
- Déshabille-toi.

Arezki hésita. Ils me regardèrent.

- Un peu plus tôt, un peu plus tard, ça sera fait pour tout à l'heure. Vite.

Je ne détournai pas la tête. Je m'appliquai à ne pas bouger, les yeux au-dessus d'Arezki, comme une aveugle qui fixe sans voir. Arezki avait baissé les bras et commençait à retirer son veston. Je ne voulais pas rencontrer son regard, il ne fallait pas que mes yeux quittent le mur au-dessus de sa tête.

- Papiers, Mademoiselle? Madame?

Si j'avais pu ne pas trembler. Pour leur donner ces papiers il me fallait ramasser mon manteau, me baisser, me lever, me relever, autant de gestes douleureux.

- Vous n'avez pas le droit, dit Arezki. Je suis en règle, je n'ai pas d'arme.
- Pas d'histoire, mon frère, déshabille-toi. C'est avec ta paye d'ouvrier que tu t'achètes des chemises comme ça?

C'était la chemise blanche, filetée, celle du boulevard Saint-Michel, je la reconnaissais. Devant la porte qu'ils avaient laissée ouverte, deux autres policiers passèrent.

- Alors et là-dedans?
- Il y a une femme, dit le policier qui se trouvait devant Arezki.

L'autre me regarda durement.

- Tu appelles ça des femmes!. . .

Ils sortirent dans le couloir. Arezki était toujours encadré par les deux policiers tenant leur arme à l'horizontale.

- Quitte ta chemise!

Arezki obéit.

- Allons, continue, le pantalon, pour que je le fouille.
- Lève tes bras!

En même temps, celui de gauche rapprocha d'Arezki la bouche de son arme. L'autre défit la boucle qui fermait la ceinture et le pantalon glissa. Arezki n'avait plus maintenant qu'un slip blanc. Ils rirent à cette vue.

- Ôte lui ça, il y en a qui planquent des choses dedans!

Tout en parlant il appuyait l'orifice de son arme sur le ventre d'Arezki. L'autre, du bout des doigts tira sur l'élastique et le slip descendit.

- Quand tu es arrivé en France, comment étais-tu habillé? Tu avais ton turban, non? Avec des poux dessous? Tu es bien ici, tu manges, tu te paies de belles chemises, tu plais aux femmes. Tiens, le voilà ton pantalon, et bonne nuit quand même.

Grammaire

> p266

The past historic

The past historic is a formal tense which is found in literary texts and some serious newspapers. It is a narrative tense. It tells a story and is used for completed actions or events in the past. It is the formal equivalent of the perfect tense, but it is not as flexible. *J'ai fait* means *I did*, but it can also mean *I have done*, which relates the past action to the present time.
The past historic equivalent, *je fis*, can only mean *I did*.

There are three different patterns for the past historic:

-er verbs (including *aller – j'allai*):

Je fermai	*Nous fermâmes*
Tu fermas	*Vous fermâtes*
Il / elle ferma	*Ils / elles fermèrent*

-ir and *-re* verbs and some irregular verbs (including *faire – je fis*):

Je descendis	*Nous descendîmes*
Tu descendis	*Vous descendîtes*
Il / elle descendit	*Ils / elles descendirent*

Other irregular verbs (including *être – je fus* and *avoir – j'eus*)

Je fus	*Nous fûmes*
Tu fus	*Vous fûtes*
Il / elle fut	*Ils / elles furent*

4 Travail oral

Travaillez avec un partenaire. Ensemble, rédigez une liste de tous les préjugés que montrent les policiers envers Arezki et Élise. Comparez votre liste avec celle d'autres membres de la classe.

5 Travail écrit

Imaginez que Arezki écrit une lettre au journal local pour se plaindre du comportement de la police. Il se plaint non seulement de ce qui lui est arrivé, mais aussi des préjugés dont il a été témoin.
Écrivez cette lettre. Il s'agit d'écrire entre 180 et 250 mots.

6 On s'entraîne

Identifiez et traduisez dix verbes au passé simple (past historic). Six doivent suivre le premier schéma, trois le second, et un le troisième.

G. Point Rencontre:
Camille et Mauricette Préher, Pieds-Noirs

On s'échauffe

Qu'est-ce que vous pensez de la colonisation? Est-ce que les pays européens ont apporté des bienfaits à leurs colonies ou est-ce qu'ils ont abusé de leur pouvoir? Est-ce qu'il est acceptable d'imposer une culture différente?

1 Travail d'écoute

L'Algérie était une colonie française. Elle a gagné son indépendance en 1962 après une guerre brutale.
Les gens d'origine française ont dû quitter l'Algérie en catastrophe pour s'installer en France. C'était pour beaucoup un pays étranger. Ces gens avaient la nationalité française, mais ils étaient nés en Algérie. On les appelait des Pieds-Noirs.
Vous allez entendre les expériences de Camille et Mauricette Préher quand ils ont dû quitter leur pays natal.

Copiez et complétez le tableau ci-dessous en français.

	Circonstances en 1962	Difficultés	Solutions
Camille			
Mauricette			

2 Activité de lecture

En 1962, des milliers de Français ont dû quitter l'Algérie. Après une guerre féroce et parfois brutale, l'ancienne colonie avait gagné son indépendance. Donc les Français sont partis. Pour beaucoup d'entre eux, c'était un départ en catastrophe: ils avaient dû tout laisser et se sont retrouvés sans rien. De leurs bateaux de fortune, on les a déposés pèle-mèle à Marseille. Souvent l'accueil était mauvais. Ils avaient représenté la France en Algérie, mais la plupart d'entre eux étaient nés là-bas et ne connaissait pas l'Hexagone. Certes, ils étaient blancs, mais ils avaient l'Afrique dans l'âme; ils avaient, pour ainsi dire, plus que le pied noir.

Malgré un mauvais départ, les Pieds-Noirs se sont peu à peu intégrés à leur "nouveau pays". Souvent ils ont eu beaucoup de succès sur le plan économique. Mais ils ont éprouvé beaucoup de tristesse à cause du pays oublié, laissé par force derrière eux.

Et que se passe-t-il quarante ans plus tard? Rendons visite à Carnaux-en-Provence. C'est une ville qui a été construite pendant les années 60 pour accueillir des Pieds-Noirs qui, au début, constituaient la totalité de la population. Aujourd'hui, il n'en reste que 50%. Selon le Maire, on sait très vite qui sont les "Pieds-Noirs."

«Les gens ont une manière de saluer ou de ne pas saluer qui dénote une familiarité ancestrale. Ils se connaissaient avant la fondation de la ville. Ils se connaissaient avant même de se connaître, ce qui ne peut arriver qu'à des exilés. Ils viennent de partout, d'Oran, d'Alger, de Mostaganem, d'autres localités qui ont changé de nom et dont même ceux qui y sont nés se souviennent à peine. Les anciens ont l'accent Pied-Noir. Leurs enfants n'ont déjà plus que des intonations provençales. Quant à la troisième génération, elle parle la langue de son temps, moitié cité, moitié télé.»

3 Travail écrit

Répondez aux questions suivantes en français:

1. Pourquoi les Pieds-Noirs ont-ils dû quitter l'Algérie en catastrophe?
2. Pourquoi, d'après vous, n'ont-ils pas reçu un bon accueil en France?
3. Comment est-ce que vous expliqueriez le fait que les Pieds-Noirs ont réussi sur le plan économique en France?
4. Qu'est-ce qui explique la tristesse des Pieds-Noirs?
5. Comment est-ce que les Pieds-Noirs de Carnaux "se connaissaient avant même de se connaître"?

4 On s'entraîne

Traduisez les phrases suivantes en français en utilisant les verbes "manquer" ou "plaire":

1. I miss the children.
2. I really like my new job.
3. They really liked the North African beaches.
4. Do you miss anything?
5. She has sold the car. She's going to miss it.

5 Travail oral

Voyage en Nost-algérie

Mettez-vous à la place d'un des anciens de Carnaux. Ça vous fait de la peine que vos propres petits enfants ne savent rien sur vos racines.
Expliquez ce qui vous manque de l'Algérie et pourquoi cet aspect de votre ancienne vie vous manque.

Exemple: *L'esprit communautaire me manque énormément. Il y avait une bonne ambiance parmi les expatriés. On se connaissait bien et on se soutenait les uns les autres.*

D'autres idées pour vous aider:

> le climat
> le sens de l'aventure
> le sens d'appartenir à une autre culture
> la cuisine nord-africaine
> l'aisance de la vie coloniale

La langue

Manquer* and *plaire

- If you want to say that you miss something, you use the verb ***manquer***, but the construction is different from what you might expect.
  Compare these two sentences:
  Le soleil lui manque en Angleterre.
  She misses the sun in England.

  The French turn the sentence round. Instead of saying "she misses the sun", they say that "the sun is missing or lacking to her".
  Note that the object pronoun, *lui*, is indirect: it's lacking **to** her.
- There is a similar construction with the verb ***plaire***:

La cuisine épicée lui plaît.	He likes spicy food.
Est-ce que les couleurs te plaisent?	Do you like the colours?

Again, the object pronoun is indirect.

H. Racisme à l'ivoirienne

On s'échauffe

Qu'est-ce que vous comprenez par le terme "purification ethnique"? Qu'est-ce qui est à la racine de la haine entre ces peuples qui habitent le même pays?

1 Travail d'écoute

La colonisation a provoqué d'énormes problèmes. Quand les anciennes colonies ont retrouvé les commandes de leur gouvernement, elles ont dû faire face à des tensions raciales entre divers groupes ethniques. Prenons, à titre d'exemple, le cas de la Côte d'Ivoire, pays africain de langue française.

Vous allez entendre une interview avec le juge Epiphane Ballo Zoro. Il est ivoirien, mais il s'inquiète de la situation dans son pays.

a. Écoutez son témoignage une première fois et indiquez, pour les affirmations suivantes, si c'est vrai, faux ou pas mentionné.

1. Pour l'instant, on a confié le gouvernement du pays à un étranger.
2. On ne sait pas qui est un "étranger".
3. Laurent Gbagbo vient du Nord de la Côte d'Ivoire.
4. Ballo Zoro, lui, est de l'Ouest du pays.
5. La justice ivoirienne est corrompue.

b. Écoutez l'interview une deuxième fois et répondez aux questions suivantes en français.

1. Qu'est-ce que c'est la "rwandisation" d'après Ballo Zorro?
2. Pourquoi est-ce que les politiques manipulent la notion d'étranger?
3. Quels sont les deux groupes principaux d'Ivoiriens?
4. Qui est considéré comme "un bon Ivoirien"?
5. Pourquoi est-ce que les juges sont coupables selon Ballo Zoro?

Rappel Grammaire

> p263

Agreement of past participles

> **avoir verbs**

The past participle agrees with a preceding direct object (if there is one):

Ta lettre? Je l'ai reçue ce matin — Your letter? I received it this morning.

> **être verbs**

The past participle agrees with the subject:

Elle est tombée malade pendant le voyage. — She fell ill during the journey.

> **reflexive verbs**

The past participle agrees with a preceding direct object. Usually this is built-in as the reflexive pronoun, but not always so.

Elle s'est lavée. — She washed.

Elle s'est lavé les mains. — She washed her hands.

Past participles are often used as adjectives.

La voiture est vendue. — The car is sold.

2 On s'entraîne

Dans le texte qui suit, il y a des blancs. Tous les mots qui manquent sont des participes passés. Ci-dessous vous trouverez les infinitifs des verbes dont il s'agit. Il vous reste deux choses à faire. Il faut d'abord décider quel verbe convient pour chaque blanc dans le texte. Ensuite, il faut trouver la forme du participe passé nécessaire. Attention surtout aux accords!

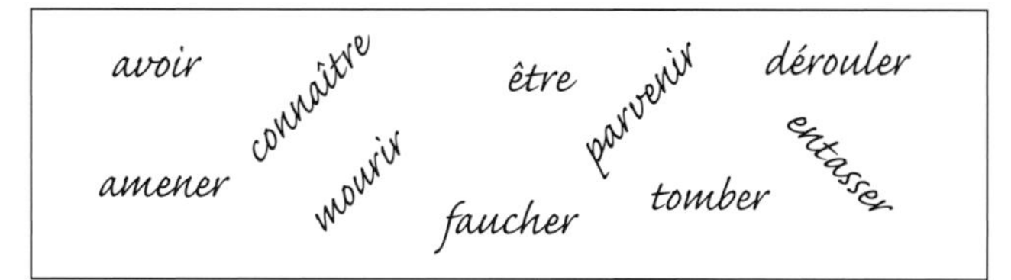

Une vague de xénophobie en Côte d'Ivoire

Les corps – une soixantaine – sont __1__ dans une clairière au bout d'un mauvais chemin. Les uns ont été suppliciés à la machette, les autres sont __2__ sous les balles des hommes en uniforme – probablement des gendarmes – qui les ont __3__ là à bord d'un camion militaire avant d'achever les blessés et de liquider les autres, __4__ par les rafales. Où sommes-nous? Au Rwanda? Dans le bush libérien? Dans une banlieue de Lagos? Non. Ce massacre s'est __5__ à Yopougan, un faubourg d'Abidjan, capitale d'un pays longtemps présenté comme un modèle de stabilité politique et de prospérité économique.

À quelques kilomètres de ce charnier, ailleurs, et au moment même où ces hommes étaient abattus, un nouveau Président de la République était en train de prêter serment. Le socialiste Laurent Gbagbo, enfin __6__ au pouvoir, avait du mal à cacher ses émotions.

Il sait qu'il doit son triomphe inattendu aux Ivoiriens qui ont __7__ le courage de descendre dans la rue pour empêcher le hold-up électoral tenté par son adversaire. Mais la vérité oblige à dire que c'est surtout le ralliement de la gendarmerie et d'une partie de l'armée qui a __8__ décisif.

«La Côte d'Ivoire dont je prends les rênes aujourd'hui ne ressemble plus à la Côte d'Ivoire que j'ai __9__ quand j'étais enfant» a avoué le nouveau chef d'État en prenant officiellement ses fonctions.

Ceux qui sont __10__ , au cours de ces journées, sont __10__ pour rien.

On les compte, hélas, ces "morts pour rien" par centaines.

3 Exercice de compréhension

Répondez aux questions suivantes en français.

1. Comment est-ce que ces personnes dans la clairière sont mortes?
2. Quel détail dans le texte indique qu'il s'agit d'un massacre politique?
3. Pourquoi ce massacre est-il particulièrement surprenant?
4. Pourquoi est-ce que Laurent Gbagbo avait du mal à cacher ses émotions?
5. Dans quel sens est-ce que la Côte d'Ivoire d'aujourd'hui est différente de celle que le nouveau Président connaissait quand il était jeune?

4 On s'entraîne

Traduisez les phrases suivantes en français.

1. The peace which they so much need is very precarious.
2. The man whose photo appears on this page is Laurent Gbagbo.
3. Thirty were killed, including five women.
4. The President, whose palace is magnificent, is a socialist.
5. The sort of racism we're talking about is difficult to define.

Laurent Gbagbo

Grammaire

> p259

Dont

> ***Dont*** means "whose" or "of which". It is a relative pronoun which refers back to a person or thing which has already been mentioned, linking it to the next part of the sentence.

Voici le garçon dont tu connais les parents. — Here is the boy whose parents you know.

Note the word order after *dont*: *dont* + subject + verb + object.

> Verbs which are followed by the preposition ***de*** use *dont* as their relative pronoun.

J'ai vu le livre dont tu as besoin dans la bibliothèque. (avoir besoin de) — I saw the book you need in the library.

So it would be *Le massacre* ***que*** *j'ai décrit* because *décrire* takes a direct object.

But it is *Le massacre* ***dont*** *j'ai parlé* because it is *parler* ***de*** *quelque chose.*

> *Dont* can also be used to mean "including".

Trente personnes ont été tuées, dont quatre enfants. — Thirty people were killed, including four children.

I. L'Antisémitisme

On s'échauffe

Qu'est-ce que c'est l'antisémitisme? Qui en sont les victimes? De quoi est-ce qu'on les accuse? Est-ce que l'antisémitisme est un problème qui a été réglé à la fin de la deuxième guerre mondiale? Ou est-ce qu'il existe encore?

1 Travail oral

Regardez cette photo qui a été prise à Paris en 1941. Travaillez avec un partenaire et préparez des réponses aux questions:

- **Qu'est-ce que vous voyez dans la photo?**
- **Quelle était la situation en France lorsque la photo a été prise?**
- **Est-ce qu'il s'agit d'une exposition typique ou plutôt de propagande?**
- **Quelle image des Juifs est présentée par la grande affiche?**
- **Quel est la signification de la grosse main du Juif?**
- **Pourquoi est-ce que les gens avaient envie d'aller visiter cette exposition à votre avis?**
- **Quelle est votre réaction personnelle à ce que vous voyez?**

2 Travail d'écoute

Mathieu Carlier, dont la mère est Juive, nous fait part de sa réflexion en ce qui concerne l'antisémitisme. Il essaie d'expliquer pourquoi cette forme de racisme est si agressive.

a. Écoutez le témoignage de Mathieu une première fois et repérez l'équivalent français des termes suivants:

1. Clearly visible
2. An easily recognisable target
3. The colour of your skin
4. It's glaringly obvious
5. . . . reveals Jewish origins
6. In appearance
7. An invisible enemy
8. A profound hatred

b. Écoutez le témoignage une deuxième fois et répondez aux questions suivantes.

1. Qu'est-ce qui est à la base du racisme d'après Mathieu?
2. Mathieu donne trois exemples de choses qui provoquent la haine. Lesquels?
3. Comment est-ce qu'on peut savoir dans certains cas qu'une personne est juive?
4. Pourquoi est-ce que les Juifs sont des "ennemis invisibles" pour certains, d'après Mathieu?
5. Comment est-ce qu'on repérait les Juifs pendant la deuxième guerre mondiale?
6. Pourquoi est-ce que l'antisémitisme fait particulièrement peur d'après Mathieu?

3 Activité de lecture

Un Sac de Billes a été publié en 1973. C'est un livre où Joseph Joffo raconte son enfance à Paris pendant la dernière guerre. Paris est une ville occupée où l'ennemi nazi impose ses lois d'exception et le port de l'étoile jaune à tous les Juifs.

Leur mère en a donc cousu une au revers du veston de Joseph et de son frère Maurice avant leur départ pour l'école. Le résultat est immédiat, le racisme des gamins se déchaîne et les deux Joffo rentrent l'un avec l'oreille en chou-fleur, l'autre avec l'œil poché et le genou meurtri. En compensation, il y a bien le troc proposé par Zérati, le copain de Jo, l'étoile jaune contre un sac de billes, mais leur père a compris: il faut fuir . . .

- Je voudrais te demander: qu'est-ce que c'est qu'un Juif?
Papa a éclairé cette fois, la petite lampe à abat-jour vert qui se trouvait sur la table de nuit de Maurice. Je l'aimais bien, elle laissait filtrer une clarté diffuse et amicale que je ne reverrais plus.
Papa s'est gratté la tête.
- Eh bien, ça m'embête un peu de te le dire, Joseph, mais au fond, je ne sais pas très bien.
Nous le regardions et il dut sentir qu'il fallait continuer, que sa réponse pouvait apparaître aux enfants que nous étions comme une reculade.
- Autrefois, dit-il, nous habitions un pays, on en a été chassés alors nous sommes partis partout et il y a des périodes comme celle dans laquelle nous sommes, où ça continue. C'est la chasse qui est réouverte, alors il faut repartir et se cacher, en attendant que le chasseur se fatigue. Allons, il est temps d'aller à table, vous partirez tout de suite après.
Je ne me souviens pas du repas, il me reste simplement des sons ténus de cuillères heurtées sur le bord de l'assiette, des murmures pour demander à boire, le sel, des choses de ce genre. Sur une chaise paillée, près de la porte, il y avait nos deux musettes, bien gonflées, avec du linge dedans, nos affaires de toilette, des mouchoirs pliés.
Sept heures ont sonné à l'horloge du couloir.
- Eh bien, voilà, a dit papa, vous êtes parés. Dans la poche de vos musettes, celle qui a la fermeture Éclair, il y a vos sous et un petit papier à l'adresse exacte d'Henri et d'Albert. Je vais vous donner deux tickets pour le métro, vous dites au revoir à maman et vous partez.
Elle nous a aidés à enfiler les manches de nos manteaux, à nouer nos cache-nez. Elle a tiré nos chaussettes. Sans discontinuer, elle souriait et sans discontinuer ses larmes coulaient, je sentis ses joues mouillées contre mon front, ses lèvres aussi, humides et salées.
Papa l'a remise debout et s'est esclaffé, le rire le plus faux que j'aie jamais entendu.
- Mais enfin, s'exclama-t-il, on dirait qu'ils partent pour toujours et que ce sont des nouveaux-nés! Allez, sauvez-vous, à bientôt les enfants.
Un baiser rapide et ses mains nous ont poussés vers l'escalier, la musette pesait à mon bras et Maurice a ouvert la porte sur la nuit.
Quant à mes parents, ils étaient restés en haut. J'ai su plus tard, lorsque tout fut fini, que mon père était resté debout, se balançant doucement, les yeux fermés, berçant une douleur immémoriale.
Dans la nuit sans lumière, dans les rues désertes à l'heure où le couvre-feu allait bientôt sonner, nous disparûmes dans les ténèbres.
C'en était fait de l'enfance.

4 Travail écrit

Répondez aux questions suivantes en français.

1. Pourquoi est-ce que Joseph ne se souvient pas du repas, à votre avis?
2. Pourquoi les musettes étaient-elles gonflées?
3. Pourquoi est-ce que les lèvres de la mère de Joseph étaient salées?
4. Pourquoi le rire de son père était-il faux?
5. Pourquoi est-ce que Joseph, qui n'avait que dix ans, dit que "c'en était fait de l'enfance"?

5 On s'entraîne

Relisez les notes sur le passé simple (the past historic). Ensuite, donnez la forme équivalente dans le passé composé (the perfect) des verbes suivants:

1. il dut
2. dit-il
3. je sentis
4. s'exclama-t-il
5. nous disparûmes

6 Travail écrit

Traduisez en anglais les cinq dernières lignes de l'extrait:
"Quant à mes parents [. . .] C'en était fait de l'enfance."

Préparez une présentation orale sur une des images suivantes.

a. Présentez un rapport sur les attitudes et les préjugés de l'homme derrière le bureau dans cette image.

b. Faites une présentation orale sur ce dessin.
Voici quelques questions pour vous aider:

> Qu'est-ce que vous voyez dans l'image?
> Quel est le nom familier du drapeau français?
> Dans quel sens est-ce que le drapeau a été modifié?
> Quelle couleur est dominante?
> Quel message est-ce que le dessinateur essaie de faire passer?

On associe quelquefois les trois couleurs du drapeau français aux trois principes de la Révolution Française: Liberté, Égalité, Fraternité. Est-ce que ces principes sont compromis à l'heure actuelle en France?

www.toutterrain.co.uk

> **http://www.sos-racisme.org**
Fight racism and learn facts about it.
> **http://www.cic.gc.ca**
Canadian site with a questions and answer section about immigration.
> **http://membres.lycos. fr/intolerance**
Explanations and definitions of words related to racism.

Unité 11

L'État et l'Individu

Terrain Thématique

- Qu'est la cohabitation politique?
- Êtes-vous pour ou contre l'Union Européenne?
- Comment peut-on intéresser les jeunes à la politique?
- Est-ce que l'ère de la foi et bel et bien finie?
- Faut-il avoir peur des Sectes?
- Êtes-vous indépendant ou conformiste?
- Comment peut-on intégrer tout le monde dans la société?
- Existe-t-il des alternatives à la peine de prison?
- Êtes vous un rebelle dans l'âme?

Ce chapitre vous permettra de répondre. . .

Terrain Linguistique

- The past infinitive
- The present participle (revision)
- The subjunctive (revision)
- Indirect speech

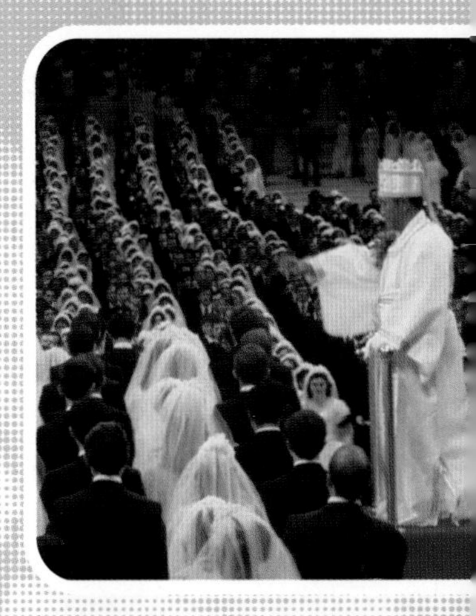

A. La girouette politique française

On s'échauffe

Quelles sont les caractéristiques d'un parti politique qui est à droite? Et d'un parti à gauche? Est-ce que vous pensez qu'il y a vraiment une différence entre les partis politiques de nos jours? Ou est-ce que l'époque des idéologies est bel et bien finie à votre avis?

1 Travail d'écoute

Écoutez ce journaliste qui parle des principaux partis politiques en France. Recopiez et complétez ce tableau en français pour chaque parti mentionné. Les détails sur le Front National sont déjà remplis à titre d'exemple. Il y en a cinq autres.

Nom du parti	Tendances politiques	D'autres détails
Le Front National	*Extrême droite*	> *Il est partagé en deux groupes* > *Il considère la France comme une terre pour les blancs de souche française* > *Il veut interdire l'immigration*

2 Activité de lecture

Lisez cette petite histoire des changements électoraux depuis 1981:

Le Président français est le Chef d'État. Il nomme le Premier Ministre, il est Chef des Armées et il est responsable de la politique étrangère.
Le Premier Ministre est Chef de l'exécutif. C'est lui qui tient le pouvoir politique au parlement et qui nomme l'ensemble des ministres d'état.
Les élections présidentielles et les élections législatives ne coïncident pas toujours …

Lionel Jospin

1981: Déçus de constater que La France n'avait pas réussi à garder la crise économique hors de ses frontières, les Français provoquent un grand changement et offrent à la gauche sa première chance depuis 23 ans. François Mitterand est le nouveau Président au palais de l'Élysée.

1986: La droite regagne la majorité à l'Assemblée Nationale dans les élections législatives. Mitterand est obligé de nommer un Premier Ministre de droite. L'Élysée est à gauche, Matignon à droite! Le pouvoir est donc partagé et le terme "cohabitation" rentre dans le vocabulaire politique.

1988: Mitterand est reélu. Paradoxalement, les Français avaient trouvé la droite trop moderniste et aventureuse. La gauche, cependant, s'était présentée comme conservatrice. Mitterand représentait alors la "Force tranquille".

1993: Ayant de nouveau élu un Président de gauche, les Français n'ont pas hésité à voter à droite lors des élections législatives de 93. Une nouvelle "cohabitation" a duré jusqu'aux prochaines élections présidentielles.

1995: Au terme des deux septennats de François Mitterand, les Français ont voté pour un Président à droite. Entre les deux candidats RPR, ils ont choisi celui qui promettait de réduire la "fracture sociale", Jacques Chirac.

1997: Le gouvernement de droite n'avait pas su combler les attentes des Français. Le taux de chômage restait désespérément élevé, les inégalités semblaient continuer de s'accroître. Beaucoup de Français avaient l'impression de s'être appauvris. Les Français ont changé une fois de plus de côté, et c'est la gauche, menée par Lionel Jospin qui a gagné une nette majorité aux élections législatives. Résultat: une nouvelle cohabitation – cette fois-ci entre un Président de droite et un Premier Ministre socialiste.

2002: Nouvelles élections présidentielles et législatives. On change une fois de plus …

Jacques Chirac

3 Exercice de vocabulaire

Trouvez dans le texte un seul mot français pour:

> The Prime Minister's Residence (ie the equivalent of Downing Street)
> The Presidential term of Office
> Power-sharing between a President of one policial persuasion and a Prime Minister of another

4 Travail écrit

Répondez aux questions suivantes en français:

1. D'après le texte, pourquoi les Français ont-ils élu un Président de gauche en 1981?
2. Dans quel sens est-ce que le pouvoir était partagé en 1986?
3. Comment est-ce que Mitterand s'est présenté lors de la campagne électorale de 1988?
4. Quelle était la grande promesse de Chirac lors des élections présidentielles de 1995?
5. Pourquoi, deux ans plus tard, est-ce que les Français trouvaient qu'il n'avait pas tenu cette promesse?

5 Travail oral

Travaillez avec un partenaire pour préparer une présentation sur les avantages et les inconvénients de la cohabitation. Voici des idées pour vous aider:

* «Une réforme politique peut prendre de l'avance parce qu'il existe une forme de compétition entre le Président et le Premier Ministre.»
* *«Les anciennes idéologies politiques n'ont plus de sens de nos jours. Alors, pourquoi pas travailler ensemble?»*
* «Il y a des menaces importantes au niveau mondial. C'est le moment de travailler côte à côte pour l'union nationale.»
* *«Tout le monde sait que ça ne peut jamais marcher. L'un va toujours freiner l'autre.»*
* «C'est bien d'obliger les deux camps à travailler ensemble.»
* «Des réformes politiques nécessaires sont retardées parce que ni le Président ni le Premier Ministre veut mettre sa popularité personnelle en danger.»

6 Travail écrit

Ce dessin humoristique est paru dans le Nouvel Observateur lors du tournoi de Roland Garros en 2001. Qu'est-ce qu'il en dit sur la cohabitation? Écrivez environ 120 mots.

7 On s'entraîne

Reliez ces paires de phrases pour en faire une seule. Dans chaque cas, vous utiliserez un infinitif passé.

1. Je l'admets. J'ai cassé la fenêtre.
2. J'ai voté pour les Travaillistes aux dernières élections. Je vais voter pour les Conservateurs la prochaine fois.
3. Je suis tombé malade en vacances l'an dernier. J'ai moins envie de quitter la France maintenant.
4. J'en suis sûr. Je me suis appauvri sous ce gouvernement.

Grammaire

> p261

The past infinitive

The basic meaning of the past infinitive is "to have done something" or "having done something". Its most common use is with ***après***.

> *Après avoir élu un Président de droite, les Français ont voté pour les socialistes aux élections législatives.* — After electing a right-wing President, the French voted for the socialists in the parliamentary elections.

The past infinitive is also used in circumstances where it describes an action which took place earlier than the action of the first verb in the same clause.

Il admet avoir menti. — He admits to having lied.
J'ai l'impression d'être déjà passé par ici. — I've got the impression of having been here before.
Les Français avaient l'impression de s'être appauvris. — The French felt that they had got poorer.

For details of the different forms, refer to page 261.

B. L'union divisée

On s'échauffe

L'idée de l'Union Européenne provoque bien des controverses en Angleterre. Pourquoi est-ce que ça provoque des réactions si fortes à votre avis? Est-ce qu'on a raison de s'inquiéter au sujet de l'Europe?

1 Activité de lecture

Lisez ces opinions pour découvrir qui est-ce qui ...

> rejette le principe que les pays riches viennent à la rescousse des pays plus pauvres.
> veut que l'Europe mette une fin à la guerre.
> se rebelle contre l'idée de l'uniformité.
> se réjouit de la meilleure compréhension qui s'installe.
> s'enthousiasme pour les opportunités de co-opération au niveau universitaire.

Valérie:
Moi, je suis à cent pour cent pour l'Europe! C'est toujours bien de découvrir les autres et je pense que l'Europe facilite les relations entre les pays. Mieux connaître, c'est mieux comprendre et mieux accepter aussi. L'Europe nous encourage à élargir notre vision – et on se rend compte qu'il y a de bonnes choses partout.

Bernard:
L'Europe – ça va très bien en théorie, c'est dans la pratique que ça me fait un peu peur. Ça va nous coûter cher, vous comprenez. Plus il y a de pays dans l'Union, plus il y a de besoins, il me semble. Et c'est nous, les contribuables en France, qui allons subventionner tout ça. Je veux bien, mais c'est pas juste qu'ils s'attendent à ce qu'on paie pour tout.

Malik:
Moi, je pense que l'Europe représente une ouverture intéressante pour les jeunes. C'est surtout au niveau des études que ça fonctionne bien. En travaillant ensemble, on peut faire avancer les recherches beaucoup plus vite. En plus, il y a des bourses pour faciliter le travail et les échanges. Moi, je suis ravi. Il faut dire que c'est bien pour le commerce aussi. Une Europe unie est beaucoup plus forte économiquement.

Édouard:
Moi, je pars du principe que l'Europe, c'est une nécessité! Je parle surtout de la sécurité. Il faut mettre en valeur ce qu'on a en commun. L'idée d'une Europe fédérale ne me gêne pas dans la mesure où elle oeuvre pour la paix. Si les frontières géographiques sont moins importantes, les frontières mentales aussi.

Alex:
Moi, je pense qu'on est déjà allé trop loin. On ne sait plus qui c'est qui tient le pouvoir. On est en train de perdre notre identité. On assiste à un nivellement des cultures qui ne me plaît pas. Qu'est-ce que ça veut dire "être européen"? Rien du tout. Et qui c'est qui profite de tout ça? C'est des banquiers et des hommes politiques qui sont loin: on ne peut plus les contrôler.

2 Exercice de vocabulaire

Trouvez dans le texte un mot ou une petite phrase qui veut dire:

1. Ceux qui paient des impôts
2. Prendre en charge une partie des frais pour aider quelqu'un à se payer quelque chose
3. Rendre possible
4. Des idées dans la tête qui marquent une différence
5. Le processus de rendre tout pareil

3 Exercice de compréhension et d'analyse

Répondez aux questions suivantes en français:

1. Pourquoi est-il important d'élargir notre vision en ce qui concerne l'Europe?
2. Pourquoi est-ce que certains hésitent à accueillir d'autres pays dans l'Union Européenne?
3. Quels sont les avantages de la coopération universitaire?
4. Est-ce que la création de l'Union Européenne a eu une influence positive sur la sécurité des pays membres à votre avis?
5. Qui profite le plus de l'Union Européenne?

4 Travail d'écoute

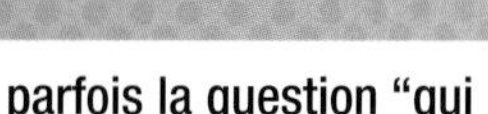

Est-ce que vous vous posez parfois la question "qui commande dans cette grande entreprise qu'est l'Union Européenne?"
Écoutez un journaliste qui parle de ses impressions.

a. Écoutez son témoignage une première fois et trouvez l'équivalent français des phrases suivantes:

1. The European Union considers itself to be a democracy.
2. Once the citizen has elected representatives ...
3. Motivated neither by the wishes nor the needs of the people.
4. They have absolute power.
5. The ordinary people don't decide anymore.

b. Écoutez son témoignage une deuxième fois et répondez en français aux questions suivantes:

1. Pourquoi, d'après le journaliste, est-ce que les repésentants au Parlement européen prennent parfois des décisions bizarres?
2. De quoi parlent-ils au Parlement?
3. Comment est-ce que ces représentants remplissent leurs obligations envers ceux qui les ont élus?

5 Travail oral

Nos pays sont profondément divisés par le concept de l'Union Européenne. Dans le référendum à ce sujet en France, 51% de la population a voté pour, et 49% contre. Cela a déjà provoqué des divisions dans le monde politique.
Travaillez avec un partenaire. Regardez cette image et préparez des réponses aux questions suivantes:

- **Qu'est-ce que vous voyez dans l'image?**
- **Est-ce que Jospin est en faveur de l'Europe d'après ce qu'il dit?**
- **Est-ce qu'il a l'air rassuré?**
- **Pourquoi est-ce que l'Europe est un sujet difficile pour les hommes politiques?**
- **Quels sont les problèmes qui restent à résoudre?**
- **Est-ce que vous êtes en faveur de l'Union Européenne?**

6 Travail écrit

Écrivez une rédaction de 250 mots au sujet suivant:
"L'Europe est construite pour le bien de tout le monde."
Êtes-vous d'accord?

Pour vous donner des idées, relisez les opinion exprimées par les jeunes ci-contre et réécoutez l'avis du journaliste dans l'exercice 4.

C. À l'instar du Parlement européen

On s'échauffe

Est-ce que vous vous intéressez à la politique? Est-ce que vous voterez aux prochaines élections européennes? Si oui, pour quel parti avez-vous l'intention de voter? Si non, pourquoi pas? Pourquoi est-ce qu'il y a une désaffection croissante pour la politique des deux côtés de la Manche?

1 Activité de lecture

Lisez les informations sur ce site web.

Parlement Européen Des Jeunes
France

Une Association de Jeunes visant à promouvoir l'Europe et ses institutions

Pour une Europe plus jeune
Pour une Europe plus belle
Pour une Europe qui nous ressemble
Pour une Europe qui nous rassemble

Le principal objectif du Parlement Européen des Jeunes (PEJ) est de promouvoir la dimension européenne au sein de l'éducation en donnant aux jeunes de 16 à 20 ans l'opportunité de participer à une expérience d'apprentissage pratique et positive.

Le PEJ constitue un forum au sein duquel les jeunes européens peuvent exprimer leurs opinions, sans aucune connotation politique partisane. Les élèves sont encouragés à s'intéresser aux questions d'actualité et au processus démocratique, tout en pratiquant la liberté de penser et en prenant des initiatives personnelles.

Le PEJ organise chaque année, dans les villes d'Europe différentes, 3 sessions internationales regroupant, pendant 10 jours, 200 à 250 lycéens de toute l'Europe (Union Européenne et pays candidats à l'Union Européenne). Les jeunes suivent un programme d'études de deux mois au sein de leur établissement respectif. Dès leur arrivée en session, au cours de deux jours d'exercices de communication, sous l'égide d'instructeurs qualifiés de 9 pays différents, les étudiants se constituent en groupes homogènes.

A l'instar du Parlement européen, les lycéens élaborent des résolutions dans des comités puis en débattent et émettent un vote en séance plénière.

Les résolutions élaborées par les jeunes parlementaires sont transmises au Parlement européen et aux différents gouvernements. De nombreux témoignages de députés prouvent qu'ils portent un vif intérêt au travail de ces jeunes, et qu'ils prennent en compte leurs résolutions.

2 Travail oral

An English friend wants to know about the Parlement Européen des Jeunes. Give an explanation in English, including the following information:

- > What it is
- > What its aims are
- > What happens at the annual International Meetings
- > In what ways it resembles the real European Parliament

3 Exercice de compréhension

Corrigez les idées fausses dans les affirmations suivantes:

1. Le PEJ est ennuyeux parce que ça reste uniquement au niveau de la théorie.
2. C'est un forum qui existe pour que les partis politiques fassent du lavage de cerveau.
3. Les jeunes sont mal préparés pour les rencontres internationales et quand ils arrivent aux sessions, ils ne savent pas quoi faire.
4. Les groupes de discussion ne fonctionnent pas parce que les jeunes sont trop différents les uns des autres.
5. Le PEJ ne sert à rien parce que personne ne tient compte des décisions des jeunes.

Rappel Grammaire

> p269

The present participle

> Remember that if you want to say "on / by / while / through doing something", you use the construction ***en*** + **present participle**:

Ils se préparent pour la session internationale en suivant un programme d'études de deux mois.	They prepare for the international congress by following a programme of study which lasts two months.

> ***En*** is the only preposition which is followed by a present participle. Other prepositions govern an infinitive, even though the English translation might use a word ending in *-ing*:

sans parler – without talking

au lieu de participer – instead of taking part

4 On s'entraîne

Traduisez les phrases suivantes en français:

1. We learned a lot while having a great time.
2. He attended the meeting without participating.
3. By discussing it with young people from other countries, I realised that it was a very complicated matter.
4. He started speaking without thinking.
5. By reading the reports from the PEJ, Euro-MPS can find out what young people think.

5 Travail d'écoute

Nicole Fontaine travaille au Parlement européen à Strasbourg. Écoutez sa présentation d'une institution dont elle est fière.

a. Ayant écouté le témoignage de Nicole, décidez, pour les affirmations suivantes, si c'est vrai, faux ou pas mentionné:

1. Il y a 375 députés au Parlement européen.
2. Depuis 1979 les députés sont choisis par suffrage universel direct.
3. Dans certains pays l'âge de la majorité est encore 21 ans.
4. Le Parlement européen est un symbole de la réconciliation.
5. Le Parlement européen est une assemblée purement consultative.

b. Écoutez la présentation une deuxième fois et répondez en français aux questions suivantes:

1. Combien d'Européens participent à la construction de l'Europe d'après Nicole?
2. Pourquoi est-ce qu'il est particulièrement remarquable que les pays de l'Europe aient une même assemblée?
3. On vote pour les députés européens tous les combien?
4. Quels traités ont donné plus de pouvoir au Parlement?
5. Comment est-ce que ces traités ont transformé le Parlement?

D. Une crise de foi?

On s'échauffe

La politique donne une structure à la vie de l'état. Autrefois, c'était l'église qui structurait la vie de l'individu. Aujourd'hui, de moins en moins de gens vont à la messe. Qu'est-ce qui explique cette désaffection à votre avis?

1 Activité de lecture

Lisez les témoignages de ces quatre jeunes qui répondent à la question:

Allez vous à la messe?

Oui et non. Je vais à la messe de temps en temps pour les occasions spéciales comme les mariages ou la messe de minuit à Noël. Mais ce n'est pas par conviction personnelle, c'est plutôt pour faire plaisir à ma famille. Ça fait partie de la tradition, mais la religion ne m'intéresse pas vraiment. C'est dépassé dans la société moderne.

Benoit

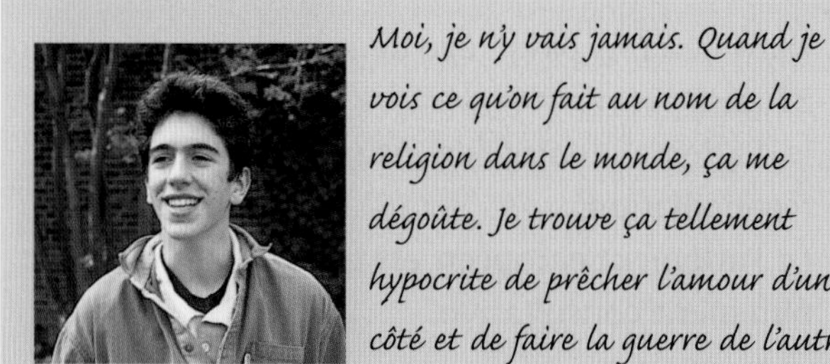

Moi, je n'y vais jamais. Quand je vois ce qu'on fait au nom de la religion dans le monde, ça me dégoûte. Je trouve ça tellement hypocrite de prêcher l'amour d'un côté et de faire la guerre de l'autre. On peut faire du bien sans aller à l'église. Moi, je préfère les bons actes aux bonnes paroles.

Jean-Jacques

Tu plaisantes, non? Ça ne m'arrivera jamais d'aller à la messe! Mes parents sont d'origine algérienne et nous sommes musulmans, bien entendu. Nous allons tous à la mosquée régulièrement et c'est là que j'ai appris à respecter, à apprécier et surtout à pratiquer les principes du Coran. Je ne sais pas grand-chose sur l'église catholique: elle ne fait pas partie de ma culture.

Abdul

Je ne vais pas à la messe, mais cela ne veut pas dire que je ne crois pas en Dieu. Pour moi, Dieu est partout. Je le vois dans la nature autour de moi, alors à quoi bon aller à la messe? Je ne pense pas que ça vaille la peine. Ce qui est important, c'est de méditer, de rechercher la vérité à travers les expériences personnelles. Je ne crois pas que l'église ait un monopole en ce qui concerne la vérité!

Florence

2 Exercice de vocabulaire

a. Dans les textes ci-dessus, trouvez l'équivalent français des termes suivants:

1. To please the family
2. It makes me sick
3. You're joking!
4. What's the point of going to church?

b. Trouvez le mot dans les textes qui correspond à la description suivante:

1. Une coutume ou une habitude
2. Quelque chose qui n'est pas adapté, qui n'est plus à la mode
3. Une attitude mensongère qui prétend être ce qu'elle n'est pas
4. Un disciple de Mohamed
5. Des écrits sacrés pour l'Islam
6. L'office de l'église catholique

3 Exercice de compréhension

a. Identifiez celui (ou celle) qui parle:

1. «La religion est une théorie qui n'est pas mise en pratique.»
2. «La religion, c'est une quête personnelle, un cheminement individuel.»
3. «Pour moi, la religion représente une tradition familiale suivie avec conviction.»

4. «La religion marque les rites de passage importants.»

b. Répondez aux questions suivantes en français:

1. Pour quelle raison Benoit va-t-il parfois à la messe?
2. Qu'est-ce qui a provoqué le rejet de la religion chez Jean-Jacques?
3. Qu'est-ce qui montre que la foi d'Abdul est réelle?
4. Pourquoi la messe ne peut-elle pas répondre aux questions spirituelles de Florence?

Rappel Grammaire

> p267

The subjunctive

You are already becoming familiar with the subjunctive. It is a mood rather than a tense and is often associated with doubt or uncertainty. These shades of meaning are shown in the way the subjunctive is used with verbs of thinking such as *penser* and *croire*.

If you state positively what you think, then you use the indicative:

Je pense qu'il est important de respecter le rôle de l'Église dans la société.	I think it's important to respect the role of the Church in society.

However, if the verb of "thinking" (*penser*) is phrased in the negative or as a question, then it is followed by the subjunctive. It expresses a degree of uncertainty.

Je ne pense pas que ce soit important de nos jours.	I don't think it's important nowadays.
Est-ce que vous pensez que ce soit possible?	Do you think it's possible?

The same principle applies to verbs of "saying".

4 Travail écrit

Est-ce que vous allez à l'église vous-même? Écrivez un paragraphe d'environ 80 mots pour expliquer votre point de vue.

5 On s'entraîne

Traduisez les phrases suivantes en français:

1. I don't think she'll come to church with us.
2. Do you think this can be done?
3. I don't think it will make much difference.
4. I don't think he understands.
5. Do you think it's worth the trouble?

6 Travail d'écoute

They may no longer go to Church, but people have not abandoned religious belief. Vincent Bru, a lecturer at a theological faculty in the south-east of France, explains why he believes the twenty-first century will be more "spiritual" than "religious". Make notes in English on what he says about:

> The nature of contemporary faith
> The way modern belief relates to the Catholic Church
> The principles which people follow in constructing their faith
> The way faith is handed on
> What might make up a typical set of beliefs.
> What is happening to the God of the Catholic Church

E. Les sectes

On s'échauffe

Étant donné que le poid de la religion a diminué, les individus dans la société moderne se retrouvent souvent seuls et sans repères. La science ne donne pas forcément de réponses à leurs questions. Ce changement a ouvert encore plus la porte aux sectes. Quelle sorte de personne est attirée par les sectes? Est-ce qu'il faut s'inquiéter de la présence des sectes dans la société?

1 Travail d'écoute

Comment peut-on repérer une secte? C'est le nombre de personnes qui compte? L'enfermement dans un espace limité? L'étrangeté des coutumes qu'elle affiche? Il y a beaucoup de critères à considérer.
Écoutez Michel Daubanes, un jeune prêtre à Lauzerte, qui parle du phénomène des sectes. Dans quel ordre est-ce que vous entendez les affirmations suivantes?

- **a.** Il y a un système de règles très rigides.
- **b.** Les sectes essaient d'influencer la politique.
- **c.** On éloigne les convertis de l'influence saine de leur famille.
- **d.** Les convertis doivent se soumette complètement aux décisions des chefs de la secte.
- **e.** Les sectes pratiquent le lavage de cerveau.
- **f.** Elles s'intéressent à l'argent.
- **g.** Les sectes envahissent tous les domaines de la vie de leurs membres.

2 Activité de lecture

Nous avons rencontré Aline D. Elle a longtemps appartenu à une secte assez modérée, mais secte quand même. Elle a réussi à s'en sortir. Elle nous donne son témoignage...

Comment avez-vous connu cette secte?
Je suis née dedans. Mes parents en étaient membres. Bébé, j'ai été changée et nourrie dans les locaux du groupe. Plus grande, j'y allais comme tout le monde, cinq heures par semaine. Vers huit ans, je suis allée prêcher avec mon père, de porte à porte. J'en garde un sentiment détestable: j'avais honte.

Votre scolarité a-t-elle été normale?
D'un strict point de vue scolaire, oui: j'ai appris la même chose que les autres. Mais derrière on rectifiait les fausses idées que je pouvais ramener.

Par exemple?
Tout ce qui touchait à la Création. On me disait de ne pas croire ce que j'entendais. Du coup, je n'osais pas m'exprimer moi-même.

Vous aviez des amis?
Aucun en dehors du groupe. À l'école, pour les autres, je n'existais que par cette appartenance. Je ne recevais jamais d'autres enfants de l'école chez moi. Mes parents l'auraient accepté, mais je ne voulais pas par honte d'être différente. J'ai toujours eu le sentiment de mon anormalité.

Vous aviez des interdits?
M'intéresser à la politique, faire du sport de compétition. Ce que je regardais à la télé était très surveillé. Je n'avais pas le droit de sortir, d'aller à des boums. Les discothèques et les endroits où on s'amuse étaient maudits.

Est-ce que vous avez eu des problèmes avec vos études?
Il n'était pas envisageable de faire des études supérieures. Dans la secte, tout projet de carrière ou d'épanouissement personnel est sans intérêt.

Comment vous en êtes-vous sortie?
Vers douze ans, je me suis rebellée. J'ai refusé d'aller aux réunions. J'ai fini par être exclue. Mes parents étaient déchirés, mais ce qui m'a vraiment étonnée, c'est qu'ils sont partis avec moi.

Quel souvenir gardez-vous de cette enfance?
Je suis consciente de m'en être bien sortie. Mais je suis rarement en phase avec le monde: on me croit souvent sauvage et antisociale. Tout ce dont je me souviens est rigide, sévère et sérieux. Je n'ai jamais connu la légèreté de l'enfance.

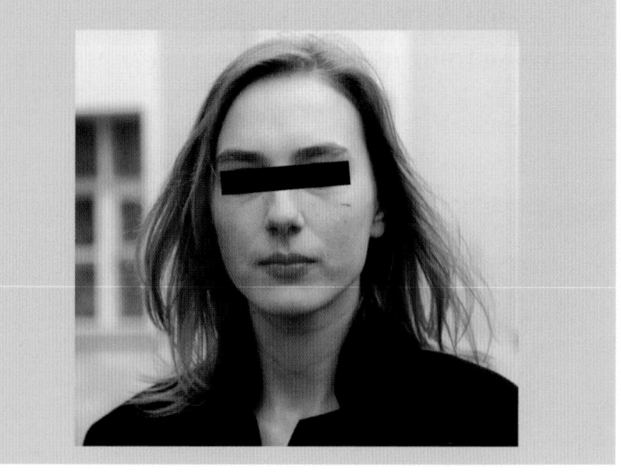

3 Exercice de compréhension

Répondez aux questions suivantes en français:

1. Pourquoi est-ce qu'Aline est bien placée pour raconter la vie dans cette secte?
2. Qu'est-ce qu'elle a commencé à faire à huit ans?
3. En quoi la scolarité d'Aline était-elle différente de celle des autres?
4. Pourquoi est-ce qu'Aline n'invitait jamais des amis chez elle?
5. Quels sont, d'après Aline, les effets à long terme de son appartenance à cette secte?

4 Travail oral

Jeu de rôle

Mettez-vous à la place des parents d'Aline. Expliquez votre attitude envers votre fille pendant que vous étiez dans la secte. Qu'est-ce qui vous motivait?
Ensuite, expliquez comment vous vous sentez maintenant que vous vous en êtes sortis.

Grammaire

> p258

What

The English word "what" is usually used to ask a question. However, it can also be used when no direct question is being asked:

I don't know what you mean.

To translate "what", not asking a direct question, French uses *ce qui, ce que* or *ce dont*:

> ***Ce qui*** is used as the subject of the following verb:

Ce qui m'a vraiment étonnée, c'est qu'ils sont partis avec moi.	What really amazed me was that they left with me.

> ***Ce que*** is used as the object of the following verb:

Mes parents surveillent de près ce que je regarde à la télévision.	My parents keep a close check on what I watch on television.

> ***Ce dont*** is used when the verb is followed by *de*:

Est-ce que tu te rappelles ce dont nous parlions? (parler de)	Do you remember what we were talking about?

Ce qui, ce que and *ce dont* are often used in conjunction with *tout*:

Ils m'ont privé de tout ce dont j'avais besoin.	They deprived me of everything I needed.

5 On s'entraîne

Traduisez les phrases suivantes en français:

1. I tremble when I think of what I used to do.
2. What struck me was the freedom of my friends at school.
3. Tell me exactly what you need.
4. What worries me is the excessive influence of the leaders.
5. I don't understand what he is saying.

6 Travail écrit

Vous venez de recevoir une lettre d'un ami qui semble très enthousiaste au sujet d'une certaine secte. Il a déjà assisté à plusieurs réunions et semble attiré par ce que l'on enseigne. Écrivez une réponse (d'environ 200 mots) à cet ami dans laquelle vous essayez de l'avertir des dangers éventuels.

F. Être un individu

On s'échauffe

La politique et la religion sont deux façons différentes de montrer une appartenance. On est de droite ou de gauche. On est religieux ou athée. On appartient à un groupe ou à un autre. Est-ce que vous êtes de nature indépendante ou est-ce que vous préférez suivre la foule?

1 Activité de lecture

Lisez cette chanson de Georges Brassens qui parle de quelqu'un qui refuse de se conformer aux attentes de la société.

La mauvaise réputation

Au village, sans prétention,
J'ai mauvaise réputation;
Que je me démène ou que je reste coi,
Je passe pour un je ne sais quoi.
Je ne fais pourtant de tort à personne,
En suivant mon chemin de petit bonhomme;
Mais les braves gens n'aiment pas que
L'on suive une autre route qu'eux...
Tout le monde médit de moi,
Sauf les muets, ça va de soi.

Le jour du quatorze juillet,
Je reste dans mon lit douillet
La musique qui marche au pas,
Cela ne me regarde pas.
Je ne fais pourtant de tort à personne,
En n'écoutant pas le clairon qui sonne;
Mais les braves gens n'aiment pas que
L'on suive une autre route qu'eux ...
Tout le monde me montre au doigt,
Sauf les manchots, ça va de soi.

Quand je croise un voleur malchanceux
Poursuivi par un cul-terreux,
Je lance la patte et, pourquoi le taire,
Le cul-terreux se retrouve par terre.
Je ne fais pourtant de tort à personne,
En laissant courir les voleurs de pommes;
Mais les braves gens n'aiment pas que
L'on suive une autre route qu'eux ...
Tout le monde se rue sur moi
Sauf les culs-de-jatte, ça va de soi.

Pas besoin d'être Jérémie
Pour deviner le sort qui m'est promis:
S'ils trouvent une corde à leur goût,
Ils me la passeront au cou.
Je ne fais pourtant de tort à personne
En suivant les chemins qui ne mènent pas à Rome;
Mais les braves gens n'aiment pas que
L'on suive une autre route qu'eux ...
Tout le monde viendra me voir pendu
Sauf les aveugles, bien entendu!

La musique qui marche au pas, cela ne me regarde pas.

2 Exercice de compréhension

a. Trouvez une phrase dans le texte qui suggère que:

1. Il est victime de commérages.
2. Ça lui arrive de ne rien dire.
3. Il dort dans un endroit confortable.
4. Il n'aime pas les fanfares militaires.
5. Il ne voit pas l'avantage de cacher ce qu'il a fait.
6. Il est facile de deviner ce qui va lui arriver.
7. Ses croyances personnelles ne sont nullement dangereuses.
8. La société est très conformiste.

b. Répondez en français aux questions suivantes:

1. Pourquoi est-ce que cet homme a une mauvaise réputation au village?
2. Qu'est-ce qui enrage ses voisins le jour du 14 juillet?
3. Quelle est son attitude envers les autorités?
4. Comment risque-t-il de finir ses jours? Pourquoi?
5. Est-ce qu'il est critiqué par tout le monde?

3 Travail écrit

Traduisez la quatrième strophe en anglais. Essayez de trouver des rimes si possible.
Il est très dur de traduire de la poésie, mais on vous permet de vous éloigner un peu plus que d'habitude du texte original.
Par exemple, une possibilité pour les deux premiers vers serait:

"No need to be the prophet Jeremiah
To guess the fate reserved for me is dire."

Amusez-vous bien!

Rappel Grammaire

> p267

The subjunctive

La mauvaise réputation is a useful reminder of another use of the subjunctive.
Compare these two sentences:

J'aime suivre la foule.	I like to follow the crowd.
Je n'aime pas que tu suives son exemple.	I don't like you to follow his example.

In the first sentence, the subject of the verb *aimer* is the **same** person as the one following the crowd. *Aimer* is followed by an infinitive.
In the second sentence, the subject of the verb *aimer* is **different** from the person following an unhelpful example.
When there is a change of person in this way, the subjunctive is required.
Notice that the verb in the subjunctive is introduced by the word ***que***.

The same principle applies to most verbs of emotion including:

avoir peur que	*désirer que*	*regretter que*
être content que	*préférer que*	*vouloir que*

Il veut que j'aille le chercher à la gare.	He wants me to go and pick him up at the station.
Je suis content que tu prennes ton travail au sérieux.	I'm pleased that you are taking your work seriously.

4 On s'entraîne

Traduisez les phrases suivantes en français:

1. I am sorry that you are unwell.
2. Do you want me to wait?
3. They are happy for me to do it.
4. I'm afraid you're right.
5. I want you to do it tomorrow.

5 Travail oral

Georges Brassens était un homme très indépendant. Il se méfiait de la politique et de la religion. Pour lui, c'était un genre de devise "qu'à plus de quatre, on est une bande de cons."
C'était une façon de défendre l'importance et les droits de l'individu contre les règles et les conventions de n'importe quel groupe dans la société. Tout esprit de groupe, tout embrigadement collectif faisait peur à Brassens. Ses chansons soutiennent toujours l'individu; elles sont souvent imprégnées d'une irréverence envers les conventions sociales pour lesquelles Brassens n'avait aucun goût.

Travaillez avec un partenaire. Remuez-vous les méninges pour préparer des réponses aux questions suivantes:

> Dans quels domaines est-ce que vous êtes conformiste?
> Comment est-ce que vous montrez votre individualité?

Comparez vos réponses avec celles d'autres membres de la classe.

G. La délinquance

On s'échauffe

Alors que certains protestent contre la société, d'autres en sont exclus. Le problème de la délinquance est de plus en plus aïgu de nos jours, mais qu'est-ce qui la provoque à votre avis? Remuez-vous les méninges et faites une liste de tous les facteurs qui y contribuent.

1 Activité de lecture et travail écrit

Lisez l'article ci-dessous et répondez en français aux questions qui suivent.

Délinquance. Le mot revient très souvent à la bouche de nos jours. Mais qu'est-ce que c'est? La délinquance représente ce qui va contre la loi, l'ordre, la prospérité d'autrui. Elle s'étend ainsi de la petite criminalité, comme les graffitis et les vols, à des problèmes plus sérieux tels que la violence contre les personnes. On l'associe avec les jeunes, les banlieues, les sans emplois. Il n'est pas difficile de constater que les problèmes d'insertion dans la société vont de pair avec la délinquance. Régler de tels problèmes est une tâche majeure pour chaque gouvernement.

Prenons, à titre d'exemple, le problème de la violence urbaine.

Le quartier de la Défense à Paris connaît une recrudescence de la violence entre bandes de jeunes. La Défense est un lieu neutre, facile d'accès par le RER. Les jeunes s'y sentent chez eux non seulement à cause de la longue esplanade, où ils font tous du roller, mais aussi parce qu'ils s'y retrouvent chaque week-end.

Le 29 janvier 2001, ces jeunes ont organisé une immense bataille rangée, quartier contre quartier, bande contre bande. Pourquoi? Il y avait eu un incident le samedi 20 dans le train entre Mantes-la-Jolie et Paris. Juste une petite bagarre, un affront. Mais dans les cités, on n'oublie pas ces affronts. Le mercredi, une émeute a opposé les spectateurs d'un match de foot sur le terrain à Nantes. Et puis, finalement, la grande bataille du samedi 29 où jusqu'à 300 jeunes se sont violemment affrontés.

D'où viennent les tensions de ces jeunes parisiens?

Les motifs des affrontements restent toujours futiles. Les jeunes se rencontrent sans savoir trop pourquoi. Ils ne cherchent même plus à attaquer la police ou les bâtiments. Non, ils se battent entre eux. C'est presque comme si les gens du quartier voisin étaient les seuls dignes de haine, dignes d'être bastonnés. Chacun défend son bastion, c'est-à-dire à la fois son territoire, son drapeau, son histoire, son trafic, son honneur, ses filles... Bref, tout ce qui fait la fierté de ces jeunes, qui considèrent leur cité comme une sorte de petite patrie.

1. Qu'est-ce que c'est, la délinquance?
2. Pour quelles raisons est-ce que la Défense est un lieu de rencontre pour les jeunes?
3. Qu'est-ce qui a provoqué la grande bataille du 29 janvier?
4. Pourquoi est-ce que les jeunes n'attaquent pas la police?
5. De quoi sont-ils fiers, ces jeunes?

2 Travail oral

Travaillez avec un partenaire et faites un jeu de rôle.
Une chaîne de télévision européenne, Arte, est en train de faire un documentaire sur la délinquance à la Défense. L'un de vous va prendre le rôle d'un journaliste. Il faut donc préparer des questions à poser au jeune délinquant. L'autre, bien entendu, va jouer le rôle d'un jeune. Préparez l'interview.

3 Travail d'écoute

a. Écoutez cette sociologue qui explique le sens de la violence dans ces bandes. Dans la transcription ci-dessous, remplissez les blancs avec les mots qui manquent.

«C'est la loi du plus fort qui 1 . Les chefs 2 par la force, donc ils sont quasiment 3 de provoquer des 4 , juste pour avoir l'occasion de 5 leur supériorité. Ces jeunes sont 6 de la société. Ils forment ailleurs d'autres sociétés avec des 7 encore plus 8 . Cela montre la virilité. Les filles 9 énormément dans ces groupes. La violence, c'est la 10 , même dans les rapports sexuels.»

b. Écoutez maintenant un policier, interpellé pour intervenir le 29 janvier, qui parle de sa réaction face à la recrudescence de la violence. Dans la transcription ci-dessous, certains mots sont différents de ceux que vous entendez. Lesquels? Soulignez les mots qui ont été changés et écrivez ceux que vous avez entendus. (Il y en a dix).

«Je suis pessimiste pour l'avenir. Il y a de plus en plus de jeunes dans ces batailles. Avant, ils se battaient contre la police, contre les bâtiments. Maintenant, ils se battent entre eux, entre arrondissements. Le défi est contre la raison. C'est étrange et prévisible. Le plus terrible, c'est le rejet de violence. Cela me fait penser au régime américain. Il est plus violent, plus acharné, plus organisé.»

4 Lecture

Yazid Kherfi, ex-caïd: pour se battre tout le monde accourt

Yazid Kherfi, co-auteur de *Repris de justesse*, est un type formidable. Après avoir été un "caïd" de Mantes-la-Jolie – «on me disait irrécupérable», ironise-t-il – emprisonné pendant quatre ans puis expulsé vers l'Algérie, il est aujourd'hui consultant sur les questions de violence urbaine.

«La bande, c'est d'abord les copains. Est-elle structurée? C'est variable. En fait, les copains se regroupent suivant leur emploi du temps, tout simplement. Ceux qui sont en échec scolaire et sèchent les cours, ceux qui ne travaillent pas, ceux qui ont le droit de sortir la nuit, tous ceux-là forment le noyau dur. Plus on est disponible, plus on fait partie de la bande. Ce noyau dur passe le plus clair de son temps à chercher de l'argent. Les types savent pouvoir compter les uns sur les autres s'il s'agit de défendre le territoire de la cité. Pour se battre, tout le monde accourt. Il faut dire qu'on s'ennuie tellement dans la cité! Je suis sûr que beaucoup d'entre eux regrettent de ne pas être allés samedi à la Défense. Parce que, en dehors de ces bagarres, il n'y a rien à faire le soir, dans les quartiers. Toutes les conneries que j'ai faites, je les ai faites la nuit. Pourtant les gamins sont gentils quand on leur donne l'occasion de s'exprimer. Ils souffrent beaucoup, aussi. J'ai organisé récemment un débat entre la police et les jeunes, dans un quartier dit "sensible". Le pire des gamins de la cité s'est mis à pleurer quand on lui a demandé de parler de lui-même!»

5 Exercice de compréhension

Pour chacune des phrases suivantes, indiquez si c'est vrai, faux ou pas mentionné dans le texte:

1. Kherfi s'est avéré irrécupérable.
2. Kherfi a fait quatre ans de prison en Algérie.
3. Kherfi a été chef d'une bande.
4. Certains jeunes n'ont pas le droit de sortir la nuit à cause d'un couvre-feu.
5. Les jeunes consacrent la plupart de leur temps à rechercher de l'argent.
6. Beaucoup de jeunes qui sont allés à la Défense samedi ont du remords maintenant.
7. Les jeunes se téléphonent s'il y a une bagarre.
8. Kherfi pense que les problèmes sont liés à l'ennui.
9. Kherfi a organisé un débat avec la police dans un quartier calme.
10. Un gamin dur a failli pleurer pendant qu'il parlait de lui-même.

6 Travail oral

Travaillez une fois de plus avec un partenaire. Remuez-vous les méninges et faites une liste de mesures qu'on pourrait prendre pour améliorer la situation à la Défense. Comment peut-on combattre la délinquance de façon positive?

H. Point Rencontre:
Christian Couderc, policier à Toulouse

On s'échauffe

Le rôle d'un policier dans les quartiers défavorisés n'est pas facile. Quelles sont les difficultés auxquelles il doit faire face à votre avis? Est-ce que vous pouvez penser à des récompenses qu'il peut y avoir?

1 Travail d'écoute

Écoutez cet entretien avec Christian Couderc qui est policier à Bagatelle, un quartier difficile de Toulouse.

a. Répondez aux questions suivantes en français:

1. Comment peut-on reconnaître que Christian Couderc est policier?
2. En quoi son travail consiste-t-il selon Christian?
3. Quel commentaire fait-il sur le logement à Bagatelle?
4. Quel est le plus grand problème auquel il doit faire face?
5. Quelles circonstances favorisent le vol?
6. Pourquoi est-ce qu'on vole des voitures et des motos selon Christian?
7. Qu'est-ce qu'il aime le plus dans son travail?
8. Qu'est-ce qui montre que la police est acceptée par certains jeunes?
9. Comment pourrait-on aider les habitants de Bagatelle d'après Christian?
10. Pourquoi est-ce que Christian a demandé d'être muté ailleurs?

b. Écoutez l'entretien une deuxième fois pour pouvoir traduire les expressions suivantes en français:

1. It leaves a lot to be desired.
2. They haven't got enough money.
3. The main thing [was] to get away from the estate.
4. They act hard.
5. No doubt I'll miss it.

2 Lecture et travail oral

Christian Couderc parle des vols de voitures et de motos. Souvent les voleurs sont des mineurs.

> Est-ce qu'il faut les punir ou est-ce qu'il faut les aider pour qu'ils puissent s'intégrer dans la société?

> Est-ce que vous êtes pour ou contre des peines de prison pour les mineurs?

Lisez ces opinions sur les peines de prisons pour les mineurs:

- «L'âge n'a pas d'importance, c'est la faute qu'il faut punir.»
- «Quand on est jeune, on est souvent plus sensible. Un peu de prison peut détruire complètement un ado.»
- «La prison pour les mineurs doit être plus douce. Elle doit prendre en compte les troubles de la jeunesse.»
- «La prison, c'est un pas en arrière. Ça détruit. Ça punit sans guérir.»
- *«Quand la faute est grave, la prison est nécessaire.»*
- «Il faut punir les jeunes de façon juste et dure. Je pense qu'un peu de prison peut être une bonne leçon.»
- «Il ne faut pas envoyer un jeune en prison pour un petit vol. Ça ne fait qu'aggraver les problèmes.»
- *«Occupez les jeunes! Apprenez-leur la morale et le respect. Après, vous n'avez plus besoin de punir.»*
- «Si vous ne faites pas peur aux jeunes avec la prison, alors c'est la panique. Ils ne respectent plus rien. Vous n'avez qu'à regarder les problèmes en ville . . .»
- *«En prison, les jeunes ne font que rencontrer des gens plus experts qu'eux en la matière. C'est positif ça?»*

Travaillez avec un partenaire pour essayer de classer ces opinions. Il faut donner une note à chaque opinion:

> 5 points si vous êtes complètement d'accord
> 4 points si vous trouvez qu'il y a du bon sens dans ce qui est dit
> 3 points si vous restez indécis
> 2 points si vous êtes généralement contre cette idée, même s'il y a une parcelle de vérité
> 1 point si vous n'approuvez pas du tout cette opinion

Ensuite, comparez vos réponses avec celles d'autres membres de la classe. Quelle opinion marque le plus de points? Pourquoi?

3 Travail écrit

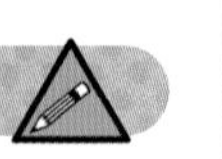

Écrivez une rédaction d'environ 250 mots au sujet suivant: "La prison ne résoud aucun problème." Êtes-vous d'accord?

Voici des idées pour vous aider:

Pourquoi emprisonner?

> Punir
> Rendre justice
> Appliquer la loi
> Maintenir la sécurité
> Appaiser la souffrance de ceux qui ont souffert à cause du crime

4 Lecture

Les peines de prison varient en longueur. Elles changent aussi au niveau de l'intensité de la surveillance. Ceux qui sortent de prison font toujours face aux difficultés de la réinsertion. Quatre prisons en France ont été choisies pour faire l'expérience d'un nouveau système – celui du bracelet électronique. Grâce à un émetteur relié à la prison, le détenu peut rentrer chez lui tout en restant sous surveillance. Il porte un bracelet spécial pourvu d'un émetteur. Il émet toutes les trente secondes un signal radio dont la portée varie entre 50 et 200 mètres. Le récepteur est placé au domicile du détenu ou à son travail, ou à son lieu d'assignation. Il est relié à une ligne téléphonique et un système d'alarme. Le condamné doit respecter les horaires d'assignation à résidence. Il est, en effet, détenu chez lui. . .

Lisez cet entretien avec le responsable d'une des prisons choisies pour l'expérience.

Qu'est-ce qui est essentiel pour le bon fonctionnement du système?
D'après moi, le consentement du condamné est essentiel, ainsi que la bonne volonté de ceux qui l'entourent - les parents généralement.

Qui peut bénéficier de l'usage de ce système?
Ceux qui servent une peine de moins d'un an, ou ceux à qui il reste moins d'un an à servir.

Comment fonctionne le système d'alarme?
Les alarmes changent selon la gravité de la faute: parfois un condamné ne rentre pas à l'heure, mais il arrive aussi que le condamné essaie d'enlever le bracelet. Dès que l'alarme sonne, on téléphone pour voir ce qui se passe. On prévient le magistrat. C'est lui qui décide ou non d'envoyer un surveillant . . .

Quel est l'avantage du système du bracelet?
Les prisons sont surpeuplées, et les prisonniers souffrent de mauvaises conditions. C'est donc une façon de désengager ces lieux.

Il y a d'autres raisons pour utiliser le bracelet?
Oui. Ces bracelets vont, d'après moi, aider les gens à ne pas récidiver. Il permet au détenu de garder des liens avec la famille. Il peut aussi travailler. Alors, la réadaptation à la vie est bien facilitée.

Alors vous êtes complètement en faveur de l'utilisation de ces bracelets?
Je suis convaincu qu'ils marchent à tous les niveaux. Et ils reviennent bien moins cher qu'une journée de prison: 14 euros contre 46 euros. Cela vaut vraiment la peine d'essayer.

5 Exercice de compréhension

Faites une liste de tous les avantages mentionnés par le responsable dans son entretien.

6 Travail oral

Imaginez que vous êtes un des détenus choisis pour faire l'expérience du bracelet électronique. Préparez une présentation orale pour décrire comment ça fonctionne au cours d'une journée typique. Donnez vos impressions de ce système par rapport à une peine de prison.

I. Renaud: Un rebelle de la chanson

On s'échauffe

Beaucoup de jeunes se tournent vers la musique pour exprimer leur frustration ou leur colère contre la société. Est-ce que vous pouvez penser à des chanteurs engagés, qui critiquent la société dans leurs chansons? Quels sont les thèmes principaux qui reviennent souvent dans leur musique?

1 Activité de lecture et exercice de compréhension

Société, tu m'auras pas!

Renaud Séchan est né à Paris porte d'Orléans le 11 mai 1952.

Petit fils de mineur et fils d'instituteur, il est devenu un des plus grands auteurs-compositeurs-interprètes du vingtième siècle.

Il a profité de la révolte de Mai 68 pour quitter l'école et c'est à cette époque houleuse qu'il a écrit ses premières chansons.

Amoureux de Paname est sorti en 1975 et s'est vendu à 5000 exemplaires. C'était un nouveau départ: en utilisant un langage cru et argotique et une ironie aggressive, Renaud s'est attaqué à toutes les valeurs bourgeoises.

Une chanson au caractère rebelle de cette période s'intitulait *Société, tu m'auras pas.* Renaud pensait que la société avait fini par récupérer des chanteurs engagés comme Antoine et Dylan et proclamait à tûe-tête qu'il allait être différent. "Oui, mais moi, on m'aura pas / Je tirerai le premier / Je viserai au bon endroit." a-t-il dit.

Dans la chanson, il a critiqué l'hypocrisie des autorités civiles et militaires. Il s'acharnait contre la violence et se moquaient des "cons en uniforme / Qui n'étaient pas vraiment virils / Mais qui se prenaient pour des hommes."

Renaud trouvait la société absurde, mais restait optimiste: "car la vérité vaincra", disait-il en 1975, "la commune refleurira."

2002 voit la sortie de son dernier album. Il vient de finir une tournée de 18 mois où il a joué devant plus de 250 000 spectateurs. Un de ses disques récents a reçu une Victoire d'Honneur. Est-il toujours aussi rebelle? Ou est-ce que la société a fini par le récupérer lui aussi? À vous de juger!

Pour chacune des phrases suivantes, choisissez l'explication qui convient le mieux:

1. "époque houleuse" veut dire que
   - **a)** Renaud chantait toutes ses mélodies à tûe-tête à cette époque.
   - **b)** C'était une période de beaucoup de changements.
   - **c)** Il faisait mauvais en 68.
2. Un "langage cru" veut dire que
   - **a)** les paroles de Renaud étaient aussi raffinées qu'un bon vin.
   - **b)** Renaud exprimait clairement ses croyances.
   - **c)** Le langage était plutôt vulgaire.
3. Des "chanteurs engagés" sont:
   - **a)** ceux qui arrivent à gagner leur vie en chantant.
   - **b)** ceux qui travaillent pour un label comme Polydor.
   - **c)** ceux qui expriment un message ou une philosophie dans leurs chansons.
4. "Qui se prenaient pour des hommes" implique que les militaires:
   - **a)** ne comprenaient pas qu'ils étaient vraiment lâches.
   - **b)** arrêtaient des hommes innocents pour le plaisir.
   - **c)** étaient vraiment courageux.
5. "La société a fini par le récupérer" suggère que:
   - **a)** Renaud va arrêter de chanter
   - **b)** Renaud est plus conformiste maintenant.
   - **c)** les gens commencent à apprécier sa musique maintenant.

2 Travail écrit

Répondez en français aux question suivantes:

1. Dans quel sens est-ce que les chanson de Renaud représentait la révolte en 1975?
2. Est-ce qu'il est possible d'être rebelle et populaire à votre avis?

Grammaire

Indirect speech

When you are reporting something that has been said, there is often a change of tense from the original direct statement.
The tense required in the reported part of the sentence is determined by the tense of the verb of "saying".
Look at these examples:

Direct speech:	*«Je comprends.»*	"I understand."
Indirect speech:	*Il dit qu'il comprend.*	He says that he understands.
	Il a dit qu'il comprenait.	He said that he understood.
Direct speech:	*«Je t'achèterai le disque.»*	"I will buy you the disc."
Indirect speech:	*Il dit qu'il m'achètera le disque.*	He says that he will buy me the disc.
	Il a dit qu'il m'achèterait le disque.	He said that he would buy me the disc.
Direct speech:	*«J'ai déjà entendu la chanson.»*	"I've already heard the song."
Indirect speech:	*Il dit qu'il a déjà entendu la chanson.*	He says that he's already heard the song.
	Il a dit qu'il avait déjà entendu la chanson.	He said that he had already heard the song.

Note that when *dire* is in the perfect, the verb in the reported part of the sentence moves back a tense from what was originally said:

> The present tense changes to the imperfect
> The future tense changes to the conditional
> The perfect tense changes to the pluperfect

3 On s'entraîne

Renaud a écrit *Société, tu m'auras pas* en 1975. Ça serait intéressant de savoir si ses opinions ont changé! Qu'est-ce qu'il a dit en 1975? Réécrivez les phrases suivantes en utilisant le discours indirect.

Exemple: «J'ai crié sur tous les toits»
En 1975 il a dit qu'il avait crié sur tous les toits.

1. «J'ai chanté dix fois, cent fois.»
2. «Partout on vit dans le doute.»
3. «J'ai entendu des grenades.»
4. «La vérité vaincra.»
5. «Société, tu m'auras pas.»

4 Travail écrit

Dans ses chansons, Renaud est toujours celui qui lutte pour les gens défavorisés et contre la société. Il critique le monde de la politique et de la religion parce qu'il le trouve imprégné d'hypocrisie.
Est-ce que ça vous arrive de vous rebeller contre quelque chose? Choisissez un domaine où vous trouvez que les autorités sont hypocrites. Trouvez un moyen pour exprimer vos critiques de façon originale.

Vous pouvez choisir, par exemple, d'écrire:

> une chanson
> un poème
> une lettre à un journal
> une petite histoire ou un conte

5 Travail de recherche

Renseignez-vous sur la vie de Renaud. Sur le Web, vous trouverez toute une gamme de sites avec des détails sur sa biographie, sa discographie et sa philosophie. Faites des recherches et présentez ce que vous trouvez d'intéressant aux autres membres de la classe.

a. **Regardez l'image ci-dessous et préparez une présentation orale là-dessus.**
Voici des questions pour vous aider:

> Qu'est-ce que vous voyez dans l'image?
> Qu'est-ce que MultiMania vous invite à faire?
> Est-ce que les Dix commandements sont démodés à votre avis?
> Est-ce que les opinions de chacun sont toutes valables?
> Quels seront les points de repères à l'avenir?
> A-t-on besoin de repères?

b. **Travaillez avec un partenaire. Inventez cinq commandements pour la société d'aujourd'hui.**

8. TU NE VOLERAS POINT
9. TU NE MENTIRAS POINT
10. TU NE CONVOITERAS PAS LE BIEN D'AUTRUI

À COMPLÉTER ET À RETOURNER À MULTIMANIA

11. ....
12. ....
13. ....
14. ....
15. ....
16. ....

BIENVENUE À TOUS LES POINTS DE VUE

Bienvenue sur MultiMania. Ici **l'espace disque est illimité** : vous avez enfin toute la place que vous souhaitez pour vous exprimer. **Création de pages perso, chats, e-mails, forums de discussion,** vous avez tous les outils **gratuits,** nécessaires pour exprimer vos opinions et découvrir les opinions d'autrui, faire des rencontres ou partager votre passion avec les **800 000 membres** déjà inscrits sur MultiMania. Alors suivez donc le commandement suivant : dès aujourd'hui sur MultiMania tu t'inscriras!

MultiMania
www.multimania.fr

www.toutterrain.co.uk

> **http://www.apmcj.com**
This site organises activities to stop delinquence.
> **http://www.lapolitique.com**
Discover more about French politics.
> **http://www.renaud-chanteur.com**
Read articles and lyrics about and by Renaud.

Unité 12

Mouvements et tendances

Terrain Thématique

- Peut-on espérer que tout le monde ait un emploi?
- Est-ce qu'on arrivera à une meilleure compréhension entre les différents peuples?
- L'écart entre les riches et les pauvres va-t-il continuer à se creuser?
- Quel est le rôle des Médecins sans Frontières?
- La femme a-t-elle tous les avantages?
- L'homme est-il bien dans sa peau?
- A-t-on enfin trouvé le secret de la vie éternelle?
- Qui est le maître: l'homme ou l'ordinateur?
- Êtes vous prêt à affronter l'avenir?

Ce chapitre vous permettra de répondre. . .

Terrain Linguistique

- Infinitives (revision)
- *Le* as a personal pronoun
- Final thoughts on thinking

A. Le travail: Trop ou pas assez?

On s'échauffe

Dans le monde de demain, est-ce qu'il y aura du travail pour tout le monde à votre avis? Est-ce qu'on arrivera à partager le travail de façon équilibrée?
Qu'est-ce que vous préfériez? Travailler entre 50 et 60 heures par semaine pour un salaire élevé, ou travailler moins longtemps pour un salaire moins important?

1 Lecture

Le gouvernement français a introduit la politique des 35 heures dans le but de mieux partager le travail, mais le chômage reste un problème inquiétant pour l'avenir. Lisez cet article qui date de l'été de 2001.

Le Chômage remonte de 1,9% en juillet

Pour le troisième mois consécutif, le chômage a crû en juillet. Avec 39 600 demandeurs d'emploi suplémentaires, le taux s'affiche à 8,9% des actifs.

Le chômage a progressé de 1,9% au mois de juillet, selon les chiffres publiés vendredi par le ministre de l'Emploi et de la Solidarité. Il s'agit de la troisième hausse consécutive du chômage, et de la plus importante augmentation depuis plusieurs années.

Dans un communiqué, le ministère attribue cette hausse du chômage à "l'effet juillet" lié à la modification des arrivées sur le marché du travail, mais aussi à l'arrêt du service militaire qui, selon le ministère, explique également une partie de l'augmentation du nombre de demandeurs d'emploi. Hors effets exceptionnels, cette évolution s'explique également par le ralentissement de l'activité économique. "Ce ralentissement atteint l'ensemble des pays, même si la France reste moins touchée que ses partenaires", souligne le ministère avant d'ajouter que "cette évolution du chômage à court terme appelle une mobilisation de tous."

"Les perspectives d'évolution à l'horizon restent cependant positives. La croissance devrait être plus soutenue qu'actuellement. En plus, la réduction du temps de travail, qui va s'étendre aux PME (les petites et moyennes entreprises), aura également un effet positif", écrit encore le ministère de l'Emploi et de la Solidarité.

Le Premier Ministre n'avait pas cherché à cacher cette tendance à la hausse du chômage lors de son entretien télévisé de mardi sur TF1. Le chef du gouvernement avait expliqué que «le taux de croissance est plus faible, l'impact des 35 heures est un peu derrière nous, et le contingent des emplois-jeunes a été réalisé.»

Cette hausse du chômage, bien qu'habituelle en juillet et en août, laisse planer l'ombre d'une baisse importante de la confiance des ménages, sur laquelle reposent la consommation et la croissance.

2 Exercice de vocabulaire

Trouvez dans le texte l'équivalent français des termes suivants:

1. job seekers
2. the job market
3. more consistent growth
4. the rise in unemployment
5. a drop in consumer confidence

3 Exercice de compréhension

Pour chaque affirmation, indiquez si c'est vrai, faux ou pas mentionné dans le texte.

1. Presque 9% de la population active française est au chômage.
2. Le chômage a augmenté au mois de mai.
3. Le service militaire a été aboli au mois de juillet.
4. D'autres pays de l'Union Européenne souffrent du ralentissement économique plus que la France.

5. La réduction du temps de travail est une mesure très populaire pour combattre le chômage.
6. Cette mesure est déjà entrée en vigueur pour les grandes entreprises.
7. Le Premier Ministre a été très réticent au sujet du chômage lors d'un entretien à la télévision.
8. Le Premier Ministre a conseillé aux gens d'attendre l'impact de la réduction du temps de travail.
9. On s'attend à ce que le chômage augmente en juillet; c'est normal.
10. La confiance joue un rôle important dans l'économie.

4 Travail écrit

Répondez aux questions suivantes en français.

1. Pourquoi est-ce que le taux de chômage publié en juillet est particulièrement inquiétant?
2. Comment cette hausse s'explique-t-elle, d'après le ministère de l'Emploi et de la Solidarité?
3. Dans quel sens est-ce que la France peut se féliciter par rapport aux autres membres de l'Union Européenne?
4. Pourquoi est-ce que le ministère de l'Emploi et de la Solidarité reste optimiste pour l'avenir?
5. Comment le chômage peut-il influencer d'autres aspects de l'économie nationale d'après l'auteur?

5 Travail oral

a. Travaillez avec un partenaire. Remuez-vous les méninges et faites une liste de toutes les qualités nécessaires pour quelqu'un qui veut éviter le chômage.

Exemple: *Il faut qu'il soit prêt à changer souvent d'emploi.*

b. Est-ce que la révolution informatique favorise ou menace l'emploi à votre avis?

Regardez cette image et préparez des réponses orales aux questions.

- **Qu'est-ce que vous voyez dans cette image?**
- **Qu'est-ce que c'est, l'e-business?**
- **Qu'est-ce qui provoque le chômage, d'après ce dessin?**
- **Êtes-vous d'accord avec cette analyse?**

6 Travail d'écoute

Afin de réduire le chômage, le gouvernement français a introduit une loi qui limite la semaine de travail à 35 heures. Les salariés ne travaillent plus que sept heures par jour. Les chefs d'entreprises se trouvent obligés, alors, d'embaucher d'autres ouvriers pour arriver à faire le même travail. Voilà, du moins, la théorie.

Le gouvernement prétend que la semaine de 35 heures a créé 350 000 emplois, mais cette loi a provoqué bien des controverses.

a. Écoutez ces cinq personnes qui parlent de la semaine des 35 heures et décidez, tout d'abord, si elles sont pour ou contre cette nouvelle loi, ou si elles ont des avis partagés.

b. Écoutez les cinq témoignages une deuxième fois et rédigez en français une liste de tous les avantages de la semaine de 35 heures qui sont mentionnés.

c. Écoutez une dernière fois et décidez qui c'est qui:

> ... pense à ceux qui ne peuvent pas se permettre de gagner moins.

> ... pense que les 35 heures risquent de créer plus de stress.

> ... pense que les 35 heures vont diminuer son stress.

> ... semble très idéaliste et n'a pas beaucoup d'expérience du monde de travail.

> ... constate que la loi des 35 heures ne favorise que certains.

B. De nouveaux horizons?

On s'échauffe

À l'avenir, vous risquez de vous retrouver avec beaucoup plus de vacances qu'avaient vos parents. Qu'est-ce que vous ferez de tout ce temps libre?
Est-ce qu'il est important de voyager, de voir le monde? Quelle sorte de voyages est-ce que vous aimeriez entreprendre?

1 Activité de lecture et exercice de compréhension

Lisez cet article qui propose de nouveaux horizons pour les vacances et répondez en français aux questions qui suivent.

L'ambiance change au sein du tourisme: on voit naître de nouvelles associations qui proposent des voyages différents. Certes, les touristes admirent toujours les Pyramides d'Égypte mais ils iront aussi rendre visite aux chiffonniers du Caire. On les prépare à l'avance afin d'éviter les gaffes traditionnelles. Ils logent chez les gens, ils parlent avec eux. Et de l'autre côté, les habitants apprennent à connaître les occidentaux, préparent l'accueil et recoivent les bénéfices. Voilà la description idyllique du tourisme équitable. Lisez maintenant l'expérience de Caroline Oberlin, qui a décidé de partir en Afrique avec l'association Tourisme et Développement...

Le dépaysement commence dès l'aéroport de Ouagadougou. Qui n'a rien d'un aéroport. Après quatre heures de route puis de piste en 4x4, à slalomer entre vélos et charrettes tirées par des ânes, je débarque, avec mon petit groupe de Français, à Doudou. C'est un village de 4 000 habitants, aux cases en terre ocre plantées au milieu de la savane. Le confort est rudimentaire, mais les habitants font de leur mieux pour nous mettre à l'aise. On nous offre un repas adapté à notre fragile estomac occidental et il y a même des toilettes adaptées à notre intention. J'ai surtout apprécié de prendre une douche. C'était ingénieux, la demi-bouteille d'eau minérale percée qui faisait l'office de pomme de douche. Mais j'étais consciente qu'il fallait éviter le gaspillage, car le puits le plus proche se trouvait à deux kilomètres du campement.

Au pic de la chaleur, on nous a invité à rejoindre les hommes à l'ombre des manguiers. C'était l'occasion d'entamer la conversation. Ce n'était pas très facile. Plus tard, on a découvert un autre moyen de créer des liens: une partie de foot avec les gamins de Doudou, qui étaient incollables sur les exploits des Bleus. Avec les femmes, le contact était moins facile. Elles étaient très pudiques et elles ne parlaient que rarement le français... mais, à la fin certaines sont venues spontanément me montrer leurs bébés.

1. Qu'est-ce que vous comprenez par le terme "tourisme équitable"?
2. Pourquoi est-ce que Caroline a été dépaysée même pendant le trajet jusqu'à Doudou?
3. Qu'est-ce qui montre que les habitants de Doudou ont bien préparé l'accueil des Français?
4. Qu'est-ce qui a fait réfléchir Caroline?
5. Par quoi passait l'intérêt des petits pour la France?
6. Pourquoi les relations avec les femmes sont-elles plus difficiles?

2 Travail d'écoute

On n'arrive pas à faire des voyages comme ça sans se préparer, d'un côté comme de l'autre. Écoutez le témoignage d'une Française et d'un hôte en Côte d'Ivoire qui participent à ce genre de tourisme avec l'association Djembé. Répondez aux questions suivantes en français.

1. Quels conseils donne-t-on aux Français?
2. Quels conseils donne-t-on aux Ivoiriens?
3. Pourquoi est-ce qu'on encourage les Ivoiriens à continuer à travailler leurs champs?
4. Pourquoi n'y a-t-il pas de séjours touristiques toute l'année à Doudou?
5. Quel en est l'avantage pour les autochtones?

3 Activité de lecture

Lisez le manifeste de Djembé.

Un tourisme de rencontres et d'échanges équitables

A. Djembé a pour vocation de favoriser la compréhension des réalités locales, la transmission de certains savoirs, et la rencontre entre des participants étrangers et des habitants locaux.
B. Djembé s'attache particulièrement à ce que le séjour des visiteurs soit perçu comme étant profitable à long terme par les visiteurs et par les accueillants.
C. Djembé fait la promotion d'activités liées aux cultures locales. Elles donnent lieu à des ateliers proposés et animés par des habitants.
D. Djembé veille à ce que les intervenants locaux reçoivent une rémunération équitable.
E. Djembé incite les participants à utiliser le plus souvent les prestations locales (hébergements, restaurants, transports).
F. Djembé encourage les comportements solidaires, notamment par la cogestion d'une partie du budget du séjour des visiteurs sur place.
G. Djembé s'appuie sur un réseau de "facilitateurs" sur place. Ces personnes adhèrent aux principes de cette formule et elles jouent en quelque sorte les ambassadeurs entre les visiteurs et les autochtones.

Quelle est la réponse de Djembé aux critiques suivantes? Pour répondre, il suffit de citer une des phrases – A à G – de leur manifeste.

1. Une fois sur place, les visiteurs doivent se débrouiller seuls.
2. Les autochtones sont exploités financièrement.
3. Les touristes logent dans des hôtels de luxe qui sont loin de là où habitent les gens qui les accueillent.
4. Les activités n'ont rien à voir avec l'expérience quotidienne des autochtones.
5. Il n'y a pas d'effet durable.

4 On s'entraîne

Traduisez les phrases suivantes en français.

1. You are likely to lose weight.
2. I am very interested in it.
3. He was asked to take part in a football match.
4. She tried to adapt, but didn't really manage.
5. They encouraged us to think about it.

Rappel Grammaire > p260

Infinitives

Remember that when one verb introduces another, the second is always in the infinitive.

> Some verbs are followed by ***à*** + **infinitive**:
Ils apprennent à connaître les Occidentaux.
They get to know the Westerners.

> Remember that ***à*** + **infinitive** and ***à*** + **noun** can be replaced by the pronoun *y*:
J'ai participé à la conversation.
I joined in the conversation.
J'y ai participé.
I joined in.

> Some verbs are followed by ***de*** + **infinitive**:
Elle a décidé de partir en Afrique.
She decided to go to Africa.

> Note that some verbs are used with ***de*** + **infinitive** and ***à*** + **person**:
On a conseillé à Caroline de se faire vacciner.
Caroline was advised to get vaccinated.

C. La croissance économique: Finis les beaux jours?

On s'échauffe

Est-ce que vous pensez que la croissance économique va continuer à perpétuité? Est-ce que l'abondance que nous connaissons nous fait du bien? Est-ce que les ressources du monde sont bien gérées à votre avis?

1 Activité de lecture

Lisez ces notes sur le G8.

Qu'est-ce que c'est le G8? C'est une organisation qui rassemble le Top 7 de l'économie mondiale.

Pourquoi ça s'appelle le G8 alors? Parce que la Russie fait aussi partie du groupe depuis 1994, non pour ses performances économiques (elle ne participe pas aux discussions sur l'état du monde) mais pour l'ancrer durablement dans le camp des démocraties.

Quel est le but de l'organisation? Elle existe pour favoriser une meilleure compréhension entre les chefs d'état. Elle permet aux responsables les plus influents de la planète de sortir de leur paroisse et de porter un regard plus ouvert sur leurs pairs.

Depuis quand existe-t-elle? Les sommets ont été lancés en 1975.

Par qui? C'était sous l'impulsion de Valéry Giscard d'Estaing, le Président français et Helmut Schmidt, le Chancelier allemand de l'époque.

Combien de pays membres y avait-il au départ? Ils n'étaient que cinq: États-Unis, Grande-Bretagne, France, Allemagne et Japon. Le reste du monde se divisait alors entre économies d'état (les pays communistes), les pays en voie de développement et les régimes militaires. Depuis, l'Italie et le Canada ont été également admis au cercle.

Comment est-ce que les sommets étaient organisés au début? Il s'agissait de rencontres informelles, entre soi, à cinq. Leur message passait inaperçu sauf des milieux d'affaires et des marchés à qui ils étaient destinés. Mais les rencontres ont perdu leur esprit original, se transformant en grands shows institutionnels.

Est-ce que ces rencontres ont été utiles au fil des années? À bien des égards, oui. On a discuté de la fermeture de Tchernobyl, par exemple. Et on a parlé de réduire la dette des pays les plus pauvres. À Denver, en 1997, il y a eu des discussions vives avec Bill Clinton sur son refus de baisser la production américaine de gaz à effet de serre. Cette réunion-là a mené au grand sommet pour l'environnement à Kyoto.

Un bilan positif alors? Oui et non. D'une part, il est vrai que le communiqué de Lyon, par exemple, a donné l'impulsion politique pour combattre le terrorisme et la criminalité financière. D'autre part, on dit que les communiqués semblent identiques d'une année sur l'autre.

Des problèmes à l'horizon pour le G8? En effet! L'organisation du G8 va sans doute changer. C'est surtout depuis le sommet de Gênes que tout vacille.

Indiquez si les affirmations ci-dessous sont vraies, fausses ou si ce n'est pas mentionné dans le texte.

1. La Russie a fait partie du groupe dès le départ.
2. La Russie n'a pas les mêmes droits que les autres membres du groupe.
3. La Russie a été admise pour qu'on la soutienne mieux financièrement.
4. Un but de l'organisation est d'élargir les horizons des chefs d'état.
5. L'organisation a été créée sous une impulsion franco-britannique.

6. Les communiqués des premières rencontres n'ont pas été appréciés par les marchés.
7. Dorénavant les sommets vont être beaucoup plus discrets.
8. Les discussion sont toujours très amicales.
9. Bill Clinton a changé d'avis au sujet des gaz à effet de serre au sommet de Denver.
10. Il y aura forcément des changements dans l'organisation du G8.

2 Travail écrit

Répondez aux questions suivantes en français. Vos réponses vont résumer les informations dans le texte.

1. Comment l'organisation a-t-elle changé depuis sa première rencontre?
2. Qu'est-ce que l'organisation a réalisé de positif au fil des années?

3 Travail d'écoute

Vous allez entendre Jacques et Martine, deux Français qui parlent de leurs impressions du G8.
Répondez aux questions suivantes.

Jacques:

1. Est-ce que Jacques est en faveur du G8?
2. Comment est-ce qu'il justifie son point de vue?
3. De quel exemple concret est-ce qu'il se sert?

Martine:

1. Comment est-ce que Martine décrit le G8?
2. Pourquoi est-ce qu'elle critique cette organisation?

4 Lecture

5 Exercice de compréhension

Trouvez dans le texte en bas de la page une phrase qui suggère que:

1. La lutte contre la mondialisation n'est pas un phénomène nouveau.
2. Les manifestations qui ont eu lieu avant Gênes n'ont pas été très efficaces.
3. La réaction de la police italienne était démesurée.
4. L'auteur se montre optimiste par rapport au communiqué de Gênes.
5. On croit difficilement les promesses des hommes politiques.

6 Travail oral

a. L'article ci-dessous parle de "solutions durables" pour combattre la pauvreté. Travaillez avec un partenaire et proposez une liste de ces solutions. Est-ce qu'on a vu des progrès sur la voie de la responsabilité mutuelle depuis 2001?

b. Regardez l'image ci-dessous et préparez des réponses orales aux questions.

- **Qu'est-ce que vous voyez dans l'image?**
- **Qui est à gauche? À droite? Au milieu?**
- **Pourquoi est-ce que la personne au milieu est toute petite?**
- **Est-ce que le message de ce dessin est optimiste ou pessimiste?**

Qu'est-ce qui met l'avenir du G8 en question?

Depuis des années, bien des groupes se sont organisés pour lutter contre la mondialisation du commerce. Ils s'engageaient pour des raison diverses: à cause de leur foi, de leur humanisme, de leurs convictions écologiques. Jusqu'à présent, les gouvernements du G8 ne se sont pas trop inquiétés.

Mais la situation est en train de changer et à Gênes, en juillet 2001, lors d'un sommet du G8, quelque chose a craqué. Des milliers de manifestants s'y sont rassemblés pour proclamer une fois de plus leur antipathie pour la mondialisation. La police italienne a réagi avec une violence inattendue et choquante. Les magistrats italiens chargés de l'enquête qui a suivi ces événements extraordinaires ont employé le mot de "torture".

Peut-être ces événements ont-ils marqué un tournant dans l'histoire du G8. Le fait que le communiqué de Gênes ait adopté un nouveau vocabulaire en est un signe prometteur. Les gouvernements du G8 ont promis de "rechercher une coopération renforcée et une solidarité avec les pays en développement". Cette coopération serait "fondée sur une responsabilité mutuelle pour combattre la pauvreté". Ils ont reconnu, soi-disant, la nécessité de "promouvoir des solutions durables". Pour convaincre de leur sincérité, ils ont du pain sur la planche.

D. Au milieu de la misère

On s'échauffe

Personne n'oubliera les événements à Manhattan le 11 septembre 2001. Le monde entier a exprimé sa sympathie pour les New Yorkais.
Certaines organisations humanitaires, comme Médecins Sans Frontières, se sont intéressées au sort des Afghans. Pourquoi est-ce qu'elles étaient inquiètes pour ce peuple, à votre avis?

1 Activité de lecture

Lisez cet article du Dr Jean-Hervé Bradol, Président de Médecins Sans Frontières.

Un monde bouleversé

Des milliers de personnes massacrées alors qu'elles poursuivaient leurs occupations quotidiennes. L'horreur au cœur de New York. Nos premières pensées vont aux blessés et aux familles affectées par ces tragiques événements. Notre sympathie va à ceux qui sont confrontés à la souffrance et à la mort.

Mais, à cause de la place occupée par les États-Unis sur l'échiquier international, notre indignation se double d'une inquiétude pour l'avenir. Nous nous sommes réveillés ce matin dans un monde bouleversé et, sans doute, plus dangereux. Une rupture vient de se produire dans l'équilibre mondial. À la différence du tournant qui s'était opéré en 1989 avec la chute du mur de Berlin, les changements qui viennent nous semblent peu porteurs d'espoirs.

Déjà nos téléviseurs résonnent de déclarations de guerre, dans lesquelles le sort des civils vivant dans des territoires sous l'influence des apprentis sorciers à l'origine de l'attaque contre les États-Unis paraît scellé. La colère, la rage, le désir de vengeance sont annonciateurs de drames futurs.

Depuis trente ans, nous sommes confrontés à des drames de grande ampleur. Notre rôle est de secourir le mieux possible ceux qui sont broyés par les politiques guerrières qui prétendent toujours être l'affirmation du bien contre le mal. Ces références à une juste cause s'accompagnent le plus souvent d'une cruauté sans limites. Nous serons aux côtés de ceux qui le subiront. Notre indépendance d'esprit et d'action repose, vous le savez, sur le soutien financier sans faille obtenu auprès des donateurs privés dont le sens de la solidarité ne fait jamais le tri entre les bonnes et les mauvaises victimes.

Nous sommes mobilisés. D'abord pour que les secours se poursuivent auprès de ceux qui ont rarement le douteux privilège d'être au cœur de l'actualité internationale. Nous devons nous préparer à être aux côtés des populations qui subiront les conséquences des massacres perpétrés aux États-Unis.

Dr Jean-Hervé Bradol

2 Exercice de vocabulaire

Trouvez dans le texte des synonymes des termes suivants:

1. des activités journalières
2. mis en désordre
3. fixé de façon définitive
4. écrasé
5. entièrement fiable

3 Exercice de compréhension

En utilisant des informations et des idées du texte, écrivez une ou deux phrases pour mettre ces fausses idées au placard:

1. Bradol sous-estime le rôle des États-Unis comme super-puissance.
2. Il voit une similarité entre la chute des Tours à New York et la chute du mur de Berlin.
3. Bradol n'a aucune expérience de ce genre de catastrophe.
4. Il est dans la poche des politiciens.
5. Ses bonnes paroles n'aboutiront jamais à de bonnes actions.

Exemple: Le docteur Bradol est complètement insensible au traumatisme des New-Yorkais.

Au contraire. Il a montré une sympathie profonde pour tous ceux qui se sont trouvés confrontés à la souffrance et à la mort.

4 Travail écrit

Écrivez un paragraphe pour expliquer ce que le docteur Bradol veut dire quand il dit «Nous sommes mobilisés».

5 Travail d'écoute

Médecins Sans Frontières lutte contre les inégalités dans le monde en ce qui concerne les médicaments. Écoutez cette interview avec Anne Doulut de MSF et répondez aux questions suivantes.

1. Pourquoi Anne a-t-elle décidé de travailler pour Médecins Sans Frontières?
2. Quand est-ce qu'elle a pris cette décision?
3. Quel est le prix du traitement pour le sida?
4. Quel est l'effet de ce traitement?
5. Combien un employé en Afrique du Sud gagne-t-il par mois en moyenne?
6. Pourquoi les médicaments coûtent-ils si cher? (trois raisons)
7. Quelle est la bonne nouvelle annoncée par certaines compagnies pharmaceutiques?
8. Quelle différence est-ce que cela fait pour les sidaïques de l'Afrique du Sud?

6 Travail oral

Imaginez que vous allez vous engager dans l'organisation Médecins Sans Frontières.
Travaillez avec un partenaire pour préparer une présentation pour expliquer pourquoi vous avez décidé de prendre ce pas important.
Les statistiques présentées dans ces images vous seront utiles.

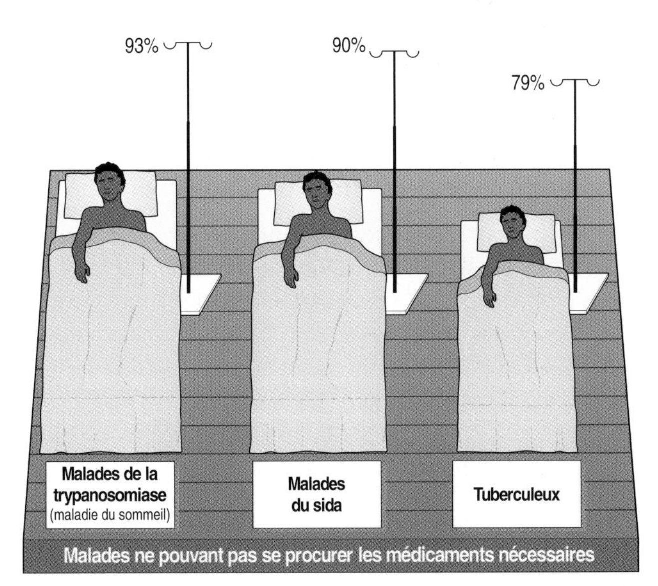

E. Le futur est-il féminin?

On s'échauffe

Quelles sont les différences qui existent entre les hommes et les femmes? Est-ce que ces différences sont innées ou acquises?
Est-ce que vous pensez que les femmes ont déjà conquis tous les droits fondamentaux ou est-ce qu'il reste du pain sur la planche?

1 Activité de lecture et travail écrit

Lisez les informations sur ce site web.

Féministes aujourd'hui

Les mouvements de libération des femmes ont permis une remise en cause des rôles sexués et de leur distribution hiérarchique. Les femmes ont conquis des droits fondamentaux: droit à l'instruction, à l'indépendance civile, droit de vote, droit à l'avortement.

Et pourtant, en dépit des avancées, notre société reste profondément sexiste. Les progrès dans l'égalité formelle masquent la persistance des discriminations.

Plus touchées par le chômage et la précarité, les femmes sont également les premières concernées par les temps partiels imposés. Elles gagnent environ 27% de moins que les hommes et sont doublement discriminées car, à la maison, ce sont surtout elles qui s'activent.

Les femmes sont quasiment absentes de la scène politique: seulement 11% des députés, 6% des maires et 5% des sénateurs sont des femmes. En revanche, elles sont majoritaires sur les affiches publicitaires où on les montre nues sous n'importe quel prétexte.

Quant aux violences à l'encontre des femmes, les chiffres en disent long: en France, on estime qu'une femme sur sept est victime de violences conjugales, qu'une femme est violée tous les quarts d'heure.

Les revendications féministes sont d'autant plus nécessaires que l'idéologie du droit à la différence, et l'éloge de la "féminité" refont surface. Faire la part de l'inné et de l'acquis est un ancien et indissoluble débat. Mais nous pensons que le poids de l'histoire et de la culture est déterminant.

«On ne naît pas femme, on le devient», disait Simone de Beauvoir. Aussi est-il possible d'agir pour que la culture, l'éducation, les mentalités évoluent vers l'égalité. Tout doit être possible pour chacun, quels que soit son sexe, sa couleur de peau, sa sexualité.

Être féministe, c'est vouloir repenser les rapports de sexe, se battre contre les rapports dominant / dominé, casser les modèles sociaux; c'est opter pour une autre société. Le féminisme n'est pas une question de sexe (l'exemple de certaines femmes militant contre l'IVG ou pour le retour des femmes au foyer montre suffisamment qu'être une femme n'est pas un brevet de féminisme!): c'est une question de valeurs, c'est un choix de société.

Répondez en français aux questions qui suivent.

1. Dans quelle mesure est-ce que les mouvements de la libération des femmes ont eu du succès?
2. Pourquoi est-ce que les femmes sont doublement discriminées?
3. Qu'est-ce que l'auteur veut prouver en comparant l'absence des femmes de la scène politique et leur présence sur les affiches publicitaires?
4. Pourquoi est-ce que le féminisme est considéré comme d'autant plus nécessaire aujourd'hui?
5. Est-ce que toutes les femmes sont féministes d'après l'auteur?

Grammaire

> p257

Personal pronouns

The direct object pronoun ***le*** can be used to refer back to a previous statement or idea. This often corresponds to the use of "so" in English.

Elle est féministe, du moins je le crois. — She's a feminist, at least I think so.
(*le* stands for *elle est féministe*).

Il l'acheté sans me le dire. — He bought it without telling me.
(*le* stands for *il l'a acheté*).

This use of ***le*** is particularly common with verbs like *savoir* and *comprendre*.

Le can also refer back to an adjective (or a noun which indicates status or profession) in a previous statement. ***Le*** is used, whatever the gender or number of the adjective or noun that it refers to.

Tu es fâché? Oui, je le suis. — Are you angry? Yes I am.
«On ne naît pas femme, on le devient.» — "You aren't born a woman, you become one."

This use of ***le*** is particularly common with verbs such as *être, devenir* and *paraître.*

Le is **not** used in French to translate the construction "to find it (adjective) that":

Je trouve difficile d'accepter ton raisonnement. — I find it difficult to accept your reasoning.
Nous avons trouvé nécessaire de licencier trois ouvriers. — We have found it necessary to make three workers redundant.

2 On s'entraîne

Traduisez les phrases suivantes en français.

1. She borrowed the car without asking me.
2. He was the president of the club, but he isn't any more.
3. He wasn't very sporty when he was younger; he became so later.
4. She is unemployed. Yes, we know.
5. Is she upset? Yes, she is.

3 Travail oral

Travaillez avec un partenaire. Faites une liste de tous les problèmes auxquels les femmes doivent faire face, mentionnés dans cet article. Quels sont les problèmes les plus graves à votre avis?
Qu'est-ce qu'il faudrait faire pour résoudre ces problèmes à l'avenir?

4 Activité de lecture et travail écrit

Lisez la chanson ci-contre. Elle se chante sur l'air de "Alouette". Elle n'est pas sans humour, mais il y a aussi un message sérieux.
Résumez l'essentiel de ce message en français. Vous devez écrire entre 150 et 200 mots.

Ménagère, gentille ménagère,
Ménagère, il faut te libérer!
Ménagère, gentille ménagère,
Ménagère, il faut te libérer!
Faut te libérer des couches (bis)
Et des courses (bis)
Et des nounours (bis)

Ménager, gentil ménager,
Ménager, il faut partager!
Ménager, gentil ménager,
Ménager, il faut partager!
Faut partager la cuisine (bis)
La lessive (bis)
Le repassage (bis)
Le ménage (bis)
La vaisselle (bis)

Ménagère, gentille ménagère,
Ménagère, mets-toi en congé!
Mets-toi en congé des leçons (bis)
Du pédiatre (bis)
Des remarques (bis)
Mouche ton nez (bis)
Lave tes mains (bis)
Viens manger (bis)
Brosse tes dents (bis)

Ménagère, gentille ménagère,
Ménagère, il faut te ménager!
Ménager du temps de loisirs (bis)
Bouquiner (bis)
Et chanter (bis)
Et flirter (bis)
Militer (bis)
Ne rien faire (bis)

F. Où est passé Monsieur Macho?

On s'échauffe

Pensez-vous que votre père soit démodé? Quelles sont les différences les plus frappantes entre père et fils, entre les générations?

1 Lecture

La ruée vers l'homme

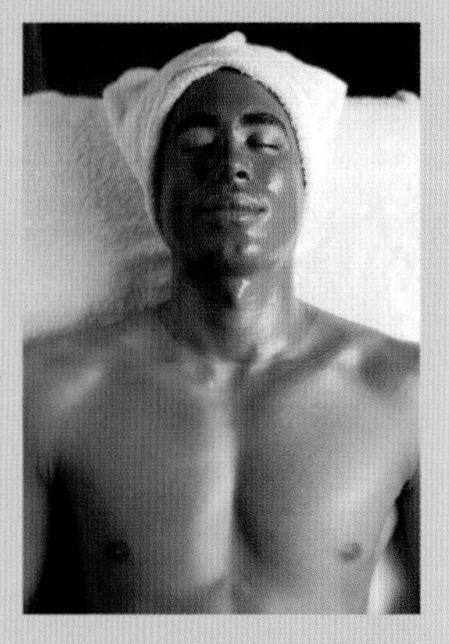

L'homme change. Il revendique sa différence, et l'égalité avec la femme. Il veut à son tour s'occuper de lui, de sa beauté, être bien dans sa peau, séduire. Les ventes de produits cosmétiques masculins explosent, celles de Viagra aussi. Monsieur est devenu un marché. S'il fallait une preuve de plus de ce que la mec-économie n'est pas un mirage, Hachette Filipacchi nous la fournit en lançant fin octobre un magazine masculin baptisé "Maxime". On pouvait pourtant croire le créneau saturé. Après la sortie en automne 98 de "M Magazine" du groupe suisse Edipresse, on a assisté en effet à une vrai ruée vers l'homme.

Il fut un temps où la presse masculine tournait en France autour du million d'exemplaires, avec "Play Boy", "Lui" et "Newlook". Mais c'était un autre temps. Les pin-up se sont démodées. "Lui" est mort. L'editeur de "Elle" a testé, en 1999, un "Il" dans plusieurs villes de province, mais "Il" n'a pas marché non plus. Gérald de Roquemaurel, président de Hachette Filipacchi, en a conclu que les hommes avaient envie d'être chahutés, que l'avenir était à un magazine au ton décalé, original.

Le titre "Maxime" a été racheté aux Anglais. Il a déjà fait une percée aux États-Unis, mais, rappelle Gérald de Roquemaurel, sa déclinaison pays par pays n'est pas évidente. «La presse féminine est une presse de consommation mondiale, car les femmes consomment partout, de Shanghai à Paris, les mêmes choses. Ce n'est pas le cas des hommes: les styles de vie masculins sont très nationaux.»

2 Travail écrit

Exercice de compréhension: Pour chacune des phrases tirées du texte dans le tableau ci-dessous, trouvez la phrase qui exprime le sens contraire.

Les propositions du texte
1. L' homme change.
2. Il veut, à son tour, s'occuper de sa beauté.
3. Les ventes de Viagra explosent.
4. La mec-économie n'est pas un mirage.
5. Le créneau est saturé.
6. Les pin-up se sont démodées.
7. L'avenir (est) à un magazine au ton décalé, original.
8. (Maxime) a déjà fait une percée aux États-Unis.
9. Les femmes consomment partout les mêmes choses.
10. Les styles de vie masculins sont très nationaux.
Les contre-arguments
A. Play Boy se porte bien.
B. L'intérêt pour les produits masculins n'est qu'une mode.
C. L'homme reste toujours identique à lui-même.
D. Ce titre n'a pas fait tabac outre-Atlantique.
E. Le concept de l'homme ne connaît pas de frontières.
F. Il reste de nombreux développements possibles.
G. Il ne s'intéresse pas aux apparences.
H. On ne trouve rien à redire aux hebdomadaires d'avant.
I. Les goûts féminins changent de pays en pays.
J. L'homme accepte de vieillir dans sa virilité.

3 Travail écrit

Analyse du texte: Répondez aux questions suivantes en français.

1. Dans quel sens est-ce que l'homme revendique son égalité avec la femme?
2. Que veut-on dire par "Monsieur est devenu un marché"?
3. Comment la presse masculine a-t-elle changé récemment?
4. Pourquoi le titre "Il" n'a-t-il pas marché à votre avis?
5. Pourquoi est-il difficile de prévoir si "Maxime" va connaître un grand succès en France?

4 Travail oral 

Travaillez avec un partenaire et écrivez un texte pour un flash publicitaire à la radio pour le nouveau magazine "Maxime". Présentez la pub aux autres membres de la classe.

5 Travail d'écoute 

En 2001 Bernard Delanoë a été élu comme Maire de Paris. Sa victoire électorale a surpris certains pour deux raisons: il était de gauche et il était homosexuel. Il avait parlé ouvertement à la télévision de sa sexualité lorsqu'il était Sénateur.
Écoutez cet entretien avec un journaliste français qui parle de la réaction dans la presse mondiale à la nouvelle que Paris avait un Maire homosexuel.

a. Répondez aux questions suivantes en français.

1. Comment est-ce que "The Times" a réagi par rapport à l'élection de Delanoë?
2. Quelle était l'attitude de "La Republica" en Italie?
3. Pourquoi est-ce que Erico Benedetto a du mal à imaginer un Maire homosexuel à Rome?
4. Dans quel sens est-ce que les États-Unis sont partagés?
5. Qu'est-ce qui a frappé Joachim Prieto, journaliste espagnol?

b. Écoutez la conversation une deuxième fois et trouvez l'équivalent français des termes suivants.

1. I even wonder whether the step he took worked in his favour.
2. That's another kettle of fish.
3. The most astonishing thing for the Americans...
4. It was a hard election campaign.
5. For that reason...

6 Travail oral

Commentez cette publicité en répondant aux questions suivantes:

- **Quel produit essaie-t-on de vendre?**
- **Quelle image de l'homme est présentée par la publicité?**
- **Est-ce que l'idée de l'homme macho est bel et bien reléguée au passé à votre avis?**
- **Est-ce qu'il y a une contradiction entre un produit de beauté et l'esprit d'aventure?**

G. Un clone humain: C'est pour demain?

On s'échauffe

Est-ce que vous aimeriez vivre longtemps? Est-ce que vous accepteriez qu'on vous clone pour prolonger votre existence à perpétuité?
Est-ce que vous pensez que le clonage humain est une aspiration légitime de la science?

1 Lecture

Lisez ce texte. Il parle d'un docteur italien qui, aujourd'hui, est mondialement connu. Dans le domaine du clonage humain, il n'a pas peur de la controverse ...

Severino Antinori, concurrent de Dieu le Père

Étudiant en médecine, Severino Antinori se prenait déjà pour Dieu le Père et le surnom de "Docteur Miracle" le comblait d'aise. En 1992, il a aidé une Italienne de 62 ans à devenir maman. Ce succès lui a valu la colère du Vatican et la réputation d'apprenti sorcier. Il semblait aussi assoiffé de publicité. Aujourd'hui, il propose le premier clonage humain. Interdite par la plupart des Parlements d'Europe, l'opération aura lieu dans une contrée méditerranéenne qu'il refuse de préciser.

Ce clonage consiste à prélever sur un mâle adulte une cellule portant sa signature génétique et à la réimplanter dans un ovule préalablement évidé. Si tout se passe bien, on obtiendra ainsi une copie parfaite de l'heureux papa.

L'opération est très difficile. En effet, depuis le clonage de la brebis Dolly, en 1998, nombre de labos ont tenté sans succès de renouveler l'opération. Depuis deux ans, seuls trois d'entre eux ont réussi à reproduire une souris à l'identique, mais le facsimilé d'un bipède supérieur pose des difficultés autrement plus aiguës. Imperméable aux objections techniques, Severino Antinori n'est pas plus ébranlé par les arguments moraux: la mort de l'individu pour cause de duplication irresponsable; l'avènement d'un monde cauchemardesque de robots dressés à mordre. Le docteur repousse d'un ricanement ces menues critiques. Bienfaiteur du genre humain, il montre les dizaines de photos de parents comblés et de bambins hilares qui tapissent les murs de son cabinet.

2 Travail écrit

Analyse

a. **Relisez le texte et répondez aux questions suivantes en français.**

1. Pourquoi le surnom de "Dieu le Père" va-t-il bien à Antinori?
2. Comment a-t-il provoqué la colère du Pape?
3. Pourquoi ne sait-on pas où il travaille à l'heure actuelle?
4. Pourquoi y a-t-il des objections techniques à ce qu'il propose de faire?
5. Comment Antinori repousse-t-il les critiques morales?

b. **Regardez le dessin ci-dessous et répondez en français aux questions qui suivent.**

1. Qu'est-ce que vous voyez dans le dessin?
2. Qui est le docteur en question?
3. À qui est-ce qu'il montre l'éprouvette à votre avis?
4. Quel semble être le but de son travail?
5. Est-ce que vous approuvez personnellement ce que fait le docteur?

3 Activité de lecture et travail oral

Travaillez avec un partenaire. Lisez ces opinions sur le clonage humain et classez-les en deux groupes: un pour et un contre. Ensuite, il faut élaborer une conversation entre quelqu'un qui s'oppose au clonage et un scientifique qui y voit des avantages pour l'avenir.

> «On ne sait pas comment la personne clonée va grandir. C'est trop risqué!»
> «On peut imaginer un monde de personnes créées et programmées comme des robots. C'est l'eugénisme qui nous attend au coin de la rue.»
> «Le clonage touche de façon définitive à l'intégrité de la nature humaine. Ces pratiques sont contraires à la dignité humaine.»
> «Il faut distinguer entre le clonage thérapeutique et le clonage reproductif.»
> «Le clonage thérapeutique est un moyen quasiment miraculeux pour lutter contre de graves maladies.»
> «Le clonage nous permettrait de réparer des brûlures profondes, par exemple. Le clone fournirait des greffes. C'est formidable !»
> «Le clonage rendra l'homme enfin immortel. Quelle aubaine!»
> «On revient aux expériences des Nazis. N'a-t-on rien appris de cette époque de l'histoire?»
> «On entame un processus dont on ignore complètement les conséquences sur le plan physique, psychologique et même juridique!»
> «Il faut penser aux bienfaits éventuels. Peut-être que le clonage nous permettra d'éliminer le fléau du cancer.»

4 Travail écrit

Écrivez une rédaction d'environ 250 mots sur le thème suivant:
"Tout clonage humain devrait être interdit."
Est-ce que vous êtes d'accord?

5 On s'entraîne

Traduisez les phrases suivantes en français.

1. We don't think it's wise to continue with this research.
2. We have been thinking about it for three years.
3. What do they think?
4. Have you thought about the consequences?
5. Do you think that it can succeed?

Rappel Grammaire

Penser

There's a lot to think about with the verb to think!
There are subtle shifts in meaning depending on the preposition used after *penser*.

> ***Penser à*** is used when you want to indicate the direction of your thoughts:

À quoi tu penses?	What are you thinking about?
Il faut penser aux bienfaits éventuels.	We must think of (turn our minds towards) the possible benefits.
J'y pense depuis un bon moment.	I have been thinking about it for some time.

> ***Penser de*** is used to refer to expressions of opinion:

Qu'est-ce que vous pensez du clonage?	What do you think of cloning?
Et vous, qu'est-ce que vous en pensez?	And you? What do you think?

> When *penser* is used in the affirmative, it is followed by the indicative:

Je pense que c'est un grand pas en avant.	I think it's a big step forward.

> When *penser* is used in the negative or the interrogative, it is followed by the subjunctive:

Je ne pense pas que ce soit vraiment dangereux.	I don't think that it's really dangerous.
Pensez-vous que ce soit possible?	Do you think it's possible?

H. Point Rencontre:
Claude Sany, ingénieur en informatique

On s'échauffe

Quelles machines ont apporté le plus de bien à l'humanité? Remuez-vous les méninges et faites-en la liste! L'ordinateur figurera, sans doute, en bonne place dans cette liste. Mais est-ce que l'influence de l'ordinateur est toujours bonne à votre avis? Ou faut-il se méfier de cette machine?

1 Activité de lecture et exercice de compréhension

Lisez cette conversation avec Claude Sany et répondez en français aux questions qui suivent.

Vous êtes ingénieur. Où est-ce que vous travaillez exactement?
Je travaille pour une maison d'édition française – une maison très ancienne puisque sa création remonte au début du XVII siècle. Le siège de la société se trouve à Paris, mais elle dispose aussi de plusieurs agences régionales. Depuis quelques années, la société s'est implantée à Madagascar et à l'île Maurice où elle a créé des ateliers de saisie de documents pour bénéficier d'un coût de main d'oeuvre plus faible.

L'idée d'un ingénieur dans une maison d'édition est plutôt surprenante. Pouvez-vous nous expliquer pourquoi vous travaillez là?
En fait cela fait seulement deux mois que je travaille chez cet éditeur. Auparavant, j'exerçais dans le nucléaire civil. Ces deux secteurs peuvent sembler très différents mais, dans la pratique, les problèmes informatiques qu'on y rencontre sont souvent identiques.

Donc, vous voulez dire que la technologie joue un rôle important dans le monde de l'édition ...
Oui, tout à fait. Depuis Guttenberg jusqu'à nos jours, l'édition a nécessité la mise en oeuvre de technologies toujours plus complexes.
Au vingt-et-unième siècle, ce sont les techniques du traitement du texte et de la transmission de l'information qui occupent une place centrale. Ces techniques changent en permanence. D'où le besoin d'un spécialiste en informatique.

Alors, en quoi consiste votre travail exactement?
En un mot, j'aide des clients très variés à gérer toute leur documentation. Par exemple, une entreprise d'automobile peut nous contacter parce qu'elle veut éditer des documents techniques ou commerciaux. Avec eux, je décide des principes de base de la présentation. Ensuite, mon travail consiste à développer un logiciel qui s'occupe de tout – de la saisie du texte jusqu'à sa diffusion sur papier ou même sur WEB ou CD-Rom.

Ce sont des logiciels intelligents, alors?
Oui. Le grand avantage, c'est qu'une fois que les principes de présentation sont définis, la mise en forme se fait automatiquement. Cela enlève des contraintes et ajoute rapidité et cohérence. Actuellement, ces deux critères – rapidité et cohérence de la diffusion – constituent le nerf de la guerre dans le monde d'édition.

Et nous? Nous allons finir par être incapables de réfléchir pour nous-mêmes?
Il est certes vrai que l'utilisation de ces systèmes conduit au remplacement de l'homme par la machine. Mais le logiciel effectue les tâches répétitives et ingrates. N'est-ce pas là une sorte de libération? L'homme est alors libre de se consacrer aux activités qui font appel à sa créativité. Ça ne peut être que positif ...

1. Pourquoi la maison d'édition a-t-elle des ateliers à Madagascar et à l'île Maurice?
2. Pourquoi est-ce que Claude a pu facilement passer du secteur du nucléaire civil à l'édition?
3. Qu'est-ce qui amène les spécialistes en informatique à travailler dans le monde de l'édition?
4. Quels sont les grands avantages des logiciels développés par Claude?
5. Qu'est-ce qui permet à Claude d'être aussi positif par rapport à l'ordinateur?

2 Travail écrit

Claude Sany semble positif par rapport à l'influence des ordinateurs dans la société actuelle. D'autres sont plus méfiants. Quelle est votre opinion? Est-ce que vous êtes d'accord avec les affirmations suivantes, ou est-ce que vous pensez différemment? Écrivez quelques phrases dans chaque cas pour exprimer votre réponse.

> On gagne énormément de temps en travaillant avec des ordinateurs.
> Grâce à l'ordinateur, on verra bientôt une société sans papier.
> Les ordinateurs encouragent la créativité.
> Les ordinateurs rendent le travail plus intéressant.

3 Travail oral

Regardez cette publicité et préparez des réponses orales aux questions qui suivent.

Chez nous, on est très ferme: ni télé ni jeux vidéo à la maison.

- **Qu'est-ce que vous voyez dans la photo?**
- **Comment est l'ambiance?**
- **Que font les enfants?**
- **Quels sont les avantages de l'équipement dont ils jouissent?**
- **Est-ce qu'il y a des inconvénients?**
- **Est-ce que l'omniprésence de l'ordinateur et de l'écran est en train de tuer l'art de la conversation?**
- **Est-ce que les machines assèchent la créativité et l'imagination des enfants?**

4 Travail d'écoute

Avec l'ordinateur, on commence à se demander qui est le maître: l'homme ou la machine?
Mais d'autres machines témoignent de la créativité et de l'ingénuité de l'homme. Écoutez un autre ingénieur qui parle d'une machine qu'il a inventée qui risque d'améliorer la qualité de vie dans des pays en voie de développement. Après avoir écouté son témoignage, répondez aux questions suivantes en français.

1. Quel est le but principal de la machine?
2. Qu'est-ce qu'elle produit sur place?
3. Comment est-ce qu'elle transforme la terre?
4. Quels sont les deux aspects essentiels de la cuisson de la terre?
5. La machine est de quelle taille?
6. Combien de temps est-ce que l'ingénieur a mis pour réaliser cette machine?
7. Est-ce qu'il regrette le temps qu'il y a consacré?
8. Dans quel sens est-ce que la machine est écologique?
9. Quel est le grand projet de l'ingénieur par rapport à sa machine?
10. Quel pays est particulièrement intéressé par la machine?

I. Vers l'avenir

On s'échauffe

Vous avez certainement déjà pensé à votre avenir. Qu'est-ce que vous allez faire cet été après les examens? Est-ce que vous avez des idées pour plus tard?

Travaillez avec un partenaire. Remuez-vous les méninges et faites une liste des qualités essentielles pour affronter l'avenir.

Le célèbre groupe anglais, les Beatles, prétendait que tout ce dont on avait besoin, c'était l'amour. Êtes-vous d'accord, ou pensez-vous plutôt qu'on ait besoin d'agression pour avoir du succès dans le monde de demain?

1 Travail d'écoute

Jacques Brel, le chanteur francophone belge, semblait être d'accord avec Lennon et McCartney sur la nécessité de l'amour pour faire face au monde.

Écoutez sa chanson *Quand on n'a que l'amour* et, tout d'abord, remplissez les blancs dans la transcription ci-dessous.

1. Quand on n'a que l'amour
À __1__ en partage
Au jour du grand voyage
Qu'est notre grand amour.

2. Quand on n'a que l'amour
Mon amour – toi et moi –
Pour qu' __2__ de joie
Chaque heure et chaque jour.

3. Quand on n'a que l'amour
Pour vivre nos promesses
Sans __3__ autre richesse
Que d'y croire toujours.

4. Quand on n'a que l'amour
Pour meubler de merveilles
Et couvrir de __4__
La laideur des faubourgs.

5. Quand on n'a que l'amour
Pour unique raison
Pour unique chanson
Et unique __5__ .

6. Quand on n'a que l'amour
Pour __6__ le matin
Pauvres et malandrains
De manteaux de velours.

7. Quand on n'a que l'amour
À offrir en prière
Pour les __7__ de la Terre
En simple troubadour

8. Quand on n'a que l'amour
À offrir à ceux-là
__8__ l'unique combat
Est de chercher le jour.

9. Quand on n'a que l'amour
Pour __9__ un chemin
Et forcer le destin
À chaque carrefour.

10. Quand on n'a que l'amour
Pour parler aux canons
Rien qu'une chanson
Pour __11__ un tambour.

11. Alors, sans avoir rien
Que la force d'aimer
Nous avons dans nos mains,
Amis, le monde entier.

2 Exercice d'écoute et de lecture

Dans quelle(s) strophe(s) est-ce que Brel parle de:

1. La vie en banlieue
2. La guerre
3. Les décisions difficiles
4. La vie à deux
5. La misère

3 Travail écrit

Répondez aux questions suivantes en français.

1. Comment est-ce que Brel envisage de combattre le problème de la guerre dans le monde?
2. La vision du monde que Brel nous offre dans la chanson est-elle désespérément romantique ou réaliste à votre avis?

4 Lecture

Lisez ce texte qui explique comment Jacques Brel s'est forgé sa vie de chanteur.

Qui était Jacques Brel?
Pour commencer, il ne faut pas éluder le problème de la Belgique. Certains aujourd'hui veulent annexer Brel comme une des plus grandes figures de la chanson française, mais il n'était pas français. Belge? Brel le fut à outrance, comme tout ce qu'il faisait d'ailleurs. Il n'avait pas peur de clamer haut et fort sa belgitude. Certes il se moquait parfois de son pays natal, mais seulement pour mieux lui adresser des splendides déclarations d'amour comme *Le Plat Pays* ou *Mon père disait*.

La Belgique était le décor inséparable de son enfance: un décor pluvieux où Jacques rêvait de la Chine et du Far-West, et s'asphyxiait dans un univers sans horizon. Il s'ennuyait dans la cartonnerie familiale, où son père l'avait fait entrer pour mettre fin à des études médiocres. Ce père qui, après avoir passé près de vingt ans de sa vie au Congo, gérait une usine en bon bourgeois prospère.

Coincé entre son travail à la cartonnerie et son rôle de jeune père de famille, Jacques Brel semblait définitivement installé dans la vie. Mais cette sécurité et cet ensemble de certitudes lui pesaient. En secret il rêvait toujours d'aventure . . .

Ses vrais débuts de chanteur, Brel les a faits au cabaret de la Rose Noire à Bruxelles. Quelques mois plus tard, il a enregistré, pour la branche belge du label Philips, une épreuve sans destination commerciale qui a fini par arriver entre les mains de Jacques Canetti: le plus extraordinaire découvreur de talents de l'époque. Celui-ci l'a invité à venir se produire à Paris pendant quinze jours. Le succès était tout à fait mitigé, mais qu'importe! Jacques a décidé de quitter l'usine, pour jouer sa chance à fond.

Après un échec, Canetti a réussi à convaincre les dirigeants de Philips de tenter un nouvel essai. Jacques Brel a enregistré un disque qui s'ouvrait sur ce qui serait son premier vrai succès: *Quand on n'a que l'amour*.

5 Travail écrit

Répondez aux questions suivantes en français.

1. Quelle était l'attitude de Brel par rapport à son pays natal?
2. Pourquoi est-ce que Jacques a commencé à travailler dans l'entreprise familiale?
3. Qu'est-ce qui suggère qu'il a hérité d'un goût d'aventure de son père?
4. Pourquoi avait-on l'impression que Brel était bel et bien installé dans la vie?
5. Est-ce que le succès de Brel en tant que chanteur était entièrement dû à la chance?

6 Travail oral

Jacques Brel n'avait pas peur du lendemain. Il était prêt à prendre des risques pour poursuivre ses ambitions personnelles et il a donc quitté un bon emploi dans l'usine familiale pour tenter sa chance. Il a toujours encouragé les autres à le suivre: «Je vous souhaite des rêves à n'en plus finir et l'envie furieuse d'en réaliser quelques-uns.» Est-ce que vous approuvez son attitude?

Travaillez avec un partenaire et faites un jeu de rôle. Un va prendre le rôle d'un étudiant en teminale. Il est très intelligent et pourrait facilement continuer ses études à l'université. Mais il est également bon chanteur et acteur et il veut poursuivre une carrière au théâtre. L'autre va prendre le rôle d'un conseiller d'orientation qui pense que l'essentiel, c'est d'obtenir de bonnes qualifications.

Préparez un dialogue qui aborde le sujet de l'avenir de l'étudiant.

a. Regardez l'image ci-dessous et préparez une présentation orale là-dessus.

Voici quelques questions pour stimuler la réflexion:

> Qu'est-ce que vous voyez dans l'image?
> Est-ce que le jeune a l'air intelligent et épanoui?
> Est-ce que l'ordinateur semble résoudre ou aggraver ses problèmes?
> Qu'y a-t-il dans la corbeille?
> Est-ce que c'est bon pour la santé tout ça?
> Est-ce que l'image donne une impression favorable des jeunes?
> Est-ce que les ordinateurs encouragent la pensée et l'orignalité, à votre avis?

b. Regardez les informations ci-contre et préparez une présentation orale pour expliquer comment vos projets pour l'avenir vont vous épanouir.

Cerveau gauche:
Rigoureux
Mathématique
Linéaire
Séquentiel
Rationnel

Cerveau droit:
Créatif
Émotionnel
Symbolique
Figuratif
Intuitif

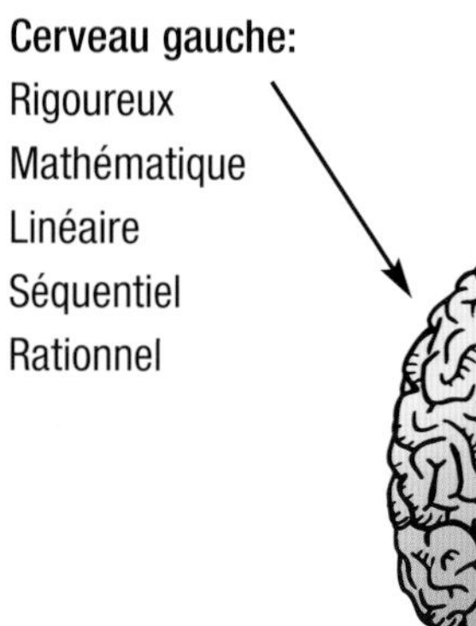

Vous utilisez vos deux jambes
et vos deux bras.
Il faut en faire de même avec votre cerveau!

www.toutterrain.co.uk

> **http://www.mix-cite.org**
This site works for equality – read articles, poems, statistics. . .
> **http://www.terresacree.org/index.htm**
Cloning, GMO . . . The present and the future.
> **http://www.globenet.org/djembe/**
Fairtrade holidays!

Nouns

Gender

All French nouns have a gender. They are either masculine or feminine.
The gender of some nouns is obvious because of its meaning.
Un *homme*
Une *femme*
In most cases, however, the gender is not self-evident and has to be learned. You must therefore get in to the habit of noting genders systematically when you come across new vocabulary.

There are some rules to help you.

The following are **masculine**:

> Nouns ending in ***-age*** (except *cage, image, page, plage* and *rage*)
> Nouns ending in ***-ment*** (except *la jument*)
> Nouns ending in ***-ail***, ***-eil***, ***-euil***
> Nouns ending in ***-ai***, ***-oi***, ***-at***,
> Most nouns ending in ***-acle***, ***-ège***, ***-ème***, ***-é***, ***-asme***, ***-isme***

In addition, nouns from the following categories tend to be **masculine**:

> Days, months and seasons (*lundi, janvier, printemps*)
> Compass points (*le nord, le sud*)
> Animals and trees (*un chat, un olivier*)
> Languages (*le français, le japonais*)

The following are **feminine**:

> Nouns ending in ***-ance***, ***-anse***, ***-ence*** and ***-ense*** (except *le silence*)
> Nouns ending in ***-sion***, ***-tion***
> Most nouns ending in ***-ie***, ***-uie***, ***-ière***, ***-ine***, ***-ise***
> Nouns which end in a double consonant followed by an unpronounced ***e***
-elle, ***-enne***, ***-esse***, ***-ette***

In addition, nouns from the following categories tend to be **feminine**:

> Continents (*l'Afrique, l'Amérique*)
> Fruits ending in ***-e*** *(la banane, la fraise)*
> Countries and rivers ending in ***-e*** (*la France, la Seine*)

Some nouns that refer to people have different masculine and feminine forms:

> *un boucher* — *une bouchère*
(Other masculine nouns ending in ***-er*** change to ***-ère*** in the feminine)
> *un informaticien* — *une informaticienne*
(Other masculine nouns ending in ***-ien*** change to ***-ienne*** in the feminine)
> *un sportif* — *une sportive*
(Other masculine nouns ending in ***-if*** change to ***-ive*** in the feminine)
> *un masseur* — *une masseuse*
> *un directeur* — *une directrice*

Some nouns remain the same whether they are referring to a man or a woman.
The following are always masculine:

> *un auteur*
> *un bébé*
> *un docteur*
> *un ingénieur*
> *un peintre*
> *un professeur* (but the abbreviation *prof* is used in the feminine: *une prof*)

The following are always feminine:

> *une connaissance*
> *une personne*
> *une recrue*
> *une vedette*
> *une victime*

Some nouns have two distinct meanings according to gender:

> *un livre* (a book) — *une livre* (a pound)
> *le mode* (the way or manner) — *la mode* (fashion)
> *le poste* (a job or TV set) — *la poste* (the Post Office)
> *un tour* (a tour) — *une tour* (a tower)

Plurals

The plural of most nouns is formed by the addition of an *-s* to the singular.

le livre → *les livres*
The *-s* is not pronounced.

There are some exceptions:

> Nouns ending in *-s*, *-x* or *-z* remain unchanged.

une fois	→	*des fois*
le prix	→	*les prix*
le nez	→	*les nez*

> Nouns ending in ***-au***, ***-eau*** and ***-eu*** take an ***-x***.

un bateau	→	*des bateaux*

> Most nouns ending in ***-al*** or ***-ail*** change to ***-aux***.

un journal	→	*des journ**aux***
le travail	→	*les trav**aux***

Note also the following:

> French surnames remain unchanged.
Les Salvador sont d'origine italienne.

> There are no hard and fast rules for the plurals of compound nouns; they should be learned individually.

une pomme de terre	→	*des pommes de terre*
un chou-fleur	→	*des choux-fleurs*

> Forms of address such as *Monsieur* need to be made plural in both parts.

Monsieur	→	*Messieurs*
Madame	→	*Mesdames*
Mademoiselle	→	*Mesdemoiselles*

> The plural of *un oeil* is *des yeux*.

Articles

As a general rule, French needs some sort of article ("the", "a" or "some") in front of a noun. Articles are omitted far more frequently in English.

The definite article: *le, la, les*

The definite article is used to say "the" in front of a noun.

> ***Le*** is used with masculine singular nouns:
Le Président, le garçon, le livre

> ***La*** is used in front of feminine singular nouns:
La reine, la fille, la maison

> ***Les*** is used in front of plural nouns:
Les étudiants, les actualités

Le and ***la*** are both abbreviated to ***l'*** in front of words beginning with a vowel or the letter ***h***.
L'*anglais,* ***l'****école,* ***l'****histoire*
However, some words beginning with ***h*** are aspirated. They are usually indicated in the dictionary by an asterisk. In those cases, ***le*** or ***la*** is used.

Le *hockey,* ***le*** *héros*

La *harpe,* ***la*** *haine*

The definite article is used more often in French than it is in English. It should be included when you are:

> Making generalisations:
L'argent ne fait pas le bonheur.
Money doesn't make you happy.

> With times of day to talk about regular occurrences:
Je ne travaille pas bien le soir.
I don't work well in the evenings.

> Talking about likes and dislikes:
J'adore les moules, mais je n'aime pas les huîtres.
I love mussels, but I don't like oysters.

> Referring to the names of countries, regions and languages:
La France, le Languedoc, le russe
France, Languedoc, russian

> Talking about school subjects:
Nous n'étudions plus le latin.
We don't study Latin anymore.

When talking about parts of the body, French usually uses the definite article because the identity of the person is made clear in other parts of the sentence.

Il s'est cassé la jambe.	He broke his leg.
Levez la main!	Put your hand up!

The definite article combines with the prepositions ***à*** and ***de*** in the following way:

	le	***la***	***l'***	***les***
à	*au*	*à la*	*à l'*	*aux*
de	*du*	*de la*	*de l'*	*des*

The indefinite article: *un, une, des*

The indefinite article is used to say "a" or "an" in front of a singular noun. With a plural noun *des* means "some" or "any".

> ***un*** is used with masculine singular nouns:
un homme, un exemple

> ***une*** is used with feminine singular nouns:
une fille, une exception

> ***des*** is used with plural nouns:
des élèves, des erreurs

The indefinite article is used in much the same way as it is in English, but it is **not** required:

> In front of *cent* or *mille*:
Je te l'ai dit mille fois.
I've told you a thousand times.
> When referring to someone's job:
Il est ingénieur.
He's an engineer.
> When referring to someone's religion or political persuasion:
Il est catholique, mais sa femme est athée.
He's a Catholic, but his wife's an atheist.
> In exclamations beginning with a form of *quel*:

Quel idiot!	What an idiot!
Quelle catastrophe!	What a catastrophe!

The partitive article: *du, de la, des*

The partitive article is used to say "some" or "any" in front of a noun. It is needed even when the word "some" or "any" is omitted in English.

> ***du*** is used with masculine singular nouns:
du pain, du charme
> ***de la*** is used with feminine singular nouns:
de la viande, *de la joie*
> ***de l'*** is used with singular nouns beginning with a vowel or a mute ***h***:
de l'eau, de l'égoïsme
> ***des*** is used with plural nouns:
des chips, des problèmes

There are three occasions when ***du***, ***de la***, ***de l'*** and ***des*** change to ***de*** (or ***d'***)

> After a negative:
Je n'ai pas d'argent.
I haven't got any money.
Nous n'avons plus de pain.
We haven't got any bread left.
> After an expression of quantity:
Beaucoup de fruits et de légumes.
Lots of fruit and vegetables.
(The exceptions are *bien* when it is used to mean *many* and *encore* when it means *more:*

Bien des fois	Many times
Encore des pâtes?	More pasta?)

> After an intervening adjective (ie an adjective that comes before the noun):

De bonnes notes	Good marks

Adjectives

Adjectives are words which describe or qualify a noun.
They must agree in number and gender with the noun that they describe.
This 'agreement' is shown by changes in the ending of the adjective.

The basic rules for changing the adjective are as follows:
Starting from the masculine singular form (which you will find in a dictionary)

> If the noun is feminine singular, add ***-e***
> If the noun is masculine plural, add ***-s***
> If the noun is feminine plural, add ***-es***

masc sing	***fem sing***	***masc plural***	***fem plural***
intelligent	*intelligente*	*intelligents*	*intelligentes*

If the masculine form of the adjective ends in ***-e***, a further ***-e*** is not required in the feminine, unless it is ***-é***.

Note the following slight irregularities:

> Adjectives ending in ***-er*** change to ***-ère***:
premier → première *cher → chère*
> Adjectives ending in ***-eux*** *change to* ***-euse***:
généreux → généreuse
> Most adjectives ending in ***-eur*** change to ***-euse***:
travailleur → travailleuse
Exceptions: meilleur extérieur intérieur supérieur
> Adjectives ending in ***-f*** change to ***-ve***:
actif → active *neuf → neuve*
> Some adjectives ending in a consonant double that consonant before adding the ***-e***.
This applies to most adjectives ending in:

-el	*naturel → naturelle*
-eil	*pareil → pareille*
-on	*bon → bonne*
-il	*gentil → gentille*
-as	*gras → grasse*
-en	*européen → européenne*
-et	*muet → muette*

Exceptions: some adjectives ending in *-et* change to *-ète*
complet → complète *inquiet → inquiète*
> Adjectives ending in ***-al*** usually change to ***-aux*** in the masculine plural, but the feminine form is unaltered:
social → sociaux (but *sociales*)

Note the following irregular adjectives:

masc sing	*fem sing*	*masc plural*	*fem plural*
blanc	*blanche*	*blancs*	*blanches*
beau *	*belle*	*beaux*	*belles*
doux	*douce*	*doux*	*douces*
favori	*favorite*	*favoris*	*favorites*
faux	*fausse*	*faux*	*fausses*
fou	*folle*	*fous*	*folles*
frais	*fraîche*	*frais*	*fraîches*
long	*longue*	*longs*	*longues*
nouveau *	*nouvelle*	*nouveaux*	*nouvelles*
public	*publique*	*publics*	*publiques*
roux	*rousse*	*roux*	*rousses*
sec	*sèche*	*secs*	*sèches*
vieux *	*vieille*	*vieux*	*vieilles*

* These three adjectives have an additional form which is used before a masculine singular noun which begins with a vowel or ***h***:

Un bel homme	a handsome man
Un nouvel examen	a new exam
Un vieil hôtel	an old hotel

When a noun is used as an adjective, it remains unchanged:
Elle a les yeux marron.
Compound adjectives (usually involving colour) are also invariable:
Une chemise bleu foncé.

Position of adjectives

In English, adjectives come before the noun they describe. In French, the natural position for an adjective is **after** the noun.
However, some common adjectives come before the noun. These include:

> Some adjectives indicating age:
  jeune vieux nouveau ancien
> Some adjectives indicating size:
  grand petit gros haut court
> Some adjectives indicating appearance or quality:
  bon beau joli gentil excellent mauvais

Some adjectives change their meaning depending on whether they come before or after the noun:

adjective	**before noun**	**after noun**
ancien	former	ancient
brave	good, kind	brave
cher	dear	expensive
dernier	last (in a series)	last (the previous one)
prochain	next (in a series)	next (the following one)
propre	own	clean

If two adjectives are used to describe a noun, they keep their usual position.
Un excellent petit vin.
Un jeune homme intelligent.
If both adjectives occur after the noun, they are joined together by ***et***.
Une réponse intelligente et amusante.

Comparative and superlative

The comparative is used to compare one thing or person with another.
That comparison can be expressed in one of three ways:

> ***plus*** + adjective + ***que*** more . . . than
> ***moins*** + adjective + ***que*** less . . . than
> ***aussi*** + adjective + ***que*** as . . . as

Le vélo est plus écologique que la voiture.
Bikes are more environmentally friendly than cars.
Le film était moins émouvant que le livre.
The film was less moving than the book.
Mon fils est aussi grand que moi!
My son is as tall as me!

There are irregular forms for the adjectives *bon* and *mauvais:*

> *bon* → ***meilleur***
> *mauvais* → ***pire***

Note that the expressions *plus que* and *moins que* are used when a direct comparison is made.
Plus de and *moins de* are used when *more than* and *less than* are followed by an expression of quantity.
Elle a écrit plus que moi.
She wrote more than me.
Elle a écrit plus de dix pages.
She wrote more than ten pages.

The superlative ("the most" or "least" or "the –est") is formed by adding *le, la* or *les* as appropriate to the comparative form of the adjective.

The position of the superlative depends on the normal position of the adjective.
Le plus grand problème.
The biggest problem.
La solution la plus rapide.
The quickest solution.
Note that when the superlative comes after the noun, the definite article is repeated.

Possessive adjectives

These are adjectives which indicate **who** owns something or **to whom** something belongs.
Like all other adjectives, possessives agree in number and gender with the noun they are describing. The form does **not** depend on the identity of the owner.

	masc sing	fem sing	plural
my	*mon*	*ma*	*mes*
your	*ton*	*ta*	*tes*
his / her / its	*son*	*sa*	*ses*
our	*notre*	*notre*	*nos*
you	*votre*	*votre*	*vos*
their	*leur*	*leur*	*leurs*

Mon frère my brother
Ma sœur my sister
Mes parents my parents

Son père can mean either *his father* or *her father*. The distinction is often made clear by the context.
If further precision is required, emphatic or disjunctive pronouns can be used.
(See section on disjunctive pronouns below)
Son père à lui est plus âgé que son père à elle.
His father is older than her father.

In front of feminine singular nouns beginning with a vowel or a mute ***h***, the masculine form *mon, ton* and *son* is used:
Mon école. My school.

French tends to avoid using the possessive adjective with parts of the body.
Je me suis cassé la cheville.
I broke my ankle.
J'ai les pieds gelés!
My feet are freezing!
(See note on the definite article above)

Demonstrative adjectives

Demonstrative adjectives are used to point something or someone out.
They correspond to the English "this" or "that", "these" or "those".
Like all adjectives, their form changes according to the gender and number of the noun to which they refer.

masc sing	fem sing	masc plural	fem plural
ce / cet *	*cette*	*ces*	*ces*

*This form is used for masculine singular nouns beginning with a vowel or mute h.

If it is important to make a clear distinction between "this" and "that", or "these" and "those", you can add the tags ***-ci*** or ***-là*** after the noun.
C'est moi qui paie cette fois-ci.
I'm paying this time.
À ce moment-là, le téléphone a sonné.
At that moment, the phone rang.

Interrogative adjectives

These are used to ask the question "which?" or "what?". They agree with the noun to which they refer.

masc sing	fem sing	masc plural	fem plural
quel	*quelle*	*quels*	*quelles*

Quel film est-ce que tu veux voir?
Which film do you want to see?
Quelle heure est-il?
What time is it?
Quels sont les avantages de ce système?
What are the advantages of this system?
Quelles sont tes premières impressions de la région?
What are your first impressions of the region?

They are also commonly used in exclamations:
Quel vacarme! What a racket!
Quelle horreur! How awful!

Adverbs

Adverbs are used to qualify verbs, adjectives and other adverbs. They require no form of agreement.

There are four groups of adverbs:

> Adverbs of **manner** which answer the question **how**
> Adverbs of **time** which answer the question **when**

> Adverbs of **place** which answer the question **where**
> Adverbs of **degree** which answer the question **to what extent**

Adverbs of manner

In English, most adverbs of manner are formed by the addition of "-ly" to an adjective:
slow → slow**ly**
In French, they are generall formed by adding ***-ment*** to the feminine form of the adjective:
lent → lente → ***lentement***
sec → sèche → ***sèchement***

> If the adjective ends in a vowel, you usually add *-ment* to the masculine form:
*poli → poli**ment***
Exceptions: *fou → follement; gai → gaiement*
> If the adjective ends in ***-ant***, the ending of the adverb is ***-amment***:
*bruy**ant** → bruy**amment***
> If the adjective ends in ***-ent***, the ending of the adverb is ***-emment***:
*évid**ent** → évid**emment***
> Some adverbs turn the final *-e* of the adjective to *-é* to make it easier to pronounce:
énorme → énormément; précis → précisément

Some adverbs of manner have irregular forms:
> *gentil → gentiment*
> *bon → bien*
> *mauvais → mal*

A few adjectives are sometimes used as adverbs, but such use is usually confined to set expressions. Adjectives used in this way do not agree.
> *coûter cher*
> *parler bas*
> *travailler dur*
> *sentir bon / mauvais*

Some adverbs can become long and unwieldy. French often uses the alternatives *de façon + adjective* or *d'un air + adjective*:
Il a parlé de façon inoubliable sur ses expériences à l'étranger.
He spoke unforgettably about his experiences abroad.

Adverbs of time, place and degree

These are not usually formed from adjectives. Some of the most common are:

> *avant, après, aujourd'hui, d'abord, déjà, demain, enfin, parfois, quelquefois, soudain, souvent, tôt, tard*
> *ailleurs, dedans, dehors, derrière, devant, dessus, dessous, ici, loin, partout*
> *assez, autant, beaucoup, combien, peu, un peu, plutôt, si, tant, tellement, très, trop*

Position of adverbs

The most usual position for an adverb is immediately after the verb.

J'y vais souvent.	I often go there.

In compound tenses, the adverb goes after the auxiliary, unless it is uncomfortably long for that position.

Il a bien parlé.	He spoke well.
Il a parlé lentement.	He spoke slowly.

Adverbs of place and some adverbs of time go after the past participle.

Ils sont allés trop loin.	They went too far.
Ils sont partis tôt.	They left early.

Comparison of adverbs

Comparisons are made with adverbs using the same constructions as is used for adjectives:

> ***plus*** + adverb + ***que***
> ***moins*** + adverb + ***que***
> ***aussi*** + adverb + ***que***

Il joue plus régulièrement que son frère.
He plays more regularly than his brother.
Je les vois moins souvent ces temps-ci.
I see them less often these days.
Il parle le français aussi couramment que l'anglais.
He speaks French as fluently as English.

Similarly, the superlative is formed by the addition of the definite article:

> ***le plus*** + adverb
> ***le moins*** + adverb

C'est Chantal qui roule le plus vite.
It's Chantal who drives the fastest.
Benjamin nous téléphone le moins souvent.
Benjamin phones us the least often.
The other forms of the definite article are not required because adverbs do not agree.

The following adverbs have irregular or unexpected forms:

adverb	comparative	superlative
bien	*mieux*	*le mieux*
beaucoup	*plus*	*le plus*
mal	*pire*	*le pire*
peu	*moins*	*le moins*

In the construction "the more . . . , the more . . . " French does not include the definite article:
Plus je lis ce livre, plus je comprends la tristesse de la situation.
The more I read this book, the more I understand the sadness of the situation.

Pronouns

Pronouns stand in place of a noun. They can sometimes stand for a whole phrase or an idea.

Subject pronouns

The subject is the person or thing which is doing the action of the verb. A subject pronoun replaces a noun which is the subject of a verb.
The subject pronouns are:

je	I	*nous*	we
tu	you	*vous*	you
il	he / it	*ils*	they (masculine)
elle	she / it	*elles*	they (feminine)
on	one / we		

> The distinction between ***tu*** and ***vous*** is very important in French. ***Vous*** is used for speaking to more than one person, but it is also used to address someone you don't know, or an older person with whom you are not on very familiar terms. ***Tu*** is used for talking to someone your own age (or younger) or to an adult you know very well. If in doubt, it is better to use ***vous***: it is far better to be invited to use the *tu* form – *tu peux me tutoyer* – than to cause offence by sounding over familiar!

> The masculine plural form ***ils*** is used when the people or objects referred to are of different genders.

> ***On*** is a very useful word and is much more common than its English equivalent "one". It is used to refer to people in general, to an individual who is not defined, and as a neat alternative to *nous:*

On mange moins de pain maintenant.
People eat less bread nowadays.
On m'a dit que c'était impossible.
Someone told me (or I was told) that it was impossible.

On y va?	Shall we go?
On s'est bien amusés!	We had a great time!

Direct object pronouns

A direct object pronoun replaces a noun that is directly on the receiving end of the action of the verb.
They are:

me / m'	me
te / t'	you
le / l'	him / it
la / l'	her / it
nous	us
vous	you
les	them

Direct object pronouns come **in front** of the verb in French. In compound tenses, they come before the auxiliary verb.
Je mets mes clés toujours au même endroit.
I always put my keys in the same place.
Je ***les*** *mets là pour ne pas les perdre.*
I put ***them*** there so as not to lose them.
Je vais chercher Simon à la gare.
I'm going to pick up Simon at the station.
Je vais le chercher en voiture.
I am going to pick ***him*** up in the car.
J'ai acheté deux CDs. Je ***les*** *ai achetés à la Fnac.*
I bought two CDs. I bought ***them*** at Fnac.

The direct object pronoun ***le*** can be used to refer back to a previous statement or idea.
This often corresponds to the use of "so" in English.
Je vous l'avais dit! I told you so!
This use of ***le*** is particularly common with verbs like savoir and comprendre.
Je le sais. I know.

Le is **not** used in French to translate the construction "to find it (adjective) that":
Je trouve difficile d'accepter ton raisonnement.
I find it difficult to accept your reasoning.
Nous avons trouvé nécessaire de licencier trois ouvriers.
We have found it necessary to make three workers redundant.

Indirect object pronouns

Indirect object pronouns replace nouns that are on the receiving end of the action of a verb in an indirect way. The nouns are linked to the verb by a preposition, usually ***à***. The indirect object pronoun has built in to it the idea of "to".
The pronouns stand for the preposition and the noun. In other words, the preposition ***à*** is "built-in" to the indirect object pronoun.

me / m' to me
te / t' to you
lui to him / to it
lui to her / to it
nous to us
vous to you
leur to them

J'ai demandé ***à*** *mon père de me prêter de l'argent.*
I asked my father to lend me some money.
Je ***lui*** *ai demandé de me prêter cent euros.*
I asked him to lend me a hundred euros.
Elle ne parle plus ***à*** *ses parents.*
She doesn't talk to her parents anymore.
Elle ne ***leur*** *parle plus.*
She doesn't talk to them anymore.

It is not always immediately obvious from the English whether an object is direct or indirect.
Compare these two sentences:
I lent him a pen.
I lent a pen to him.
The meaning is the same, and in both cases an indirect object pronoun is required in French to translate him. Note that it is only **obvious** in the second English sentence.
Je ***lui*** *ai prêté un stylo.*

Note the following verbs which are followed by ***à*** and therefore require **indirect** object pronouns:

conseiller à qn de faire qch
demander à qn de faire qch
dire à qn de faire qch
donner qch à qn
écrire à qn
interdire à qn de faire qch
offrir qch à qn
permettre à qn de faire qch
prêter qch à qn

Je lui ai demandé de leur téléphoner.
I asked her to phone them.

Disjunctive pronouns

As their name implies, these pronouns do not usually stand in a direct relationship to a verb. They are sometimes referred to as emphatic pronouns.
They are:

moi	*nous*
toi	*vous*
lui	*eux*
elle	*elles*

soi (relating to *on*)

They are used in the following circumstances:

> After prepositions:
Chez moi, à côté de lui, sans eux
> After the preposition à to indicate possession:
Est-ce que c'est à toi, ça?
Is that yours?
> In exclamations, or short answers without a verb:
Qui a fini? Moi.
Who's finished? Me.
> After *que* in a comparison:
Il est aussi grand que moi.
He's as tall as me.
> For emphasis:
Ma soeur aime les sciences, mais moi, je préfère les langues.
My sister likes the sciences, but I prefer languages.
> After the verb *être*:
C'est moi qui viens vous chercher à l'aéroport.
I'm coming to meet you at the airport.
> With *-même* to mean "self":
Il l'a trouvé lui-même.
He found it himself.

The pronoun *y*

This pronoun stands for things or places. It is never used to refer to people. It remains unchanged whatever the gender or number of the noun it is replacing.

> The primary meaning of *y* is "there". It replaces ***à*** + the name of a place.
It can also replace other prepositions which indicate position or direction (except *en* meaning "from"):
Je vais à Paris demain. J'y vais en avion.
I'm going to Paris tomorrow. I'm going (there) by plane.
> *y* can stand for ***à*** + a noun or an idea:

J'ai reçu ta lettre mais je n'ai pas eu le temps d'y répondre.
I received your letter, but I haven't had the time to reply (to it).
y stands for ***à*** + *la lettre.*
Tu penses à tous les préparatifs nécessaires?
Have you got all the necessary preparations in mind?
Oui, j'y pense tous les jours.
Yes, I think about them every day.

> ***y** can stand for **à*** + an infinitive:
Tu as réussi à finir à temps?
Did you manage to finish in time?
Oui, j'y ai réussi de justesse.
Yes, I just managed.

> ***y*** is also used in a number of common set expressions:
On y va?
Shall we go?
Ça y est!
That's it!
Je n'y suis pour rien.
It's nothing to do with me.
Je ne peux rien y faire.
I can't do anything about it.

The pronoun *en*

Like *y*, the pronoun ***en*** usually refers to things or places. It can occasionally refer to people. It remains the same whatever the gender or number of the noun it is replacing.

> ***en*** replaces *de* + the name of a place:
Tu es passé par Calais?
Did you pass through Calais?
Oui, j'en suis parti ce matin.
Yes, I left there this morning.
en stands for *de Calais.*

> ***en*** replaces the partitive article (*du, de la, de l', des*) + a noun, and means "some" or "any":
Est-ce qu'il vous reste des feux d'artifice?
Have you got any fireworks left? Sorry, we haven't got any left.
*Désolé, nous n'**en** avons plus.*
Il y a des étudiants français à l'école en ce moment.
There are some French students in the school at the moment. Yes, I saw some of them in the canteen.
*Oui, j'**en** ai vu dans la cantine.*

> ***en*** replaces *de* + a noun after verbs like *avoir besoin de, discuter de, parler de*:
*Est-ce que tu peux ramener mon livre? J'**en** aurai besoin demain.*
Can you bring my book back? I'll need it tomorrow.
*J'aimerais participer à l'échange. Il faut que j'**en** parle avec mes parents.*
I'd like to go on the exchange. I must talk to my parents about it.

> In sentences which express the number or quantity of something, ***en*** must be inserted if the noun is not repeated:
Combien de croissants est-ce que vous voulez? J'en prends cinq.
How many croissants do you want? I'll take five.

> ***En*** is also used in a number of common set expressions:

Va t'en!	Clear off!
Ne t'en fais pas!	Don't worry!
Je n'en reviens pas!	I can't get over it!

Order of personal pronouns

When more than one personal pronoun is required in a sentence, there is a specific pattern for the order:

Subject pronoun	*me*					**verb**
	te	*le*				
	nous	*la*	*lui*			
	vous	*les*	*leur*	*y*	*en*	

Elle me les a rendus hier.
She gave them back to me yesterday.
Je ne lui en ai pas encore parlé.
I haven't spoken to him about it yet.

Order of pronouns with the imperative

> With a positive command, the pronouns come **after** the verb. They are attached to the imperative by a hyphen.
Me and *te* change to *moi* and *toi* to make them easier to pronounce.
If there is more than one object pronoun, the direct object comes before the indirect object (which is the same order as we use in English).
Regardez-moi!
Look at me!
Donnez-le-lui tout de suite!
Give it to him straight away!

> With a negative command, the pronouns revert back to their normal position in French, in front of the verb. The order set out above applies.
Ne le leur donne pas!
Don't give it to them!

Possessive pronouns

These pronouns stand for a noun together with a possessive adjective.
C'est mon stylo. C'est le mien.
It's my pen. It's mine.
The form of the possessive pronoun depends on the number and gender of the noun to which it refers.

	masc sing	**fem sing**	**masc plural**	**fem plural**
mine	*le mien*	*la mienne*	*les miens*	*les miennes*
yours	*le tien*	*la tienne*	*les tiens*	*les tiennes*
his / hers	*le sien*	*la sienne*	*les siens*	*les siennes*
ours	*le nôtre*	*la nôtre*	*les nôtres*	*les nôtres*
yours	*le vôtre*	*la vôtre*	*les vôtres*	*les vôtres*
theirs	*le leur*	*la leur*	*les leurs*	*les leurs*

J'ai laissé mon portable à la maison.
I've left my mobile at home.
Est-ce que je peux emprunter le tien?
Can I borrow yours?
Le tien stands for ton and portable.

Demonstrative pronouns

Celui, celle, ceux, celles

These pronouns refer to people or things which have already been mentioned. They are used in different ways, but their basic meaning is "the one" or "the ones".

The form of the demonstrative pronoun depends on the number and gender of the noun to which they refer:

masc sing	**fem sing**	**masc plural**	**fem plural**
celui	*celle*	*ceux*	*celles*

Quelles chaussures est-ce que vous préférez?
Which shoes do you prefer?
Celles à 120 euros en vitrine.
The ones at 120 euros in the window.

They are often followed by *de* to indicate possession:
Je n'ai pas de voiture, mais je peux prendre ***celle*** *de ma mère quand je veux.*
I haven't got a car, but I can use my mother's whenever I want.

They are often used with *qui*, *que* and *dont*:
Quel film est-ce que tu veux aller voir?
Which film do you want to go and see?
Celui qui *vient de sortir.*
The one that has just come out.
Celui que *Magali nous a recommendé.*
The one that Magali recommended to us.
Celui dont *tout le monde parle en ce moment.*
The one that everyone is talking about at the moment.

The tags ***-ci*** and ***-là*** are used with demonstrative pronouns to give greater clarity or to mark a contrast.
J'aime bien cette veste, mais je préfère ***celle-là***.
I like this jacket, but I prefer that one.

Ceci and *cela*

If it is not possible to trace "this" or "that" back to a specific noun, then *ceci* or *cela* are used.
Ceci is not very common. It is never abbreviated.
Regardez ceci!
Look at this!
Cela is often abbreviated to ça in spoken French.
Cela veut dire qu'on ne pourra pas y aller.
That means we won't be able to go.
Ça se comprend.
That's understandable.
J'ai horreur de ça!
I can't stand that!

Interrogative pronouns

These are pronouns which are used to ask a question.

Qui means "who?" and "whom?"

As an interrogative pronoun, it is used both as the subject and the object of the verb.
Qui veut faire une partie de pétanque?
Who wants to play pétanque?
Qui est-ce que tu as vu en ville?
Whom did you see in town?

Que means "what?"

Que veux-tu?
What do you want? (What do you expect?)

***Quoi* is used after a preposition to mean "what?"**
Avec quoi est-ce que tu l'as fait?
What did you do it with?
À quoi tu penses?
What are you thinking about?

Qu'est-ce qui and *qu'est-ce que* both mean "what?" The first is used when "what" is the subject of the verb; the second is used when "what" is the object.
Qu'est-ce qui s'est passé?
What happened?
Qu'est-ce que vous avez fait pendant les vacances?
What did you do during the holidays?

Relative pronouns

Relative pronouns are used to make a bridge between a noun or clause and the following clause. They relate to the person or thing that has just been mentioned.

Qui, que* and *dont

The choice of pronoun depends on its grammatical function in the sentence.

> ***qui*** is used when it relates to someone or something which is the **subject** of the verb that follows:
Le garçon ***qui*** *joue de la trompette dans la fanfare est mon fils.*
The boy who plays the trumpet in the band is my son.

> ***que*** is used when it relates to someone or something that is the **object** of the verb that follows:
Le garçon que tu as rencontré était mon fils.
The boy you met was my son.

> ***dont*** means "whose" or "of whom" and indicates possession:
Voici le garçon dont tu connais le père.
Here's the boy whose father you know.
Note the difference in word order between the French and the English. In French, *dont* is always followed by the subject of the verb in the relative clause.
dont is also used after verbs which are followed by *de* such as *avoir besoin de, se plaindre de, s'occuper de* and *parler de.*
Voici le livre dont je parlais hier.
Here's the book I was talking about yesterday.
Je ne trouve pas l'outil dont j'ai besoin.
I can't find the tool that I need.

Ce qui, ce que* and *ce dont

These pronouns mean "what" and are used in circumstances when the word "what" is not asking a question. They do not refer back to one single noun (as *qui, que* and *dont* do); instead, they refer back to an idea or perhaps the whole of the previous phrase.
Compare these two sentences:

Nous devons porter un uniforme que je n'aime pas.
Nous devons porter un uniforme, ce que je n'aime pas.
In the first one, the *que* refers back to the specific noun *uniforme.* It is the uniform itself that the speaker doesn't like.
In the second sentence, the *ce que* refers back to the idea contained in the whole of the previous phrase *nous devons porter un uniforme.* This speaker is objecting to the whole notion of having to wear a uniform.

The choice of *ce qui, ce que* or *ce dont* depends again on the grammatical function in the sentence.
Raconte moi ***ce qui*** *s'est passé.*
Tell me what happened.
Je ne comprends pas ***ce que*** *tu essayais de faire.*
I can't understand what you were trying to do.
Ils nous ont donné tout ***ce dont*** *nous avions besoin.*
They gave us everything we needed.

Lequel, laquelle, lesquels, lesquelles

These pronouns are used after a preposition. They usually refer to things and mean "which".
Le stylo avec lequel j'écris est un Waterman.
The pen with which I am writing is a Waterman.
La dissertation pour laquelle je fais des recherches est au sujet de Benjamin Franklin.
The essay for which I am doing some research is about Benjamin Franklin.
Les bâtiments vers lesquels il se dirigeait ne semblaient pas habités.
The buildings towards which he was heading didn't seem inhabited.
Les conditions dans lesquelles je suis obligé de travailler ne sont pas idéales.
The conditions in which I am obliged to work are not ideal.

Qui is used after a preposition to refer to people.
La fille avec qui je sors s'appelle Chloë.
The girl I am going out with is called Chloë.

After the prepositions ***à*** and ***de***, the masculine and plural forms of *lequel* change:

after *à*:	*auquel*	*à laquelle*	*auxquels*	*auxquelles*
after *de*:	*duquel*	*de laquelle*	*desquels*	*desquelles*

Les problèmes auxquels je pense ne datent pas d'aujourd'hui.
The problems I am thinking of are not new.
Au centre du village, il y a un pont, à côté duquel il y a un bon petit café.
At the centre of the village there is a bridge, next to which there is a nice pub.

Lequel, laquelle, lesquels and *lesquelles* can also be used as question words, meaning "which one(s)".
Je ne peux pas me décider entre deux portables.
I can't decide between two mobile phones.
Lequel est le meilleur à ton avis?
Which one is the best in your opinion?

Verbs

Infinitives

The infinitive is the part of the verb that you will find given in a dictionary. It provides a useful indication of the pattern for conjugation (see below).

The infinitive is used in a number of different situations.

> As a verbal noun:
Conduire la nuit demande plus de concentration.
Driving at night requires more concentration.

> To ask simple questions:
Pourquoi changer maintenant?
Why change now?

> As an alternative to the imperative in written instructions:
Ouvrir ici.
Open here.

> After adjectives, introduced by ***à*** or ***de***:
Il est facile à comprendre.
He is easy to understand.
Il est facile de se perdre en ville.
It's easy to get lost in town.

> After prepositions:
Il faut partir maintenant ***pour*** *être sûr d'arriver à l'heure.*
We must leave now to be sure of arriving on time.
Je l'ai fait ***sans*** *réfléchir.*
I did it without thinking.
Je te téléphonerai ***au lieu d'****écrire.*
I'll phone you instead of writing.
Tu as vérifié les pneus ***avant de*** *partir?*
Did you check the tyres before setting off?

Exceptions:
The preposition ***en*** is followed by the present participle.
The preposition ***après*** is follwed by a **perfect infinitive** (see below).

> After verbs of perception (seeing and hearing):
Je t'ai vu arriver.
I saw you arrive (or arriving).
Est-ce que tu as entendu frapper à porte?
Did you hear someone knocking at the door?

> As the second of two verbs which go together:
Nous voulons aller en Espagne l'année prochaine.
We want to go to Spain next year.
Il a commencé à pleuvoir.
It began to rain.
Nous essayons de le finir avant Noël.
We are trying to finish it before Christmas.

As can be seen from the above examples, some verbs introduce an infinitive directly, others use the preposition ***à*** or ***de***. There are no obvious rules for deciding which verb falls into which category. The most common verbs in each group are shown below.

Verbs followed directly by the infinitive

adorer	*devoir*	*penser*
aimer	*entendre*	*pouvoir*
aller	*espérer*	*préférer*
compter	*falloir*	*savoir*
désirer	*laisser*	*sembler*
détester	*oser*	*vouloir*

Verbs followed by *à* + infinitive

aider à	*continuer à*	*se mettre à*
apprendre à	*se décider à*	*penser à*
arriver à	*encourager à*	*se préparer à*
avoir du mal à	*faire attention à*	*réussir à*
chercher à	*s'habituer à*	*servir à*
commencer à	*hésiter à*	*songer à*

Verbs followed by *de* + infinitive

accepter de	*empêcher de*	*manquer de*	*refuser de*
arrêter de	*envisager de*	*menacer de*	*regretter de*
cesser de	*essayer de*	*mériter de*	*rêver de*
choisir de	*éviter de*	*offrir de*	*risquer de*
décider de	*s'excuser de*	*oublier de*	*se souvenir de*
se dépêcher de	*finir de*	*proposer de*	*tenter de*

Verbs followed by *de* + infinitive and *à* + person

conseiller	*interdire*	*proposer*
défendre	*offrir*	*recommander*
demander	*ordonner*	*reprocher*
dire	*permettre*	*suggérer*

Faire + infinitive

This construction is used to describe an action that you get done by someone else.
J'ai fait installer une nouvelle douche.
I had a new shower installed.
Nous ferons repeindre l'extérieur de la maison cet été.
We'll have the outside of the house painted this summer.

For actions that you get done "to yourself" by someone else, *se faire* + infinitive is used. (This is more common that it might sound).
Ils se sont fait photographier.
They had their photo taken.
Elle s'est fait percer les oreilles.
She had her ears pierced.
Note that there is no agreement of the past participle *fait* in either case.

If necessary, the person who did the action can be introduced by *par*:
J'ai fait réparer le robinet par Gilles le plombier.
I had the tap repaired by Gilles the plumber.

The perfect infinitive

The perfect infinitive is used to refer to something that further back in time than the verb which introduces it.

In English we might say *He admits breaking the window*, but in French a distinction is made so that it is clear that the window got broken before he owned up!
Il admet avoir cassé la fenêtre.
The perfect infinitive is made up of the infinitive of *avoir* or *être* + the past participle.
Je regrette d'avoir raté l'occasion d'apprendre l'espagnol.
I regret missing the opportunity to learn Spanish.
Je m'excuse d'être arrivé en retard.
I'm sorry to have arrived late.

The most common use of the perfect infinitive is after the preposition ***après***:
Après avoir lu cet article, il a complètement changé d'avis.
After reading that article, he completely changed his mind.
Après être parties de bonne heure, elles ont fait bonne route jusqu'à Limoges.
After leaving early, they made good progress through to Limoges.
Après s'être douchés, ils se sentaient beaucoup mieux.
After having a shower, they felt much better.

Impersonal verbs

A small number of verbs exist only in the *il* form. They cannot be used with any other person. They can, of course, be used in the range of tenses. These include:

> verbs describing the weather:
neiger → il neige
geler → il gèle
pleuvoir → il pleut

> ***falloir*** (to be necessary) and ***valoir*** (to be worth):
Il fallait faire la queue.
We had to queue. (It was necessary to queue.)
Il vaut la peine d'essayer.
It's worth trying.

> ***S'agir de*** (to be about):
Il s'agit de la deuxième guerre mondiale.
It's about the second world war.

Some other verbs can be used impersonally, although the other forms exist:
Est-ce qu'il reste du fromage?
Is there any cheese left?

Il suffit de me le dire.
All you have to do is tell me. (It is sufficient to tell me.)
Il paraît qu'il n'y a pas d'autre solution.
It seems that there's no other solution.

The present tense

The present tense is used to talk about:

> Actions that are taking place now:
Qu'est-ce que tu fais?
What are you doing?
> Actions that take place on a regular basis:
Le samedi je joue au rugby pour l'équipe de l'école.
On Saturdays, I play rugby for the school team.
> Facts that are generally or universally true:
La région dépend du tourisme.
The region depends on tourism.

In French, there is only one form of the present tense. In English there are three.
Je travaille can mean:
– I work
– I am working
– I do work

Je travaille à la maison.
I work at home.
Je travaille sur un projet en géographie.
I am working on a geography project.
Je ne travaille pas le dimanche.
I don't work on Sundays.

To emphasise that someone is in the middle of doing something, the construction
être en train de + infinitive can be used.
Je te rapellerai. Je suis en train de regarder un film à la télé.
I'll ring you back. I'm in the middle of watching a film on TV.

Formation

For the three groups of regular verbs, you remove the ***-er***, ***-ir*** or ***-re*** and add the endings indicated below:

-er *verbs*	***-ir*** *verbs*	***-re*** *verbs*
regarder → regard	*finir → fin*	*descendre → descend*
*je regard**e***	*je fin**is***	*je descend**s***
*tu regard**es***	*tu fin**is***	*tu descend**s***
*il / elle regard**e***	*il / elle fin**it***	*il / elle descend*
*nous regard**ons***	*nous fin**issons***	*nous descend**ons***
*vous regard**ez***	*vous fin**issez***	*vous descend**ez***
*ils / elles regard**ent***	*ils / elles fin**issent***	*ils / elles descend**ent***

Many verbs follow irregular patterns. The most common of these verbs are listed in tables at the end of this section. You need to learn them.

Special uses

> To talk about what has **just** happened in the immediate past, French uses the present tense of *venir* followed by *de* + infinitive.
In English, we say "I have just done something"; French says "I am coming from doing something".
Je viens d'arriver.
I have just arrived.
Nous venons de déménager.
We have just moved house.
> The present tense is used with ***depuis*** to indicate something that has been going on for some time (and, it is implied, still is).
J'apprends le français depuis cinq ans.
I have been learning French for five years.
Elle fume depuis quelques semaines seulement.
She has only been smoking for a few weeks.
> To talk about what is going to happen in the not too distant future, French uses the present tense of *aller* followed by an infinitive.
Je vais m'acheter un nouveau jean ce week-end.
I'm going to buy some new jeans this weekend.
(See the section on the future below)
> Sometimes the present tense is used to refer to the immediate future.
On y va? Shall we go?
Je viens avec vous. I'll come with you.

The perfect tense

The perfect tense is used to talk about completed actions and events in the past.
Its name comes from the Latin *per* + *fectus* which means "done through to completion".
It can be translated in three different ways in English:
Il a mangé can mean:
– He ate
– He has eaten
– I did eat (this is usually found in the question form *did he eat?*)

J'ai mangé à la cantine à midi.
I ate at the canteen at midday.
Je n'ai rien mangé depuis hier soir.
I haven't eaten anything since last night.
Est-ce que tu as mangé avant de sortir?
Did you eat before you went out?

The perfect is a compound tense, which simply means that it is made up of two parts: an auxiliary verb (which changes according to the subject) and a past participle (which by and large stays the same).

The past participle of regular verbs is formed from the infinitive according to a pattern which also holds true for **some** irregular verbs:

-er verbs → ***é***	***-ir*** verbs → ***i***	***-re*** verbs → ***u***
*regarder → regard**é***	*finir → fin**i***	*descendre → descend**u***
*aller → all**é***	*sortir → sort**i***	*battre → batt**u***

Avoir verbs

Most verbs use ***avoir*** as their auxiliary:

j'ai regardé	*nous avons regardé*
tu as regardé	*vous avez regardé*
il a regardé	*ils ont regardé*
elle a regardé	*elles ont regardé*

The past participle of verbs which take *avoir* as the auxiliary must agree with the direct object of the verb, but only if that direct object occurs **before** the auxiliary in the sentence
The direct object usually comes after the verb so, in practice, there is usually no agreement of the past participle. However, there are three occasions when it is possible to find a Preceding Direct Object (or PDO):

> If the direct object is in the form of a pronoun:
*Tu as vu mes clés? Oui, tu les as laiss**ées** à côté de la photocopieuse.*
Have you seen my keys? Yes, you left them next to the photocopier.

> With the relative pronoun ***que***:
*Les livres que tu m'as recommand**és** étaient très utiles.*
The books you recommended were very useful.

> With some questions:
*Combien de chocolats est-ce que tu as mang**és**?*
How many chocolates have you eaten?

Être verbs

The following verbs use ***être*** as the auxiliary to form the perfect tense.

There are various ways to remember them.

- They are all verbs which express some form of movement or change.
- The initial letters of the verbs are commonly arranged to form the mnemonic "Mrs Van der Tramp"
- Most of the verbs can be paired off in opposites.

aller	to go	*venir*	to come
arriver	to arrive	*partir*	to leave
monter	to go up	*descendre*	to go down
entrer	to go in	*sortir*	to go out
naître	to be born	*mourir*	to die
tomber	to fall	*rester*	to stay
devenir	to become	*revenir*	to come back
retourner	to return	*rentrer*	to return home

The past participle of verbs which take *être* as the auxiliary agrees in gender and number with the subject:

*je suis venue **(e)***	*nous sommes venu **(e)s***
*tu es venu **(e)***	*vous êtes venu **(e)(s)***
il est venu	*ils sont venu**s***
elle est venue	*elles sont venu**es***

Verbs which take *être* as the subject are **intransitive**, which means that they do not take a direct object. However, some of them can occasionally be used with an object. When that happens, they use *avoir* as the auxiliary and follow the pattern of agreement for the past participle outlined for *avoir* verbs.
*Où sont les valises? Je les ai déjà mont**ées**.*
Where are the suitcases? I've taken them up already.
Il a sorti une bouteille de champagne pour faire la fête.
He got out a bottle of champagne to celebrate.

Reflexive verbs

Reflexive verbs also use *être* as the auxiliary to form the perfect tense.

*je me suis levé **(e)***	*nous nous sommes levé **(e)s***
*tu t'es levé **(e)***	*vous vous êtes levé **(e)(s)***
il s'est levé	*ils se sont lev**és***
*elle s'est lev**ée***	*elles se sont lev**ées***

It appears as if the past participle agrees with the subject as for other verbs which use *être*.
This is a good rule of thumb, but it is not strictly accurate.
The past participle of reflexive verbs actually agrees with the preceding direct object (the PDO).

Normally that PDO is built-in in the form of the reflexive pronoun. However, sometimes the sense of the reflexive pronoun is indirect.

Compare these two sentences:
Elle s'est lavée.
Elle s'est lavé les mains.
In the first sentence, she washed *herself*. The *se* is the direct object of the sentence and, as it precedes the auxiliary, the past participle agrees.
In the second sentence, she washed *her hands*. The direct object of the sentence is now *les mains*. This does not precede the auxiliary. There is no PDO and so there is no agreement.

The imperfect tense

The imperfect tense is used for:

> Continuous or unfinished action in the past ("was ... ing" and "were ... ing"):
Je prenais une douche quand le téléphone a sonné.
I was having a shower when the phone rang.
Ils s'endormaient quand ils ont entendu quelqu'un frapper à la porte.
They were going to sleep when they heard someone knocking at the door.

> Habitual or repeated actions in the past; things that **used to** happen on a regular basis:
Quand j'étais à l'école primaire, je jouais au foot tous les jours.
When I was at Junior School, I used to play football every day.
Quand j'étais petit, nous allions en Cornouailles en vacances.
When I was young, we used to go to Cornwall on holiday.

> Descriptions of states in the past:
Il faisait froid.
It was cold.
J'étais énervé.
I was annoyed.
This can include states of mind:
Je voulais vraiment y aller.
I really wanted to go.
Je n'en revenais pas.
I couldn't get over it.

Formation

The imperfect is formed by removing the ***-ons*** from the nous form of the present tense any by adding the endings indicated below:

Finir → *Nous finissons* → *finiss* →

*je finiss**ais***	*nous finiss**ions***
*tu finiss**ais***	*vous finiss**iez***
*il finiss**ait***	*ils finiss**aient***

The future

There are three ways of referring to the future. You can use:

> The present tense:
On arrive à trois heures.
We'll arrive at three o'clock.
This use is informal and is usually limited to events in the near future.

> *aller* + an infinitive:
Nous allons regarder un film ce soir.
We're going to watch a film this evening.
This is the most common way of referring to the future in conversation.

> The future tense:
Il reviendra te voir.
He will come back to see you.
This corresponds to the English "shall" or "will".

Formation

The future tense is usually formed by adding the following endings to the infinitive (minus the final *-e* in the case of *–re* verbs).

*je finir**ai***	*nous finir**ons***
*tu finir**as***	*vous finir**ez***
*il / elle finir**a***	*ils / elles finir**ont***

For some irregular verbs, the future stem is not the infinitive. The most common are listed below. Note that the last letter of the infinitive stem, whether it is the infinitive or irregular, is always *r*.

aller	→	*j'irai*	*falloir*	→	*il faudra*
avoir	→	*j'aurai*	*pouvoir*	→	*je pourrai*
devoir	→	*je devrai*	*savoir*	→	*je saurai*
envoyer	→	*j'enverrai*	*venir*	→	*je viendrai*
être	→	*je serai*	*voir*	→	*je verrai*
faire	→	*je ferai*	*vouloir*	→	*je voudrai*

Note the slight variations in spelling for the following groups of verbs:

> The *acheter* group:
The ***è*** is maintained for all persons in the future.
*J'ach**è**terai* and *Nous ach**è**terons*

> The *appeler* group:
The ***ll*** is maintained for all persons in the future.
*J'appe**ll**erai* and *Nous appe**ll**erons*

> The *payer* group:
i replaces ***y*** for all persons in the future.
*Je pa**i**erai* and *nous pa**i**erons*

The future perfect

This tense looks forward to a time when an action that is still in the future will be finished or completed.
It follows the basic pattern of the perfect tense, but the auxiliary verb – either *avoir* or *être* – is conjugated in the future.
Nous aurons fini avant Noël.
We'll have finished before Christmas.
Vous serez partis quand ils arriveront.
You will have left when they arrive.
Ils se seront couchés.
They will have gone to bed.

The "hidden" future

For English speakers, the need for a future tense is sometimes "hidden" because English uses the **present** tense to refer to the future in phrases which begin with "when" or "as soon as".
French more logically requires a future tense.
Quand j'aurai dix-huit ans, je passerai mon permis.
When I am eighteen, I will take my driving test.
Dès que je serai rentré, je te téléphonerai.
As soon as I get back home, I'll give you a ring.

Words that signal the need for this "hidden" future include:
quand
dès que
lorsque
aussitôt que

The conditional

The basic meaning of the conditional is "would".
It is sometimes referred to as the "future in the past", because it indicates what you would do (in an imagined future) from the vantage point of the past.

Formation

The formation of the conditional certainly brings together an element of the past and an element of the future: it is made up of the future stem, followed by imperfect endings:

*je voudr**ais***	*nous voudr**ions***
*tu voudr**ais***	*vous voudr**iez***
*il / elle voudr**ait***	*ils / elles voudr**aient***

The conditional is used:

> To indicate what you would do given certain conditions:
Si je parlais portugais, j'irais voir mon ami au Brésil.
If I could speak Portugese, I would go to see my friend in Brazil.

> To express a wish or desire:
J'aimerais voir Venise.
I would like to see Venice.

> To make a suggestion:
Tu devrais aller voir un médecin.
You ought to go to the doctor's.

> To report speech that was originally in the future:
Il a dit qu'il le ferait cette semaine.
He said that he would do it this week.

> To soften a statement to make it sound more polite:
Est-ce que vous pourriez me donner un coup de main?
Could you give me a hand?

> To distance yourself from responsibility for the accuracy of what is stated:
Il l'aurait fait tout seul.
It is thought (or alleged) that he acted alone.

The conditional perfect

The conditional perfect is used to talk about what you "would have done" or what "would have happened" given different circumstances.

Formation

It is made up of the conditional of the auxiliary (*avoir* or *être*) followed by the past participle.
The rules for agreement of the past participle are the same as for the perfect.
À ta place, je l'aurais vendu.
If I had been in your shoes, I would have sold it.
Elle serait allée le voir, si elle avait su que Cage jouait le rôle principal.
She would have gone to see it, if she had known that Cage was playing the lead role.
Il se serait énervé.
He would have got annoyed.

The most common verbs in the conditional perfect are *devoir* and *pouvoir.* They express what you should or could have done.
Tu aurais pu me téléphoner au moins!
You could have phoned me at least!
J'aurais dû t'en parler avant.
I should have spoken to you about it earlier.

The pluperfect

The pluperfect is used to refer to actions or events that happened prior to the main event that is being described in the past. It is the tense that is past-er than past!
Its basic meaning is conveyed by the English word "had (done)".

It is formed in exactly the same way as the perfect tense except that the auxiliary verb – *avoir* or *être* – is in the imperfect tense.
Rules for the agreement of the past participle are the same as for the perfect tense.
Quand nous sommes arrivés au péage, je me suis rendu compte que ***j'avais laissé*** *mon portefeuille à la maison.*
When we reached the toll, I realised that I had left my wallet at home.
*Il avait du mal à marcher parce qu'****il était tombé*** *la veille.*
He was having difficulty walking because he had fallen the day before.
*Ils ont annoncé qu'****ils s'étaient fiancés*** *la semaine d'avant.*
They announced that they had got engaged the previous week.

The past historic

The past historic is used to relate a story in the past, but it is not used in conversation. It is a formal, written tense which is found in works of literature, serious newspapers and magazines.
It describes completed events in the past, in much the same way as the perfect tense, but it does not express a link with the present which the perfect can. *Il arriva,* for example, means "he arrived"; it cannot also mean "he has arrived" which suggests a link with the present
The important thing for A-level students is to be able to recognise it. There will be no requirement to use it actively in the examination.

The past historic is formed from a stem (the infinitive minus the *–er*, *-ir* or *–re*) and endings. Regular verbs fall into two groups:

> ***-er*** **verbs**

*je demand****ai***	*nous demand****âmes***
*tu demand****as***	*vous demand****âtes***
*il / elle demand****a***	*ils / elles demand****èrent***

> ***-ir*** **and** ***–re*** **verbs**

*je descend****is***	*nous descend****îmes***
*tu descend****is***	*vous descend****îtes***
*il / elle descend****it***	*ils / elles descend****irent***

Many irregular verbs use the same pattern of endings as for *–ir* and *–re* verbs. The past historic of *faire,* for example, is *je fis etc.*
Others follow a pattern where the characteristic vowel is ***u***:
The past historic of *être,* for example, is as follows:

je ***fus***	*nous* ***fûmes***
tu ***fus***	*vous* ***fûtes***
il / elle ***fut***	*ils / elles* ***furent***

The past historic of all verbs is given in the tables at the end of the grammar section.

The passive

Normally, the subject of a sentence initiates the action of the verb.
Notre prof d'espagnol a organisé un échange.
Our Spanish teacher organised an exchange.
"The Spanish teacher" is the subject of the sentence and is the one who initiated and carried out the action of the verb in organising the exchange.
The sentence is therefore said to be in the **active voice.**
It is possible to reorganise the sentence so that the grammatical subject of the sentence is on the receiving end of the action.
Un échange a été organisé par notre prof d'espagnol.
An exchange has been organised by our Spanish teacher.
This time the exchange is the grammatical subject of the sentence, but it is not organising anything; it is being organised. The subject of the sentence is having the action done to it.
This sentence is said to be in the **passive voice.**

Note that the subject of the passive sentence is the direct object of the equivalent active sentence.

Formation

The formation of the passive in French is very straightforward. You use the appropriate tense of *être* followed by a past participle. The past participle agrees, like an adjective, with the subject of the sentence.

Les résultats ***sont vérifiés*** *par des experts.*
The results are checked by experts.
La maison ***sera vendue*** *la semaine prochaine.*
The house will be sold next week.
Les élèves ***étaient logés chez leurs*** *correspondants.*
The pupils were lodged with their penfriends.
Trois personnes ***ont été tuées*** *par l'explosion.*
Three people were killed (or have been killed) by the explosion.

Avoiding the passive

The passive is far less common in French than in English for two reasons:

> There are some neat alternatives.
on + an active verb:
On a construit trois nouvelles salles de classe pendant les vacances.
Three new classrooms were built during the holidays.
a reflexive verb:
Comment ça s'écrit?
How is that spelt?

> The passive is impossible with some verbs.
When a verb does not take a **direct object**, it cannot be used in the passive.
Many common expressions like "I was asked", "I was told", "I was given" or "I was promised" cannot be directly translated into French. It is grammatically impossible because the person is the **indirect object** of *demander, dire, donner* and *promettre.*
It is also **logically** impossible to the French mind because it was the **question** that was asked, the **information** that was told, the **present** that was given and the **pay rise** that was promised. Not **you**!
In these cases ***on*** is used:
On m'a demandé d'y aller.
I was asked to go.

The imperative

The imperative is used to give commands or instructions and sometimes to make suggestions.
It is formed from the *tu, nous* and *vous* forms of the present tense without the subject pronoun *tu, nous* or *vous.* With *–er* verbs, the final *-s* is dropped from the *tu* form.
The choice of form of the imperative depends on who or how many people you're talking to.

	tu	***nous***	***vous***
-er	*ferme*	*fermons*	*fermez*
-ir	*choisis*	*choisissons*	*choisissez*
-re	*descends*	*descendons*	*descendez*

Ferme la porte!
Shut the door!
Descendons vite!
Let's go down quickly!
Choisissez ce que vous voulez.
Choose what you want

Irregular verbs follow the same principle, but there are three exceptions:

avoir	*aie*	*ayons*	*ayez*
être	*sois*	*soyons*	*soyez*
savoir	*sache*	*sachons*	*sachez*

The imperative is always a single word, except for reflexive verbs.
In positive commands, the reflexive pronoun is tacked on to the end of the imperative by a hyphen. Note that *te* changes to *toi* to make it easier to pronounce.

Tais-toi!	Shut up!
Asseyons-nous!	Let's sit down!
Calmez-vous!	Calm down!

In negative commands, the reflexive pronoun stays in its normal position in front of the verb. *Te* does not change.

Ne t'inquiète pas.	Don't worry.
Ne nous affolons pas!	Let's not get worked up!
Ne vous couchez pas trop tard!	Don't go to bed too late!

The subjunctive

The subjunctive is a **mood**. It is used to express wishes and feelings, opinions and possibilities, doubts and uncertainties.
It exists in four tenses: the present, perfect, imperfect and pluperfect. Of these, the present is by far the most common. In practice, it is the only tense that you will be required to manipulate for the A-level exam.

The present subjunctive

1. Formation
   The present subjunctive is based on the third person plural of the present tense.
   Simply remove the *-ent* and add the endings indicated below:

   finir → *ils finissent* → *finisse*
   je finisse — *nous finiss**ions***
   tu finisses — *vous finiss**iez***
   il / elle finisse — *ils / elles finiss**ent***

The following verbs have irregular subjunctive forms:

aller → *j'aille, tu ailles, il aille, nous allions, vous alliez, ils aillent*
avoir → *j'aie, tu aies, il ait, nous ayons, vous ayez, ils aient*
être → *je sois, tu sois, il soit, nous soyons, vous soyez, ils soient*
faire → *je fasse, tu fasses, il fasse, nous fassions, vous fassiez, ils fassent*
pouvoir → *je puisse, tu puisses, il puisse, nous puissions, vous puissiez, ils puissent*
savoir → *je sache, tu saches, il sache, nous sachions, vous sachiez, ils sachent*
vouloir → *je veuille, tu veuilles, il veuille, nous voulions, vous vouliez, ils veuillent*

2. Uses of the subjunctive
   The subjunctive hardly ever starts a phrase. It crops up because it is required after another verb or phrase ending in *que*.

> After many verbs expressing ***emotions***, including the following:

aimer (mieux) que	*s'étonner que*
avoir peur que	*préférer que*
être content que	*regretter que*
être surpris que	*souhaiter que*
craindre que	*valoir mieux que*
désirer que	*vouloir que*

Je suis content que tu sois là.
I am glad that you're here.
Je veux que tu le finisses ce soir.
I want you to finish it this evening.
Note that verbs of fearing require a *ne* before the subjunctive. This does not make the sentence negative.
J'ai peur qu'il n'ait raison.
I'm afraid he is right.

> After expressions of **possibility** and **doubt**, including the following:
il est possible que
il est impossible que
il se peut que
il semble que (but **not** *il me semble que*)
douter que
ne pas penser que
ne pas croire que

Il est possible que j'aille à Chicago ce week-end.
It's possible that I might go to Chicago this weekend.
Il se peut que tu le fasses pour rien.
You might be doing it for no purpose.

Note that with verbs of thinking, the subjunctive is only required when they are in the negative or interrogative forms.
Compare these two sentences:

Je crois que c'est vrai.	I think it's true.
Je ne crois pas que ce soit vrai.	I don't think it is true.

> After certain **conjunctions**, including the following:

afin que	in order that
à moins que (+ ne)	unless
avant que (+ ne)	before
bien que	although
jusqu'à ce que	until
pour que	so that
pourvu que	provided that
quoique	although
sans que	without

Je te le dis pour que tu comprennes pourquoi je l'ai fait.
I am telling you so that you understand why I did it.
Bien qu'il soit intelligent, son travail est faible.
Although he is intelligent, his work is weak.

> After expressions of **necessity**, including the following:
il faut que
il est essentiel que
il est nécessaire que

Il faut qu'il se rende compte qu'il n'est pas trop tard.
He must realise that it isn't too late.
Il est essentiel que je sois là.
It's essential that I should be there.

> After verbs which express **permission** or **prohibition**, including the following:
défendre que
dire que
empêcher que
exiger que
ordonner que
permettre que
Il a dit que je l'attende.
He told me to wait for him.
Est-ce que vous permettez que je finisse?
Will you allow me to finish?

> After a **relative pronoun** when it follows a **superlative** or a **negative**:
C'est le meilleur restaurant que je connaisse.
It's the best restaurant I know.
Il n'y a rien qui me plaise.
There is nothing I like. (Literally: There is nothing which pleases me)

> After the following **indefinite** forms:

où que	wherever
qui que	whoever
quel que	whatever
quoi que	whatever
Où que j'aille ...	Wherever I go ...

Il faut l'acheter quel que soit le prix.
We must buy it, whatever the price.

The perfect subjunctive

This is formed in exactly the same way as the perfect tense except that the auxiliary verb – *avoir* or *être* – is in the subjunctive. All the normal rules for agreement of the past participle still apply.

It is used in all the circumstances outlined above when there is a need to refer to the past.

Il se peut que ses parents soient déjà arrivés.
His parents may well have already arrived.

Je ne pense pas qu'il ait compris la question.
I don't think he understood the question.

The imperfect subjunctive

The imperfect subjunctive is very rarely used now. A-level students will certainly not be required to use it actively, but may need to be able to recognise it. Its formation is based on the *tu* form of the past historic. You remove the final *-s* of the past historic form and add the following endings:

*je regard**asse***	*nous regard**assions***
*tu regard**asses***	*vous regard**assiez***
*il regard**ât***	*ils regard**assent***

The characteristic vowel of the imperfect subjunctive endings can be either ***a***, ***i***, or ***u*** depending on the past historic form.

descendre	→	*que je descendisse*
être	→	*que je fusse*

Sequence of tenses with the subjunctive

Je regrette qu'il soit malade.
I am sorry that he is ill.
Je regrette qu'il ait été malade.
I am sorry that he has been ill.
Je regrettais qu'il fût (commonly *soit*) *malade.*
I was sorry that he was ill.
Je regrettais qu'il eût été (commonly *ait été*) *malade.*
I was sorry that he had been ill.

The present participle

The present participle means "-ing", but is used in specific circumstances and is **not** required every time "-ing" is used in English.
It is formed from the *nous* form of the present tense. The ***-ons*** is simply replaced by ***-ant***.

manger	→	*nous mangeons*	→	*mangeant*
finir	→	*nous finissons*	→	*finissant*
descendre	→	*nous descendons*	→	*descendant*
faire	→	*nous faisons*	→	*faisant*

> As an adjective, it agrees with the noun it describes:

Un escalier roulant	an escalator
L'année suivante	the following year

> As a verb, it remains invariable:
Sortant de son examen, elle se sentait soulagée.
Coming out of her exam, she felt relieved.

Its main use is in the construction ***en*** + **present participle**.
This is used in the following ways:

> To mean on / while / by doing something:
En arrivant à l'aéroport, ils ont découvert qu'ils avaient oublié leurs passeports.
On arriving at the airport, they discovered that they had forgotten their passports.
> To add colour or detail to a basic verb of motion:
Elle est sortie en courant.
She ran out of the house.

> To underline the fact that two things are going on at the same time:
Il écoute de la musique en travaillant.
He listens to music while he works.

The addition of the word *tout* in front of *en* suggests en element of contradiction between two things going on at the same time:
Tout en sachant qu'il y avait des travaux sur l'autoroute, j'ai pris la voiture.
Knowing that there were roadworks on the motorway, I still took the car. (Even though I knew there were roadworks on the motorway, I took the car.)

Negatives

To make a statement negative, you put ***ne*** in front of the verb and the second element of the verb immediately after it. Before a vowel or a silent ***h***, ***ne*** changes to ***n'***.
In spoken French, *ne* is often omitted altogether.

The simple negative "not" is ***ne … pas***, but there are others.
It is useful to divide these into two groups because of variations in word order.

1. The first group contains most of the common negatives:

ne … pas	not
ne … jamais	never
ne … plus	no more / no longer
ne … point	not (emphatic)
ne … rien	nothing
ne … guère	hardly / scarcely

2. The second group includes the following negatives:

ne … personne	nobody
ne … ni … ni	neither, nor
ne … aucun(e)	no / not any / none

Use of the negative

> In the **present tense** and all other simple tenses (ie those that are **not** formed with an auxiliary verb), the word order is the same for both groups:
The *ne* comes before the verb and the second element of the negative immediately after it.
Pronouns (including reflexive pronouns) remain within the negative sandwich.
Je ne bois pas d'alcool.
I don't drink alcohol.
Ils ne sortent jamais.
They never go out.
Elle ne va plus à la messe.
She doesn't go to church anymore.
Je n'accepte point ton raisonnement.
I don't accept your argument at all.
Nous ne les voyons guère ces temps-ci.
We scarcely see them these days.
Je ne reconnais personne.
I don't recognise anyone.
Je n'aime ni les moules ni les huîtres.
I don't like either mussels or oysters.
Je n'ai aucune idée.
I have no idea.

> In **compound tenses** or in situations where there is a second verb in the infinitive, the negatives in the **first group** go round the auxiliary or round the first verb.
Ils ne sont jamais allés en France.
They have never been to France.
Il ne voulait rien manger.
He didn't want to eat anything.

Negatives in the **second group** go round the whole of the compound verb, or round the verb and its dependent infinitive.
Nous n'avons croisé personne en rentrant.
We didn't meet anyone on the way home.
Ils ne pouvaient inviter personne à leur mariage.
They couldn't invite anyone to their wedding.

> For the negatives in **group one**, both parts come together in front of an **infinitive**.
Être ou ne pas être: voilà la question.
To be or not to be, that is the question.
Il est bien triste de ne plus les voir.
It's really sad not to see them anymore.

Negatives in **group two** go round the infinitive.
J'étais étonné de ne voir personne.
I was astonished not to see anyone.

> *Personne, rien* and *aucun* can be the subject of the sentence. When they are, *ne* is still required, but there is no need for *pas* because the negative is already resolved.

Personne n'est venu.
Nobody came.
Rien n'a bougé.
Nothing moved.
Aucun ministre n'a donné sa démission.
No minister resigned.

> ***Ne ... que*** is often included in lists of negatives, even though it does not really **negate** the sentence.
There is a significant difference between *je n'ai pas d'argent* and *je n'ai que cent francs.*
The word *que* is a **limitor** and its correct position in the sentence is immediately in front of the thing it limits. In practice, this means that it follows the rules for word order for the negatives in the second group.
Je n'achète que la qualité.
I only buy quality.
Il n'a mangé que la moitié de son repas.
He only ate half his meal.

With expressions of time, ***ne ... que*** can mean "not until".
Il ne revient que demain.
He doesn't get back until tomorrow.
Ils ne sont rentrés qu'à une heure du matin.
They didn't get back until one o'clock in the morning.

Question forms

There are three main ways to construct a question in French.

1. Use tone of voice (a rising inflection at the end of the sentence) to indicate that you are asking a question. The word order stays the same and all you do is add a question mark at the end of the sentence.
Tu as bien dormi?
Did you sleep well?
2. Add *est-ce que* or *est-ce qu'* at the beginning of the sentence.
Est-ce qu'ils sont arrivés?
Have they arrived?
3. Invert the subject and the verb, that is so reverse the normal word order. This is more formal than the first two methods.
It is simple when the subject of the sentence is a pronoun.
Savez-vous si c'est ouvert?
Do you know if it's open?
If the subject is a noun rather than a pronoun, you have to supply an extra pronoun for the inversion.
Le musée, est-il ouvert le dimanche?
Is the museum open on Sundays?
If two vowels come together as a result of inversion, you add ***-t-*** to aid pronunciation:
il a → a-t-il
elle joue → joue-t-elle?

Inversion

The subject and the verb are also inverted in the following circumstances:

> After direct speech:
"Qui en est responsable?" a-t-il demandé.
"Who is reponsible for it?" he asked.
"Moi," a répondu Marie.
"Me" replied Marie.
"C'est incroyable!" s'est-il exclamé.
"It's incredible!" he exclaimed.

> After certain adverbs, including the following:

peut-être	perhaps
à peine	hardly
ainsi	thus
aussi	therefore / and so
du moins	at least
sans doute	no doubt

Peut-être faudrait-il trouver un compromis.
Perhaps we ought to find a compromise.
Sans doute va-t-on finir par acheter un ordinateur.
No doubt we'll end up buying a computer.

The style here is quite formal. In speech, these inversions are often avoided.
With *peut-être* and *à peine*, the use of *que* after the adverb removes the need to invert. In other cases, the adverb can be moved from the beginning of the sentence.

On va sans doute finir par acheter un ordinateur.

Prepositions

Prepositions are words that indicate the relation of a noun or a pronoun to another word. They express notions such as position, direction or possession. They have all sorts of meanings and can be translated in various ways. By and large, French prepositions can be translated literally into English and vice versa, but there are some special uses which require care.
What follows is a quick over-view of the most common prepositions.

The preposition *à*

> means "at" or "to":
Je suis allé à Paris.
I went to Paris.
J'ai fait des études à l'université de la Sorbonne.
I studied at the university of the Sorbonne.

> Indicates position:
à la campagne
in the country
à gauche
on the left
J'ai mal à la tête.
I've got a headache.

> Introduces a distinguishing characteristic:
La fille aux cheveux de lin.
The girl with the flaxen hair.
Un immeuble à dix étages.
A ten-storey building.

> Indicates ownership (after the verb *être*):
Ce stylo est à moi.
That pen is mine.

> Indicates the purpose that a given item serves:
Une tasse à café
A coffee cup
Une boîte à lettres
A letter box

> Indicates distance ("away from"):
J'habite à cent mètres de l'école.
I live 100 metres away from the school.

The preposition *de*

> Means "from" or "of":
Il est originaire de Barcelone.
He's from Barcelona.
C'est le portrait de son père.
He's the image of his father.

> Indicates the way something is done (particularly with the words *façon* and *manière*):
Cela nous a aidé d'une façon inattendue.
It helped us in an unexpected way.

> Indicates what something contains:
Une tasse de café.
A cup of coffee.

> To introduce adjectives of dimension:
C'est une pièce qui mesure six mètres de long et quatre mètres de large.
It's a room which is six metres long by four metres wide.

> Means "in" or "of" after a superlative:
La France est le plus beau pays du monde.
France is the most beautiful country in the world.

Other prepositions

après	*après le match*	after the match
avant	*avant minuit*	before midnight
	avant tout	above all / more than anything
avec	*avec ma sœur*	with my sister
chez	*chez moi*	at my house
	chez le médecin	at or to the doctor's
dans	*dans le jardin*	in the garden
	dans une heure	in an hour's time
depuis	*depuis cinq ans*	for five years
	depuis l'enfance	since childhood
derrière	*derrière l'église*	behind the church
dès	*dès à présent*	from now on
	dès son arrivée	as soon as he arrives
en	*en France*	in France
	en été / juillet	in summer / in July
	en dix minutes	in ten minutes (time taken)
	en pure laine	made of pure wool
	en voiture	by car
entre	*entre Paris et Dakar*	between Paris and Dakar
	entre eux	among themselves
	entre midi et deux	between midday and 2 o'clock
outre	*outre-Atlantique*	on the other side of the Atlantic (in the USA)
	outre-Manche	on the other side of the Channel (in the UK)
	outre-Rhin	on the other side of the Rhine (in Germany)
	outre-mer	overseas

par	*par avion*	by plane
	par la fenêtre	through the window
	par curiosité	out of curiosity
pendant	*pendant les vacances*	during the holidays
	pendant un mois	for a month
pour	*pour toi*	for you
	pour la peine de mort	in favour of capital punishment
	pour quinze jours	for a fortnight (in the future)
sans	*sans rendez-vous*	without an appointment
sous	*sous la table*	under the table
	sous Chirac	under Chirac
sur	*sur la table*	on the table
	fabriqué sur commande	made to order
	un mariage sur deux	one in two marriages
vers	*vers trois heures*	at about (towards) three o'clock
	vers la maison	towards the house

When something is being moved from one place to another, French uses a preposition which indicates its original position.

Il a pris les clés dans sa poche.
He took the keys out of his pocket.

Conjunctions

Conjunctions are words which link words, clauses or sentences together. The simplest conjunction is et. Others demand more care because they require the use of the subjunctive.
Some of the most common conjunctions are listed below.

alors que	while
bien que *	although
car	for / because
cependant	however
comme	as
dès que	as soon as
depuis que	since
jusqu'à ce que *	until
mais	but
à moins que*	unless
ou	or
parce que	because
pendant que	while
pour que *	so that
pourtant	however
pourvu que *	provided that
puisque	since
quand	when
de sorte que *	so that
tandis que	while
toutefois	however

The conjunctions marked with an asterisk (*) are followed by the subjunctive.

Si

The conjunction ***si*** can mean "whether" or "if". When it means "if", specific tenses are required to indicate the different conditions you are describing. The sequence of tenses in the *si* clause and the main clause is as follows:
(See also the section on the conditional above)

1. ***Si*** + present, future in the main clause:
   Si je travaille un peu plus, je le finirai ce soir.
   If I work a bit more, I'll finish it this evening.
2. ***Si*** + imperfect, conditional in the main clause:
   Si je travaillais un peu plus, je le finirais ce soir.
   If I worked a bit more, I would finish it this evening.
3. ***Si*** + pluperfect, conditional perfect in the main clause:
   Si j'avais travaillé un peu plus, je l'aurais fini ce soir-là.
   If I had worked a bit harder, I would have finished it that evening.

VERBS

Infinitive	present	perfect	imperfect	future	past historic	subjunctive
-er verbs	regarde	ai regardé	regardais	regarderai	regardai	regarde
	regardes	as regardé	regardais	regarderas	regardas	regardes
regarder	regarde	a regardé	regardait	regardera	regarda	regarde
to watch	regardons	avons regardé	regardions	regarderons	regardâmes	regardions
	regardez	avez regardé	regardiez	regarderez	regardâtes	regardiez
	regardent	ont regardé	regardaient	regarderont	regardèrent	regardent
-ir verbs	finis	ai fini	finissais	finirai	finis	finisse
	finis	as fini	finissais	finiras	finis	finisses
finir	finit	a fini	finissait	finira	finit	finisse
to finish	finissons	avons fini	finissions	finirons	finîmes	finissions
	finissez	avez fini	finissiez	finirez	finîtes	finissiez
	finissent	ont fini	finissaient	finiront	finirent	finissent
-re verbs	vends	ai vendu	vendais	vendrai	vendis	vende
	vends	as vendu	vendais	vendras	vendis	vendes
vendre	vend	a vendu	vendait	vendra	vendit	vende
to sell	vendons	avons vendu	vendions	vendrons	vendîmes	vendions
	vendez	avez vendu	vendiez	vendrez	vendîtes	vendiez
	vendent	ont vendu	vendaient	vendront	vendirent	vendent

Regular verbs with spelling changes						
acheter	achète	ai acheté	achetais	achèterai	achetai	achète
to buy	achètes	as acheté	achetais	achèteras	achetas	achètes
geler	achète	a acheté	achetait	achètera	acheta	achète
lever	achetons	avons acheté	achetions	achèterons	achetâmes	achetions
mener	achetez	avez acheté	achetiez	achèterez	achetâtes	achetiez
peser	achètent	ont acheté	achetaient	achèteront	achetèrent	achètent
jeter	jette	ai jeté	jetais	jetterai	jetai	jette
to throw	jettes	as jeté	jetais	jetteras	jetas	jettes
appeler	jette	a jeté	jetait	jettera	jeta	jette
épeler	jetons	avons jeté	jetions	jetterons	jetâmes	jetions
	jetez	avez jeté	jetiez	jetterez	jetâtes	jetiez
	jettent	ont jeté	jetaient	jetteront	jetèrent	jettent
nettoyer	nettoie	ai nettoyé	nettoyais	nettoierai	nettoyai	nettoie
to clean	nettoies	as nettoyé	nettoyais	nettoieras	nettoyas	nettoies
payer	nettoie	a nettoyé	nettoyait	nettoiera	nettoya	nettoie
ennuyer	nettoyons	avons nettoyé	nettoyions	nettoierons	nettoyâmes	nettoyions
	nettoyez	avez nettoyé	nettoyiez	nettoierez	nettoyâtes	nettoyiez
	nettoient	ont nettoyé	nettoyaient	nettoieront	nettoyèrent	nettoient
compléter	complète	ai complété	complétais	compléterai	complétai	complète
to complete	complètes	as complété	complétais	compléteras	complétas	complètes
céder	complète	a complété	complétait	complétera	compléta	complète
espérer	complétons	avons complété	complétions	compléterons	complétâmes	complétions
préférer	complétez	avez complété	complétiez	compléterez	complétâtes	complétiez
régler	complètent	ont complété	complétaient	compléteront	complétèrent	complètent
révéler						

Irregular verbs

aller	vais	suis allé(e)	allais	irai	allai	aille
to go	vas	es allé(e)	allais	iras	allas	ailles
	va	est allé(e)	allait	ira	alla	aille
	allons	sommes allé(e)s	allions	irons	allâmes	allions
	allez	êtes allé(e)(s)	alliez	irez	allâtes	alliez
	vont	sont allé(e)s	allaient	iront	allèrent	aillent
avoir	ai	ai eu	avais	aurai	eus	aie
to have	as	as eu	avais	auras	eus	aies
	a	a eu	avait	aura	eut	ait
	avons	avons eu	avions	aurons	eûmes	ayons
	avez	avez eu	aviez	aurez	eûtes	ayez
	ont	ont eu	avaient	auront	eurent	aient
battre	bats	ai battu	battais	battrai	battis	batte
to beat	bats	as battu	battais	battras	battis	battes
	bat	a battu	battait	battra	battit	batte
	battons	avons battu	battions	battrons	battîmes	battions
	battez	avez battu	battiez	battrez	battîtes	battiez
	battent	ont battu	battaient	battront	battirent	battent
boire	bois	ai bu	buvais	boirai	bus	boive
to drink	bois	as bu	buvais	boiras	bus	boives
	boit	a bu	buvait	boira	but	boive
	buvons	avons bu	buvions	boirons	bûmes	buvions
	buvez	avez bu	buviez	boirez	bûtes	buviez
	boivent	ont bu	buvaient	boiront	burent	boivent
comprendre	comprends	ai compris	comprenais	comprendrai	compris	comprenne
to understand	comprends	as compris	comprenais	comprendras	compris	comprennes
	comprend	a compris	comprenait	comprendra	comprit	comprenne
	comprenons	avons compris	comprenions	comprendrons	comprîmes	comprenions
	comprenez	avez compris	compreniez	comprendrez	comprîtes	compreniez
	comprennent	ont compris	comprenaient	comprendront	comprirent	comprennent
conduire	conduis	ai conduit	conduisais	conduirai	conduisis	conduise
to drive	conduis	as conduit	conduisais	conduiras	conduisis	conduises
	conduit	a conduit	conduisait	conduira	conduisit	conduise
	conduisons	avons conduit	conduisions	conduirons	conduisîmes	conduisions
	conduisez	avez conduit	conduisiez	conduirez	conduisîtes	conduisiez
	conduisent	ont conduit	conduisaient	conduiront	conduisirent	conduisent
connaître	connais	ai connu	connaissais	connaîtrai	connus	connaisse
to know	connais	as connu	connaissais	connaîtras	connus	connaisses
	connaît	a connu	connaissait	connaîtra	connut	connaisse
	connaissons	avons connu	connaissions	connaîtrons	connûmes	connaissions
	connaissez	avez connu	connaissiez	connaîtrez	connûtes	connaissiez
	connaissent	ont connu	connaissaient	connaîtront	connurent	connaissent

courir	cours	ai couru	courais	courrai	courus	coure
to run	cours	as couru	courais	courras	courus	coures
	court	a couru	courait	courra	courut	coure
	courons	avons couru	courions	courrons	courûmes	courions
	courez	avez couru	couriez	courrez	courûtes	couriez
	courent	ont couru	couraient	courront	coururent	courent
craindre	crains	ai craint	craignais	craindrai	craignis	craigne
to fear	crains	as craint	craignais	craindras	craignis	craignes
	craint	a craint	craignait	craindra	craignit	craigne
	craignons	avons craint	craignions	craindrons	craignîmes	craignions
	craignez	avez craint	craigniez	craindrez	craignîtes	craigniez
	craignent	ont craint	craignaient	craindront	craignirent	craignent
croire	crois	ai cru	croyais	croirai	crus	croie
to think	crois	as cru	croyais	croiras	crus	croies
to believe	croit	a cru	croyait	croira	crut	croie
	croyons	avons cru	croyions	croirons	crûmes	croyions
	croyez	avez cru	croyiez	croirez	crûtes	croyiez
	croient	ont cru	croyaient	croiront	crurent	croient
devoir	dois	ai dû	devais	devrai	dus	doive
to have to	dois	as dû	devais	devras	dus	doives
(must)	doit	a dû	devait	devra	dut	doive
	devons	avons dû	devions	devront	dûmes	devions
	devez	avez dû	deviez	devrez	dûtes	deviez
	doivent	ont dû	devaient	devront	durent	doivent
dire	dis	ai dit	disais	dirai	dis	dise
to say	dis	as dit	disais	diras	dis	dises
to tell	dit	a dit	disait	dira	dit	dise
	disons	avons dit	disions	dirons	dîmes	disions
	dites	avez dit	disiez	direz	dîtes	disiez
	disent	ont dit	disaient	diront	dirent	disent
dormir	dors	ai dormi	dormais	dormirai	dormis	dorme
to sleep	dors	as dormi	dormais	dormiras	dormis	dormes
	dort	a dormi	dormait	dormira	dormit	dorme
	dormons	avons dormi	dormions	dormirons	dormîmes	dormions
	dormez	avez dormi	dormiez	dormirez	dormîtes	dormiez
	dorment	ont dormi	dormaient	dormiront	dormirent	dorment
écrire	écris	ai écrit	écrivais	écrirai	écrivis	écrive
to write	écris	as écrit	écrivais	écriras	écrivis	écrives
	écrit	a écrit	écrivait	écrira	écrivit	écrive
	écrivons	avons écrit	écrivions	écrirons	écrivîmes	écrivions
	écrivez	avez écrit	écriviez	écrirez	écrivîtes	écriviez
	écrivent	ont écrit	écrivaient	écriront	écrivirent	écrivent

être	suis	ai été	étais	serai	fus	sois
to be	es	as été	étais	seras	fus	sois
	est	a été	était	sera	fut	soit
	sommes	avons été	étions	serons	fûmes	soyons
	êtes	avez été	étiez	serez	fûtes	soyez
	sont	ont été	étaient	seront	furent	soient
faire	fais	ai fait	faisais	ferai	fis	fasse
to do	fais	as fait	faisais	feras	fis	fasses
to make	fait	a fait	faisait	fera	fit	fasse
	faisons	avons fait	faisions	ferons	fîmes	fassions
	faites	avez fait	faisiez	ferez	fîtes	fassiez
	font	ont fait	faisaient	feront	firent	fassent
falloir	il faut	il a fallu	il fallait	il faudra	il fallut	il faille
to be necessary						
lire	lis	ai lu	lisais	lirai	lus	lise
to read	lis	as lu	lisais	liras	lus	lises
	lit	a lu	lisait	lira	lut	lise
	lisons	avons lu	lisions	lirons	lûmes	lisions
	lisez	avez lu	lisiez	lirez	lûtes	lisiez
	lisent	ont lu	lisaient	liront	lurent	lisent
mettre	mets	ai mis	mettais	mettrai	mis	mette
to put	mets	as mis	mettais	mettras	mis	mettes
	met	a mis	mettait	mettra	mit	mette
	mettons	avons mis	mettions	mettrons	mîmes	mettions
	mettez	avez mis	mettiez	mettrez	mîtes	mettiez
	mettent	ont mis	mettaient	mettront	mirent	mettent
mourir	meurs	suis mort (e)	mourais	mourrai	mourus	meure
to die	meurs	es mort (e)	mourais	mourras	mourus	meures
	meurt	est mort (e)	mourait	mourra	mourut	meure
	mourons	sommes mort(e)s	mourions	mourrons	mourûmes	mourions
	mourez	êtes mort(e)s	mouriez	mourrez	mourûtes	mouriez
	meurent	sont mort(e)s	mouraient	mourront	moururent	meurent
naître	nais	suis né(e)	naissais	naîtrai	naquis	naisse
to be born	nais	es né(e)	naissais	naîtras	naquis	naisses
	naît	est né(e)	naissait	naîtra	naquit	naisse
	naissons	sommes né(e)s	naissions	naîtrons	naquîmes	naissions
	naissez	êtes né(e)s	naissiez	naîtrez	naquîtes	naissiez
	naissent	sont né(e)s	naissaient	naîtront	naquirent	naissent
ouvrir	ouvre	ai ouvert	ouvrais	ouvrirai	ouvris	ouvre
to open	ouvres	as ouvert	ouvrais	ouvriras	ouvris	ouvres
	ouvre	a ouvert	ouvrait	ouvrira	ouvrit	ouvre
	ouvrons	avons ouvert	ouvrions	ouvrirons	ouvrîmes	ouvrions
	ouvrez	avez ouvert	ouvriez	ouvrirez	ouvrîtes	ouvriez
	ouvrent	ont ouvert	ouvraient	ouvriront	ouvrirent	ouvrent

paraître	parais	ai paru	paraissais	paraîtrai	parus	paraisse
to appear	parais	as paru	paraissais	paraîtras	parus	paraisses
	paraît	a paru	paraissait	paraîtra	parut	paraisse
	paraissons	avons paru	paraissions	paraîtrons	parûmes	paraissions
	paraissez	avez paru	paraissiez	paraîtrez	parûtes	paraissiez
	paraissent	ont paru	paraissaient	paraîtront	parurent	paraissent
partir	pars	suis parti(e)	partais	partirai	partis	parte
to leave	pars	es parti(e)	partais	partiras	partis	partes
	part	est parti(e)	partait	partira	partit	parte
	partons	sommes parti(e)s	partions	partirons	partîmes	partions
	partez	êtes parti(e)s	partiez	partirez	partîtes	partiez
	partent	sont parti(e)s	partaient	partiront	partirent	partent
pleuvoir *to rain*	il pleut	il a plu	il pleuvait	il pleuvra	il plut	il pleuve
pouvoir	peux	ai pu	pouvais	pourrai	pus	puisse
to be able	peux	as pu	pouvais	pourras	pus	puisses
(can)	peut	a pu	pouvait	pourra	put	puisse
	pouvons	avons pu	pouvions	pourrons	pûmes	puissions
	pouvez	avez pu	pouviez	pourrez	pûtes	puissiez
	peuvent	ont pu	pouvaient	pourront	purent	puissent
prendre	prends	ai pris	prenais	prendrai	pris	prenne
to take	prends	as pris	prenais	prendras	pris	prennes
	prend	a pris	prenait	prendra	prit	prenne
	prenons	avons pris	prenions	prendrons	prîmes	prenions
	prenez	avez pris	preniez	prendrez	prîtes	preniez
	prennent	ont pris	prenaient	prendront	prirent	prennent
recevoir	reçois	ai reçu	recevais	recevrai	reçus	reçoive
to receive	reçois	as reçu	recevais	recevras	reçus	reçoives
	reçoit	a reçu	recevait	recevra	reçut	reçoive
	recevons	avons reçu	recevions	recevrons	reçûmes	recevions
	recevez	avez reçu	receviez	recevrez	reçûtes	receviez
	reçoivent	ont reçu	recevaient	recevront	reçurent	reçoivent
rire	ris	ai ri	riais	rirai	ris	rie
to laugh	ris	as ri	riais	riras	ris	ries
	rit	a ri	riait	rira	rit	rie
	rions	avons ri	riions	rirons	rîmes	riions
	riez	avez ri	riiez	rirez	rîtes	riiez
	rient	ont ri	riaient	riront	rirent	rient
savoir	sais	ai su	savais	saurai	sus	sache
to know	sais	as su	savais	sauras	sus	saches
	sait	a su	savait	saura	sut	sache
	savons	avons su	savions	saurons	sûmes	sachions
	savez	avez su	saviez	saurez	sûtes	sachiez
	savent	ont su	savaient	sauront	surent	sachent

sentir	sens	ai senti	sentais	sentirai	sentis	sente
to feel	sens	as senti	sentais	sentiras	sentis	sentes
	sent	a senti	sentait	sentira	sentit	sente
	sentons	avons senti	sentions	sentirons	sentîmes	sentions
	sentez	avez senti	sentiez	sentirez	sentîtes	sentiez
	sentent	ont senti	sentaient	sentiront	sentirent	sentent
tenir	tiens	ai tenu	tenais	tiendrai	tins	tienne
to hold	tiens	as tenu	tenais	tiendras	tins	tiennes
	tient	a tenu	tenait	tiendra	tint	tienne
	tenons	avons tenu	tenions	tiendrons	tînmes	tenions
	tenez	avez tenu	teniez	tiendrez	tîntes	teniez
	tiennent	ont tenu	tenaient	tiendront	tinrent	tiennent
venir	viens	suis venu(e)	venais	viendrai	vins	vienne
to come	viens	es venu(e)	venais	viendras	vins	viennes
	vient	est venu(e)	venait	viendra	vint	vienne
	venons	sommes venu(e)s	venions	viendrons	vînmes	venions
	venez	êtes venu(e)s	veniez	viendrez	vîntes	veniez
	viennent	sont venu(e)s	venaient	viendront	vinrent	viennent
vivre	vis	ai vécu	vivais	vivrai	vécus	vive
to live	vis	as vécu	vivais	vivras	vécus	vives
	vit	a vécu	vivait	vivra	vécut	vive
	vivons	avons vécu	vivions	vivrons	vécûmes	vivions
	vivez	avez vécu	viviez	vivrez	vécûtes	viviez
	vivent	ont vécu	vivaient	vivront	vécurent	vivent
voir	vois	ai vu	voyais	verrai	vis	voie
to see	vois	as vu	voyais	verras	vis	voies
	voit	a vu	voyait	verra	vit	voie
	voyons	avons vu	voyions	verrons	vîmes	voyions
	voyez	avez vu	voyiez	verrez	vîtes	voyiez
	voient	ont vu	voyaient	verront	virent	voient
vouloir	veux	ai voulu	voulais	voudrai	voulus	veuille
to want	veux	as voulu	voulais	voudras	voulus	veuilles
	veut	a voulu	voulait	voudra	voulut	veuille
	voulons	avons voulu	voulions	voudrons	voulûmes	voulions
	voulez	avez voulu	vouliez	voudrez	voulûtes	vouliez
	veulent	ont voulu	voulaient	voudront	voulurent	veuillent